THE LOGIC OF EDUCATION GOVERNANCE

The Reform for the Separation of Education Administration, School-running and Education Evaluation

教育治理的逻辑

基于管办评分离的教育变革

范国睿　等◎著

教育科学出版社
·北　京·

目录

导论

基于管办评分离的教育治理逻辑

教育治理是多元主体参与、共同管理教育公共事务的过程，是一种新型的民主形态。与传统的以管制为表征的教育管理体制相比，以管办评分离、放管服结合为表征的教育治理体系现代化建设具有严密的制度逻辑。教育治理的逻辑即是以教育现代化为核心，激发各教育要素的活力，从而激发整个教育系统的活力。具体而言，就是要理顺政府、学校、社会三类主体内部及三者之间的关系。

第一节 “治理”视域下的教育管办评分离改革

实现教育现代化，教育治理要率先现代化。如果不能尽快实现教育治理体系和教育治理能力现代化，教育现代化的目标就不可能如期实现。为此，我们必须充分认识推进教育治理体系和治理能力现代化的重要性、必要性、紧迫性（袁贵仁，2014）。认识、理解、推进和实现这一教育领域内治理现代化的目标，首先需要澄清教育治理的渊源，阐明其理论意涵，确定教育治理视域下的管办评分离的价值追求。

一、问题的提出

2014 年全国教育工作会议指出：“推进教育治理体系和治理能力现代化，……以构建政府、学校、社会新型关系为核心，以推进管办评分离为基本要求，以转变政府职能为突破口，建立系统完备、科学规范、运行有效的制度体系，形成政府宏观管理、学校自主办学、社会广泛参与的格局，更好地调动中央和地方两个积极性，更好地激发每个学校的活力，更好地发挥全社会的作用。”（袁贵仁，2014）学术界对教育治理的现代化探讨在此之后出现热潮，其中制度化、民主化、法治化、高效与公平并举等成为衡量教育现代化的主要标准（陈金芳，万作芳，2016；张建，2014）。教育治理现代化应该从教育治理体系的现代化和治理能力的现代化两个层面进行阐述，两者是结构和功能的关系（甘晖，2015），两者互为前提和支撑，共同构成完整的教育治理现代化。因此，在明确教育治理体系的基础上提高教育治理能力，是推进教育治理现代化的基础。

（一）教育治理体系现代化面临的困境

目前，我国教育治理领域存在的问题与面临的困境大致包括以下几方面（张志勇，2014；张建，2014；韩菊红，2014；易鑫，2014）。

1. 教育法制不足

在当代教育治理语境中，对教育公共治理主体的权利、职责和义务进行明确规定的相关立法缺位，以致教育治理各主体的权利、责任意识模糊不清，治理主体就愿景目标难以达成真正共识，民主、平等、团结、合作的伙伴关系也难以构建与维系。由此导致教育治理的多元主体之间的互动合作困难重重，制度协同作用难以凸显（张建，2014）。相关教育法律、法规未能配合教育治理与教育改革的进展及时更新或修订，致使教育治理的某些策略行为、制度探索等与现有相关法律制度条文产生矛盾与冲突。

2. 权力配置失当

在教育治理过程中，政府或教育行政部门存在着“越位”“缺位”“错位”等权责不清现象。所谓“越位”，就是“管了不该管的事”，是指政府或教育行政部门超越了本部门的职权范围，管了别的部门或基层学校该管的事情。所谓“缺位”，就是“该管的没有管”，是指政府或教育行政部门没有认真履行自己的职责，没有管理好属于本部门的事务。所谓“错位”，是指政府或教育行政部门内部发生的管理职能混乱现象。这既表现为纵向上上级政府对下级政府的职能包办代替，也表现为横向上各级政府部门之间职能交叉、重叠，职权划分不清，互相推诿扯皮，多头管理。

3. 制度设计缺陷

政府作为教育治理的核心主体，过于注重规制性制度的变革和实施，一定程度上忽略了规范性制度和文化 – 认知性制度的同步设计与执行，其结果往往是外显性的各种行为规则能够较快得到调整，而内隐性的习俗、认知观念、专业规范等因素难以及时转变，由此产生了深化教育治理改革的阻碍。

4. 公众参与缺失

教育公共治理需要公众的积极参与，政府要授权于民，使公众成为教育治理的主体力量之一。但是，当前我国公众参与教育治理面临一定的困境：公众的参与意识淡薄，国家控制事务的意识与逻辑遮蔽了公民参与教育事业发展的意识和权利；公众的教育专业知识、对教育政策的把握程度以及对学校事务的熟悉程度，在一定程度上限制了公众参与教育的能力；公众参与的组织化水平偏低，难以整合相关公共教育利益诉求，形成参与教育的团体力量；公众参与教育的路径与渠道不畅，相关意见和舆论难以有效表达。

5. 社会组织“缺位”

近年来，我国社会组织发育、发展迅速。据民政部《2020 年民政事业发展统计公报》，截至 2020 年底，全国共有社会组织 89.4 万个，比上年增长 3.2% ；全国共有社会团体 37.5 万个，比上年增长 0.8%；共有各类基金会 8432 个，比上年增长 11.2%；全国共有民办非企业单位 51.1 万个，比上年增长 4.9%。但是，整体而言，我国教育类社会组织的发展，无论在数量上还是在专业资质上，都远不能满足当前教育治理改革的需要。社会组织参与教育的市场短缺，客观上使得社会组织中通过公平竞争参与教育事务的竞争者较少，有的地方政府和学校只能凭借经验定向购买教育服务，难以通过市场投标竞争等自由、公平、开放的形式选择最优质的社会组织。这种现象极易造成社会组织在参与教育评估、教育质量认证和教育专业服务中的独立性、专业性与权威性出现偏离，本应具备的公正性、客观性也受到一定质疑（张志勇，2014；韩菊红，2014；易鑫，2014）。

2013 年 11 月中共十八届三中全会通过的《中共中央关于全面深化改革若干重大问题的决定》规定：“全面深化改革的总目标是完善和发展中国特色社会主义制度，推进国家治理体系和治理能力现代化。”《中共中央关于全面深化改革若干重大问题的决定》把“推进国家治理体系和治理能力现代化”上升到“全面深化改革的总目标”的高度，不仅是第一次在执政党的纲领性文件中明确提出了“国家治理体系和治理能力现代化”的概念，更是从全面深化改革的总目标的角度来认识“国家治理体系和治理能力现代化”的重要性。教育治理体系与治理能力的现代化毫无疑问属于这一“总目标”的一部分，是国家治理现代化在教育领域的延伸。在此基础上，《中共中央关于全面深化改革若干重大问题的决定》同时明确了深化教育领域综合改革的任务，指出要“深入推进管办评分离，扩大省级政府教育统筹权和学校办学自主权，完善学校内部治理结构。强化国家教育督导，委托社会组织开展教育评估监测。健全政府补贴、政府购买服务、助学贷款、基金奖励、捐资激励等制度，鼓励社会力量兴办教育”。

教育治理体系现代化建设是一项复杂的教育改革事业，推进教育管办评分离是建立现代教育治理体系的基本路径，必须立足于系统变革、顶层设计，总结国内外相关理论，并在理论与经验的基础上，结合我国国情，形成具有指导意义和参考价值的理论体系。本研究在对国内外已有研究成果进行元分析的基础上，尝试廓清教育治理的内涵与要素，厘清教育治理主体关系，探索实现教育管办评分离改革的实践路径。

（二）本研究的意义与价值

落实《中共中央关于全面深化改革若干重大问题的决定》，就是要在《国家中长期教育改革和发展规划纲要（2010—2020 年）》所要求的加强教育宏观政策和发展战略研究、研究和回答教育改革发展重大理论和现实问题的基础上，深化教育领域综合治理，以教育治理体系和治理能力现代化来带动整个教育现代化。

1. 理论上，有利于创新教育治理理论体系

教育管办评分离是构建现代教育治理体系的关键，本研究不仅关注教育管办评分离解构之后如何管、如何办、如何评，而且更加重视建构管办评分离之后的综合的工具和理论框架，深化理论表述和工具表述研究，在理论表达和实践表述之间建立完整链接，构成教育治理的有机体。本研究在破解教育管办评分离实践难题的基础上，借鉴国外教育治理理论，通过客观、真实地分析教育管办评的基本状态，探索教育管办评分离发生、发展、流变的生态环境，权力主体的权力界限、演化机制，构建教育管办评分离的逻辑框架与运行机制，进而丰富和发展教育管理学、教育政策学、教育法学、教育财政学等相关学科的理论，丰富和发展具有中国特色、国际借鉴价值的教育治理理论体系。

2. 实践上，有利于明晰不同教育主体的教育权力、责任

本研究将教育管办评分离置于国家教育治理体系之中加以考量，考察不同历史与文化条件、不同区域条件下的环境变量，分析当前管办评分离的逻辑结构与

环境变量的关系，并在此基础上，以权力清单和负面清单的形式，厘清不同教育利益相关主体的权力、责任，进而以教育法律与政策的形式予以约束。

有利于激发教育活力，调动不同教育主体的积极性。通过管办评分离研究，进一步明晰不同教育利益主体的权力、责任关系，使不同主体明确各自的权责，可以更好地调动各级各类政府部门的积极性，更好地激发不同类型学校的办学活力，更好地发挥全社会参与办学与教育评价的作用。

有助于形成政府、学校、社会的新型互动关系。政府、学校和社会的良性互动在教育体制机制变革中具有基础性作用。新型政府－学校－社会关系是指政府转变教育管理职能，简政放权，加强宏观管理与服务；学校落实自主办学的主体地位，明确权利和义务，自我管理、自我约束、自我发展；社会广泛参与办学，主动监督和评价教育质量、教育成果。这种新型互动关系最终是要形成政府主导下的学校、社会多元共治的教育治理结构。

有利于形成健康、有序、可持续发展的教育管理生态。推进教育治理体系和治理能力现代化，必须要适应国家治理体系和治理能力建设，这需要根据教育发展的自身规律和教育现代化的基本要求，以构建政府、学校、社会的新型互动关系为核心，以推进管办评分离为基本要求，以转变政府宏观管理的职能为突破口，建立系统完备、科学规范、运行有效的制度体系，形成政府宏观管理主导下学校自主办学、社会广泛参与的多元共治格局，形成健康、有序、可持续发展的教育管理生态。

3. 社会价值上，有助于促进教育公平和教育民主

如果公平正义可视为社会主义的一项本质要求，那么教育公平可谓社会公平的重要基础。推进教育管办评分离，构建新型教育治理模式，能够广泛调动办学主体的积极性，创建多样化学校，为人民提供多样化教育服务，实现发展成果更多更公平惠及全体人民；也能监督政府承担对学校的合理责任，促使政府在教育宏观管理上多想办法、多做实事，直面教育公平问题，不断提高教育公平水平。新型教育治理关系要求政府、学校、社会在相互支持和制约的过程中处理好各自的权责问题，在这一过程中形成民主意识。另外，学校拥有了自主办学权，可以为广大师生参与学校管理提供制度保障，有助于实现校内民主管理。

有利于深化教育领域综合改革，办好人民满意的教育。推进教育“管办评分

离”，必须以人才培养体制改革为核心，系统推进考试招生制度、现代学校制度、管理体制、办学体制、投入保障制度改革，必须要把强化教学环节和提高教育质量作为教育资源配置和学校工作的重点，健全教育质量保障体系与科学的质量评价体系，不断扩大优质教育资源总量，整体提升教育质量，提高教育现代化水平，更好地满足人民群众接受高质量教育的需求，办好人民满意的教育。

二、教育管办评分离改革的理论基础

管办评分离建立在坚实而多元的理论合流的基础之上。其中，治理理论为其提供了最为系统的理论支持，同时公共管理学等相关理论（如新公共管理理论和新公共服务理论）、公共经济学相关理论（如公共选择理论等）也给予其理性回应。此外，自组织理论也为建立学校组织、社会组织和政府组织协调发展的良性教育系统提供了理论依据。

（一）新公共管理理论

英国著名公共管理学家、曾任伦敦经济学院院长的胡德（C. Hood）教授认为，新公共管理是20世纪70年代中期以后公共管理领域出现的一种显著的国际性趋势。它在批判旧公共行政理论的科层制和官僚制的基础上，推崇私营机构的管理技术，认为分权、放松规制、委托是改善僵化的公共管理机制的组织原则，其管理理念为管理的自由化和管理的市场化。奥斯本（D. Osborne）和盖布勒（T. Gaebler）提出了政府体制改革的十条原则：政府应“掌舵”而不是“划桨”；授权而不是服务；把竞争机制注入提供服务中去；改变照章办事的组织；按效果而不是按投入拨款；满足顾客的需要而不是官僚政治的需要；有收益而不浪费；预防而不是治疗；从等级制到参与和协作；通过市场的力量进行变革。（奥斯本，盖布勒，2006）总之，该理论以官僚体制的失效为前提、市场竞争机制的引入为核心，以追求“3E”（economy、efficiency、effectiveness，经济、效率和效能）为目标。我们必须看到，虽然新公共管理理论强调经济价值的优先性，但是它始终把公共服务作为核心价值和追求，回答了如何提高效率、提供高质量公共服务的问题，对教育体制变革具有一定借鉴价值。

（二）新公共服务理论

新公共服务理论是在以登哈特（R. B. Denhard）为代表的公共行政学者对新公共管理理论的反思，在对新公共管理理论的精髓——“企业家政府理论”的缺陷进行批判的基础上建立起来的一种新的公共行政理论（登哈特J V，登哈特R B，2016：81–89）。所谓“新公共服务”，指的是在以公民为中心的治理系统中公共行政所扮演角色的一套理念，这一理论的基础包括民主公民权、社区与公民社会、组织人本主义和新公共行政、后现代公共行政等理论。一言以蔽之，新公共服务理论是用一种新公共服务模式来代替基于经济理论和自我利益主导的行政模式，而这一模式是基于公民权、民主和为公共利益服务的，其主要观点如下。

（1）政府的职责是服务而不是掌舵。在新公共服务理论中，政府的职责是对公民和社区团体之间的利益进行协商和调解，帮助公民表达并满足他们共同的利益需求，而不是控制社会的发展方向。

（2）服务对象是公民而非顾客。新公共管理理论和新公共服务理论都致力于提供更好的公共服务，但是前者提到的服务是“顾客”导向的，后者是“公民”导向的。如果把公民当作政府服务的消费者，按照市场经济的逻辑，政府会对不同的顾客区别对待，甚至可以抛弃没有价值的顾客，而这在公共部门是行不通的。

（3）重视人而不只是生产效率。在新公共服务理论中，处于核心地位的是人的尊严、信任、归属感和服务，以及基于共同理想和公共利益的公民意识。该理论认为只有尊重员工公共服务的理想，才能使个人和组织得到共同的发展。但这并不代表新公共服务不重视效率。新公共服务理论认为：即使在一种思想占据支配地位的时期里，其他的思想也从来不会被完全忽略。然而在民主社会，当我们思考治理制度时，对民主价值观的关注应该是极为重要的。效率和生产力等价值观不应丧失，但应当被置于民主、社区和公共利益这一更广泛的框架体系之中，在这个框架中，其他有价值的技术和价值观等都有可能“粉墨登场”。……未来的公共服务将以公民对话协商和公共利益为基础，并与后两者充分结合。在新公共服务思想的影响下，公共教育也强调公平、民主、精简机构、公务员素质（何鹏程，2012）。

（三）公共选择理论

公共选择理论是以把西方经济学家罗西瑙（ J. N. Rosenau ）的“经济人”假设引入对政治体制和政府行为的分析为基础的。20 世纪 70 年代，凯恩斯主义和福利经济学在经济“滞胀”面前束手无策，公共选择理论的创始人、1986 年诺贝尔经济学奖得主布坎南（J. M. Buchanan）提出，政府官员同厂商一样是理性的“经济人”，他们同样关心自己在政治活动中的成本和收益，只不过他们的本性被他们所从事的公共活动所掩盖（布坎南，1988：17–27）。政府机构以追求自身利益最大化为目标（鲍传友，2008），导致个人对公共物品的需求在现代民主政治中得不到很好的满足，公共部门在提供公共物品方面的公共财政支出规模过大或者效率较低，那么，滋生浪费或滥用公共资源的“政府失效”也就在所难免（刘荣春，张军辉，2004）。针对这一问题，公共选择理论进一步指出：根据对决策结果产生重要影响的“偏好显示机制”——每个公民都是基于自身利益对公共事务或物品做出理性判断，让服务对象参与重大事务的决策，这样才会符合最大多数公众的利益和要求（何鹏程，2012）。此外，公共选择理论认为，没有任何理由证明公共服务必须由政府官僚机构来提供，那么，打破政府的垄断地位并建立公私部门之间的竞争就是摆脱政府失效这一困境的最好出路；在与公众有关的集体选择中，不存在“根据公共利益进行选择”的过程，只存在各种特殊利益之间的“缔约”过程，公共选择的结果如同企业行为的结果一样，是各个利益主体相互“博弈”的结果。因此，根据公共选择理论的主张，必须对政治体制进行改革，如对政府角色的再认识和再塑造、将市场机制引入政治决策体制、缩减公共部门、对公共项目实行承包制，力图建立一个充分竞争的、自由的、公平的“公共选择制度”，从而有效地监督政府行为，限制政府对经济的过度干预。

1. 公共产品理论与公共产品供给

对公共产品的讨论最先始于 1954 年萨缪尔森（P. A. Samuelson）《公共支出的纯理论》一文。公共产品理论指出，从产品消费的竞争性与排他性出发，可以把产品分为纯公共产品（具有完全的非竞争性、非排他性以及整体的不可分割性，非竞争性表现为增加一个消费者不会增加任何费用，即边际消费成本为零，在技术上不能排除他人消费）、准公共产品（在消费上具有一定程度的非竞争性、非排他性及整体的相对不可分割性，即增加一个消费者不会增加费用，但是一旦超出承受范围，必然要增加成本，边际成本大于零，但不像私人产品那样高，在技术上可以做到排他）和私人产品。公共产品以政府提供为主，但并不等于非要以政府生产为主，实际上大量的公共产品都可以采用公开招标和投标的契约方式，交给私人生产，然后由政府采购，或者由政府使用公共资金在市场上直接进行购买。学界一般将义务教育纳入纯公共产品的范畴，而义务教育以外的各级各类教育应该归属于准公共产品的范畴。总之，教育作为一种具有正外部性的（准）公共产品或公共服务，并且已经成为现代社会公民发展的基本权利，单纯由市场提供会导致供给不足，政府出于社会公平与道义责任，有必要保障公民基本的受教育权利。但是政府承担公共教育服务的责任，也并不意味着政府应该垄断公共教育服务。关于公共教育服务提供有两种比较流行的观念：一是国家主义观念，认为公共教育服务应由政府提供或者政府主导提供；二是政府和私人部门联合提供（王素，邹俊伟，孙毓泽 等，2011：62–75）。但是，在私人提供公共产品的过程中，政府要为公共产品的私人提供者提供制度保障和激励，对私人提供的公共产品的消费者予以必要的保护。

2. 公共权力配置

公共经济学相关理论中给政府权力配置敲响警钟的当属寻租理论，它兴起于 20 世纪 70 年代，是用经济学的分析方法来分析所谓的“权钱交易”。在现代寻租理论中，一切利用行政权力大发横财的活动都可称为寻租活动，其特点是利用各种合法或非法的手段（游说、疏通、拉关系、走后门等）以获得拥有租金的特权。寻租成本包括寻求垄断租金所耗费的成本、垄断本身所造成的福利损失、寻租所失去的新机会和福利这三个部分。有学者认为，权钱交易不仅激励权力出租者的扩权和护权行为，还会导致社会公众逃避权力控制和反抗权力行为与现象的产生，由此分权、充分信息与竞争性官僚市场构建是治理权钱交易与官员腐败的关键（保建云，2008）。也有学者用“公共权力流失”描述这一现象，认为权力腐败是公共权力流失的极端表现形式，这是由公共权力配置欠合理、监管不严密、运行体制有缺陷和权力持有者的有限理性造成的。要在公共权力和个人的自由空间之间找到合理的临界点，权力分配既要处理和协调好上下级间的关系，取得上下级权力间的制约和平衡，也要处理好权力的横向分配和横向协调问题；既要维护事权的完整性，也要使功能性权力分离。因为事权分散在表面上可以相互制约，但实际却容易造成扯皮；功能性权力比如决策权、咨询权、执行权、监督权，行政审批中的受理权、审核权、批准权、复查权，以及执行权与分配权则必须分离，不能集中。此外，要规范权力运行，强化监督制约，提高行政效能（童中贤，2003）。

（四）治理理论

治理理论兴起于20世纪90年代，西方的政治学家和管理学家之所以提出治理概念，主张用治理代替统治，是他们在社会资源的配置中既看到了市场的失效，又看到了国家的失效（俞可平，1999）。当然全球化浪潮的影响、公民需求的日趋多样化以及技术的发展、福利国家危机的产生、社会的壮大等是其产生的重要背景。从1989年世界银行使用“治理危机”概括非洲情形开始，“治理”便被广泛用于政治发展研究中，经济合作与发展组织（OECD）、联合国开发计划署（UNDP）、联合国教科文组织（UNESCO）也纷纷发表与“治理”相关的年度报告或文件，国内外的专家学者也掀起研究的热潮，比较有代表性的观点如表0–1所示。

表0–1　治理理论代表性观点

提出者	观点
全球治理委员会（1995）	治理是公私机构管理其共同事务的诸多方式的总和。它是使相互冲突的或不同的利益得以调和并且采取联合行动的持续过程。它既包括有权迫使人们服从的正式制度和规则，也包括人们和机构同意的或符合其利益的各种非正式的制度安排。它有四个特征：治理不是一整套的规则，也不是一种活动，而是一个过程；治理过程的基础不是控制，而是协调；治理既涉及公共部门，还包括私人部门；治理不是一种正式制度而是持续的互动。（The Commission on Global Governance，1995：23）

续表

提出者	观点
罗茨（R. Rhodes）（1996）	作为最小国家的管理活动的治理（削减公共开支，以最小成本取得最大收益）；作为公司管理的治理（指导、控制和监督企业运行的组织体制）；作为新公共管理的治理（将市场的激励机制和私人部门的管理手段引入政府的公共服务）；作为“善治”的治理（强调效率、法治、责任的公共服务体系）；作为社会－控制论系统的治理（指政府与民间、公共部门与私人部门之间的合作与互动）；作为自组织网络的治理（建立在信任与互利基础上的社会协调网络）。（俞可平，2000：86–96）
斯托克（G. Stoker）（1999）	治理指来自政府但又不限于政府的一套社会公共机构和行为者；治理明确指出在为社会和经济问题寻求解答的过程中存在着界限和责任方面的模糊之点；治理明确肯定涉及集体行为的各个社会公共机构之间存在的权力依赖；治理指行为者网络的自主自治；治理认定办好事情的能力并不在于政府的权力，不在于政府下命令或运用权威，政府可以动用新的工具和技术来控制和指引，而政府的能力和责任均在于此。（斯托克，1999）
俞可平（1999）	治理是在一个既定的范围内运用权威维持秩序，满足公众的需要。治理的目的是在各种不同的制度关系中运用权力去引导、控制和规范公民的各种活动，以最大限度地增进公共利益。从政治学的角度看，治理是指政治管理的过程，它包括政治权威的规范基础、处理政治事务的方式和对公共资源的管理。（俞可平，1999）

虽然，迄今为止，治理理论仍在发展之中，作为一种公共管理的解释维度，治理是一种创新性的实践行动，它力图促进传统政治、行政制度的变革，构建分权、参与、多中心的公共政策体系。尽管人们对“治理”概念的理解依然存在差异，但是从众多的专著中，我们依旧可以把握人们达成的共识：（1）治理主体的多元化，即政府并非唯一的权力中心，政府与其他社会组织，如志愿者组织、私营组织、社区组织等一起参与事务，这当中，既有政府的责任，又有民间或私营部门的参与。（2）治理手段的多样性，尽管有学者是在否定政府的统一管制的基础上倡导治理，但人们并不否定政府权威的有效性及其对相关公共事务的监管，只是更加强调参与、对话、协商、谈判以及基于清晰权责边界的多边合作。这当中，典型的代表是公私合作模式（Public-Private-Partnership，PPP），即政府将其

提供某种公共物品和服务的部分责任以特许经营权方式转移给社会组织（企业），从而使政府与社会主体建立“利益共享、风险共担、全程合作”的共同体关系。（3）治理过程的互动性，即治理过程中没有绝对的主客体之分，权力向度是多元化的，强调的是利益调和、联合行动。（4）治理的价值基础是更好地实现公共利益的最大化，即达到“善治”。

治理并不是万能的，同样会失效，针对这一问题，学者们提出“善治”（good governance），以期形成有效的治理。我国学者俞可平（1999）认为：善治是政治国家与社会的一种新型关系，它的本质是政府与公民以合作的方式共同管理公共事务，是一个追求公共利益最大化的社会管理过程，这种关系具有合法性（legitimacy）、透明性（transparency）、责任性（accountability）、法治（rule of law）、回应（responsiveness）、有效（effectiveness）六种基本要素。治理理论在教育领域的应用促进教育治理的产生，对教育治理的方法、原则和目标产生重要影响。

（五）自组织理论

自组织理论是研究系统自组织过程的机制、规律和形式的科学（汪汉昌，2000），它产生于热力学研究当中，由耗散结构理论、协同学、突变论及超循环理论等构成。1969 年普里戈金（I. Prigogine）在对热力学第二定律进行研究的基础上提出耗散结构理论。他把宏观系统分为三种：孤立系统（它跟周围的环境不产生信息和物质的交换）、封闭系统（它只与环境交换信息）和开放系统（它与环境交换信息和物质）。前两者在达到完全平衡时，不再随时间而变化，只能走向“死寂”，只有在远离平衡状态的前提下，开放系统中由于非线性的复杂因素而出现随机涨落，量变引起质变，系统才会重新组织。换句话说，系统产生自组织行为的先决条件是系统的开放性，而非线性机制是系统产生自组织行为的根本依据，系统产生自组织行为的必要条件是远离平衡状态，涨落是调整系统自组织行为的重要契机（湛垦华，沈小峰 等，1982：231–276）。协同学的创始人哈肯（H. Haken）认为：“如果系统在获得空间的、时间的或功能的结构过程中，没有外界的特定干预，我们便说系统是自组织的。”“特定”是指那种结构或功能并非外界强加给系统的，而且外界是以非特定的方式作用于系统的（哈肯，1988：

29）。这是自然或客观事物自身自主组织化、有序化和系统化的过程。突变论建立在稳定性理论基础上，这一理论认为，即使是同一过程，对应于同一控制因素临界值，突变仍会产生不同的结果，可能达到若干不同的新稳态。超循环理论是从生物领域入手研究非平衡系统的自组织问题，认为在生命起源和发展的化学阶段与生物学阶段之间，存在一个分子的自组织阶段。在这个进化阶段形成了今日人们发现的具有统一的遗传密码的细胞结构。这种统一的遗传密码的形成并不在于它是进化过程中的唯一可以进行的选择，而是在这一阶段形成一种超循环式的组织（汪汉昌，2000）。

自组织理论给人们提供了一种系统演化为自组织的理论框架，对于学校管理而言，耗散结构的形成是自组织的必要条件，因而优化学校系统要构建全面开放的学校管理系统，使学校系统远离平衡态，保证学校管理成为非线性系统。自组织和他组织相结合（自组织是组织力来自事物内部的组织过程，他组织是组织力来自事物外部的组织过程，二者的结合即内外力相结合）的有益性隐含了学校与其他系统 / 组织合作的必要性。合理利用涨落（系统原先的有序结构被涨落所破坏，而正是众多的涨落才导致系统的不稳定，而临界点附近的涨落又是新的有序结构生成的杠杆）与充分利用协同和竞争（民主管理）的原理也有益于优化学校系统。

理论是学术研究的支撑，也是相关主题的学术溯源，以上理论从不同视角、不同维度给予管办评分离、新型政府 – 学校 – 社会关系促进教育治理体系现代化提供依据。新公共管理理论从管理学的视角批判传统科层体制，引入市场机制，认为政府应当作为“掌舵者”，分权、放松规制和委托是医治公共管理机构僵化的组织原则。新公共服务理论是在批判继承新公共管理理论的基础上，提倡政府作为“服务者”，构建一套以公民为中心的公共机构、非营利机构和私人机构共同参与的联盟，颇具“治理”的意涵。公共经济学相关理论对公共物品的提供中政府和市场的功能进行探讨；由寻租理论引发的对公共权力配置的思考，公共选择理论对打破政府垄断、建立公私营间竞争关系的建议，对管办评分离中政府职能、政府 – 市场关系等具有重要启发。治理理论强调为了共同利益，多元主体共同参与、协商、互动，弱化政府在治理中的权威作用。自组织理论为我们构建一个自我纠偏、良性运作的教育系统提供理论支撑。

将这些理论引入并应用到我国教育管理实践中，需要符合本土现实。作为一个民主集中制国家，在我们的教育治理中政府应当作为“掌舵者”，但其权力边界需要限定；同时，要适应国际化趋势，增强服务意识，与多元治理主体协商、互动，促进管办评分离，共同实现办好人民满意的教育的伟大目标。

三、治理与教育治理

“治理”是一个动态发展的概念。法国学者戈丹（J-P. Gaudin）认为，“治理”一词从 13 世纪起就在法国阶段性地流行过，在很长一个时期内，这一概念的意义都是可以和“统治”“政府”“指导”“引导”画等号的（戈丹，2010：4），其主要是指社会中占统治地位的个人或组织按照事物发展变化的客观规律采取相应的策略管理事物，使事物安定、有秩序的一种统治与协调工具。自国家产生以来，人类主要采用的国家治理方式有政府治理、市场治理和公共治理三种。1989 年，世界银行以“治理危机”（crisis in governance）为主题研究非洲问题时，首次使用了真正现代意义上的“治理”一词（Pagden，1998）。此后，“治理”便被广泛用于政治发展研究中。福柯（M. Foucault）认为，治理就是对他人行动的可能范围进行构建（Foucault，1982：208–226），从而为治理主体的权力边界划分提供了依据。罗西瑙将治理视为“被多数人接受”“才会生效的规则体系”，并从谁治理、为何治理、如何治理、治理产生什么结果（影响）四个方面进行了解析（罗西瑙，2001：5，35–48）。

（一）社会治理中的教育治理

党的十八届三中全会通过的《中共中央关于全面深化改革若干重大问题的决定》要求，“加快形成科学有效的社会治理体制，确保社会既充满活力又和谐有序”，并将“创新社会治理体制”作为全面深化改革的重要战略部署之一。从“社会管理”到“社会治理”的转变表明我国社会建设进入新的发展阶段，政府与社会不再是主体和客体、管制与被管制的关系，而是分权、同为主体的协同治理关系（严仍昱，2015）。有学者认为，社会治理的定义是特定治理主体对社会实施的管理，放到我国的现实语境下，是执政党领导下，由政府组织主导，吸纳社会组织等多方面治理主体参与，对社会公共事务进行治理的活动（王浦劬，2014a）。也有学者认为，社会治理，尤其是在西方国家的语境下，是政府及其他社会主体为实现社会的良性运转而采取的一系列管理理念、方法和手段，从而在社会稳定的基础上保障公民权利，实现公共利益的最大化（周晓丽，党秀云，2013）。还有学者在以上概念界定的基础上，对社会治理的主体、手段、目标做了更为详细的界定，认为“社会治理是政府、市场、社会组织、公民在形成合作性关系的基础上，运用法、理、情三种社会控制手段解决社会问题，以达到化解社会矛盾、实现社会公正、激发社会活力、促进社会和谐发展目的的一种协调性社会行动”（陈成文，赵杏梓，2014）。总之，学界关于社会治理已经达成共识：社会治理的主体不只是政府，它的手段较为多元，目标是实现公共利益，各主体间是平等、民主的合作关系（张康之，2008；张康之，2012）。

教育是社会治理的内容。社会治理一要回应和解决弱势群体问题、生态环境问题等社会转型期间凸显出来的问题；二要满足民众合理需求，整合各种社会资源，为民众提供有效的公共服务。对教育而言，社会转型期人民群众接受更好教育的需要与教育发展不均衡间的矛盾日益突出（蔡继乐，于珍，2017）。改善学前教育“入园难”情况，促进义务教育均衡发展、高中教育多元化，不断完善高等教育招生考试制度改革等亟须多元治理主体的参与。鉴于此，我们可以将教育看作社会治理的重要内容，从该意义上讲，教育治理是社会治理的重要组成部分。

教育治理遵循社会治理的方式。教育作为社会公共事务，其治理方式必然要遵循一般社会治理方式。首先，教育治理的主体是包括政府和教育行政部门、学校和社会在内的多元治理主体，它们之间不是主体和客体、管制和被管制的关系，而是平等、协作的关系。其次，教育治理的手段突破行政命令和管控，更多是在法治框架下的自主、参与和民主协商。最后，教育治理的目标是实现教育善治（褚宏启，2014a）。这一目标的主要特征是参与度高、回应及时、透明度高、有自由度、有秩序、法治化、问责、高效率和公平等。而教育治理的最终目的则是教育公共利益的最大化，更好地促进人的发展与社会发展（褚宏启，贾继娥，2014）。

（二）教育治理的内涵、本质与特征

传统的教育管理，是政府主导的单向度治理模式；教育治理，则是不同利益相关者基于共同利益的共同治理（或称多边治理、多元治理、综合治理）。由此，作为行动过程的教育治理，是指国家机关、社会组织、利益群体和公民个体，通过一定的制度安排进行合作互动，共同管理教育公共事务的过程（褚宏启，贾继娥，2014）。概而言之，教育治理的主体由政府、社会、学校等构成，而实际上每一主体的内部也有诸多要素。理解教育治理须厘清以下几个关键问题：（1）教育治理与教育管理在理论上和逻辑上并非对立关系，教育治理是一种多元参与的教育管理形态。在我国，教育治理已经是一种现实存在，推进教育治理改革是进行中的教育管理改革的延续和深化。（2）教育治理的多元参与表明教育治理的实质是教育管理的民主化，因此，教育治理所呈现的是教育领域民主管理的新形态。（3）教育治理变革中，政府改革至关重要，善政是通向善治的关键。教育治理不意味着弱化政府作用，反而要求政府发挥不同于过去的“新的主导作用”，扮演好“元治理”的角色。（4）教育治理的关键是促进学校自主办学，提高学校活力，保障学校的办学自主权，走出“一管就死，一放就乱”的怪圈（褚宏启，贾继娥，2014；褚宏启，2014b；褚宏启，2014c）。

为解决教育领域中的政府与市场“双重失灵”问题，教育治理所强调的是多元主体参与的合作管理、共同管理、共同治理，以取代过去“单一主体的政府管理”。这就意味着政府不应该垄断对教育的管理权，而是与社会、学校合理分权，从单一主体的政府管理转向多元主体的共同治理。教育治理旨在通过向学校和社会组织放权、授权、分权，解决政府教育行政权力过于集中的问题；通过利益相关者的参与，解决多元利益表达特别是弱势群体利益表达的问题；通过多元主体的参与，尤其是通过社会专业组织的参与，解决民智集中和决策智力支持的问题；通过强化学校自治，解决政府与学校的关系和学校办学自主权的问题（褚宏启，贾继娥，2014）。因此，教育治理中的多元主体参与是教育管理民主化与科学化的内在统一，体现了教育管理现代化的本质要求。

治理的核心价值是“善治”，教育治理的价值基础正是通过一系列治理过程与手段，激发各教育利益主体的活力，追求和实现“好教育”，保证教育公共利

益最大化，这是衡量教育治理能力大小、教育善治与否的最终标准，涉及教育秩序、教育效率、教育效能、教育公平、教育自由等诸多方面。就教育治理的价值目标而言，涉及终极目标、现实目标和基本目标等方面。具体而言有以下几点（褚宏启，贾继娥，2014；褚宏启，2014b；褚宏启，2014c）。首先，规范教育秩序，提高教育效率。教育秩序是一定的教育行为方式的固定形式，否定和超越教育行为的偶然性、任意性、情绪化，其包括教育教学秩序、教育从业者工作秩序、教育管理秩序等。教育治理所追求的是正向的教育效率和秩序。教育效率是指教育资源投入与教育产出的关系。其次，保障教育自由，激发教育活力。教育自由指的是教育主体在教育活动中所享有的自由权利，主要包括学生受教育的选择自由权、学习自由权、表达自由权，教师的教学自由权、学术自由权，学校的办学自主权，地方教育行政机关必要的裁量自由权，等等。这些权利可以保护其他权利并制约行政权力，进而在教育治理过程中带来更多的“教育自由”。教育自由是激发教育活力的前提，学校以及学校中的个体只有获得了一定程度的自由，才能激发教育教学的积极性与创造性。最后，促进教育公平，提高教育效能。公平是公共教育的永恒追求，办好公平而有质量的教育是我国深化教育改革的根本目的。教育质量也是教育公平的一种维度，它在教育治理中表现为教育效能。以教育效能和教育公平为根本价值目标，突出表现了教育治理对平等性公平、差异性公平和补偿性公平的追求，对人的价值的崇尚。

就教育治理的过程与形式而言，教育治理的基本特征表现为基于“善治”的多元参与的教育治理格局，其典型特征可以从以下维度来审视（褚宏启，贾继娥，2014）。（1）参与度：教育治理所具有的参与度特征意味着参与教育治理的主体范围越大，各类利益相关者的代表性和话语权越充分，对管理事务的参与程度越深，就越能体现民意民情，多元利益就越能得到充分表达，治理的民主性就越强，最后善治的程度也就越高。（2）回应性：这意味着好的教育治理需要及时、负责地了解和回应公众的教育需求，主动了解民情民意。（3）透明度：教育治理的透明度特征要求其信息的公开性，也就是说，教育利益相关者和社会公众对教育治理信息享有知情权，有权获知政府信息和学校信息。信息透明度越高，政务公开和校务公开越充分，多元治理主体才能越有效地参与治理并监督治理过程。（4）自由度：教育治理具有自由度的特点，而这体现了教育管理的民主性，也体现出“管理的自由”。因此，教育治理的自由度有助于制约行政权力的越位和错位，有助于保护学生、教师和学校等各利益相关者的法定权利与自由。（5）秩序：秩序一词代表着稳定性，意味着安全、安定以及有条不紊的状态。规范教育行为，建构和维护教育秩序就是教育治理的基础性目标。（6）效率：好的教育治理必然包含高的效率，即形成理想的投入－产出关系。（7）法治：法治意味着法律是教育治理的最高准则，任何治理活动、任何治理主体都必须依法行事。（8）问责：问责意味着治理主体必须对其治理行为负责，作为治理主体，既享有权利又要承担义务和职责。（9）公平：公平是我们对于好的教育治理的期待，公平、公正地配置教育资源、调整教育利益应该是好的教育治理的结果之一。（10）效能：效能不同于效率，是对教育治理的质量方面的要求。效能是指善治目标的达成度，达成度越高，效能就越高。

（三）教育治理体系和治理能力现代化

教育治理现代化既包括教育治理体系的现代化，也包括治理能力的现代化。两者是结构和功能的关系，治理体系是治理能力发挥的前提和基础，治理能力的发挥应以相应治理体系的构建为支撑（甘晖，2015）。因此，在厘清教育治理体系的基础上，提升教育治理能力，是促进教育治理现代化的必由之路。

1. 教育治理体系现代化

治理体系对治理主体的权力结构、行为方式，对组织功能的发挥做出了规定。目前学界对教育治理体系的理解主要呈现两种观点，一种是“制度说”，一种是“结构说”。“制度说”认为，教育治理体系是一个以教育制度为中心的系统，这个系统既包括作为教育制度导向的教育价值观或价值追求，也包括贯彻教育制度的政策行为（ 陈金芳，万作芳，2016）。也有学者认为，教育治理体系是规范政府、学校、市场、社会等多元治理主体的权力与行为，维护公共教育秩序并提供优质教育公共服务的一系列制度和程序（张建，2014）。从这个角度来说，教育治理体系的现代化研究是对如何使这一系列制度从传统样态向现代化形态变迁的探讨。教育治理体系和治理能力建设集中表现为教育政策制度建设，要求建立与中国教育发展特点相适应的政策制度，形成富有中国特色的社会主义教育政策制度体系。这就需要以党的方针指引政策方向，以综合政策统揽发展全局，注重政策的综合设计、实施和评估；以专项政策实现重点突破，抓住关键，系统深入地做出政策设计，以求得突破和进展；以完善规则定性政策设计，通过普遍建立科学规范的制度体系，健全各种规范性顾问、文件、审查等机制，使教育制度逐步成熟和定形；以主动发布促进政策执行，建构政策执行的社会认知和舆论基础；以分化职能推进有效治理，推动教育的管办评分离。“结构说”认为，现代教育治理是由谁治理、治理什么以及如何治理这三个基本要素组成的逻辑结构（孙绵涛，2015）。在教育治理体系的构建过程中，“制度说”和“结构说”相互补充。教育治理体系必须以制度为载体，着重解决教育事务由谁治理、治理什么以及如何治理的问题，从政府间的分权治理到各部门间的合作治理，再走向政府、社会间的合作治理（张志勇，2015）。教育治理体系的现代化包括教育治理主体的现代化、治理理念的现代化和治理机制的现代化（张志勇，2014）。实现教育治理主体现代化，最根本的是推进教育家办学，取代教育局办学，让懂教育的人办教育；实现教育治理理念的现代化，推进教育治理的科学化、民主化和法治化是其中的关键；而实现教育治理机制现代化的关键则是要将广大人民群众纳入教育决策和管理主体，完善学校内部治理机制，建立现代学校制度。

衡量和评价教育治理体系现代化的标准主要涉及以下几个方面：（1）教育治理法治化，教育法治是教育治理的保障，主要考察是否形成系统完备的教育治理法治体系，以规范教育治理的各项权力运行；教育制度设计是否严格以现行法律法规为准绳，进行科学的实践探索和创新。（2）教育治理过程民主化，主要考察教育治理中的各种重要决策、具体制度的制定、执行和评价是否彰显大多数普通治理主体的意志和主张，是否充分调动了不同教育利益主体积极主动广泛地参与。（3）教育生态活力最大化，主要考察教育治理实践中，教育治理体系能否激发不同教育利益主体参与教育的活力，有效提供优质的教育服务，促进教育公共事务以至整个教育生态系统健康、有序运行。

2. 教育治理能力现代化

治理能力是在治理过程中，个体表现出来的能力及其产生的组织合力。有学者认为，治理能力是各个治理主体共同作用于治理对象时表现出的行为素质，蕴含在治理主体自身及治理体系之中（甘晖，2015）。亦有学者认为，治理能力是对高等教育治理主体的要求，是治理组织和相关人员开展治理活动、实现治理目标的能力（别敦荣，2015）。但也有学者将教育治理能力理解为治理过程中的具体能力，比如理解能力、执行能力和创新能力（陈金芳，万作芳，2016）。而治理能力现代化则是治理主体作用于治理对象时，展现出来的具有标准化、制度化、科学化和民主性等时代特征的行为素质。我们认为，教育治理能力是教育治理各主体（政府、学校、社会及各参与主体）在参与教育事务治理过程中展现出来的素质，具体指政府“管”的能力、学校“办”的能力和社会“评”的能力（主要是“评”，也包括其他参与能力）等。

第二节　管办评分离与教育治理结构变革

2014 年全国教育工作会议对教育治理体系和治理能力现代化与管办评分离进行了系统论述，提出加快推进教育治理体系和治理能力现代化，强调管办评分离的本质是改变管办评权力集于政府一身的局面，指出管办评分离是推进教育治理体系和治理能力现代化的基本要求，并把转变职能、改进教育管理方式，发挥学校主体作用、加快建设现代学校制度，发挥社会评价作用、动员社会参与支持监督教育——即政府如何管、学校如何办、社会如何评作为推进教育治理体系和治理能力现代化的三大重点任务（袁贵仁，2014）。这一规划指明了管办评分离对教育治理结构的要求。根据教育构成关系，教育治理结构可以划分为政府、学校和社会三种主要“元素”（刘丽君，孙鹤娟，2014）。这一治理结构改革涉及三个层面：政府管理职能的科学化和民主化建设，构建新型的政社关系，构建新型的政校关系。从政府自身建设、政社关系、政校关系三大方面来看教育治理能力问题。政校关系涉及以教育家办学取代教育局办学，促进管办评分离；政社关系涉及转变公共产品的提供方式，暗含管评分离，同时包含委托管理、购买服务，以及民办教育、教育监督等内容，也包括社会上兴起的各种学习形式和学习组织，鼓励社会力量办学，落实公众在教育决策中的参与权，以及对教育的监督和评价权。只有将政府的宏观管理、学校依法自主办学、社会的专业服务相结合，构建政府、学校和社会组织的联动、信任机制，才能构建教育治理新体系，提升教育治理能力，也才能实现教育的公共利益。本节对教育治理体系中“政府”“学校”“社会”三大主体的职能进行分析，为探讨基于管办评分离的教育治理结构变革奠定基础。在此基础上对政府－学校－社会新型教育治理关系（图 0–1）进行分类论述。

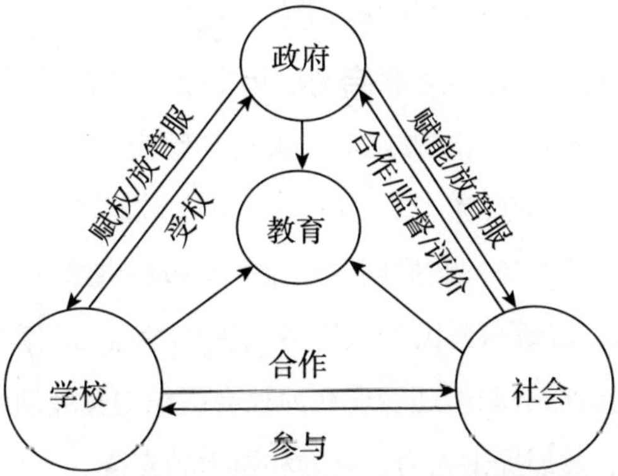

图 0–1 政府－学校－社会新型教育治理关系

一、政府：放管服相结合

治理理论强调治理主体的多元化，即“多中心体制”，但“多中心”并非“无中心”。教育事业的公益性与公共性特征，决定了政府既要改变以往的“一中心”统治模式，通过简政放权，充分调动学校和社会组织参与办学的积极性，形成“多中心”合作格局，又要在这种“多中心”合作的教育治理体系中发挥独特作用，如在义务教育治理中，保证义务教育的公益性和各地方义务教育在发展上的均衡（曲正伟，2003）。就当代中国教育治理的现实而言，政府教育管理职能存在微观干预多于宏观管理、计划导向的强制执行多于市场导向的问责、治理理念公平取向多于效率取向等特征（吴景松，2008；吴景松，2010）。

教育放权主要是指中央向地方放权、各级政府向社会让渡教育参与权、各级政府向学校放权。放权不是不管，政府在教育治理中的作用主要是宏观管理。从宏观角度看，政府在社会建设中的教育职能包括建立公共教育政策体系、公共教育财政体制、公共教育治理结构和公共教育服务体系，其中公共教育治理以政事分开、政校分开为核心（阮成武，2009）。在这一过程中，政府的主要教育管理职能体现在顶层设计和资源分配上（吴康宁，2012a）。从教育供给的视角看，教育作为一项社会公共事业，发展规划与资源供给的责任自然在政府，政府同时还是教育服务供给的监督者（周翠萍，2011）。总之，强调政府的宏观管理职能，在教育服务中政府的生产者与供给者的角色可以相分离，这为政府委托管理、购买服务提供基础，也为教育管办评分离提供可能。

就政府履职而言，优化服务职能是近年来政府一直强调的重点。从教育供给的视角看，教育治理现代化的核心在于政府能够为社会提供充足、优质和个性化的公共教育服务产品（田晓伟，2015）。比如，政府可以购买在线课程和电子书包等在线教育服务产品等。政府同时还是教育服务供给的监督者，从而逐步形成政府、社会组织、市场和公民个人等多元主体参与的教育服务供给格局（周翠萍，2010）。政府的服务职能还表现在为社会组织的发展创设良好的政策环境，为社会组织的培育、发展提供人力、物力和财力的支持。

二、学校：依法自主办学

从制度经济学视角来看，学校依法承担办学责任意味着学校在政府的委托下履行教育服务的生产责任，充当专业的教育服务生产者角色。这就反映了政校关系的变化。政校关系牵涉权责如何分配、权力如何行使，在法理学的角度上，双方不仅是一种行政法律关系（褚宏启，2005），还存在政府管辖权派生的政府与学校间的专业法律关系和私法意义上的民事法律关系（胡劲松，葛新斌，2001）；在实践过程中，又具体化为行政执法关系、经营管理关系、指导服务关系与资源配给关系（李轶，2006）。在划清学校办学的权责界限后，我们得以在清晰的框架内讨论学校自主办学的内涵问题。

依据自组织理论，学校要依法自主办学则需要进一步确立自主办学的意识，不断提高自主办学的能力，强化自主办学的责任，自主处理学校内部教育教学事务；在自主办学的路径与方式上，则需要加快现代学校制度建设，完善学校内部治理结构，建立与完善多元参与的办学机制，依法办学，依法建立学校发展的自我约束机制（范国睿，2017a）。也就是说，要建立分权制衡的内部治理机制。一方面，学校自身要建立良好的内部分权制衡机制，决策、执行和监督约束机制的构建迫在眉睫；另一方面，学校要树立责任共同体意识，校长负责制下的校长重任需要利益相关主体来分担，即通过向教师赋权，邀请他们积极参与学校治理，共同承担学校发展的大任（魏叶美，范国睿，2017）。同时建立与完善多元参与的学校事务监督、评价与问责制度，加强学校依法自主办学过程中的事中、事后监管；建立与完善学校法律顾问制度和法律救济制度，支持与保障学校依法自主办学权益（范国睿，2017b）。

三、社会：广泛参与教育

第三方的参与是社会分工越来越细、提高专业化水平的内在要求。在今后很长一段时间内，培育、发展、引入第三方是各行各业提高专业化水平的重要举措，在教育领域也是如此。按照职能，社会组织可分为教育评估中介机构、教育融资中介机构、教育咨询中介机构、教育交流中介机构和教育后勤服务中介机构（颜丙峰，宋晓慧，2004；颜丙峰，宋晓慧，2006：270–285）。根据经费来源，可以分为由政府提供维持费用和资助并给予一定委托业务的半官方型，完全独立于政府和学校之外的民间组织，由校长、行政官员与教师组成的学术组织（田平，1996）。

从我国政策规划来看，社会参与教育治理的功能定位较为广泛。2014 年全国教育工作会议报告指出，“社会广泛参与，就是教育质量要接受社会评价、教育成果要接受社会检验、教育决策要接受社会监督，最大限度吸引社会资源进入教育领域”（袁贵仁，2014）。2015 年《教育部关于深入推进教育管办评分离促进政府职能转变的若干意见》指出，“支持专业机构和社会组织规范开展教育评价”。这两个政策文件主要强调了社会在教育评价和监督中的功用。除了教育评价和监督，国家政策文件也一直强调社会力量参与办学。从 1982 年施行的《中华人民共和国宪法》第十九条第四款规定“国家鼓励集体经济组织、国家企业事业组织和其他社会力量依照法律规定举办各种教育事业”，到 1997 年国务院颁布的《社会力量办学条例》，再到 2002 年颁布的《中华人民共和国民办教育促进法》，国家对社会组织参与教育采取了一系列的鼓励政策措施。近年来，第三方社会组织在教育中的功用日益突出，《国家中长期教育改革和发展规划纲要（2010—2020 年）》首次提出，“积极发挥行业协会、专业学会、基金会等各类社会组织在教育公共治理中的作用”。

自 20 世纪 90 年代出现教育公益组织起，越来越多的教育专业组织或第三方展现出了强大的教育服务功能。但目前我国非政府组织参与公共教育治理的深度不够、独立性不强，再加上法制不健全，导致没能充分发挥其应有的民主效应、补偿效应和积能效应（金绍荣，刘新智，2013）。研究发现，我国社会组织尚处于新兴阶段，单打独斗、互不来往者居多；教育社会组织与政府有着千丝万缕的联系；政府承担着教育社会组织的培育者、教育社会组织发展的监管者以及教育社会组织深度依赖的公共服务提供者等不同角色。对浦东新区管办评分离与联动改革实践的分析表明，要真正实现我国教育行政职能转变，必须要积极培育、增强教育中介组织的专业性、独立性和权威性（胡伶，2008）。总体而言，当前，有能力参与学校教育事务评估的专业组织，其数量不能满足教育改革与发展的需要，现有的相关社会组织专业资质也堪忧。如何进一步激发社会资本、社会专业力量的教育热情，进一步提升其专业资质与专业能力，更好地监督、评估和服务学校发展，仍任重道远（范国睿，2017a）。

综上，如图 0–1 所示，管办评分离要求教育治理结构进行优化，明确政府、学校和社会在教育治理中的职能定位。政府要科学确权、善于分权、舍得放权，放管结合，优化服务；学校要自主办学、依法办学；社会发挥教育督导、检查、评估的作用，社会力量积极参与办学，社会组织主动提供教育服务。这场改革的核心就是政府、学校和社会各司其职且加强通力合作。

第三节　教育管办评分离改革的实践路径

推进教育管办评分离对于实现教育治理现代化具有重大意义。要进行这场变革需要明确教育治理的价值，完善教育治理体系建设，强化各主体的治理能力。

一、教育治理价值引领

教育治理现代化的改革，是一个教育治理价值导向调整优先于教育治理技术革新的过程，因而需要把握它的价值目标、价值尺度和价值取向。促进教育权利的公平、教育机会的公平、教育制度的公平、教育过程的公平，是教育治理体系现代化的价值目标；实现教育治理的民主化、法制化和科学化是教育治理现代化的价值尺度；“培养什么人、怎样培养人”是关涉教育治理现代化价值取向的问题。因此，在考虑教育治理的价值时，要全面贯彻党的教育方针，坚持社会主义办学方向，做好立德树人、教书育人的工作，才能保证教育治理现代化始终走在正确的轨道上（范逢春，2014）。

教育治理意识包括教育治理的公平意识、主体意识与效率意识。从强化教育治理的公平意识来讲，需要严格规范公权力，不断完善相关规则和规范，保证教育的公平和正义。更为重要的治理意识是明确教育善治的目标。莱福特维奇（A. Leftwich）在系统意义、政治意义和行政管理意义上对“善治”进行了分析：系统意义上的“善治”涵盖了“内部和外部所有的政治经济权力的分配”，比政府管理更加广泛；政治意义上的“善治”则指“一个从民主授权机制中获得合法性和权威的国家”；行政管理意义上的“善治”指的是“一种有效率的、开放的、负责的并且被审计监督的公共服务体系”（Leftwich，1993）。

实现教育善治有以下策略。（1）以多元“共治”求善治。要实现教育善治，最为优先和重要的是挖掘、利用教育治理本身的优越性，超越传统的单一主体的政府管理，充分调动各教育利益相关者的积极性，激发教育治理主体的活力，构建多元参与的教育治理体制。（2）以政府“元治”求善治。政府在参与教育治理的诸多主体中起主导作用，这体现在政府以“元治理”角色协调和整合多元主体的利益分歧，维护公共利益，保证教育领域公共利益的最大化；确定教育发展的方向、目标、标准，解决多元主体的目标分化问题，产出公共政策和制度，为多方主体参与管理提供共同的行动目标和行为准则；通过宏观教育规划统筹和调控，解决教育改革分散化的问题以及治理活动的碎片化和不可持续等问题。（3）以学校“自治”求善治。在教育治理中，学校是参与共治的主体之一，除参与治理外，学校在教育治理中更应该做的是“自治”，即自主办学，以专业精神，回归教育的育人本质。（4）以厉行“法治”求善治。多元共治必须以法治为基础和前提（褚宏启，贾继娥，2014）。

教育治理体系建设，唯有明确主体间的权责关系与教育事务处理的程序性规定，才能形成良好的治理秩序，大大降低交易成本，才能把教育政策设计转化为推动实现教育现代化的切实行动，形成教育治理能力与治理体系的良性互动格局。建立健全全面系统、开放灵活的教育系统，这就要求我们从立法层面将多元教育治理主体的权责关系界定清晰明白，明确各主体参与治理的权力、权利、义务、职责、范围、程度；制定公民参与的相关政策，细化公民参与事项，明确公众参与教育治理的基本方式、方法、规则、程序，使公众参与教育治理的一系列活动能够有法可依；要拓展公众参与的渠道与途径，利用网络信息平台，搭建公众诉求与利益表达的平台，与公众实现及时、平等的沟通与对话，引导公众参与走向理性与自觉（韩菊红，2014）。

二、完善教育治理体系

完善教育治理体系既要在结构设计上有所创新，理顺主体之间的权责关系，又要在制度建设上下文章，建立健全相关机制规范，以保障各主体在适当的权力范围内有效地行动，最终形成如图 0–2 所示的以政府放权为核心的政府、学校和社会间的新型关系。

如图 0–2 所示，在放权的同时，政府在整个教育治理体系中仍旧发挥着宏观调控和管理的功能，也承担着相应的监管和问责任务，这便是政府核心作用的体现。而学校和社会分别在政府授予权力的框架下自主办学、自主参与，当然社会与政府之间还存在着合作关系，社会对政府教育行为也有监督和评价的权力。需要注意的是，政府向学校赋权、向社会赋权的改革不是简单的权力下放和分散，而是通过制度创新，探索在市场经济体制和利益多元的社会环境中的有效教育治理结构与机制，重塑政府 – 学校 – 社会的关系，建立新的治理机制。新机制需要政府宏观调控、学校自主管理、社会广泛参与，即建立由政府、市场、教育实施者和参与者共同治理的复合模式，实现教育治理主体的社会化（范国睿，2017a）。就学校和社会关系而言，政府在某些领域或者某种程度上是学校和社会关系的缔造者，也就是说政府是学校和社会发生关系的桥梁。但学校和社会之间的关系不仅仅通过政府产生，伴随学校治理结构的完善（多元治理主体的参与，学校权力向家长、社区等的让渡）、社会组织的不断发展，二者之间自行的直接接触也越来越多，但需要遵循政府或教育行政部门的相关政策法规。

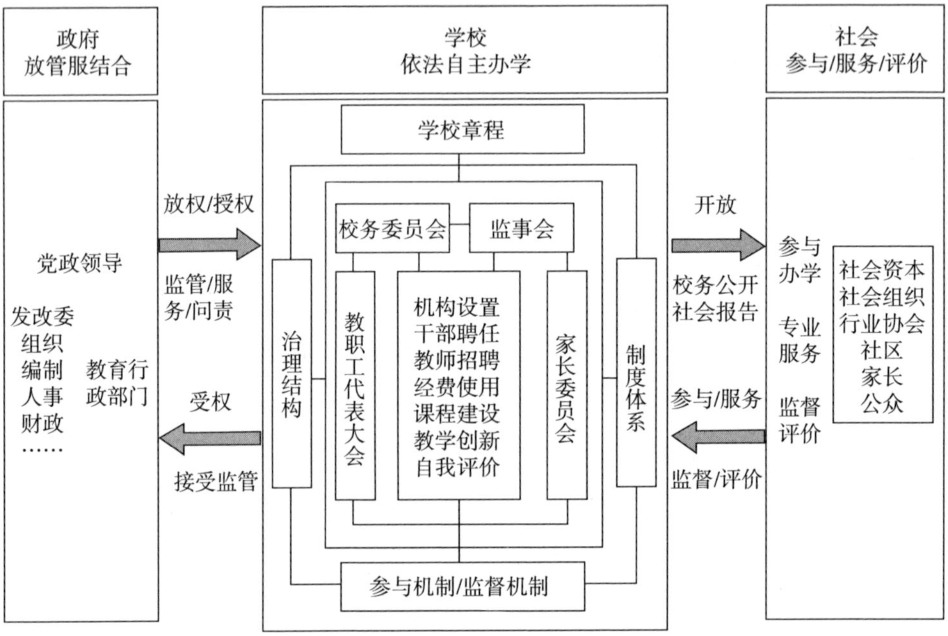

图 0–2　完善教育治理体系的系统设计

（一）深化政府教育治理改革

管办评分离改革的关键在政府，政府需要进行科学合理的制度设计，既发挥教育公权力的治理作用，保障教育的公益性，又转变政府教育治理职能，深化去行政化改革，探索购买教育服务的有效机制。

1. 发挥政府的“元治理”作用

要构筑互动、有序的教育治理结构，既要转变政府行政职能——从“划船者”变为“掌舵者”、从“运动员”变为“裁判员”，发挥在教育治理中的宏观主导、协调作用，又要构建合理、有效的公共教育权力分配与制衡机制。要对公共教育权力进行整合与分类，根据权力的类别和性质，将其分配给与之相匹配的组织或主体，以使公共教育秩序得到规范，教育公共服务实现优质供给。制定各种权力的运行、监督制度，以保证各种权力的效用发挥；更要建立完备的公共教育权力制衡机制，遏制政府教育职能部门公共权力的不断扩张，建立权力边界清晰、权责匹配、相互制约、执行有力、接受监督的国家公共教育行政权力配置机制。具体而言，需要采取“确权”“分权”“放权”“让权”四个重大举措。“确权”即确定教育行政权力归属，改变多头管理导致互相扯皮、管理效能低下的局面；“分权”即厘清教育管理、编制、人事部门的权力边界；“放权”就是要加快教育管理职能转变和简政放权，向地方政府和学校放权；“让权”即改变政府及教育行政部门集权管理教育的局面，充分调动社会（包括社会组织和公民个人）参与教育管理、学校管理的积极性。（张志勇，2014；易鑫，2014）

2. 转变政府教育职能

在深化教育治理改革的过程中，政府的教育治理职能角色将逐步转为教育发展的规划者、教育标准的制定者、教育经费与条件的保障者、教育服务的提供者、教育质量的监管者以及教育公共性的保护者等。政府职能的转变具体表现在两个方面：一是构建新型政社关系，二是构建新型政校关系。构建新型政社关系，是指政府改变公共产品的提供方式，通过开放教育、权力下放，建立全社会共同参与的教育治理模式，包括落实公众在教育决策中的参与权，促进教育决策的科学化和民主化，形成独立于政府的有效的教育监督和评价体系，切实改变政府“自说自话”的状态。这就需要更大程度的教育信息公开，建立包括听证会、专业化咨询、第三方评价、对政府的质询和行政问责等一系列新的制度。构建政校分离、学校自主办学的新型政校关系，主要是通过落实学校的办学自主权，建立现代学校制度，形成政府依法管理、学校依法自主办学的局面。具体到中小学，需要进一步完善校长职级制，建立新的选聘、人事、工资制度，促进校长队伍的职业化建设，推进教育家办学。

3. 深化“去行政化”改革

要减少行政权力的干预，关键在于简政放权。政府管理方式要从微观管理走向宏观管理，由直接管理走向间接管理，由办教育向管教育转变，由管理向服务转变。而转变管理方式和转变职能的突破口是减少行政审批，进一步加强宏观调控，加强事中和事后监管，更好地履行统筹规划、政策引导、监督管理的职责，更好地为教育消费者提供均等的基本公共服务和平等的非基本公共服务选择机会，更好地为教育供给者提供公平的竞争环境和良好的发展环境，建立健全公共教育服务体系，维护教育公平和教育秩序（范国睿，2017a）。此外，要转变管理方式，加强教育监管，充实、完善各类教育督导机构，坚持督政与督学并重、监督与指导并重；建立健全教育治理主体间的沟通协商机制，学校、社会组织和家长参与治理，形成教育合力；以购买专业化的教育服务等多种形式，为学校和广大师生提供所需要的高品质的教育服务；加强教育法治，推进依法治教，形成法治思维，完善立法机制（杨银付，2014；刘峰，2014a；刘峰，2014b）。

4. 完善政府购买教育服务机制

政府购买教育服务是以教育市场化为导向的教育改革的重要组成部分，从20世纪七八十年代至今，各国关于这方面的政策已经相当丰富，也有很多相关研究：萨瓦斯（E. S. Savas）在《民营化与公私部门的伙伴关系》中，从背景、理念和实践等方面概括了各国民营化的经验，对研究国外政府购买教育服务政策的背景有一定价值（萨瓦斯，2002：274–296）；贝尔菲尔德（C. R. Belfield）和莱温（H. M. Levin）的《教育民营化：原因、结果和规划影响》一书则介绍了国际教育民营化改革的案例和影响；拉洛奎（N. LaRocque）的《教育服务供给的契约模式——类型研究和国际案例分析》对各国教育服务供给的契约模式进行了分类比较（拉洛奎，2007）。

在建立与完善现代学校制度过程中，各国不断探索新的教育治理模式，委托管理等相关探索已积累了较有价值的经验。国外委托管理学校中比较有代表性的是英国的“教育行动区”（Education Action Zone）和美国的“特许学校”（Charter School）。这些探索对我国教育体制变革具有重要的启示与借鉴价值，比如赋予学校更多自主权，以应对市场的需求；通过合同制，明晰政府与学校的权利和义务；促进学校多样化，满足公众的个性化需求。（盛冰，2003）在国外教育管理体制变革的影响下，我国湖北、浙江和上海等地都进行了学校“委托管理”的实践（杜卓宏，许艳霞，季婵燕，2008；王胜，2009）。近年来，相关改革实践日益增多，各级政府对政府、市场和学校的定位与职能的认识越来越清晰。随着基于“小政府－大社会”的政府职能转变，各类提供专业化服务的教育中介组织应运而生，教育市场不断发育和完善。例如，在数字教育资源的开发与服务供给方面，要培育社会化的资源服务市场，采用政府购买服务等方式，鼓励有资质的企业、机构开发优质资源、提供优质服务。为了进一步完善政府购买教育服务的程序与机制，拉洛奎的建议似乎值得借鉴：契约式的教育服务供给需要更为详细的政策安排，政府要具备财政和合同管理能力；政府的政策实施需要规范的环境和明确的合同文本；政府要清晰地区分购买者和提供者的角色，并采用公开竞争的方式选择更好的提供者；评估签约机构，聘请独立评估机构评估签约机构的绩效；确立绩效指标和对无绩效指标的激励与约束机制；为私人机构提供自由空间，建议与提供者建立长期合同。在更广泛的意义上，这是有一定的参考价值的，可以为政府在基础教育领域引入市场机制提供借鉴。如采取准市场形式，同时制定相适应的规则，严格监管其成效，与社会和市场共同承担教育责任，满足社会对教育多样化的需求，是一种有益的教育管理体制改革尝试（李孔珍，沃斯特塔，库辛，2008）。

（二）建立现代学校制度

教育管办评分离改革的落脚点在学校，政府简政放权和社会参与评价，最终都是为了促进学校自主办学，因此，建设依法办学、自主管理、民主监督、社会参与的现代学校制度，便成了教育综合改革的关键。现代学校制度包括核心制度和外围制度，前者主要涉及教学管理制度、校本教研制度、学生评价制度、教师评价制度和学校内部管理制度，后者包括产权制度、投入制度、办学体制、后勤制度和社会参与制度，建立现代学校制度要求转变政府的教育职能，落实学校的办学自主权。因此，现代学校制度的建设，需要以正确处理学校与政府关系为前提，以优化学校内部治理为核心，以构建和谐教育环境为保障（孙绵涛，王刚，2013）。在实现路径上，一方面需要政府、社会、学校之间通过权力互动，建立有利于学校组织发展的外部环境；另一方面，在学校内部，通过现代学校法人制度、现代学校产权制度和现代学校自组织制度的建设与完善（范国睿，2005），形成学校自组织、自生长机制，自我约束，自我规范，自主发展。

1. 学校法人制度建设

学校法人资格是与学校自主办学紧密相关的问题。1986 年颁布的《中华人民共和国民法通则》对法人做了专章规定后，我国才开始建立法人制度。法学理论界根据法人的设立宗旨和活动性质，将中国法人分为企业法人、机关法人、事业单位法人和社会团体法人。中共中央、国务院 1993 年发布的《中国教育改革和发展纲要》指出，“在政府与学校的关系上，要按照政事分开的原则，通过立法，明确高等学校的权利和义务，使高等学校真正成为面向社会自主办学的法人实体”。2015 年 12 月第十二届全国人民代表大会常务委员会第十八次会议修订通过的《中华人民共和国教育法》第三十二条规定，“学校及其他教育机构具备法人条件的，自批准设立或者登记注册之日起取得法人资格。学校及其他教育机构在民事活动中依法享有民事权利，承担民事责任。学校及其他教育机构中的国有资产属于国家所有。学校及其他教育机构兴办的校办产业独立承担民事责任”。由上述政策文本可见，学校法人制度的建立，目的在于调整政府与学校的关系，保障学校的自主权；它所规范的不仅仅是学校在校产（财产）上的权利与义务，而且是“事权”意义上的全面的自主办学权利与义务。在学校法人地位与学校办学自主权问题上，赋予学校法人地位的本来目的在于使学校排除教育行政部门的过度干预，以获得办学自主权，并同时承担办学责任。

2. 加强校本管理

在内涵上，“校本管理”与“学校自主办学”异曲同工。“校本管理”是 20 世纪 80 年代中期开始在美国、澳大利亚等国广为推行的学校管理体制改革，反映了西方教育管理哲学从“外控式管理”向“内控式管理”的转变。“校本”意即学校本体，意味着不断调整政府与学校的关系，下移教育管理重心，将教育的责任与权力转移到学校层面，使每所学校成为教育管理主体，使其拥有自主性、独立性和一定的自由度，从而激发其办学的创造性与灵活性；在“校本管理”条件下，可以因校制宜，也就是说学校是一个“自行管理系统”（self-management system），可以根据自身的特点和需要来确定办学目标和任务，并创造性地适应教育目标，合理地分配和管理知识、技术、权力、材料、人员、时间和财政等各种学校资源，形成教育合力。

3. 推进以学校章程为核心的学校治理机制建设

学校章程作为学校的“宪法”，是学校依法自主办学的重要依据。针对我国中小学长期以来存在的无章办学、章程设计不规范、有章不依、缺乏有效监督等现象（陈立鹏，梁莹莹，王洪波，2011），教育部于 2012 年发布《全面推进依法治校实施纲要》，要求“到 2015 年，全面形成一校一章程的格局”。然而，在具体的实践过程中，仍存在缺乏章程执行机制、章程形同虚设等现象。为此，学校需要从自身情况和特色出发，制定、修订和完善章程文本，进而建立与完善基于学校章程的学校治理机制。建设好学校章程是学校治理体系现代化的基础性工作和重要保障，在实践中要依据学校章程，变革学校行政化的管理体制，建构多元治理主体参与学校治理的新格局；依据学校章程，确立学校重大事务的科学决策与民主决策机制；依据学校章程，制定系统完备的岗位职责与规章制度；依据学校章程，进一步凸显办学特色，避免千校一面。

4. 完善学校内部治理结构

学校依法自主办学，关键在于形成多方参与、协同治理的内部治理结构。当下，学校内部治理结构改革，核心在于坚持和完善中小学校长负责制和大学党委领导下的校长负责制。在基础教育领域，加强中小学党组织建设，发挥基层党组织在中小学治理中的核心作用，健全校长负责制，完善学校理事会、教职工代表大会、学生代表大会制度，充分、积极发挥中小学教学骨干在学校教育教学改革中的核心作用。制定出台"中小学家长委员会规程"，以健全家长委员会制度为重点，加强家长、社区对中小学事务的参与和监督。在高等学校领域，需要深入落实《关于坚持和完善普通高等学校党委领导下的校长负责制的实施意见》《高等学校学术委员会规程》《学校教职工代表大会规定》《普通高等学校理事会规程（试行）》等规章，推动党委会、校长办公会议事规则的完善，推动学术委员会、教职工代表大会以及理事会等制度的落实、完善，积极发挥大学教授会的学术管理作用，构建行政权力与学术权力相互平衡、良性互动的机制，形成决策、执行、监督相互独立、相互制约的法人治理结构。依法健全各类社团、协会以及其他社会组织在学校组织及开展活动的规则与要求，完善监督机制。

（三）扩大社会参与机制

随着改革深入，社会成员要在继续发展和完善自身的同时，逐渐进入"公域"之中，并与国家形成良性的互动关系（邓正来，2008：4-5）。国家在推动改革的同一时间，也需要加速变更政府职能，主动逐渐撤出不应干涉的社会领域，社会成员则充分利用改革的有利条件和契机，有意识、理性地推动社会的构建。

1. 积极培育社会组织

首先，在教育治理大背景下，应该营造一种鼓励参与的良好氛围，使得包括社会组织在内的多元主体积极参与教育过程。因此，政府可以考虑将当前相对稳定成熟的三大类公益组织——社会团体、民办非企业单位、基金会作为重点鼓励对象，探索与国家教育改革需要相适应的政策鼓励措施。

其次，完善社会组织参与教育治理的法律规范，运用强制、规制的手段制定教育类社会组织的专项管理条例。现有法律法规已对社会组织有所规定，比如《中华人民共和国宪法》对结社、社会组织的财产保护做了规定；《中华人民共和国公益事业捐赠法》《社会团体登记管理条例》等法律法规也对社会组织发展有一定的规范作用；山东省教育厅于 2016 年 9 月印发《山东省第三方教育评价办法（试行）》，对第三方的资质、委托评价的事项、委托程序、评价的工作程序、评价双方的权利和义务、评价结果的运用及组织领导等各方面的事务做了规定。但是，总体而言，目前教育社会组织的制度规范还有待完善。

再次，政府要加大对教育社会组织的投入。增加对社会组织等社会主体的投入是政府改善其财政支出结构的重要内容。同时，拓展教育社会组织的筹资渠道，政府要支持和引导民间力量为教育社会组织提供人力、物力和财力的支撑。此外，政府还可以通过相应的制度安排，鼓励金融机构在风险可控的前提下为符合条件的教育社会组织提供信贷服务。还可以建立教育社会组织发展基金会，创新政府资助教育社会组织的体制。

2. 建立健全社会组织的监管机制

首先，完善教育社会组织的服务管理体制。提升社会组织自身的管理水平和参与治理的能力是培育、发展社会组织的关键。宁波、深圳等地在管理实践中探索成立了“为社会组织服务的社会组织”，为社会组织提供相互交流、孵化、登记和项目运作等服务，通过整合各类社会资源，运用社会力量解决社会问题，满足居民多样化需求（郁建兴，任泽涛，2012）。在教育社会组织的发展过程中可以借鉴上述地区的做法。

重视对社会组织的审查和问责机制建设。政府在社会组织的发展过程中承担着培育者、扶持者的角色，同时也承担着监管者、审查者的角色。不得不承认，我国社会组织尚处于新兴阶段，不同社会组织的发展步调并不是一致的，可以说是处于不平衡的状态。这就需要进一步完善社会组织参与评价、服务的准入机制。目前状况下，要创新社会组织的登记管理制度。对于符合较高登记条件的社会组织实施登记制度，而对不能满足较高登记条件的社会组织实施备案制度，不失为一种较好的办法，这样可以扩大社会组织的数量。在此过程中，政府需重视监管和培育，慢慢提高社会组织的档次和质量。政府对社会组织的问责既要关注行为的短期过程和结果，也要聚焦长远的使命实现和发展变化，并基于问责的来源和问责关注的期限构建效益问责、使命问责、结果问责和发展问责四种问责形态（傅金鹏，2012）。总之，在教育社会组织的发展过程中，政府不仅要对其进行培育，也要重视资格审查，并在过程中加强问责。

三、教育管办评分离改革的技术支持

当今时代，以大数据、云计算等为代表的教育信息化正在引发教育领域的一场深刻变革。教育管办评分离改革，客观上离不开基于信息化的技术支持。

（一）信息化助推教育治理现代化

教育管理信息化建设可以有效地推进教育治理的现代化。一方面，"教育治理"概念所包含的理论是建设国家教育管理信息化体系的基础，特别是其中所包含的依法治教、区分权责、彼此尊重、相互协作和广泛参与的理念。另一方面，信息化是教育治理体系建构的基础支撑，是明晰政府、学校和社会三者职责与关系的有效途径，也是教育体系运作优化、精细治理、即时响应的有力保障。教育信息化背景下的信息技术手段能够全面、实时采集、分析大量的教育教学信息，提高教育行政管理效能；能够实现教育信息最大限度的公开透明，促进教育的公平公正；能够实现政府、学校、社会的及时互动，为社会服务、社会监督提供平台（刘传铁，2014）。在教育治理现代化进程中，需要以国家教育管理信息系统为核心，将各主体作用发挥出来，建设各级教育管理行政部门和各类教育机构的管理信息系统，构建全国教育管理信息化体系。通过全国教育管理信息化体系的全面应用，在保障教育信息系统完整真实地反映教育事业发展的基础上，建立与完善教育信息公开发布机制，提高教育治理透明度，规范管理过程，从而加快教育决策的科学化、民主化进程，促进教育从管理到治理的转变，实现教育治理的现代化（任友群，2014）。

（二）建立基于大数据的教育决策服务系统

教育治理能力的提升需要科学的教育决策，科学教育决策的做出仰赖基于证据的教育决策。基于大数据的教育决策，可以对微观层面的政策对象与行为进行聚焦，通过数据逐步清晰地描述原本模糊的教育活动。进一步说，教育政策的反馈过程将可以变得更加迅速，甚至实现实时与即时反映。此外，大数据分析本身具有概括、预测教育事业发展的功能。在这一背景下，建立国家教育决策服务系统，以学校（机构）代码为基础，将现代信息技术充分利用起来，集成各级各类教育数据，有效连接经济社会、国际比较等数据资源，同时把非结构化数据纳入其中，关注社情民意，通过抽样调查获取反映教育发展需求、绩效与问题挑战以及重大事件的数据信息，从而消除数据孤岛，增强数据信息的权威性和可关联性，通过数据归类、知识转化、数据分析和数据挖掘，形成有意义的"证据"，进而实现与民众的沟通。在数据信息分析使用上，需要探索建立政府、高校和科研机构协同创新的机制，促进教育研究、技术研发、决策应用三方联动，实现技术、科研、管理的深度融合。为保障国家教育决策服务系统开发的高效、有序，系统研发的组织架构应是立体的、开放的，同时要创新服务机制，规范服务程序，加强服务机制能力建设（陈国良，2014）。

四、教育管办评分离改革的法治保障

法治是实现教育治理体系和治理能力现代化的重要标志，其基本内涵是"依良法，达善治"。良法是善治的基础和依据，善治是良法的导向和目标（湛中乐，2014）。为此，需要"坚持教育立法和改革决策相衔接，做到重大改革于法有据，以法律规范引领和推动教育改革、促进和保障教育发展"（教育部，2016）。推动教育法治，首先，要形成法治思维。国家教育行政机关要依据宪法和法律的授权行使权力，依法推进教育改革和发展，实现宪法和法律所设定的教育改革、发展的目标；坚持依法行政，行政决策和管理措施都要于法有据，以法治思维和法治方式推进教育的改革与发展，实现教育治理体系和治理能力的现代化（翁小平，2014）。其次，坚持依法治教。加快完善教育法律法规建设，进一步推进行政审批制度改革，建立统一公开的程序，规范文件的出台和审查；加强法治教育，从培养法治意识开始，培养教育工作者、学习者、全体人民的法治思维和法治信仰。再次，构建法治体系，为此，需要适时将成熟的教育治理政策与制度上升为教育法律或法规；基于教育治理的制度创新的合理需求，做好相关教育法律制度的“立”与“破”；构建和完善规范不同教育治理主体行为的法治体系。

第一章

教育治理的历史逻辑

历史从哪里开始，逻辑就从哪里开始。理论的逻辑进程与客观现实的历史发展进程相一致。正如恩格斯所说，“历史从哪里开始，思想进程也应当从哪里开始，而思想进程的进一步发展不过是历史进程在抽象的、理论上前后一贯的形式上的反映”（中共中央马克思恩格斯列宁斯大林著作编译局，2012：14）。改革开放给人们提供了许多弥足珍贵的启示，其中最重要的一条就是，“一个国家、一个民族要振兴，就必须在历史前进的逻辑中前进、在时代发展的潮流中发展”（习近平，2018）。

波普科维茨说，当代许多对于改革的分析都忽略了其历史，而却在改革的定义上大做文章。实际上，教育改革是一种复杂的现象，与历史文化、思想理念以及教育体制结构和社会政策等联系在一起。置身于经济社会发展大潮，教育无法对错综复杂的社会诉求熟视无睹，更无法任性地掐断与历史的联系。中国教育的很多问题实际上都与时代发展状况和经济社会发展状况相关，教育改革一定程度上带有被“裹挟”的性质。也就是说，伴随着经济政策的重大调整与变化，教育所承担的责任也会发生变化。

任何历史概念都承载着具体的历史过程和历史内容。因此，教育治理方式的转变，实际上是基于教育改革发展的历史视野以及在这些历史视野下真实发生的历史事实，每一次治理方式的变化背后都必然有其历史印记。所谓历史逻辑，并不标识历史是一种主观的预先安排，而是指一事物从其萌芽、生长、发展到今天，在整个过程中发挥作用的、使得该事物无论结局如何都显得顺理成章的内在原理（刘庆昌，2018）。

从历史的角度看，对于中国社会而言，改革开放是从恢复和重建社会秩序走向突破体制机制藩篱和激发社会活力、从计划经济走向市场经济、从统一集中的统制型管理走向多方参与的治理体系的过程，各利益主体之间的冲突、博弈与妥协贯穿其中（范国睿等，2018：40）。作为中国社会子系统，我国教育治理体系逐步完善的历史过程中，改革是主旋律，经济社会发展是根本动力，政府是主导因素，教育规律日益成为关键因素，学校角色意识和内生动力逐步觉醒。不同层级的政府及其部门，政府与学校、社会组织、市场，学校领导、教师与家长等不同教育利益主体的教育权力和利益进行合理调整与博弈，这一过程是一个以教育政策和规章推进点状改革到以法律规范教育秩序、推进教育制度建设与完善的过程，更是一个重建教育秩序进而力图突破规制、以法治赋权、推进协商共治的过程，一个寻求不同教育利益主体间适度张力与激发活力的过程，一个从规制走向赋能的过程（范国睿，2018a）。在此过程中，具有中国特色、世界水平的现代教育治理体系逐渐形成。

第一节　全面启动教育体制改革

新中国成立后的很长一段时间，我国都是“强政府弱社会”的管理格局，这一点在教育领域尤其突出，政府直接办学、直接管理学校的现象普遍存在。改革开放后，这种固化的模式难以有效适应经济社会的发展，1978 年党的十一届三中全会召开，教育制度逐步恢复与重建。1985 年 5 月 27 日，《中共中央关于教育体制改革的决定》颁布，自此，教育体制改革全面启动。在此过程中，政府的教育管理功能逐步强化，政府“包办”一切的局面开始被打破，学校办学自主权被提出，社会多元主体开始萌芽。

一、政府教育管理的逐步强化

1977 年，高考招生制度正式恢复。1978 年，党的十一届三中全会“实现了新中国成立以来我们党历史上具有深远意义的伟大转折，开启了我国改革开放历史新时期”（胡锦涛，2008）。1985 年，《中共中央关于教育体制改革的决定》发布，教育体制改革全面启动。教育秩序逐步恢复和教育改革日益深入的同时，政府的教育管理功能也逐步强化，并且随着教育体制改革和教育形势的变化，从政府作为唯一的教育管理主体开始向以政府为主体、其他多元主体逐步参与教育管理转变。在此过程中，以政策驱动教育管理和改革亦成为这一时期教育治理的重要特征。

（一）政府直接管理学校

新中国成立后，中央政府建立了与我国国家政治制度和经济制度相匹配的、倾向于中央集权的教育行政体制（吴志宏，2000：61）。在这种教育行政体制下，教育计划、纲领、条例和政策大都在党和政府主导下推行，国家对教育实施的是一种垂直的、权威式的管理。教育事业管理体制的基本特征为高度统一，重心偏高。这种模式在当时有一定的积极意义。随着社会的不断发展，特别是改革开放以来，为了适应社会经济发展的需要，我国的教育管理体制也在不断改革，并取得了一定成效，但"大统一"和"集权制"的管理模式并未能彻底改变，政府主管部门仍集管、办、评于一身。这种大包大揽的管理模式下，主管教育行政部门直接管理学校，主管教育行政部门和学校的职责不清晰、工作效率不够高，办学权与行政权这两种不同性质的权力混淆，政府充当了学校举办者、行政管理者和实际办学者等多重角色，造成了"政校不分"、学校与政府关系混乱、学校与社会关系模糊的状况。这种管办重合的弊端，客观上造成我国中小学校办学权力和责任不明。所有教育管理方面的权力基本上都被教育行政部门所掌控；学校没有一定的办学自主权，缺乏办学活力，学校管理体制和办学模式单一；教育不能适应社会经济发展步伐，也不能满足人民群众日益增长的教育需求。管理理念和管理体制的落后，进而导致管理方式和管理能力的落后（王璐，王世赟，2018）。《中共中央关于教育体制改革的决定》指出，在教育事业管理权限的划分上，政府有关部门对学校主要是对高等学校统得过死，使学校缺乏应有的活力；而政府应该加以管理的事情，又没有很好地管起来。要从根本上改变这种状况，必须从教育体制入手，有系统地进行改革。改革管理体制，在加强宏观管理的同时，坚决实行简政放权，扩大学校的办学自主权。

（二）以政府为主体的格局

1975 年，国家开始对经济社会各方面进行重大调整和改革，改变我国长期以来形成的高度集中的政治、经济和社会形态。虽然很难说国家从一开始就非常明确地将教育改革作为改革的重心，但是毫无疑问的是，改革的突破口之一是教育。

1984 年 10 月，《中共中央关于经济体制改革的决定》正式发布，指出改革是当前我国形势发展的迫切需要，并提出科学技术和教育对国民经济的发展有极其重要的作用。伴随着经济体制改革，科技体制和教育体制的改革也成为迫切需要解决的战略性任务。时隔仅仅一个星期，中央书记处就开会讨论决定，将科技、教育改革提上日程，并成立领导小组。调研组经过实地调研后，提出当前最大的弊端乃于长期计划经济体制下所形成的僵化模式。具体表现形式是教育行政部门把人、财、物统得很死，其弊端是真正需要协调、需要统筹的事情因条块分割而无人问津。由此确立了教育改革目标，即建立与经济体制相配套的、符合中国国情、适应经济和社会全面发展要求的教育体制。1985 年 5 月，改革开放后的第一次全国教育工作会议召开，讨论并通过《中共中央关于教育体制改革的决定》，正式将教育改革定位于体制改革，加上之前已经出台《中共中央关于经济体制改革的决定》、《中共中央关于科学技术体制改革的决定》(1985 年 3 月)，经济、科技、教育改革同步推进，明确地突出体制改革，形成以体制改革为主的强劲旋律，极大地推动了社会现代化的进程。作为改革开放后中共中央颁布的关于教育体制改革的第一个决定，《中共中央关于教育体制改革的决定》明确了市场经济条件下办学体制多元化、政府职能与学校办学自主权、中央与地方的关系以及多元筹资等核心问题，并由此拉开了自上而下的中国教育体制改革大幕（柯进，2015)。

应该说，《中共中央关于教育体制改革的决定》的出台在我国教育体制改革中具有里程碑式的重要意义，成为我国教育体制的分水岭。尽管其主基调依然是强调“政府管教育”，但正是自此开始，政府包办的教育治理方式开始向以政府为主体的治理方式转变，中央逐步向地方下放教育管理权。比如，基础教育方面除大政方针和宏观规划由中央决定外，具体政策、制度、计划的制订和实施，以及对学校的领导、管理和检查，责任和权力都交给地方。省、市（地）、县、乡分级管理的职责如何划分，由省、自治区、直辖市决定。职业教育方面充分调动企事业单位和业务部门积极性，鼓励集体、个人和其他社会力量办学。高等教育方面实行中央、省（自治区、直辖市）、中心城市三级办学的体制。在此背景下，1986 年 3 月，国家教育委员会颁发《高等教育管理职责暂行规定》，其中明确指出，国家教育委员会在国务院领导下管理全国高等教育工作，省、自治区、直辖市人民政府则管理本地区内的高等学校，同时，扩大高等学校管理权限，增强高等学校适应经济和社会发展需要的能力。

（三）以政策驱动为主的管理方式

长期以来，由于政府在教育治理中的压倒性优势，直接行政一直是我国政府运用权威工具推行教育政策的主要形式。各种问题都需要政府出台政策来加以解决，任何一项改革背后都要有相关政策作为依据。近几十年来，我国教育发展几乎完全为政府主导的改革所驱动，而每一项改革的背后又都和政府的重大政策的出台密不可分。我国教育改革的模式就是政策驱动，政府通过出台不同的政策来主导或引导教育改革和发展的方向。回顾我国教育改革历程，国家是改革发展不可替代的核心主体，政策是促进改革的推手（刘晶，2015）。

在教育领域，由政府以政策驱动改革可以说是我国教育治理过程中的典型模式。改革内容由政府所指定，改革进程为政府所主导，改革空间被政策所“锁定”，政府的政策成为指导教育改革的最高权威，改革的时间表、路线图、目的地以及“游戏规则”均由政府的政策规定。据不完全统计，1949 年到 1985 年《中共中央关于教育体制改革的决定》发布期间，有多个直接以中共中央、国务院名义出台的重要政策文件（表 1–1）。举例来说，1958 年《中共中央关于印发教育工作的十个文件的通知》几乎涵盖了教育治理的各个方面，可谓事无巨细：从宏观的教育事业发展计划，到中观的高等学校所必需的校舍建筑、仪器、设备及原材料供应，再到微观的大中学校增设军事课程及编写普通中小学和师范学校教材；从农村继续扫除文盲和巩固发展业务教育，到在高等学校中确定一批重点学校，再到整顿新建的全日制和半日制高等学校；从试验改革学制，到全日制学校的教学、劳动和生活安排，再到高等学校师资的补充、培养和调配。

表 1-1　中共中央、国务院发布的重要教育政策（1949—1985 年）

序号	出台时间	出台部门	文件名称
1	1949 年	中共中央	关于中央人民政府成立后党的文化教育工作问题的指示
2	1958 年	中共中央	关于高等学校和中等技术学校下放问题的意见
3	1958 年	中共中央、国务院	关于教育事业管理权力下放问题的规定
4	1958 年	中共中央、国务院	关于教育工作的指示
5	1958 年	中共中央	关于印发教育工作的十个文件的通知
6	1961 年	中共中央	关于讨论和试行教育部直属高等学校暂行工作条例（草案）的指示
7	1963 年	中共中央	关于讨论试行全日制中小学工作条例草案和对当前中小学教育工作几个问题的指示
8	1963 年	中共中央、国务院	对高等学校领导、管理问题两个文件的批示
9	1964 年	中共中央、国务院	批转教育部临时党组《关于克服中小学学生负担过重现象和提高教学质量的报告》
10	1966 年	中共中央	转发教育部党组《关于减轻学生负担保证学生健康问题的报告》、高教部党组《关于减轻高等学校学生学习负担，促进学生德智体全面发展的报告》和高教部《关于增进高等学校学生健康，实行劳逸结合的若干规定（草案）》
11	1966 年	中共中央、国务院	批转教育部党组《关于改革高级中学招生办法的请示报告》
12	1966 年	中共中央、国务院	关于高等学校招生工作推迟半年进行的通知
13	1966 年	中共中央、国务院	关于改革高等学校招生工作的通知
14	1967 年	中共中央	关于小学无产阶级文化大革命的通知（草案）
15	1967 年	中共中央	关于中学无产阶级文化大革命的意见

续表

序号	出台时间	出台部门	文件名称
16	1967 年	中共中央	关于大专院校当前无产阶级文化大革命的规定（草案）
17	1971 年	中共中央	全国教育工作会议纪要
18	1977 年	国务院	批转教育部《关于 1977 年高等学校招生工作的意见》
19	1979 年	中共中央、国务院	转发《全国托幼工作会议纪要》的通知
20	1980 年	中共中央、国务院	关于普及小学教育若干问题的决定
21	1983 年	中共中央、国务院	关于加强和改革农村学校教育若干问题的通知
22	1985 年	中共中央	关于教育体制改革的决定

政府主导改革，以政策驱动改革成为我国教育治理的典型模式。这一点在高等教育领域表现得尤为明显，长期以来，在政府的主导下，围绕重点建设和选优激励两个焦点，政策驱动改革既促进了我国高等教育的快速发展，也埋下了一些隐患。政策驱动的改革既体现了管制灵活的优点，也暴露出了政策实施“软约束”的缺点。现有体制下，我国教育改革受政治的约束较多。与经济领域的改革相比，我国教育改革至今仍未脱离指令性计划的窠臼。强政治约束的高等教育政策（改革）有积极的一面，也有消极的一面。因此，我们既不能低估也不能高估政府的政策对于高等教育改革与发展的重要性（王建华，2018）。

二、学校自主办学的逐步觉醒

作为专门性、系统性从事教育教学工作的主体，学校是教育治理中的关键主体。学校的自主意识、自主能力的发展与外界尤其是政府释放出的治理空间有直接的关系。随着自上而下的教育体制改革政策的实施，学校自主办学问题逐渐成为我国教育治理发展的重大问题。在改革开放之初，学校自主办学的提出和尝试肇始于高等院校。

（一）学校办学自主权的提出

1979 年 12 月，复旦大学苏步青、同济大学李国豪、上海师范大学刘佛年、上海交通大学邓旭初等 4 所高校负责人在《人民日报》上发文，呼吁改革高等教育体制，给高等学校以办学自主权，引起强烈反响。《人民日报》还为此加编者按提出：“高等学校是否应该有办学自主权，以及有哪些自主权，教育体制怎样改革才能适应工作重点的转移，都是值得探讨的问题，希望全社会能就此提出建设性意见。”（肖关根，1979）一石激起千层浪，从教育主管部门到高等学校，都热烈讨论这个问题，并逐步开展研究。自此，以扩大高等学校的办学自主权为突破口，高等教育体制改革逐渐在全国范围内掀起了热潮。其中，上海交通大学率先开展了学校内部管理体制改革。1983 年 6 月，教育部发文同意上海交通大学扩大管理权限，增强高等学校办学活力。1983 年 2 月，浙江省就高等教育管理体制改革、扩大学校办学自主权做出 5 条规定。1984 年 6 月，湖北省做出 6 条规定。同年 7 月，黑龙江省做出《关于扩大全日制高校自主权的若干规定》（蔡克勇，2003：75）。

正是在这种情况下，1985 年出台的《中共中央关于教育体制改革的决定》是中央第一次明确提出高校办学自主权问题：“当前高等教育体制改革的关键，就是改变政府对高等学校统得过多的管理体制。在国家统一的教育方针和计划的指导下，扩大高等学校的办学自主权。”《中共中央关于教育体制改革的决定》还对高等学校办学自主权做了具体的规定。招生方面，在执行国家的政策、法令、计划的前提下，高等学校有权在计划外接收委托培养学生和招收自费生；专业调整方面，有权调整专业的服务方向，制订教学计划和教学大纲，编写和选用教材；研究方面，有权接受委托或与外单位合作，进行科学研究和技术开发，建立教学、科研、生产联合体；人事方面，有权提名任免副校长和任免其他各级干部；经费方面，有权具体安排国家拨发的基建投资和经费；国际交流方面，有权利用自筹资金，开展国际教育和学术交流等。同时，该文件还明确，国家对高校实行宏观管理，会定期对高校进行评估，对成绩卓著的学校给予荣誉和物质上的重点支持，办得不好的学校要整顿以至停办。该文件更进一步提出，对不同的高等学校，国家还可以根据情况，赋予其他的权力。为了加强和改进高等教育的宏观指导和管理，扩大高等学校的管理权限，1986 年 3 月，国务院又颁布了《高等教育管理职责暂行规定》，明确了高等学校在人才培养、经费预算、基建计划、人事管理、职称评定、专业调整、科学研究、国际交流等八个方面的管理权限，以增强高等学校适应经济社会发展的能力。

（二）学校内部管理职能和权限的明晰

学校的内部治理问题是教育治理中的重要问题。1950 年，政务院先后发布了《高等学校暂行规程》《专科学校暂行规程》《私立高等学校管理暂行办法》，对高等学校、专科学校、私立高等学校的行政组织的职能、组成、运作情况等内部治理提出了明确要求。1952 年，教育部发布《中学暂行规程（草案）》《小学暂行规程（草案）》《幼儿园暂行规程（草案）》，对中小学和幼儿园的设置、领导、组织、编制等做了详细的要求。1961 年 9 月，《中共中央关于讨论和试行教育部直属高等学校暂行工作条例（草案）的指示》（即“高教六十条”）发布，规定了高等学校的领导制度和行政组织。1963 年，《中共中央关于讨论试行全日制中小学工作条例草案和对当前中小学教育工作几个问题的指示》发布，《全日制小学暂行工作条例（草案）》（即“小学四十条”）和《全日制中学暂行工作条例（草案）》（即“中学五十条”）试行，再次对全日制中小学的行政工作以及校长职责、党的工作和其他组织工作等提出了要求。

改革开放后，随着学校教育教学逐步走向正轨，学校内部管理职能和权限的厘清就成为当务之急。1978 年 7 月，刘西尧同志代表教育部在全国教育工作会议上所做的报告和总结指出，要“发动师生员工认真讨论，建立必要的规章制度。原高教六十条、中学五十条、小学四十条基本是好的，它的基本内容应该予以肯定。我们根据实际情况和要求做了一些修改，请大家讨论，提出意见，定稿后很快发下去，供各校试行，以后再报中央审批”，“重点学校应根据国家统一规划和学校实际，制定学校的发展规划”。（何东昌，1998：1613–1614）此后教育部即对大、中、小学的相关条例进行了修改完善，并陆续发布《全日制中学暂行工作条例（试行草案）》《全日制小学暂行工作条例（试行草案）》《全国重点高等学校暂行工作条例（试行草案）》，对从小学到高校的内部治理提出了明确而细致的要求。1985 年，《中共中央关于教育体制改革的决定》又进一步提出，学校逐步实行校长负责制，有条件的学校要设立由校长主持的、人数不多的、有威信的校务委员会，作为审议机构。

三、社会多元治理的逐步萌芽

治理主体的单一化，即所有权力集中于唯一的权力机构，是改革开放前中国政治的主要特征之一。在教育领域，教育计划、纲领、条例和政策大都在党和政府的"强势"主导下制定和实施。新中国成立初期，中央政府通过对国民党官办学校、各类私立学校以及外资津贴学校等各种"旧教育"和"旧学校"进行接管、接办、接收和改造，掌握了学校的领导权和主办权，形成了政府包揽学校一切的格局。在这一过程中，基本上是以政府的单一行政管理为主。随着教育体制改革的启动和深入，社会多元主体开始参与并逐步发挥作用。

（一）多元治理主体参与的萌启

应该说，计划经济时期，行政手段作为政府管理教育的主要手段，在国家处于低度发展且教育亟须提升的时期，能够带来命令执行上的高效率，政府管理的效果也较为显著，从短时期来看有利于达成政府的既定发展目标，也在一定程度上推动了教育的发展。但随着社会环境的变迁，这种单一的行政手段在现代化的教育治理中最终显得乏力（陈良雨，2015）。因此，政府不应该垄断教育的管理权，应与社会、学校合理分权，从单一主体的政府管理转向多元主体的共同治治理（褚宏启，贾继娥，2014）。同时，政府的"包揽"也并不能确保教育领域改革和发展的所有需求都得到满足。因此，改革开放后，为了改变这种僵化的模式，国家开始逐步放开这种"包揽式"的办学体制和管理体制，通过不同程度的放权，给地方灵活性、自主性，以此推动教育更有活力地发展。

1978 年，党的十一届三中全会公报明确指出，推进政治体制改革就是要认真解决党政企不分、以党代政、以政代企的现象。这意味着，党和政府不再是唯一的治理主体，各级政府、事业单位、企业等都将拥有治理主体地位。在此背景下，除政府以外的教育治理主体逐步被重视，并正式参与到教育中。

1985 年，《中共中央关于教育体制改革的决定》提出，要动员和教育全党、全社会和全国人民关心和支持教育体制改革，发展教育事业。鼓励各民主党派、人民团体、社会组织、离休退休干部和知识分子、集体经济单位和个人，遵照党和政府的方针政策，采取多种形式和办法，积极地自愿地为发展教育贡献力量。同时指出，地方要鼓励和指导国营企业、社会团体和个人办学，并在自愿的基础上，鼓励单位、集体和个人捐资助学，但不得强迫摊派。要建立和健全以教师为主体的教职工代表大会制度，加强民主管理和民主监督。学校中的党组织要从过去那种包揽一切的状态中解脱出来，把自己的精力集中到加强党的建设和加强思想政治工作上来。

此后，1982 年，《中华人民共和国宪法》第一次从法律层面对其他社会主体参与办学做出了明确规定：国家鼓励集体经济组织、国家企业事业组织和其他社会力量依照法律规定举办各种教育事业。1986 年，《中华人民共和国义务教育法》再次从法律层面明确了其他社会主体参与办学的合理性："国家鼓励企业、事业单位和其他社会力量，在当地人民政府统一管理下，按照国家规定的基本要求，举办本法规定的各类学校。城市和农村建设发展规划必须包括相应的义务教育设施。"

（二）社会力量参与办学

1987 年 7 月，国家教委制定并实施了《关于社会力量办学的若干暂行规定》，对社会力量的范畴进行了规定，主要包括"具有法人资格的国家企业事业组织、民主党派、人民团体、集体经济组织、社会团体、学术团体，以及经国家批准的私人办学者"；明确了社会力量办学的地位："是我国教育事业的组成部分，是国家办学的补充"；提出社会力量办学须"坚持四项基本原则，坚持为社会主义物质文明和精神文明建设服务，遵守政府法令，执行国家有关教育的方针政策，接受地方人民政府及其教育行政部门的领导和管理"；社会力量办学"应结合本地区经济建设和社会发展的实际需要，主要开展各种类型的短期职业技术教育，岗位培训，中、小学师资培训，基础教育，社会文化和生活教育，举办自学考试的辅导学校（班）和继续教育的进修班"；要求社会力量办学"均须根据学校的类别、层次，按审批权限，经有关教育行政部门批准，未经批准不得办学。教育行政部门应根据本规定和当地的有关规定以及办学单位的申报材料，对拟办学校的办学方向、宗旨、条件、招生区域、教师、教材等进行审核”。至此，社会力量办学正式被纳入国家正规教育体系。

第二节　建立与社会主义市场经济体制相适应的教育体制

伴随着经济政策的重大调整与变化，教育所承担的责任发生变化的同时，教育治理方式也发生了变化。1992 年，邓小平在赴南方视察途中，发表了一系列重要谈话。我国开始了新一轮的解放思想、改革开放，开启了以经济增长为核心的新发展道路。同年，党的十四大报告正式提出，我国经济体制改革新的目标是建立社会主义市场经济体制。1993 年，中共中央、国务院印发《中国教育改革和发展纲要》，提出建立“适应社会主义市场经济体制和政治、科技体制改革需要的教育体制”，成为我国教育事业发展的方向。随着经济形势发展和国家治理体系的建构，2010 年《国家中长期教育改革和发展规划纲要（2010—2020 年）》随即提出，形成政事分开、权责明确、统筹协调、规范有序的教育管理体制，建设依法办学、自主管理、民主监督、社会参与的现代学校制度，积极发挥行业协会、专业学会、基金会等各类社会组织在教育公共治理中的作用。在此过程中，政府包揽办学的格局开始发生改变，现代学校制度被正式提出并逐步完善，社会多元主体开始参与教育治理。

一、政府包揽办学格局的改变

1992 年，党的十四大报告中明确提出，要鼓励多渠道、多形式社会集资办学和民间办学，改变国家包办教育的做法。1993 年，《中国教育改革和发展纲要》指出，要改革包得过多、统得过死的体制，初步建立起与社会主义市场经济体制和政治体制、科技体制改革相适应的教育新体制，逐步建立以政府办学为主体、社会各界共同办学的体制，从而改变政府包揽办学的格局。政府要转变职能，由对学校的直接行政管理，转变为运用立法、拨款、规划、信息服务、政策指导和必要的行政手段，进行宏观管理。

（一）教育管理权限的下放

中央与地方的教育管理权责问题，一直是教育管理体制改革的重要议题。早在 1958 年 8 月，中共中央、国务院发布的《关于教育事业管理权力下放问题的规定》就提出："今后对教育事业的领导，必须改变过去条条为主的管理体制，根据中央集权和地方分权相结合的原则，加强地方对教育事业的领导管理。""小学、普通中学、职业中学、一般的中等专业学校和各级业余学校的设置和发展，无论公办或民办，由地方自行决定。""过去国务院或教育部颁布的全国通用的教育规章、制度，地方可以结合当前工作发展情况，因地制宜、因事制宜地决定存、废、修订，或者另行制定适合于地方情况的制度（包括各项定额标准和执行办法）。"

1986 年 4 月，第六届全国人大第四次会议通过的《中华人民共和国义务教育法》以法律的形式规定了"义务教育事业，在国务院的领导下，实行地方负责、分级管理"原则，让地方政府管理教育的权力有了法律上的依据。此后，在《中共中央关于教育体制改革的决定》和《中国教育改革和发展纲要》的基础上，国家教育管理权限进一步下放。1993 年 2 月，国家教委、国务院学位委员会印发了《关于中央部门所属普通高等学校深化领导管理体制改革的若干意见》等 6 个文件，其中再次对中央部门所属高等学校的办学体制和管理体制区分不同情况提出了明确要求，要求中央部门所属高等学校把目前直接的行政管理转变为主要运用立法的、经济的和必要的行政手段，进行宏观管理。

（二）统筹有力、权责明确的教育管理体制的确立

随着我国社会主义市场经济体制的建立和教育体制改革的进行，我国逐步形成了中央统一领导和地方分级管理相结合、分层决策、分级管理的体制，办学和教育管理的权力逐渐下放。在此过程中，中央和地方的教育管理职能逐步理顺，办学活力得到进一步激发和释放，政事分开、权责明确、统筹协调、规范有序的教育管理体制正在逐步形成。

早在1958年8月，《关于教育事业管理权力下放问题的规定》就提出，今后对教育事业的领导，必须改变过去条条为主的管理体制，根据中央集权和地方分权相结合的原则，加强地方对教育事业的领导和管理。1993年，《中国教育改革和发展纲要》提出进一步确立中央与省（自治区、直辖市）分级管理、分级负责的教育管理体制。2010年，《国家中长期教育改革和发展规划纲要（2010—2020年）》指出，要明确各级政府责任，中央政府统一领导和管理国家教育事业，制定发展规划、方针政策和基本标准，优化学科专业、类型、层次结构和区域布局。整体部署教育改革试验，统筹区域协调发展。地方政府负责落实国家方针政策，开展教育改革试验，根据职责分工负责区域内教育改革、发展和稳定。

经过多次的改革与调整，我国的中央与地方关系不断得以完善，与此同时，中央和地方教育管理职责也进一步理顺。基础教育管理体制改革从全面恢复计划管理体制到改革计划管理体制（褚宏启，2008）再到不断向纵深发展，逐步形成了在国务院领导下、由地方政府负责、分级管理、以县为主的基础教育管理体制，逐步把权力下放给地方，让地方政府能从当地的实际出发，制定适合本地区的教育措施，从而提高了各地的教育质量和办学效率。职业教育领域，政府主导、依靠企业、充分发挥行业作用、社会力量积极参与、公办与民办共同发展的多元办学格局和在国务院领导下分级管理、地方为主、政府统筹、社会参与的管理体制逐步形成。高等教育领域，经过多次调整完善，中央和省、自治区、直辖市人民政府两级管理、分工负责，以省、自治区、直辖市人民政府统筹为主，条块有机结合的体制框架逐步形成。

（三）省级政府教育统筹权的加强

把加强省级政府教育统筹作为教育管理体制改革的重点内容，是我国经济社会发展和教育发展到了一个新阶段的客观要求。随着教育管理体制改革的逐步深入，必然要求进一步理顺中央与地方的教育职责，扩大省级政府在教育布局结构调整、教师队伍建设、教育经费使用等方面的统筹权。

2001 年，《关于基础教育改革与发展的决定》提出了进一步完善农村义务教育管理体制的要求，明确指出“省级和地（市）级人民政府要加强教育统筹规划，搞好组织协调”。2006 年 6 月，第十届全国人大第二十二次会议通过新修订的《中华人民共和国义务教育法》，在重申以县为主的义务教育管理体制之外，着重强调了省级政府的统筹职能。对于高等教育来说更是如此，1995 年 7 月，《国务院办公厅转发国家教委〈关于深化高等教育体制改革若干意见〉的通知》提出：“加强省、自治区、直辖市人民政府对本地区所有高等学校的统筹规划、协调、调整和管理，逐步变条块分割为条块有机结合。”“高等教育管理体制改革的目标是，争取到 2000 年或稍长一点时间，基本形成举办者、管理者和办学者职责分明，以财政拨款为主多渠道经费投入，中央和省、自治区、直辖市人民政府两级管理、分工负责，以省、自治区、直辖市人民政府统筹为主，条块有机结合的体制框架。”1998 年 8 月，第九届全国人大常委会第四次会议通过《中华人民共和国高等教育法》，以法律的形式巩固了前一阶段高等教育体制改革的成果。1999 年，《中共中央国务院关于深化教育改革全面推进素质教育的决定》再次重申，加大省级人民政府发展和管理本地区教育的权力以及统筹力度，下放高校设置权。中央授权省级人民政府按一定的程序和标准批准设置高等职业学校。从 2000 年开始专科层次的招生计划由省级人民政府制订，从而进一步加大了省级人民政府在高等教育方面的决策权和统筹权。2010 年 7 月，《国家中长期教育改革和发展规划纲要（2010—2020 年）》再次明确，进一步加大省级政府对区域内各级各类教育的统筹，统筹管理义务教育，完善以省级政府为主管理高等教育的体制。

二、现代学校制度的提出与发展

在宏观教育管理体制基本建立健全的背景下，管理体制的改革必然向微观层面深化。解决了“谁来管”的问题，必然就要涉及“管什么”和“怎么管”的问题，也就是学校的管理体制问题，由此，现代学校制度及学校内部治理结构问题开始提上日程。

（一）办学自主权的进一步扩大

事实上，1985 年《中共中央关于教育体制改革的决定》就提出要“扩大学校的办学自主权”。此后，随着国家教育管理的不断调整，学校的办学自主权进一步扩大。1992 年，《关于国家教委直属高校深化改革、扩大办学自主权的若干意见》提出，在专业设置、招生计划、机构设置、经费使用、人事管理等 16 个方面扩大高等学校的办学自主权，中央各部委和省、自治区、直辖市也都参照执行。1993 年，《中国教育改革和发展纲要》在招生、专业调整、机构设置、干部任免、经费使用、职称评定、工资分配和国际合作交流等方面，进一步扩大高等学校的办学自主权。1994 年，《国务院关于〈中国教育改革和发展纲要〉的实施意见》进一步明确了建立政府宏观管理、学校面向社会自主办学的具体内容。1997 年，国家教委印发了《关于转变职能，加强宏观管理，扩大直属高校办学自主权的若干意见》，在原来 16 个方面的基础上，又对国家教委转变职能、扩大学校自主权做出了新的规定（马陆亭，2008）。

1998 年 8 月，《中华人民共和国高等教育法》以法律形式明确了高等学校在考试招生、学科专业、科学研究、国际交流、财务资产、国际交流以及内部组织结构设置和人员配备等方面的自主权。2010 年，《国家中长期教育改革和发展规划纲要（2010—2020 年）》对落实和扩大学校办学自主权进行了明确，高等学校按照国家法律法规和宏观政策，自主开展教学活动、科学研究、技术开发和社会服务，自主设置和调整学科、专业，自主制定学校规划并组织实施，自主设置教学、科研、行政管理机构，自主确定内部收入分配，自主管理和使用人才，自主管理和使用学校财产和经费。扩大普通高中及中等职业学校在办学模式、育人方式、资源配置、人事管理、合作办学、社区服务等方面的自主权。

（二）现代学校制度的提出

现代学校制度是适应现代社会发展要求，反映学校与政府、社会关系的治理模式、制度规范和行为准则。《2003—2007 年教育振兴行动计划》中首次提出了“现代学校制度”的议题：“继续深化学校内部管理体制改革，完善学校法人制度。高等学校要坚持和完善党委领导下的校长负责制，推进依法办学、民主治校、科学决策，健全学校的领导管理体制和民主监督机制。中小学要实行校长负责、党组织发挥政治核心作用、教代会参与管理与监督的制度。职业学校可建立由行业、企业代表组成的理（董）事会制度。积极推动社区、学生及家长对学校管理的参与和监督。遵循‘从严治教，规范管理’的原则，加强学校制度建设，逐步形成‘自主管理、自主发展、自我约束、社会监督’的机制。”现代学校制度建设路径逐步开始清晰。

2010 年，《国家中长期教育改革和发展规划纲要（2010—2020 年）》专列单章，系统阐述建立现代学校制度：建设依法办学、自主管理、民主监督、社会参与的现代学校制度，构建政府、学校、社会之间的新型关系。适应国家行政管理体制改革要求，明确政府管理权限和职责，明确各级各类学校办学权利和责任。将现代学校制度建设放在政府、学校、社会相互关系的大框架下，系统设计，整体推进，进一步规范和引导了探索建立现代学校制度的实践走向。

（三）学校内部治理结构的优化

学校的办学自主权进一步扩大后，自然就对学校的内部治理结构提出了要求。学校内部治理结构完善的重要内容就是以章程建设为核心，优化学校内部治理结构。从处理好政府、学校、社会的关系看，学校章程是建设依法办学、自主管理、民主监督、社会参与的现代学校制度的核心，是处理好三者关系的关键抓手。

1995 年，《中华人民共和国教育法》将“有组织机构和章程”作为设立学校及其他教育机构的基本条件之一，同时明确“按照章程自主管理”是学校及其他教育机构的权利，并对学校的内部治理提出了要求。1998 年，《中华人民共和国高等教育法》亦将“章程”作为申请设立高等学校的条件之一，并且提出高等教育的章程应当明确学校的办学名称、校址、办学宗旨、办学规模、学科门类的设置、教育形式、内部管理体制、经费来源、财产和财务制度、举办者与学校的权利和义务、章程修改程序等具体内容。2003 年,《教育部关于加强依法治校工作的若干意见》指出，学校要依据法律法规制定和完善学校章程，经教育行政部门审核后，作为学校办学活动的重要依据。学校建立依法决策、民主参与、自我管理、自主办学的工作机制和现代学校制度。2010 年,《国家中长期教育改革和发展规划纲要（2010—2020 年）》提出，加强章程建设。各类高校应依法制定章程，依照章程规定管理学校。

2011 年,《高等学校章程制定暂行办法》对高校章程制定的原则、内容、程序以及核准和监督中所涉及的主要问题、主要环节进行了全面规范，强调章程具有规范和统领校内管理制度的功能，高校应以章程为依据，制定内部管理制度及规范性文件、实施办学和管理活动、开展社会合作。同时，对章程的核准权做了下放，即地方政府举办的高等学校的章程由省级教育行政部门核准，其中本科以上高等学校的章程核准后，应当报教育部备案；教育部直属高等学校的章程由教育部核准；其他中央部门所属高校的章程，经主管部门同意，报教育部核准。2012 年，教育部印发《全面推进依法治校实施纲要》，要求依法制定具有自身特色的学校章程，高等学校要依据《高等学校章程制定暂行办法》制定或者修改章程，由教育部或者省级教育行政部门核准；普通中小学、幼儿园、中等职业学校章程，由主管教育行政部门核准。到 2015 年，全面形成一校一章程的格局。经过核准的章程，应当成为学校改革发展、实现依法治校的基本依据。

三、多元主体参与治理的不断完善

伴随着政府治理方式的变化，以及现代学校的制度的提出和发展，多元主体参与教育治理逐步深入。

（一）多元主体参与学校治理

1999 年《中共中央国务院关于深化教育改革全面推进素质教育的决定》指

出，“鼓励社会各界、家长和学生以适当方式参与对学校工作的评价”。《2003—2007年教育振兴行动计划》强调深化学校内部管理体制改革中要“积极推动社区、学生及家长对学校管理的参与和监督”。

2010年的《国家中长期教育改革和发展规划纲要（2010—2020年）》将社会参与作为构建现代学校制度的重要内容，同时要求“建立健全政府主导、社会参与的农村留守儿童关爱服务体系和动态监测机制”，“开展由政府、学校、家长及社会各方面参与的教育质量评价活动”。2011年《学校教职工代表大会规定》指出，“学校教职工代表大会是教职工依法参与学校民主管理和监督的基本形式”，对其职权，教职工代表大会代表的选举、任期、权利、义务，组织规则，工作机构（即工会）等方面的问题做了详细规定。

2012年《全面推进依法治校实施纲要》要求依法健全社会参与机制：“要积极探索扩大社会参与学校办学与管理的渠道与方式。中小学要加强与所在社区的合作，积极开展社区服务，创造条件开放教育资源和公共设施，参与社区建设，完善与社区、有关企事业组织合作共建的体制、机制。健全兼职法制副校长的聘任办法和任职要求，探索借助社会资源和力量，加强学校安全管理、开展法制和其他有针对性的教育教学活动，改善学校周边环境。职业学校、高等学校要积极扩大社会合作，在决策咨询、教学科研、安全管理、学生实习实践等方面更多引入社会资源，健全制度，扩大社会参与的广度与深度。”

（二）社会力量办学日趋规范

1993年2月，《中国教育改革和发展纲要》指出，“改变政府包揽办学的格局，逐步建立以政府办学为主体、社会各界共同办学的体制”，“国家对社会团体和公民个人依法办学，采取积极鼓励、大力支持、正确引导、加强管理的方针”。1997年，国务院正式发布《社会力量办学条例》，从法律的层面对社会力量办学问题做出了顶层制度设计，也为后续社会力量办学的规范化运行提供了依据。1999年《面向21世纪教育振兴行动计划》目的在于调动各方力量积极发展教育事业，形成以政府为主体、社会各界参与、公办和民办教育共同发展的新格局。

2010年《国家中长期教育改革和发展规划纲要（2010—2020年）》提出：深化公办学校办学体制改革，积极鼓励行业、企业等社会力量参与公办学校办学，扶持薄弱学校发展，扩大优质教育资源；改进非义务教育公共服务提供方式，完善优惠政策，鼓励公平竞争，引导社会资金以多种方式进入教育领域；健全政府主导、社会参与、办学主体多元、办学形式多样、充满生机活力的办学体制，形成以政府办学为主体、全社会积极参与、公办教育和民办教育共同发展的格局。此后，教育领域改革尤其是办学体制改革的表述大都在该文件的范围内，适应当前经济社会发展的办学体制初步建立。

第三节 构建现代教育治理体系

2012 年，党的十八大正式提出深化教育领域综合改革，2013 年，《中共中央关于全面深化改革若干重大问题的决定》再次对深化教育综合改革、完善现代教育治理体系做出系统部署，提出“深入推进管办评分离，扩大省级政府教育统筹权和学校办学自主权，完善学校内部治理结构。强化国家教育督导，委托社会组织开展教育评估监测。健全政府补贴、政府购买服务、助学贷款、基金奖励、捐资激励等制度，鼓励社会力量兴办教育”。2015 年 5 月，《教育部关于深入推进教育管办评分离促进政府职能转变的若干意见》要求：“到 2020 年，基本形成政府依法管理、学校依法自主办学、社会各界依法参与和监督的教育公共治理新格局，为基本实现教育现代化提供重要制度保障。”2017 年 9 月，《关于深化教育体制机制改革的意见》提出，到 2020 年，教育基础性制度体系基本建立，形成充满活力、富有效率、更加开放、有利于科学发展的教育体制机制，人民群众关心的教育热点难点问题进一步缓解，政府依法宏观管理、学校依法自主办学、社会有序参与、各方合力推进的格局更加完善，为发展具有中国特色、世界水平的现代教育提供制度支撑。

一、政府简政放权与优化服务

传统社会管理理念表现为政府凌驾于全社会之上，习惯于包揽一切事务，习惯于对社会成员的控制而非服务，习惯于替公民做主而非共同治理。因此，治理改革就必然要求加快政府体制改革，厘清政府的职能定位，解决好管什么和怎样管的问题，强化政府制定规则和进行监管的“掌舵”功能，避免出现政府在社会管理中走向“总揽一切”或“过度退让”两个极端，避免政府对那些管不好也管不了的事务进行直接干预和管理，避免因政府社会管理部门之间管理职权的交叉和重复而造成社会管理效率的低下、成本的提高等（周红云，2014）。

（一）放管服结合

在1985年的《中共中央关于教育体制改革的决定》中，简政放权成为政府教育治理中的“关键词”。此后政府职能不断优化，进一步推进简政放权、放管结合、优化服务成为常见的要求，教育优化服务措施也不断改进。1998年国务院机构改革确立公共服务为政府基本职能，从管制政府走向服务型政府。2005年的《政府工作报告》提出努力建设服务型政府。2010年7月，《国家中长期教育改革和发展规划纲要（2010—2020年）》明确提出：政府及其部门要树立服务意识，改进管理方式，完善监管机制，减少和规范对学校的行政审批事项，依法保障学校充分行使办学自主权和承担相应责任；以转变政府职能和简政放权为重点，深化教育管理体制改革，提高公共教育服务水平；各级政府要切实履行统筹规划、政策引导、监督管理和提供公共教育服务的职责，建立健全公共教育服务体系，逐步实现基本公共教育服务均等化，维护教育公平和教育秩序；明确政府管理权限和职责，明确各级各类学校办学权利和责任；改变直接管理学校的单一方式，综合应用立法、拨款、规划、信息服务、政策指导和必要的行政措施，减少不必要的行政干预。

此后，政府简政放权和放管服改革的力度不断加大，教育部共取消下放了14项教育行政审批事项。2015年，《教育部关于做好教育行政审批制度改革有关后续工作的通知》还明确要求做好教育行政审批制度改革有关后续工作，做到“放管结合，完善事中事后监管机制”，“优化服务，更好满足人民群众的教育需求。把该放的权放掉、该管的事管好的同时，要把该服务的服务到位”。2015年5月，《教育部关于深入推进教育管办评分离促进政府职能转变的若干意见》进一步提出，以进一步简政放权、改进管理方式为前提，加快建设法治政府和服务型政府，主动开拓为学校、教师和学生服务的新形式、新途径；综合运用法律、政策、规划、财政拨款、标准、信息服务和必要的行政措施，引导和督促学校规范办学；推行清单管理，加快国家教育基本标准建设，健全依法、科学、民主决策机制，建立健全教育行政执法机制，加强和完善政府服务机制，加大行政监督和问责力度。这就意味着我国教育治理的方式和工具从以政策为主走向多元。

2017年，《教育部等五部门关于深化高等教育领域简政放权放管结合优化服务改革的若干意见》要求强化监管优化服务，构建事中事后监管体系，加强协调与指导，营造良好改革环境；各地各部门要简化优化服务流程，精简和规范办事程序，缩短办理时限，改进服务质量，让高校教学科研人员从过多过苛的要求、僵硬的考核、烦琐的表格中解放出来；依托“互联网+”，积极推动高校公共服务事项网上办理，提高办事效率；抓紧修改或废止影响高校发展和教学科研人员积极性的、不合时宜的行政法规和政策文件，保持改革政策协调一致。2017年9月，中共中央办公厅、国务院办公厅印发《关于深化教育体制机制改革的意见》，提出要深化简政放权、放管结合、优化服务改革，把该放的权力坚决放下去，把该管的事项切实管住管好，加强事中事后监管，构建政府、学校、社会之间的新型关系。政府的教育管理职责进一步明确，从直接管理转向间接管理，从过程管理为主转向目标管理为主，从短期管理为主转向中、长期管理为主，实现政府从“划船者”到“掌舵者”、从“运动员”到“裁判员”、从“全能政府”到“有限政府”、从微观管理到宏观治理的转变。

（二）教育治理的提出和深化

从统治走向治理，是人类政治发展的普遍趋势。“更少的统治，更多的治理”（less government，more governance）是21世纪世界主要国家政治变革的重要特征（俞可平，2018）。尽管“管理”是很长时间我国社会领域和教育领域的主旋律，但是并不意味着“治理”一词就不存在。实际上，伴随着改革开放的脚步，“治理”亦在不断强化与深化中。1979 年 9 月，十一届四中全会正式通过《中共中央关于加快农业发展若干问题的决定》，首次使用了“治理”一词。1987 年 10 月，党的十三大首次将“治理”引入了党代会报告。以此作为起点，“治理”一词开启了它的话语之行。此后“治理”一词成为党的重要文件中的常客，而且出现频次逐年提升。

2013 年 11 月，党的十八届三中全会审议通过《中共中央关于全面深化改革若干重大问题的决定》，首次提出推进国家治理体系和治理能力现代化。这是党内文件首次出现“国家治理”一词，也是首次提出“治理体系”和“治理能力”的概念，并将其作为全面深化改革的总目标，同时对各个领域的治理问题进行了全面而有重点的论述。

2014 年 1 月，全国教育工作会议在京召开，教育部党组书记、部长袁贵仁指出，要完善科学规范的治理体系，形成高水平的治理能力，要围绕教育治理体系改革、教育治理能力提高，深化教育综合改革。这是教育领域中首次提出“教育治理”的理念，并把今后一阶段我国教育工作的目标确定为“深化教育领域综合改革，加快推进教育治理体系和治理能力现代化”。随后，“教育治理”逐渐获得话语权，成为教育领域的热门词，在很多地方取代了“教育管理”。2015 年 5 月《教育部关于深入推进教育管办评分离促进政府职能转变的若干意见》提出，围绕完善和发展中国特色社会主义教育制度、推进教育治理体系和治理能力现代化这一总目标，到 2020 年，基本形成政府依法管理、学校依法自主办学、社会各界依法参与和监督的教育公共治理新格局，为基本实现教育现代化提供重要制度保障。2017 年 9 月，中共中央办公厅、国务院办公厅印发《关于深化教育体制机制改革的意见》，提出健全教育宏观管理体制，到 2020 年，教育基础性制度体系基本建立，形成充满活力、富有效率、更加开放、有利于科学发展的教育体制机制，人民群众关心的教育热点难点问题进一步缓解，政府依法宏观管理、学校依法自主办学、社会有序参与、各方合力推进的格局更加完善，为发展具有中国特色、世界水平的现代教育提供制度支撑。

2017 年 10 月，党的十九大报告提出，必须坚持和完善中国特色社会主义制度，不断推进国家治理体系和治理能力现代化，坚决破除一切不合时宜的思想观念和体制机制弊端。全面深化改革总目标是完善和发展中国特色社会主义制度、推进国家治理体系和治理能力现代化，到2035年，国家治理体系和治理能力现代化基本实现，到2050年，实现国家治理体系和治理能力现代化。

（三）地方政府教育统筹权的扩大

《国家中长期教育改革和发展规划纲要（2010—2020年）》颁布后，各级政府的责任有了明确划分，中央政府的主要职责是加强对全国教育事业的统一领导和宏观管理，而国家教育方针政策的落实和日常事务的管理则由省级及省级以下政府承担主要责任。但是，目前省级政府教育管理的优势并没有得到很好的发挥，一定程度上存在着教育决策层级偏高、有关部门管得过多过细等问题。因此，教育管理体制改革的逐步深入，必然要求进一步理顺中央与地方的教育职责，扩大省级政府在教育布局结构调整、教师队伍建设、教育经费使用等方面的统筹权（谢广祥，2014）。

基于此，2013年《中共中央关于全面深化改革若干重大问题的决定》提出扩大省级政府教育统筹权和学校办学自主权。2014年7月，《国家教育体制改革领导小组办公室关于进一步扩大省级政府教育统筹权的意见》明确了扩大省级政府教育统筹权的主要内容，由省级政府管理更方便有效的教育事项，一律下放省级政府管理。

《国家教育体制改革领导小组办公室关于进一步扩大省级政府教育统筹权的意见》（节选）

由省级政府管理更方便有效的教育事项，一律下放省级政府管理。

省级政府依法审批设立实施专科学历教育的高等学校，探索实施本科及以上教育的民办高校章程修改备案下放省级政府教育行政部门。

发挥省级政府对区域内学科专业布局、质量监督的统筹规划和管理作用，探索省级学位委员会开展学位授权点动态调整工作。高等教育自学考试专科专业审批下放省级教育行政部门，探索由省级自学考试机构根据本地经济社会发展需要自主决定开考《高等教育自学考试专业目录》内本科专业。

探索省级政府自主确定成人高等教育招生计划总量，探索省级政府自主确定高职（专科）招生计划总量和地方高校高职（专科）招生计划。

省级教育行政部门统一组织中小学教师资格考试、资格认定。

完善教育转移支付制度和增长机制，清理、整合、规范教育专项转移支付，扩大一般性教育转移支付的规模和比例。省级政府可按照国家有关规定，根据实际情况调整学校收费标准。

探索地方高校赴境外设立教育机构及采取其他形式实施本科以上学历教育审批权下放省级政府。试点委托条件成熟的省级政府审批域内高校举办国际性会议。

同时，为进一步推动省级人民政府依法全面正确履行教育职责，确保国家教育方针政策的贯彻执行，2017 年 5 月，国务院办公厅出台《对省级人民政府履行教育职责的评价办法》，规定评价结果作为对省级人民政府及其有关部门领导班子和领导干部进行考核、奖惩的重要依据。2018 年，《中共教育部党组关于加强落实工作的意见》也明确提出，“健全省级政府教育统筹工作机制。不断扩大省级政府教育统筹权，强化省域内政策协调配套。建立省级人民政府履行教育职责评价机制，全面部署启动对省级人民政府履行教育职责评价工作”。

二、学校内部治理结构的完善

早在 2010 年 7 月，《国家中长期教育改革和发展规划纲要（2010—2020 年）》就对教育管理和治理方式做出了系列制度安排：在现代学校制度方面，推进政校分开、管办分离，建设依法办学、自主管理、民主监督、社会参与的现代学校制度，构建政府、学校、社会之间新型关系；明确政府管理权限和职责，明确各级各类学校办学权利和责任；落实和扩大学校办学自主权；完善中国特色现代大学制度，完善治理结构；完善中小学学校管理制度。

（一）办学自主权的进一步落实和扩大

事实上，从“政事一体”走向“政事分开”是教育行政发展的总体趋势，在高等教育领域，全球教育治理改革的一个重要趋势是将公办高校的法律地位从国家机构转变为自治的法人实体，不断加强大学自治（周光礼，2014）。

2014年，《国家教育体制改革领导小组办公室关于进一步落实和扩大高校办学自主权完善高校内部治理结构的意见》要求进一步明确高校的办学权利和义务，更好地落实高校的办学主体地位，更好地发挥社会的支持和监督作用，加快完善中国特色现代大学制度，加快推进高等教育治理体系和治理能力现代化，形成政府宏观管理、学校依法自主办学、社会广泛参与支持的格局，促进高校办出特色、争创一流，从七个方面推进，积极简政放权，进一步落实和扩大高校办学自主权。

2017年3月，《教育部等五部门关于深化高等教育领域简政放权放管结合优化服务改革的若干意见》发布，从高校学科专业设置机制、编制及岗位管理制度、进人用人环境、教师职称评审机制、薪酬分配制度、经费使用管理、内部治理等方面深层次、进一步向地方和高校放权，给高校松绑减负、简除烦苛，让学校拥有更大办学自主权。同时，要求强化监管优化服务，构建事中事后监管体系，加强协调与指导，营造良好改革环境。作为重要的配套落实文件，2017年10月教育部、人力资源和社会保障部印发的《高校教师职称评审监管暂行办法》，将高校教师职称评审权直接下放至高校。

（二）学校内部治理结构的完善和探索

在教育治理体系与治理能力的现代化建设过程中，管办评分离改革是一条重要路径。具体到学校层面的改革来说，就要深化学校内部管理体制改革，探索建立现代学校制度，完善学校治理体系。以学校组织作为发展主体，现代学校制度的建立与完善，其目的无非包括两个层面：一是建立和完善有利于学校组织发展的外部环境，二是建立有利于学校组织发展的学校自组织机制。

2014年，全国教育工作会议要求学校完善内部治理结构，形成自我约束、自我规范的内部管理体制和监督制约机制。此后不久，《国家教育体制改革领导小组办公室关于进一步落实和扩大高校办学自主权完善高校内部治理结构的意见》从坚持和完善党委领导下的校长负责制、保障学术组织相对独立行使职权、完善校内民主管理和监督机制、健全社会参与监督机制、健全以章程为统领规范行使办学自主权的制度体系等方面对高校完善内部治理结构提出了要求。2015

年，《教育部关于深入推进教育管办评分离促进政府职能转变的若干意见》再次提出各级各类学校要建立健全各种办事程序、内部机构组织规则、议事规则等，形成健全、规范、统一的制度体系。

2016 年，中共中央、国务院发布的《国家创新驱动发展战略纲要》再次强调深入推进管办评分离，扩大学校办学自主权，完善学校内部治理结构。2017 年 12 月颁布的《义务教育学校管理标准》其中之一即为建立现代学校制度，包括提升依法科学管理能力，建立健全民主管理制度，构建和谐的家庭、学校、社区合作关系。

同时，各地进行了有效的探索，取得了明显成效。2014 年，《青岛市人民政府办公厅关于进一步推进现代学校制度建设的意见》提出，完善学校内部治理结构，规范学校办学行为，全面推进现代学校制度建设，为率先实现教育现代化提供保障。青岛市制定全国首部“学校法”——《青岛市中小学校管理办法》，逐步构建起现代学校制度，由教育“管理”走向教育“治理”，以构建政府、学校、社会新型关系为核心，基本形成政府依法管理、学校依法自主办学、社会各界依法参与和监督的教育公共治理新格局，在全国层面起到了很好的创新示范和立法引领作用。上海交通大学推进“院为实体”、校院两级管理体制改革，以学院综合预算改革为突破口，将学院自行编制预算与财务专员制度相结合，扩大学院经费管理的自主权。

三、社会参与教育治理和评价的日趋深入

实现教育治理体系和治理能力现代化，社会的广泛参与至关重要。治理模式下的“社会评教育”，实质是要把评价权和监督权更多交给社会，在“管”与“办”的互动中，“评”保持相对独立性，这是教育治理体系的一个重要方面。“社会评教育”，首先要发挥行业企业的评估作用。在市场对资源配置起决定性作用的体制下，学校教育都不可避免要接受市场和社会的检验，这就要求学校的办学理念、办学方式和培养模式要做出调整，相应地，评价主体、评价方式也要变革。这样就必须要让行业企业参加教育质量评估，把行业企业的评价作为衡量办学质量的一项重要指标。其次，强化专业组织的评价功能。教育评价具有很强的

专业性，因此要支持现有专业机构建设，发挥专业学会、行业协会、基金会等各类社会组织在教育公共治理中的作用；加快培育独立于教育部门的专业教育服务机构，不断提高其评估监测水平；引入竞争机制，推广政府购买服务，通过合同、委托等多种方式向专业组织购买高质量的服务（袁贵仁，2014）。

与此同时，社会组织和第三方机构也开始多角度、全方位参与教育治理。2010 年，《国家中长期教育改革和发展规划纲要（2010—2020 年）》鼓励专门机构和社会中介机构对高等学校学科、专业、课程等的水平和质量进行评估。2014 年，《深化教育督导改革转变教育管理方式的意见》指出，建立教育督导部门归口管理、专业机构提供服务、社会组织多方参与的专业化教育质量评估监测体系，培育和扶持一批专业评估机构，引导社会力量参与教育质量评估监测。2015 年，《教育部关于深入推进教育管办评分离促进政府职能转变的若干意见》对社会参与教育评价做了更为详细的描述和要求：以推进科学、规范的教育评价为突破口，建立健全政府、学校、专业机构和社会组织等多元参与的教育评价体系；到 2020 年，基本形成政府依法管理、学校依法自主办学、社会各界依法参与和监督的教育公共治理新格局，为基本实现教育现代化提供重要制度保障。2017 年，《国家教育事业发展“十三五”规划》提出，加强对第三方教育质量评估的监督指导，培育专业教育评价机构。鼓励行业企业、专业机构和社会组织规范开展教育评价和决策咨询，大力培育专业服务机构，委托专业机构和社会组织开展评价。2017 年 9 月，《关于深化教育体制机制改革的意见》再次明确要建立标准健全、目标分层、多级评价、多元参与、学段完整的教育质量监测评估体系，健全第三方评价机制，增强评价的专业性、独立性和客观性。

第四节　教育治理的历史演变与启示

改革开放以来，我国国家治理最重要的进步之一，便是政府责任体系的逐步建立，从中央到地方各级政府都清醒认识到，政府不仅没有权力而且没有能力承担所有责任而成为全责政府（杨雪冬，2009）。在国家治理体系发生深刻变革的背景下，教育治理也在深入推进。从单一主体的政府管理走向多元主体的共同治理，必然意味着政府向社会和学校的放权、分权、授权。但这并不意味着政府作用的削弱和退出。在多方参与的共同治理中，政府依然发挥着主导作用，只不过在社会广泛参与的治理框架下，政府发挥主导作用的范围、方式发生了重要变化。政府在教育治理中的主导作用，突出表现在政府要成为提供有效公共教育服务的“责任政府”（褚宏启，贾继娥，2014），探索更多运用法规、规划、标准、政策、公共财政、信息服务等手段引导和支持学校发展，改变过去单纯依靠行政命令、计划调控的管理方式，逐步实现从直接管理向间接管理、从微观管理向宏观管理的转变，进而实现从权力主体到责任主体的嬗变。

一、从教育管理到教育治理的理念革新

要办好世界规模最大的教育，单靠政府是远远不够的，广泛吸引、激发社会力量参与教育建设是达成“教育治理”各项目标的关键。这必然要求主体权责更加明晰。在“教育治理”这样一个多元

体系中，要更加明确各级教育行政部门、各类教育机构、企业、社会组织等各主体在其中的功能地位、权利职责，这是达成“教育治理”各项目标的基础。走向“教育治理”，要求体系中各主体的运作更加科学、协同更加精细、响应更加及时、流程更加优化，这是达成“教育治理”各项目标的保障（杜占元，2015）。通过对“教育治理”一词的历史轨迹的回顾，可以清晰地理出教育治理基本的历史逻辑。

一是教育治理的认识不断发展。多年来，教育领域从改革计划经济体制下政府对教育“统得过死、包得过多”的弊端入手，逐步进行管理体制、办学体制、投资体制、招生就业体制改革，进而逐步深入到学校内部管理体制和教育教学体制的改革。但是，当前我国教育仍然面临很多问题，如教育管理体制、办学体制、经费投入体制等依然滞后于经济社会的发展；学校内部运行机制的改革还不适应教育内涵式发展的需要；教育法制建设基础比较薄弱，还不能完全适应当前教育改革和发展的需要，教育立法、执法监督和法制宣传教育都有待进一步完善（陈金芳，万作芳，2016）。因此，将教育治理体系与治理能力现代化作为国家治理体系与治理能力现代化的重要组成部分，是对既往教育管理体制的历史超越，不仅是教育现代化的关键内容，也是教育现代化得以实现的重要保障。也正因为如此，在推进国家治理体系和治理能力现代化的大背景下，伴随着经济社会的发展，教育治理体系与治理能力现代化会扎实推进并取得新的成效。

二是教育治理的内涵逐渐丰富。教育治理是政府、学校、社会彼此协作和相得益彰的新格局。从《中共中央关于教育体制改革的决定》到《中国教育改革和发展纲要》，到《国家中长期教育改革和发展规划纲要（2010—2020年）》，再到《中共中央关于全面深化改革若干重大问题的决定》，进而到《关于深化教育体制机制改革的意见》，教育领域要“实现政府治理体系和治理能力的现代化”，核心就是要改变高度集权、政府包揽过多的教育体制。这意味着中国教育重新回到了体制改革的主题，循着历史的步伐，教育治理已经超越了单纯的“管理”，从针对具体问题到指向改革的总目标。政府、学校、社会权责边界逐步明晰，系统完备、科学规范、运行有效的制度体系逐步构建，决策、执行、监督相互协调、相互制约的教育治理结构正在逐步形成。

三是教育治理的路径逐渐清晰。教育治理的突出特征是多主体参与的共同治理（褚宏启，贾继娥，2014）。随着改革的深入，《中共中央关于教育体制改革的决定》提出，改革管理体制，在加强宏观管理的同时，坚决实行简政放权，扩大学校办学自主权；《中国教育改革和发展纲要》提出，由对学校的直接行政管理，转变为运用立法、拨款、规划、信息服务、政策指导和必要的行政手段，进行宏观管理；《国家中长期教育改革和发展规划纲要（2010—2020 年）》提出，改变直接管理学校的单一方式，综合应用立法、拨款、规划、信息服务、政策指导和必要的行政措施，减少不必要的行政干预；《关于深化教育体制机制改革的意见》提出，健全教育宏观管理体制，完善教育标准体系，建立健全教育评价制度，完善教育督导体制，完善教育立法和实施机制，政府依法宏观管理、学校依法自主办学、社会有序参与、各方合力推进的格局更加完善。现代学校内部治理机制逐步完善，教育治理的路径逐渐清晰。

二、改革是教育治理方式变革的主旋律

回顾我国教育发展历程，改革始终是教育主旋律，因为各种影响因素会随着时代发展而变化，从而要求教育治理做出相应调整。因此，与时俱进是教育治理应有的特质。改革开放之初，邓小平即提出，“发展才是硬道理”（邓小平，1993：377），中国“要得到发展，必须坚持对外开放、对内改革”（邓小平，1993：202），“改革是中国发展生产力的必由之路”（邓小平，1993：136），坚持改革开放，是解决中国问题的希望（邓小平，1993：284）。《中共中央关于教育体制改革的决定》提出，“从教育体制入手，有系统地进行改革”。《中国教育改革和发展纲要》提出，必须对教育的改革和发展具有紧迫感，加快教育的改革和发展，开创教育事业的新局面。《国家中长期教育改革和发展规划纲要（2010—2020 年）》提出，教育要发展，根本靠改革。《中共中央关于全面深化改革若干重大问题的决定》提出，深化教育领域综合改革。《关于深化教育体制机制改革的意见》提出，全面深化教育综合改革，系统推进育人方式、办学模式、管理体制、保障机制改革。改革始终贯穿其中。

教育治理另外一个显著的特质就是始终遵循、强调教育规律。《中共中央关于教育体制改革的决定》要求，在教育体制改革中，必须尊重教育工作的规律和

特点，坚持实事求是，一切从实际出发。大政方针必须集中统一，具体办法应该灵活多样。《中国教育改革和发展纲要》指出，必须全面贯彻党和国家的教育方针，遵循教育规律，全面提高教育质量和办学效益。《国家中长期教育改革和发展规划纲要（2010—2020 年）》提出，全面推进教育事业科学发展，立足社会主义初级阶段基本国情，把握教育发展阶段性特征，坚持以人为本，遵循教育规律，面向社会需求，优化结构布局，提高教育现代化水平。《关于深化教育体制机制改革的意见》更是提出研究制定从学前教育到高等教育各学段人才培养质量标准，完善学校办学条件标准。要建立健全教育评价制度，建立贯通大中小幼的教育质量监测评估制度，建立标准健全、目标分层、多级评价、多元参与、学段完整的教育质量监测评估体系，健全第三方评价机制，增强评价的专业性、独立性和客观性。对遵循教育规律的强调始终贯穿其中，并且不断深化。

三、教育治理现代化的未来之路

现代化治理体系的建立是顶层设计与实践经验的综合体，不是循序渐进的自然演化的结果，而是一个人为设计、需要不断完善的、大规模的人类协调的复杂系统（蓝志勇，魏明，2014）。党的十九大报告从战略高度出发，对国家治理体系和治理能力现代化提出了一系列新的要求，并首次明确指出国家治理体系与能力现代化的时间点。2018 年 9 月，在全国教育大会上，习近平指出，深化办学体制和教育管理改革，充分激发教育事业发展生机活力；孙春兰强调，稳步推进重点领域和关键环节改革，补齐农村义务教育、学前教育、职业教育等短板，推进教育领域治理能力和水平现代化。随后，《中共教育部党组关于认真学习贯彻全国教育大会精神的通知》要求，系统深化育人方式、办学模式、管理体制和保障机制改革，着力形成充满活力、富有效率、更加开放、有利于高质量发展的教育体制机制。

可以预见，在未来一段时期内，推进国家治理体系和治理能力现代化将是党和国家的重要目标。教育现代化是国家现代化的基石，没有教育现代化就没有国家现代化，作为国家治理体系与治理能力现代化的重要组成部分，建立现代教育治理体系，提高现代教育治理能力，是当前和今后我国深化教育综合改革、全面推进教育现代化的一项重大任务。尽管我国在教育治理体系建设方面取得了初步成效，但是，教育系统的复杂性对教育治理能力提出了更高要求，相比西方发达国家，我国教育治理能力整体上还处于低度发展水平，面临诸如教育治理主体决策贡献不够均衡、教育治理主体对环境适应迟缓和资源吸纳能力弱、多元主体教育治理力量差异消解教育治理合力等问题（沈亚平，陈良雨，2015）。

治理主体是治理的最终实施者，是价值、制度与行为三位一体的承载者（王臻荣，2014）。在当今治理语境下，单一维度的治理方案已很难适应时代的要求，国家治理逐渐“从碎片化的一元治理模式逐步转变为网络型多元治理模式”（宣晓伟，2014）。教育治理体系非常复杂，教育治理是多元主体共同开展的具有高度复杂性、动态性的教育管理活动，涉及管理的多主体、多层级、多因素、多环节。多主体包括政府、学校、社会组织以及教师、学生、家长等公民个体；多层级包括中央政府、多级地方政府、学校、班级等多个管理层次；多因素包括教育规划、课程管理、教学管理、经费管理、人员管理、质量保障、督导评价等多项管理内容；多环节包括计划、决策、执行、控制等多个管理流程（褚宏启，贾继娥，2014）。

教育治理体系建设没有固定的模式和路径，不可能一蹴而就，不是一朝一夕的事情。大凡改革都忌讳过分的约束或过度的期待（香山健一，1990：69）。40余年改革开放的经验告诉我们，仅靠某一方面的改革单兵突进，想毕其功于一役的做法是不现实的。政府、学校、社会，管、办、评三者之间，权责边界既应当是清晰的，又一定是相对的，既相互制约又相互支持，由此形成现代教育治理体系，不断提升现代教育治理能力。但是，对于如何达成此愿景，尚缺乏较为清晰可行的路线图（王有升，2016）。重构现代教育治理工具，从传统的单一的行政治理走向多元专业治理，在划清各自职能边界的基础上，政府要把属于政府的职能“划归”给自己，并且进一步强化；把属于学校的职能“划让”给学校，赋予学校法人地位，提升学校的主动发展意识，引导学校成为自我约束、自主发展的主体；把既不属于政府也不属于学校的职能坚决地“划转”给市场和社会，让民办教育机构、教育中介组织以及社会团体等得到充分发育（姜美玲，2009）。从传统的教育管理转向教育治理，推进管办评分离，构建政府、学校、社会之间的新型关系，统筹推进育人方式、办学模式、管理体制、保障机制改革，不断提高教育治理体系和治理能力现代化建设水平（范国睿，2018b），我们尚有很长的一段路要走。

首先，成功治理的关键在于政府对其他主体的有效整合以及对政策网络的有效管理（孙柏瑛，李卓青，2008）。而现阶段实施的治理仍然是“中国式的治理”，即在一元化结构的框架内培植非政府公共组织和其他行为者，发挥其在社会公共事务管理中的作用（沈佩萍，2003）。因此，政府要切实转变职能，明确职责边界，从“划船者”转为“掌舵者”、从“运动员”转为“裁判员”，发挥其在教育治理中的宏观主导、协调作用。

其次，学校对于改革缺乏积极性和主观能动性，满足于落实政府的政策，很少反思政策本身是否符合教育改革和发展的规律。应当承认，经过改革开放以来的探索，我们已经形成了一套有自身特色的内部治理结构，但是，随着社会全方位的转型及教育自身的转型发展，原有的治理结构越来越不能满足需求，并导致一些问题产生。学校法人治理结构还未普遍建立，行政控制依然强势，一些学校在课程教学、学生管理以及教师聘任等方面的办学自主权未得到充分保障。校长依然以行政委派为主，校长职业资格制度还未广泛建立，专业化管理还需加强；学校法人治理结构还未真正建立，学校文化培育还未得到广泛重视，民主参与的意识和能力还未充分培育。学校内部管理制度不健全，校长自觉改进意识和领导力亟待提升。促进教师专业发展的制度还未有效建立，教师课程开发能力和研究能力还需要充分锻炼。教师以学生为本的教育教学意识还未广泛形成，教学有效性还需要提升，基于学生素质培养的课程体系和教学环境还未充分建立（刘利民，2015）。长期以来，往往改革举措越引人注目，证明工作力度越强劲（埃尔莫尔，2017：22–23）。但是，对于学校来说，并非改革越多越好，学校应首先完善内部治理结构，加强现代学校制度建设，要对各种主体的责任、权力进行明确的定位，形成相互支撑、相互制衡、相互促进的内部治理结构。

最后，社会广泛参与意味着社会中的每个人都可以对教育的各方面事项进行管理、监督、评价，包括提出相应的意见、建议等，都可以对学校、教师、专业、课程等教育产品按照一定的规则进行选择，这种“选择”是最实质、最重要的“参与”（黄永军，2017）。然而，在现实过程中，社会参与教育治理和评价还不充分。我国社会组织的发育还比较稚弱，在与政府的关系上处于从属地位。社会组织的官办色彩浓厚，缺乏作为合作治理主体的独立性和自主性。因此，需要搭建学校评、政府评、社会评相结合的制度渠道，不断提升评价质量，强化评价结果使用，努力构建既符合时代发展趋势又符合国情、学校内部评价的自我监控和政府与社会外部评价倒逼机制相结合、科学系统的教育评价体系（孙霄兵，2015）。

此外，要充分利用信息化手段和大数据优势，进一步完善教育治理体系，提升现代化的教育治理能力（任友群，2016）。大数据作为积极的技术型治理资源，能够优化教育治理过程的生态环境，拓展教育制度框架设计的弹性空间，促使教育制度变迁和治理转型。同时，对海量的、近似全样本的数据进行关联性和深度的分析，可以洞悉教育事件背后所蕴含的深层逻辑，并对未来的发展进行有效预测，进而为解决现实的教育治理难题提供全新的技术支撑。作为一种新时期的治理资源，大数据技术能够在推进教育治理体系和治理能力现代化建设上发挥重要作用，充分释放大数据所带来的技术红利对教育治理现代化具有至关重要的意义（姚松，2016）。

第二章

政府教育治理

“社会一旦组成，政府就必然产生，它对于保持和维护社会秩序是必需的。除非产生了一些统治者——所有成员都必须服从他们的命令和决定，否则人们将依然留在自然状态之中，人世间没有任何裁判者去确定他们的权利，以及纠正他们的错误。”（转引自边沁，1995：128）诚然，政府对社会的普遍意义是确定的，但是政府在具体社会领域中的角色是可以商榷的，政府履行责任和义务的手段是需要与时俱进的。本部分将探讨我国政府教育治理角色的变迁、政府教育治理职能的转变，以及教育治理建设背景下的政府放管服改革现状。

第一节　政府教育治理角色的变迁

在教育发展的过程中，政府始终扮演着关键的角色，发挥着至关重要的作用。与此同时，社会、经济和人自身的发展，对教育提出了不同的要求。面对教育改革与发展的挑战，政府角色也发生着相应的变化：从全能政府走向有限政府，从更多的人治走向更多的法治，从自上而下的管制型政府走向民生为本的服务型政府。

一、从全能政府走向有限政府

在西方资本主义的发展过程中，政府的角色演变经历了几个阶段。在自由资本主义时期，以亚当·斯密（A. Smith）为代表的古典经济学家强调，只要给予公民以追求私利的选择，市场这只“看不见的手”就会自动进行资源配置，从而实现利益的平衡和最大化，政府的角色是“守夜人”，即定义和保护产权、维护市场公平公正、保证经济活动依法有序进行。随着社会经济活动的日趋复杂，诸如垄断等市场失灵现象不断发生，此时，政府被认为应当承担供给社会公共产品、鼓励公平竞争、防止非自然垄断等职责。在20世纪30年代经济大危机之后，政府被要求对经济进行宏观调控，促进充分就业、平衡财政收支等，凯恩斯主义的国家干预政策得到普遍推行，全能政府得以塑造。然而，在20世纪60年代之后，这种全能政府在带来经济“滞胀”的同时，使国家职能和管理权限不断扩大，在社会之上形成了公共权力，在民众之上构建了等级制的官僚体系，专制社会由此诞生。社会或公民原本自己可以履行和完成的事情被国家接管，国家权力越来越多地延伸进私人领域，私人领域不断被压缩。政府在变得无所不包的同时，私人权利和自由不断受到侵犯。正如孟德斯鸠（1961：154）所言，一切有权力的人们都容易滥用权力，这是万古不易的一条经验，从事物的性质来说，要防止滥用权力，就必须以权力约束权力。基于种种问题，人们普遍意识到，理想的政府要对公共权力进行监督和制约，是一种有限的政府，也就是说政府的权力有一定的边界。

有限政府理论发端于西方国家。在全能政府弊端日益明显的形势下，越来越多的人倡导个人权利与自由至上，要求政府再造、限制公共权力。有限政府理论提出，政府权能设置的基本原则应该是政治从属于经济发展，为保护私有财产权服务，要求对无限扩张的政府权力进行限制和监督。在该呼声之下，以洛克为代表的自由主义提出有限政府的“三重限制原则”：一是个人权利是政府权力的法理基础，二是保障自由财产权是有限政府的政治目的与经济基础，三是权力制衡是遏制政府侵权的制度屏障（陈国权，2008：83–86）。在有限政府理念下，政府先后进行了放权、分权、政府服务外包、政府组织内的企业化改革等大规模的政府改革，涌现出了参与式政府、弹性化政府、解制性政府、市场化政府等政府模式。

一段时间，我国政府包揽了对政治、经济、文化和社会生活领域一切事务的决策权，国家行政权力渗透到社会的各个领域，国家按照行政科层对社会进行全方位治理。这一体制在当时百废待兴的政治经济社会背景下发挥了积极的作用，但是，也造成了政府管了很多不该管也管不好的事情，造成政社不分、职能不清、效率不高、公平欠缺、个人和组织的创造性被压制等问题。全能政府模式已经不能适应经济全球化、市场化和信息化的发展趋势，也和现代社会管理体制改革中的市场化、社会化、法治化相悖。在这一趋势下，全能政府不得不走向有限政府。党的十六大提出完善社会主义市场经济体制，促进国民经济持续快速健康发展，进一步转变政府职能，改进管理方式，等等。2004 年《中华人民共和国行政许可法》也对政府权限进行了界定，着力打造一个适应市场经济的有限政府。2013 年以来，国务院把简政放权作为全面深化改革的“先手棋”和转变政府职能的“当头炮”，发布了一系列取消和调整行政审批项目的决定，并在党的十八届三中、四中全会提出，深化行政审批改革，推行政府部门权力清单制度。

我国政府治理教育过程中，也同样经历了从全能政府到有限政府的演变。20世纪90年代以来，人们对教育质量有了更高、更个性化的要求，教育管理的效率、效果和效益面临挑战，要求改变政府统管教育、扩大人民选择权和参与权的呼声不断高涨。顺应大势，我国自党的十八大以来不断在教育领域推动政府职能转变，政府逐渐从"越位点"退出，从中央到地方逐级放权，向学校赋权，培育社会组织，逐步塑造有限又有效的政府角色。

二、从人治政府走向法治政府

政府不仅是公共利益的代表，还是一个具有自行性的庞大组织，它是由现实中的具体的个人组成，而不是由观念中的抽象的个体组成。政府官员有时会运用公共权力维护、追求、争夺自身利益，是对公共权力的非公共运用。可见，尽管政府利益代表公共利益，但是具体的政府执行者还可能存有公益以外的其他利益，人治的弊端也就不言而喻。

为了避免人治的漏洞，权力越来越以规则的形式（而不是命令）运行，法治已经成为社会控制的主要手段。作为人类一项重要的历史成就，法治的源头可以追溯到亚里士多德在《政治学》中指出的：若要求由法律来统治，即是说要求由神和理智来统治；若要求由一个个人来统治，便无异于引狼入室。因为人类的情欲如同野兽，虽至圣至贤也会让强烈的情感引入歧途。唯法律拥有理智而免除情欲（夏恿，1999）。法治不断成为维护公共利益、保障公民权利、防止国家专制的治理工具，成为平衡国家与社会的制度安排。

在我国，受长期封建社会行政管理体制的影响，人治思想尤其严重。就政府而言，家长式、命令式、控制型作风明显。就民众而言，公民意识淡薄，臣民意识强烈。这种政治文化反过来更进一步地强化了人治。正如邓小平同志所言："权力过分集中，妨碍社会主义民主制度和党的民主集中制的实行，妨碍社会主义建设的发展，妨碍集体智慧的发挥，容易造成个人专断，破坏集体领导，也是在新的条件下产生官僚主义的一个重要原因。"（邓小平，1994：321）"为了保障人民民主，必须加强法制。必须使民主制度化、法律化，使这种制度和法律不因领导人的改变而改变，不因领导人的看法和注意力的改变而改变。”（邓小平，1994：146）近年来，我国在推进法治政府方面做了大量努力，依法治国理念不断得到强化（表 2–1）。

表 2–1　近年来我国依法治国推进步伐

年份	内容
2013 年	国务院第一次全体会议提出，建设法治政府，各项工作都要依法行政，对不符合科学发展、有碍社会公正的法规政策和规则进行清理
2014 年	党的十八届四中全会召开，首次专题研究依法治国问题，通过了《中共中央关于全面推进依法治国若干重大问题的决定》。会议就深入推进依法行政、加快建设法治政府做出重大部署，明确要依法全面履行政府职能、健全依法决策机制、深化行政执法体制改革、坚持严格规范公正文明执法、强化对行政权力的制约和监督、全面推进政务公开
2014 年	《政府工作报告》提出，各级政府要忠实履行宪法和法律赋予的职责，按照推进国家治理体系和治理能力现代化的要求，加快建设法治政府、创新政府、廉洁政府，增强政府执行力和公信力，努力为人民提供优质高效服务
2015 年	中共中央、国务院印发《法治政府建设实施纲要（2015—2020 年）》，确定了今后几年加快建设法治政府的宏伟蓝图和行动纲领，提出法治政府基本建成的衡量标准是政府职能依法全面履行，依法行政制度体系完备，行政决策科学民主合法，宪法法律严格公正实施，行政权力规范透明运行，人民权益切实有效保障，依法行政能力普遍提高
2015 年	《政府工作报告》提出，加快建设法治政府、创新政府、廉洁政府和服务型政府，增强政府执行力和公信力，促进国家治理体系和治理能力现代化
2016 年	《政府工作报告》提出，各级政府要深入贯彻落实新发展理念，把全面建成小康社会使命扛在肩上，把万家忧乐放在心头，建设人民满意的法治政府、创新政府、廉洁政府和服务型政府
2017 年	《政府工作报告》提出，各级政府及其工作人员要深入贯彻全面依法治国要求，严格遵守宪法，尊崇法治、敬畏法律、依法行政，建设法治政府
2018 年	中央全面依法治国委员会第一次会议上，习近平强调，加强党对全面依法治国的集中统一领导，更好发挥法治固根本稳预期利长远的保障作用

续表

年份	内容
2019 年	中央全面依法治国委员会第二次会议上，习近平强调，做好改革发展稳定各项工作离不开法治，改革开放越深入越要强调法治。要完善法治建设规划，提高立法工作质量和效率，保障和服务改革发展，营造和谐稳定社会环境，加强涉外法治建设，为推进改革发展稳定工作营造良好法治环境

在教育领域，2016 年教育部印发《依法治教实施纲要（2016—2020 年）》，要求以法治思维和法治方式推进教育综合改革，加快构建政府依法行政、学校依法办学、教师依法执教、社会依法支持和参与教育治理的教育发展新格局，全面推进教育治理体系和治理能力现代化。提出到 2020 年，形成系统完备、层次合理、科学规范、运行有效的教育法律制度体系，形成政府依法行政、学校依法办学、教师依法执教、社会依法评价、支持和监督教育发展的教育法治实施机制和监督体系的总目标，以及构建完善的教育法律及制度体系、深入推进教育部门依法行政、大力增强教育系统法治观念、深入推进各级各类学校依法治校等主要任务。法治逐渐成为教育事务管理的思想与工具。

三、从管制型政府走向服务型政府

政府作为统治阶级统治国家的重要工具，自诞生起就带有浓重的管制色彩。在西方，中世纪前的统治者被看作神的代表，掌握着专制的统治权。中世纪封建社会，政府的专制体系更加完备和成熟。在英国，15 世纪至 17 世纪初，法律规定一切权力归君主执掌。在专制制度下的中国封建社会，皇权高于一切，官僚体系森严，官僚机构日益繁多，官员人数日益庞大，腐败现象层出不穷。清代顾炎武在《日知录》中指出，官僚横行霸道是“民生之所以日贫，中国之所以日弱而益趋于乱”的根本原因（张尚仁，2004）。新中国成立后，我国的领导体制也经过一些探索。邓小平在论及我国领导制度中存在的弊端时指出：“从党和国家的领导制度、干部制度方面来说，主要的弊端就是官僚主义现象，权力过分集中的现象，家长制现象，干部领导职务终身制现象和形形色色的特权现象。”（邓小

平，1994：327）

传统公共行政的特点是政府本位，突出政府的至高无上和无所不能，政府在提供公共服务过程中扮演着“恩赐者”角色。20 世纪中后期，以弗雷德里克森（H. G. Frederickson）为代表的新公共行政学派认为，社会公平应该是公共行政的核心价值，顾客需求是政府存在、发展的前提，公共行政应该坚持顾客导向，为公民服务是政府的使命。公共服务型政府成为一国经济和社会发展、实现社会公正和社会价值的重要制度安排。建立公共服务型政府要求政府管理方式从管制型转变为服务型，其实质要求政府管理由政府本位、官本位和计划本位体制向社会本位、公民本位和市场本位体制转变（安秀梅 等，2009：11–24）。

一些发达国家在经过一段时间的政府职能再造之后，逐渐实现了由传统重管制轻服务、“以政府为本”向“以满足公民需求为中心”的转变。从国际政府改革与实践来看，不少国家均对提高政府服务水平做出了部署，美国等国家还制定了政府部门必须遵守的“顾客服务标准”。走向服务型政府同样是我国政府定位的新趋势。党的十八大报告明确指出，政府职能转变的目标是创造良好发展环境、提供优质公共服务、维护社会公平正义，进而建设职能科学、结构优化、廉洁高效、人民满意的服务型政府。《中共中央关于全面深化改革若干重大问题的决定》提出，实现发展成果更多更公平惠及全体人民，必须加快社会事业改革，解决好人民最关心最直接最现实的利益问题，努力为社会提供多样化服务，更好满足人民需求。党的十九大报告强调，要坚持以人民为中心；人民是历史的创造者，是决定党和国家前途命运的根本力量；必须坚持人民主体地位，坚持立党为公、执政为民，践行全心全意为人民服务的根本宗旨，保证全体人民在共建共享发展中有更多获得感。在教育治理过程中，《国家教育事业发展“十三五”规划》将坚持服务导向作为教育发展的一项基本原则，提出服务国家发展和人民群众是对教育改革发展的基本要求。

第二节　政府的教育治理职能转变

政府职能也叫行政职能，是指政府作为国家管理的执法机关所具有的依法管理国家政治、经济和社会事务的职责与功能。它是政府角色的具体表现，体现着公共行政活动的基本内容和方向，是公共行政本质的反映。转变政府教育治理职能，是构建现代化的教育治理体系的关键一环，也是教育治理现代化的必要前提和实践起点。本部分将对我国政府教育治理职能转变的趋势进行概括，重点分析政府及其相关职能部门在立法、规划、财政拨款、信息服务、督导评估、标准制定等过程中的实践与探索。

一、我国政府教育治理职能的转变趋势

新中国成立后，我国的教育行政体制改革大多聚焦于权力在不同层级政府之间的内部分配，较少关注教育行政职能边界的设定。改革开放以来，随着市场经济体制的建立和政府职能转变的不断深入，教育行政职能转变才逐步受到重视。1985 年《中共中央关于教育体制改革的决定》第一次明确提出要转变教育行政职能，1988 年的《政府工作报告》强调政府职能是行政管理的基本问题，是政府一切活动的逻辑和现实起点。政府权力来自法定的政府职能，政府所有其他要素都是由职能派生出来的。职能定位正确与否，是政府能不能正确行使权力，发挥相应作用的关键。进入 21 世纪，转变政府教育行政职能成为改革的重点。

首先，在政府教育治理职能范围方面，《全国教育事业"九五"计划和2010年发展规划》提出，"2010年基本建成比较配套的教育法规体系和比较完备的教育决策咨询系统、信息系统、督导评估系统，逐步形成自我发展和自我约束的运行机制"。2010年《国家中长期教育改革和发展规划纲要（2010—2020年）》进一步明确，以转变政府职能和简政放权为重点，深化教育管理体制改革，提高公共教育服务水平，政府教育治理职能范围包括统筹规划、政策引导、监督管理和提供公共教育服务。《全国教育事业第十个五年计划》明确"政府部门的主要职责是创造教育健康发展的良好环境，保证国家教育方针的贯彻落实，保证学校正确的办学方向，规范各级各类学校办学条件标准和办学行为，保证教育的公正性和学生平等的受教育权，维护学校、教师和学生的合法权益"。

其次，政府教育治理方式始终是教育体制改革的重要内容，各发展规划对此不断强调，并就改革方向达成共识，即由对学校的直接行政管理，转变为运用立法、拨款、规划、信息服务、政策指导和必要的行政手段，进行宏观管理，确立和落实学校面向社会自主办学的法人实体地位。"九五"至"十三五"期间国家重点强调的政府管理教育方式如表2–2所示。

表2–2 "九五"至"十三五"期间国家重点强调的政府管理教育方式

方式	"九五"期间	"十五"期间	"十一五"期间	"十二五"期间	"十三五"期间
立法	√	√	√	√	√
规划	√	√	√	√	√
财政拨款	√	√	√	√	√
信息服务	√	√	√	√	√
政策指导	√	√		√	√
评估		√			
执法监督		√			√
标准制定			√		√
必要的行政手段	√	√		√	√

注：根据《全国教育事业"九五"计划和2010年发展规划》《全国教育事业第十个五年计

划》《国家教育事业发展“十一五”规划纲要》《国家中长期教育改革和发展规划纲要（2010—2020年）》《国家教育事业发展第十二个五年规划》《教育部关于深入推进教育管办评分离促进政府职能转变的若干意见》《国家教育事业发展“十三五”规划》等文件整理。

二、政府履行教育治理职能的实践与探索

我国政府反复强调了政府管理教育的方式包括立法、规划、财政拨款、信息服务、督导评估、标准制定等，并在实践中充分运用。这些手段和工具大大推进了教育治理职能转变。

（一）立法

教育立法指的是国家机关依照法律程序制定有关教育的法律法规。教育法律法规包括最高国家权力机关制定颁布的《中华人民共和国宪法》中有关教育的条款和有关教育的法律，地方各级国家权力机关制定颁布的地方性教育法规，以及国家行政机关制定和颁布的教育命令、章程、条例、决议等规范性文件。

自1980年颁布第一部教育法律《中华人民共和国学位条例》起，我国不断加强教育立法工作。《全国教育事业第十个五年计划》提出要使教育法律体系进一步健全、完善。《国家中长期教育改革和发展规划纲要（2010—2020年）》提出要“按照全面实施依法治国基本方略的要求，加快教育法制建设进程，完善中国特色社会主义教育法律法规。根据经济社会发展和教育改革的需要，修订教育法、职业教育法、高等教育法、学位条例、教师法、民办教育促进法，制定有关考试、学校、终身学习、学前教育、家庭教育等法律。加强教育行政法规建设。各地根据当地实际，制定促进本地区教育发展的地方性法规和规章”，对新时期教育立法工作进行了总体部署。《国家教育事业发展“十三五”规划》提出要在“十三五”期间实现“教育法律法规体系和执法体制机制更加健全”。经过30年左右的努力，我国相继颁布了百余种教育法律法规，逐步形成自己的教育法律体系，对规范教育管理、推动教育发展发挥了重要作用。现行教育法律体系以《中华人民共和国教育法》为基本法律，包括基本法律，单行法律，行政法规，地方

性法规、自治条例和单行条例，政府规章五个层次（表 2–3）。

表 2–3　我国现行教育法律体系框架

层次	名称	制定部门
基本法律	《中华人民共和国教育法》	全国人大
单行法律	《中华人民共和国义务教育法》《中华人民共和国职业教育法》《中华人民共和国高等教育法》《中华人民共和国教师法》《中华人民共和国民办教育促进法》《中华人民共和国学位条例》	全国人大及其常委会
行政法规	《幼儿园管理条例》《教师资格条例》《残疾人教育条例》《教育督导条例》《校车安全管理条例》《中华人民共和国民办教育促进法实施条例》《中华人民共和国学位条例暂行实施办法》等	国务院
地方性法规、自治条例和单行条例	《上海市高等教育促进条例》《上海市教育督导条例》《浙江省学前教育条例》《江苏省中等职业技术教育条例》等	省、自治区、直辖市人大及其常委会
政府规章	《学生伤害事故处理办法》《幼儿园工作规程》《独立学院设置与管理办法》《教育统计管理规定》《学校艺术教育工作规程》等	国务院各部委、省（区、市）政府等

然而，从整体上来看，我国教育法律体系存在解释力不足、实效性不够等问题，还不能完全适应国家整体法治建设和教育改革的需要。具体体现在：（1）教育法律在国家法律体系中并不具有独立法律部门的地位。根据 2011 年国务院新闻办公室发布的《中国特色社会主义法律体系白皮书》的相关说明，与教育相关的法律法规（《中华人民共和国教育法》《中华人民共和国义务教育法》《中华人民共和国职业教育法》《中华人民共和国高等教育法》《中华人民共和国教师法》《中华人民共和国学位条例》《中华人民共和国中外合作办学条例》《教师资格条例》等）被列入行政法这一法律部门。（2）系统性不足，有待进行整体设计。不少法规或规章都是根据一些实际发生的事故而应急制定，如《校车安全管理条例》《高等学校预防与处理学术不端行为办法》《普通高等学校招生违规行为处理暂行办法》《学位论文作假行为处理办法》等。现有的教育法律体系在横向上缺

乏诸如“教育活动、教育活动主体、教育行政”、在纵向上缺乏诸如“法律－施行令－施行规则”的立法分类标准（秦惠民，谷昆鹏，2016），法律法规体系的横向覆盖周延性差，存在大量立法空白，造成实践中很多问题处于无法可依的尴尬境地。此外，我国教育法律法规中用语往往过于空泛模糊，明确性不足，也削减了法律效力。

（二）规划

教育规划是各国或地区为了更加有效地满足个体、社会和国家发展的需求而对本区域内的教育发展进行宏观管理与决策的过程。从各国教育规划的实践来看，政府教育规划职能的基本内容包括：（1）参与分析和讨论那些维持教育体系或教育机构的社会、政治、经济、文化的期望和目标，并确定一套可接受的目标；（2）评价学校体系、机构、项目过去的发展和现在的状况；（3）根据现在的能力和将来的目标，帮助规划项目的政策、程序和组织结构，帮助规划教育分配以在一段特殊时期实现并保持有效的教育。在我国，教育规划是国民经济和社会发展计划的重要组成部分，是政府用来明确教育发展方向、推进教育教学改革的重要行政手段。如顾明远主编《教育大辞典》（增订合编本）就把教育规划定义为“国家或地区教育主管部门就有关教育事业的发展目标、规模、速度及实现的步骤、措施等所拟定的较全面、长远的计划”（顾明远，1998：750）。新中国成立以来，国家便高度重视教育规划的制定与实施，规划日益成为政府治理教育事务的重要手段。

首先，围绕国家教育事业发展的总体规划，制定若干重要的专项规划，将总体规划的目标和重要任务落到实处。目前，我国教育规划主要包括四个类别：一是教育事业整体发展规划，二是专门学段的教育发展规划，三是某个具体领域的教育发展规划，四是区域教育发展规划。后三项规划整体服务于该阶段国家教育事业发展的总体目标。例如，围绕《国家教育事业发展“十三五”规划》和《国家教育中长期教育改革和发展规划纲要（2010—2020年）》这两个整体性规划，国家层面针对不同教育类别、不同领域和不同区域，制定并组织实施了数十项教育规划，如表2-4所示。

表 2-4　我国部分教育规划

类别	具体规划
不同教育类别的规划	学前教育：学前教育三年行动计划（三期）
	基础教育：《高中阶段教育普及攻坚计划（2017—2020 年）》《全面改善贫困地区义务教育薄弱学校基本办学条件项目规划（2014—2018 年）》
	职业教育：《职业院校管理水平提升行动计划（2015—2018 年）》《高等职业教育创新发展行动计划（2015—2018 年）》《全国职业院校技能大赛三年规划（2013—2015 年）》《职业教育东西协作行动计划（2016—2020 年）》
	高等教育：《高等学校人工智能创新行动计划》《普通高等学校思想政治理论课教师队伍培养规划（2013—2017 年）》《普通高等学校辅导员培训规划（2013—2017 年）》《学位与研究生教育发展"十三五"规划》《高等学校"十二五"科学和技术发展规划》《2011 协同创新中心建设发展规划》
不同领域的教育规划	成人教育：《老年教育发展规划（2016—2020 年）》《农民工学历与能力提升行动计划——"求学圆梦行动"实施方案》
	《教育信息化"十三五"规划》《乡村教师支持计划（2015—2020 年）》《教师教育振兴行动计划（2018—2022 年）》《教育脱贫攻坚"十三五"规划》《关于指导推进家庭教育的五年规划（2016—2020 年）》《推普脱贫攻坚行动计划（2018—2020 年）》《"易班"推广行动计划》《信息化条件下语言文字规范标准体系建设规划》《国家语言文字事业"十三五"发展规划》《全国教育系统开展法治宣传教育的第七个五年规划（2016—2020 年）》等
	《深度贫困地区教育脱贫攻坚实施方案（2018—2020 年）》

其次，在教育规划制定过程中，日益兼顾政治考量、专家理性和民众需要。在较长的时间里，党委、政府职能部门承担着教育规划的研究者、编制者、决策者、执行者多重角色，容易出现价值偏好、认识局限等自身难以克服的问题。进入 21 世纪后，伴随着社会对政府决策民主化、科学化和合法化的呼吁，政府在教育规划编制过程中，越来越多地通过政府购买服务、项目委托、民意调查、征求意见等方式，多方听取意见。例如：《国家教育事业发展"十三五"规划》制定过程中，不同形式地听取、研究和吸纳了各地、各部门和不同领域专家学者和国际组织的意见建议，广泛调研和反复论证。

规划职能的有效履行为促进教育事业发展提供了保障。以学前教育发展为例，围绕《国家中长期教育改革和发展规划纲要（2010—2020 年）》，国家明确了坚持公益普惠、构建学前教育公共服务体系的基本方向，先后实施了三期学前教育三年行动计划。截至 2020 年底，全国共有幼儿园 29.17 万所，在园幼儿达 4818.26 万人，全国学前教育毛入园率达到 85.2%，群众关心的“入园难”问题有所缓解。然而，在取得成绩的同时，我国教育规划还存在着对规划实施的监测与评估不足、问责较难等问题。比如近年来国家日益重视规划监测与评估，先后组织了对国家重大教育发展规划的过程监测与结果评估。在组织监测与评估的过程中，监测评估指标的选择与量化以及信息采集的真实性、科学性和可行性都是难题，结果的公开透明度也需要加强。

（三）财政拨款

教育财政是指国家筹措、分配和监督教育经费与教育资源的过程。国家通过立法、行政、司法等机关行使教育财政职能。拨款是教育财政的一项主要内容，意味着要根据国家教育整体发展的需要，合理分配教育经费，促进教育公平和提高教育质量。学者巴斯特布尔（C. F. Bastable）提出了政府提供公共服务的受益原则、行动原则和技术原则。绝大多数国家在上述原则的基础上，还突出了对处境不利群体的补偿，即补偿原则（表 2–5）。

表 2–5　政府提供公共服务的原则

受益原则	行动原则	技术原则	补偿原则
若全体公民都是受益者，财政支出划归中央；若受益者是地方居民，财政支出划归地方	需要统一规划的行动，财政支出归中央；需要在实施过程中因地制宜，财政支出归地方	中央负责规模庞大、技术含量高的项目支出，其他归地方	在坚持平等自由原则、机会公正平等原则的同时，给予处境不利群体“差别补偿”

从各国教育拨款的普遍做法来看，财政支出分配的前提是事权划分。1958 年，为了充分地发挥各级政府举办教育事业的主动性和积极性，我国实行全党全民办学。《中国共产党中央委员会、国务院关于教育事业管理权力下放问题的规定》提出“今后对教育事业的领导，必须改变过去条条为主的管理体制，根据中

央集权和地方分权相结合的原则，加强地方对教育事业的领导管理”。但是，由于缺乏相关的监督和激励机制，挤占、挪用教育经费的现象不断发生。1963 年，小学和初中的财政权从公社或生产大队收归到县一级，高中和完中的财政权收归省一级，由县级预算开支教育经费。1972 年，为了阻止“文化大革命”带来的教育下滑，教育经费被列为预算单列款项，专款专用。

改革开放以后，我国财政管理体制开始从计划集权型向市场分权型转轨。1985 年《中共中央关于教育体制改革的决定》确定了“基础教育由地方负责、分级管理”的管理体制，1986 年《中华人民共和国义务教育法》颁布后形成了县办高中、乡镇办初中、村办小学的办学格局，由此逐步确定了中央与地方的教育分级供给框架。在此过程中，中央财政投入占教育总财政投入的比例不断下滑，地方经济发展的差异带来了教育投入的差距，直接拉大了地区之间、城乡之间的教育发展差距。

进入 21 世纪以后，为解决地区教育经费投入差别大、西部地区和农村地区的教育经费短缺等问题，国务院于 2001 年确定对农村义务教育实行在国务院领导下，由地方政府负责、分级管理、以县为主的管理体制。2003 年开始，中央、省和地市加大转移支付力度，农村义务教育经费全额纳入县级政府财政预算。2005 年《国务院关于深化农村义务教育经费保障机制改革的通知》明确“省级人民政府要负责统筹落实省以下各级人民政府应承担的经费，制订本省（区、市）各级政府的具体分担办法，完善财政转移支付制度，确保中央和地方各级农村义务教育经费保障机制改革资金落实到位”，推行中央和地方分项目、按比例分担的农村义务教育经费保障机制，按照“明确各级责任、中央地方共担、加大财政投入、提高保障水平、分步组织实施”的基本原则，将农村义务教育全面纳入公共财政保障范围。2016 年，国家在城乡义务教育发展方面明确了中央和地方的财政分担机制，《国务院关于进一步完善城乡义务教育经费保障机制的通知》提出：“落实生均公用经费基准定额所需资金由中央和地方按比例分担，西部地区及中部地区比照实施西部大开发政策的县（市、区）为 8∶2，中部其他地区为 6∶4，东部地区为 5∶5”，“中西部农村地区公办义务教育学校校舍安全保障机制所需资金由中央和地方按照 5∶5 比例分担；对东部农村地区，中央继续采取‘以奖代补方式，给予适当奖励。城市地区公办义务教育学校校舍安全保障长效机制由地方建立，所需经费由地方承担”。2018年，《基本公共服务领域中央与地方共同财政事权和支出责任划分改革方案》明确基本公共服务领域中央与地方共同财政事权范围，如义务教育、学生资助、基本就业服务等。

随着国家对教育的日益重视，教育投入有了明显增加，中西部教育经费投入保障力度不断增强。据教育部《2020年全国教育经费执行情况统计快报》，2020年，全国教育经费总投入为53014亿元，比上年增长5.65%，其中，国家财政性教育经费（主要包括一般公共预算安排的教育经费、政府性基金预算安排的教育经费、国有及国有控股企业办学中的企业拨款、校办产业和社会服务收入用于教育的经费等）为42891亿元，比上年增长7.10%。然而，当前教育拨款依然存在一些问题，比如如何从计划经济模式下的自上而下拨款转变为以基层教与学需求为本的市场经济模式下的教育拨款；如何才能够从关注投入数量转变为注重教育经费的成本收益最大化；如何增加教育拨款过程及其经费使用的透明度；如何提高社会资金投入的积极性，扩大教育经费的来源；如何根据不同地区不同学段的特点，构建适合不同地区和不同学段的教育拨款标准。

（四）信息服务

政府信息是指由或为各级人民政府及其职能部门生产、收集、处理、传播或处置的信息。《中华人民共和国政府信息公开条例》第二条规定，“政府信息，是指行政机关在履行职责过程中制作或者获取的，以一定形式记录、保存的信息”。政府部门积累了海量的公共数据，这些数据涉及各级各类教育发展数据、经费使用数据，以及各行各业人才需求数据等。

在教育信息服务过程中，各级政府及其相关职能部门是信息服务的主体，着重提供政府教育治理行为本身生成的信息。当今世界，越来越多的政府在实行“数据开放”计划。2011年，巴西、印尼等八国联合签署《开放数据声明》，成立了开放政府合作伙伴组织（Open Government Partnership，OGP），发布《开放政府宣言》，明确了政府应该承担公开其数据的责任。截至2017年11月，已经有75个国家加入该组织。在提供信息服务的同时，政府还是研究/咨询等机构提供的研究数据、民意调查等信息的服务客体。政府及其相关职能部门在信息服务过程中，一方面利用政府内网、专网和局域数据库在政府内部开展信息共享与服务，提高政府行政效率和决策的科学化、民主化程度；另一方面通过政府外网、宣传栏和共享数据库面向社会机构和公众公开政府信息，确保公众的知情权。此外，还通过购买服务等渠道，获取与教育发展环境、教育机构与教育者、受教育者等有关的数据信息。研究 / 咨询机构更多承担教育智库的角色，在深度挖掘公共数据、释放数据价值、参与教育治理过程的同时，通过民意调查、社会调查、国际比较、区域比较、行业发展分析、学校办学、就业形势等研究，为政府及其职能部门进行公共决策提供支持，同时也为社会大众进行个人选择提供参考。社会公众既是信息服务的主要对象，又是信息服务的提供者之一，其对教育的认识、建议、意见等往往通过民意调查、政府信息渠道等正式或非正式的渠道传递。随着国家日益强调政府信息服务职能，在推动教育信息服务方面，我国先后出台《教育部关于数字教育资源公共服务体系建设与应用的指导意见》等文件，扩大服务范围，提高服务质量。然而，依然存在一些问题：信息公开不足；信息孤岛与信息壁垒现象普遍，造成数据部门化、单位化和碎片化，削弱了数据价值；信息失真，时效性不足。这些问题均在教育治理中有所反映，对教育治理的深入发展有一定的阻碍。

（五）督导评估

督导评估一直是世界各国选择的一项重要教育治理职能，一般包括对各级政府履行教育职能、提供教育产品与服务、营造有序有活力的教育发展环境等方面进行督导评估（“督政”），以及对各级各类学校教与学的过程及其结果的督导与评估（“督学”）。经过多年的实践与探索，教育督导评估在促进教育管办评分离、推动教育治理体系与治理能力现代化方面发挥了积极的作用，同时也存在不少亟待解决的问题。

首先，构建“督政、督学、监测”三位一体的督导体系，但是督学和监测相对薄弱。《教育督导条例》规定教育督导包括：“县级以上人民政府对下级人民政府落实教育法律、法规、规章和国家教育方针、政策的督导；县级以上地方人民政府对本行政区域内的学校和其他教育机构（以下统称学校）教育教学工作的督导。”2014 年，国务院教育督导委员会办公室下发《深化教育督导改革转变教育管理方式的意见》，要求“形成督政、督学、评估监测三位一体的教育督导体系”。近年来，我国先后开展了“两基”督导评估、全国县域义务教育均衡发展督导评估、省级人民政府履行教育职能督导评估等督政活动，同时陆续启动对各级各类学校的办学水平督导评估，初步建立起国家督导部门统筹指导、监测中心组织执行、省级督导部门协调监控、县级督导部门操作实施的全国基础教育质量监测组织实施模式。然而，从实践来看，我国在“督学”方面的督导质量有待提高、对学校的监测和评估缺乏统一的标准和一致对外的口径，督导作用不大。

其次，督学队伍建设受到重视，但是专业能力整体不高。督学是决定督导质量的关键，促进督学队伍的专业化是世界各国的努力方向。我国督学从年龄结构到专业化程度都还有待提高。比如从督学年龄来看，英国要求责任督学年龄为 30—49 岁，法国要求督学年龄不超过 45 岁（陈雨，2014）。我国未对督学年龄做出规定，督学年龄普遍较大，相当一部分地区的督学以退休人员为主。在数量方面，我国已建立起国务院、省、市、县四级政府教育督导机构，形成了一支专职督学和责任督学相结合的督学队伍。但是，相关调查表明，绝大多数地区没有实施督学专业分类制度。笔者 2016 年对全国 6 个省 17 个县 302 名督学的问卷调查结果显示，不同年龄的责任督学在专业知识和能力方面存在显著差异，年龄超过 60 岁的督学在学校课程与课时安排、数据统计与分析等方面明显弱于中青年督学，表示“非常熟悉”的比例不足一半。因此，建议充实督学数量，并从年龄、专业能力等方面设定督学门槛，保障督学具有教育监管工作的胜任力。

此外，还存在着监测或督导评估项目条线过多、各自为政、指标分散、测量工具落后、方法单一等状况。测量工具的开发滞后严重影响到信息的可靠性和真实性，督导流程与方法的落后导致督导结论的公信力不足，同类领域内的督导评估标准交叉和重复造成基层督导评估的低效重复和学校的负担过大。

（六）标准制定

从各国公共管理实践来看，建立健全公共产品服务的标准体系是保证公共利益的重要手段。桑德斯认为，标准是公认的权威当局批准的一个个标准的工作成果。标准可以采用下述形式：一是文件，其内容是记述一系列必须达到的条件；二是规定基本单位或物理常数，如安培、米、绝对零度等（桑德斯，1974：24）。在教育领域，教育标准是对各级各类教育活动事项制定的规范与技术要求，指导和规范教育的实践，衡量教育投入与产出活动的质量。

在我国，教育标准建设从1993年颁布《中国教育改革和发展纲要》后日渐受到重视。《国家中长期教育改革和发展规划纲要（2010—2020年）》明确提出要“建立和完善国家教育基本标准”。《国家教育事业发展第十二个五年规划》进一步提出：“建立国家教育标准体系。建立标准修订机制，定期对相关教育标准适用性进行审查。设立国家教育标准中心，加强教育标准的研究和制定，到2015年初步形成国家教育标准体系”，“完善标准实施和检验制度。开展教育标准的宣传、培训。落实教育行政部门实施标准的责任。鼓励教育中介组织积极参与标准的研究制定和实施检验。通过实施标准，推动学校达标建设，完善教育质量保障机制，推进教育评估科学化，促进学校管理规范化”。《国家教育事业发展“十三五”规划》重申：“加强教育标准工作。完善教育标准研制、审定、复审机制。加快完善国家教育标准体系，完善各级各类学校教育质量标准，健全各级各类学校建设、教育装备、教师队伍建设、教育投入、教育信息化、教育督导、学校运行、语言文字等标准。推进教育标准实施和监督。”目前，我国已经初步形成六大类别的教育标准体系（表2–6）。

表2–6　我国现行教育标准

类别	范围	具体标准
各级各类学校建设标准	教学、生活、体育设施，劳动和实习实训场所，以及仪器设备、图书资料等国家配备标准	《高等学校马克思主义学院建设标准（2017年本）》《小学体育器材设施配备标准》《初中体育器材设施配备标准》《小学音乐教学器材配备标准》等
学科专业和课程体系标准	学科、专业、课程、教材等标准	《普通高中课程方案和语文等学科课程标准（2017年版）》《中小学幼儿园教师培训课程指导标准》《义务教育小学科学课程标准》《盲校义务教育课程标准（2016年版）》《高等学校思想政治理论课建设标准》《中等职业学校专业教学标准（试行）》等

续表

类别	范围	具体标准
教师队伍建设标准	校（园）长、教师的编制标准、资格标准、考核标准以及教师职业道德和教师教育标准	《特殊教育教师专业标准（试行）》《普通高中校长专业标准》《中等职业学校校长专业标准》《幼儿园园长专业标准》《中小学教师信息技术应用能力标准（试行）》等
学校运行与管理标准	学校生均拨款标准，学校行政、教学、服务行为的标准	《教育统计管理规定》《义务教育学校管理标准》《普通高等学校学生管理规定》《高等学校体育工作基本标准》等
教育质量标准	德智体美等各方面的人才培养质量标准	《普通高等学校本科专业类教学质量国家标准》《一级学科博士、硕士学位基本要求》《教育部“体育、艺术 2+1 项目”技能标准（试行）》等
国家语言文字标准	国家与语言文字规范等有关的标准	《国家语言文字工作委员会语言文字规范标准管理办法（2015 年修订）》等

从我国教育标准建设现状来看，教育标准缺乏相应配套的评价指标，可操作性较弱；不同领域的教育标准发展不平衡，如义务教育、高等教育的标准较多；投入标准和过程性标准较多，如制定了各级各类办学条件和课程的相关标准，但是教育质量标准较少。基于对标准的研究及我国教育标准执行的问题，应从以下方面改进。一是提高教育标准的质量。戴弗（C. S. Diver）就行政规则（标准）给出了经典的分析，他认为要成功实施一项标准，至关重要的在于标准要具备透明性（transparency）、可达性（accessibility）和相容性（congruence）三项特征。其中，透明性指的是规则应能为其受众所理解，因此所使用的词语“应得到明确的界定，且含义得到了普遍的认同”。可达性是指是否易于将标准适用于目标情形。相容性则涉及标准和根本政策目标之间的关系（Diver，1983）。我国在教育标准制定的过程中，需要充分考虑标准是否透明、表达是否清晰准确且可以测量、标准的可行性和适用性如何、标准的执行是否能指向标准制定的初衷等问题。二是在加强标准的规范性的同时，还需要尽快研制各级各类教育的质量标准。有研究者分析了能搜索到的日本的 59 项教育标准，发现仅有 6 项为硬件类标准，45 项为软件类标准，其余 8 项为兼顾了硬软件的标准（国家教育标准体系研究课题组，2015）。

第三节　放管服改革与教育治理

近年来，我国各级政府通过放管服这一改革举措大力推进政府教育治理改革。2017 年的《政府工作报告》指出：持续推进政府职能转变，深化简政放权、放管结合、优化服务改革。党的十九大报告从我国发展进入新时代的历史方位出发，对深化行政体制改革、转变政府职能做出重要部署，强调要“深化简政放权，创新监管方式，增强政府公信力和执行力，建设人民满意的服务型政府”。在此背景下，政府在教育治理中的角色将进一步转变。

一、权力配置与简政放权

从某种程度上而言，政府就是权力运作的结构和行为组成的系统，权力结构的重组和完善是行政管理体制改革的关键。

（一）权力及其配置

《布莱克维尔政治学百科全书》写道：“权力是一个在本质上有争议的概念，……大多数分析家们还是承认，权力基本上是指一个行为者或机构影响其他行为或机构的态度和行为的能力。”（米勒，波格丹诺，1992：94–95）有学者认为，公共权力是权力的一种，除了拥有权力的对象性、强制性、实效性、工具性、限度性等一般属性外，还有着公共性、普遍性、复杂性、组织性等特殊属性（陈振明，陈炳辉，2004：260–265）。法治政府视角下的行政权力是指各级政府机关以及其他依法履行公共管理与服务职能的行政主体在履行职能的过程中，依照法律法规所享有的影响力或支配力。教育行政权力和教育行政职能之间是手段与目的关系，职能的设定为各级政府确定了工作的任务方向和价值目标，权力则为各级政府完成这些任务创造了条件和途径。

教育行政权力配置是行政管理体制改革的关键，包括两个层面：一是教育行政权力在中央和地方政府间的合理配置，即中央政府应根据不同层级政府承担职责的大小，将人权、事权、财权、项目管理权等权力适当下放给各级地方政府，扩大地方政府的公共权力和责任，增强地方政府治理公共事务的积极性、主动性和责任心。二是教育行政权力在同级政府各个部门之间的配置，即合理划分同一行政层级中教育行政部门与人事行政部门、党务组织部门、财政部门等之间的权责（褚宏启，2013）。

（二）我国教育行政权力配置的改革与探索

我国教育行政权力的配置主要呈现出两条路径，一是权力从中央到地方的纵向分配，二是权力在政府各部门之间的横向配置。

1. 权力的纵向配置与央地关系

在简政放权趋势下，我国的教育行政权力在行政分权上体现为事权在各级政府之间的分配，在财政分权上体现为各级政府承担公共财政拨款的责任。

首先，在行政分权方面，从 1978 年到 1992 年确立市场经济目标期间，在经济体制改革的推动下，我国中央和地方的关系逐步打破了高度集权的模式，向地方分权型转变。这一时期央地关系调整的主要方针是放权让利，教育行政权力下沉。1985 年《中共中央关于教育体制改革的决定》提出“基础教育由地方负责、分级管理”，1986 年颁布的《中华人民共和国义务教育法》以法律的形式正式确立了“实行地方负责，分级管理”的体制，把义务教育的政策、责任和权力交给了地方，逐渐形成了县办高中、乡镇办初中、村办小学的办学格局。1994 年开始，随着分税制的实施，中央和地方在教育事权配置上不断进行改革和磨合。《中国教育改革和发展纲要》要求“在中央与地方的关系上，进一步确立中央与省（自治区、直辖市）分级管理、分级负责的教育管理体制。中央直接管理一部分关系国家经济、社会发展全局并在高等教育中起示范作用的骨干学校和少数行业性强、地方不便管理的学校。在中央大政方针和宏观规划指导下，对地方举办的高等教育的领导和管理，责任和权力都交给省（自治区、直辖市）”。1995年颁布的《中华人民共和国教育法》规定：“国务院和地方各级人民政府根据分级管理、分工负责的原则，领导和管理教育工作。中等及中等以下教育在国务院领导下，由地方人民政府管理。高等教育由国务院和省、自治区、直辖市人民政府管理。”国务院教育行政部门主管全国教育工作，统筹规划、协调管理全国的教育事业。县级以上地方各级人民政府教育行政部门主管本行政区域内的教育工作。县级以上各级人民政府其他有关部门在各自的职责范围内，负责有关的教育工作。教育行政权力的向下倾斜，在一定程度上激发了地方办学活力，但是，也拉大了区域之间、城乡之间的教育差距。

2001年，国务院发布《关于基础教育改革与发展的决定》，要求“实行在国务院领导下，由地方政府负责、分级管理、以县为主的体制”。2010年《国家中长期教育改革和发展规划纲要（2010—2020年）》颁布之后，教育管理机制改革的重点之一便是加强省级人民政府的统筹力度。在央地行政分权框架下，国务院统一领导和管理国家教育事业，制定发展规划、方针政策和基本标准，优化学科专业、类型、层次结构和区域布局，整体部署教育改革试验，统筹区域协调发展。地方政府负责落实国家方针政策，开展教育改革试验，根据职责分工负责区域内教育改革、发展和稳定。省级统筹的内容被明确为制定办学条件、教师配置等方面的实施标准，做好省域内义务教育发展规划等。2015年修订的《中华人民共和国义务教育法》第六条规定：“国务院和县级以上地方人民政府应当合理配置教育资源，促进义务教育均衡发展，改善薄弱学校的办学条件，并采取措施，保障农村地区、民族地区实施义务教育，保障家庭经济困难的和残疾的适龄儿童、少年接受义务教育。国家组织和鼓励经济发达地区支援经济欠发达地区实施义务教育。”第七条规定：“义务教育实行国务院领导，省、自治区、直辖市人民政府统筹规划实施，县级人民政府为主管理的体制。”2017年，教育部等五部门制定了《关于深化高等教育领域简政放权放管结合优化服务改革的若干意见》，从高校学科专业设置机制、编制及岗位管理制度、进人用人环境、教师职称评审、薪酬分配制度、经费使用管理、内部治理等方面进一步向地方和高校放权。《依法治教实施纲要（2016—2020年）》要求“依法全面履行教育行政管理职能。深入推进扩大省级政府教育统筹权改革，强化省级政府依法统筹推进区域内基本教育公共服务均等化职责，强化市县政府的执行职责”。

其次，在财政分权方面，我国在1994年分税制改革之前，中央和地方财政体制进行了多次调整。但是无论是20世纪50年代的高度集权体制，还是20世纪80年代的分权体制，地方政府的预算内支出总是小于或约等于地方的预算内收入，也即地方财政支出基本依靠自身收入，中央财政本级的财政支出除了满足部委机关运转所需经费外，主要用于支持中央控制的重大项目建设。2001年国务院《关于基础教育改革与发展的决定》确立“在国务院领导下，由地方政府负责、分级管理、以县为主”农村义务教育管理体制的同时，强化了省级政府在义务教育财政投入方面的作用，比如在安排对下级转移支付资金时要保证农村义务教育发展的需要，加大对贫困地区和少数民族地区义务教育的扶持力度；制定农村义务教育发展和中小学布局调整的规划，实行教师资格制度，核定教师编制和工资总额，通过调整财政体制和增加转移支付的办法解决财力不足、部分县发放教师工资确有困难的问题；合理安排农村中小学正常运转所需经费，核定本地区农村中小学实际公用经费支出的标准和定额，以及本地区杂费、书本费的标准。

2005年，《国务院关于深化农村义务教育经费保障机制改革的通知》发布，2006年农村义务教育经费保障机制改革开始，确立了明确各级责任、中央地方分担、经费省级统筹、管理以县为主的新机制。省级统筹的具体内涵被界定为“省级人民政府要负责统筹落实省以下各级人民政府应承担的经费，制订本省（区、市）各级政府的具体分担办法，完善财政转移支付制度，确保中央和地方各级农村义务教育经费保障机制改革资金落实到位”。《国务院关于深化农村义务教育经费保障机制改革的通知》标志着中央财政在制定公用经费的支出标准方面采取了集权的方式。2010年《国家中长期教育改革和发展规划纲要（2010—2020年）》提出，依法落实发展义务教育的财政责任，完善省对省以下财政的转移支付体制。《国务院关于印发国家基本公共服务体系“十二五”规划的通知》全面强化了省级政府在教育等领域基本公共服务的支出责任，将省级统筹的外延扩大到整个公共服务领域，即省级政府负责制定地方公共服务支出标准体系，并承担相应的支出责任。2016年，进一步建立了中央和地方的财政分担机制，加强中央支持和省级统筹。2018年，《基本公共服务领域中央与地方共同财政事权和支出责任划分改革方案》明确将义务教育、学生资助、基本就业服务纳入中央与地方共同财政事权范围。

2. 权力的横向配置与协同治理

权力的横向配置指的是在政府教育及其他相关部门间进行权力分配，协同治理。协同治理指的是公共部门、公民个人和私人机构等共同管理公共事务。在我国，协同治理包括两个层面：（1）政府不同机构之间的协同。1993 年颁布的《中国教育改革和发展纲要》明确：在国家教委与中央业务部门的关系上，国家教委负责统筹规划、政策指导、组织协调、监督检查、提供服务；中央业务部门要加强对本行业的人才预测和规划，协助国家教委指导本行业的人才培养工作，负责管理其所属学校，包括在国家宏观指导下，决定所属学校的招生规模、专业设置、经费筹措、学生就业等。我国各级政府在促进部门间协作方面进行了改革探索。比如 2017 年，国务院建立了民办教育工作部际联席会议制度，全国各省、自治区、直辖市在省级层面都建立起了职业教育工作部门联席会议制度、学校安全协同管理制度等。（2）不同地区之间的跨域治理。随着区域一体化的发展，教育事务呈现出扩散化、多元化、复合化的发展态势，许多地区"内部"公共问题的外溢效应越发明显，跨行政区划的区域性公共议题逐渐成为公共治理实践的热点和难点，我国先后推行了京津冀、长三角、泛珠三角等区域教育协同治理机制，打造整体治理格局。

二、权力监督与教育监管

《国家中长期教育改革和发展规划纲要（2010—2020 年）》明确提出，政府及其部门要完善监管机制，《法治政府建设实施纲要（2015—2020 年）》将强化对行政权力的制约和监督作为一项主要任务。近年来，在我国政府积极推进放管服的过程中，更新监管方式、提高监管效力成为改革的重要内容。

（一）政府权力及其监管

在政府治理领域中，政府权力和政府责任是相对应的。政府的角色责任一般也称为行政责任。行政责任和行政权力一起构成了行政职能（也称政府职能），其中，行政权力规定了政府"应该做什么"和"不应该做什么"，行政责任则规定了行为者应当承担的义务或因为失职而应当承担的否定性法律后果。对政府未能履行相应的责任或义务这一行为实施问责，成为各国政府治理中普遍的选择。

首先，政府公共权力最初来源于维护公共利益，政府公共权力运作的出发点和归宿都必须着眼于实现最大限度的公共利益。然而，政府作为一个既“利他”又“自利”的组织，其在运作权力的时候一方面极有可能偏离公共权力的公共性，不恰当入侵私人领域；另一方面极有可能沦为维护私人或集团利益的工具，出现以权谋私、权钱交易等腐败行为。政府公共权力滥用常常体现在两个方面：一是越位，即政府部门超越了本部门的职权范围，包括超越法定幅度、超越行政权能、超越非行政性国家权能、超越国家权能等情形（朱新力，1996）；二是缺位，也称“懒政”，即政府部门没有认真履行自己的职责，没有管理好属于本部门的事务。

其次，我国是一个多层级管理体制国家，这种体制决定了教育治理主体数量大、类型多、治理环境差别大等特征，这给公共权力合理合法运作带来了挑战。验证财政分权与公共产品供给的实证研究表明，在一些发展中国家，教育、卫生的公平和质量都因为分权而进一步恶化。有研究表明，财政分权对公共产品的不利影响主要是出于制度上的原因。财政分权之后可能会引发寻租的空间，腐败的政府会加大基础设施的支出力度，从而减少对教育的支出（转引自成刚，孙晓梁，孙宏业，2015）。目前，我国在省级层面有 32 个教育行政部门（包括新疆生产建设兵团），在市级层面有 333 个教育行政部门，在县级层面有 2822 个教育行政部门，全国各级各类学校有 20 余万所。对政府权力的监管包括两个方面：一是对政府公共权力运行情况的监管，二是对政府公共责任履行过程及其结果的监管（图 2–1）。

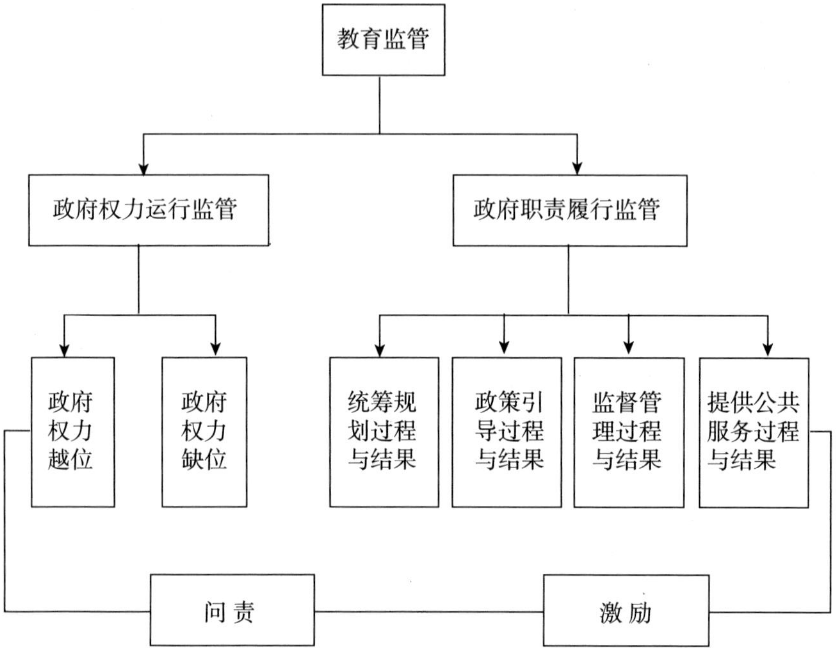

图 2-1 教育监管内容框架

（二）教育监管的实践与探索

从当前中国行政管理体制改革来看，促进决策、执行、监督权力既相互制约又相互协调的行政运行机制是改革的重点。2013 年《中共中央关于全面深化改革若干重大问题的决定》提出："优化政府机构设置、职能配置、工作流程，完善决策权、执行权、监督权既相互制约又相互协调的行政运行机制"，"坚持用制度管权管事管人，让人民监督权力"。《2016 年推进简政放权放管结合优化服务改革工作要点》要求公正监管、综合监管和审慎监管。由此来看，我国政府管理体制改革也逐渐朝着"重视监管""多种方式监管""回应性监管""审慎监管"的方向不断深入。在教育领域，《国家中长期教育改革和发展规划纲要（2010—2020 年）》提出要"加强教育监督检查，完善教育问责机制"。2012 年，国务院颁布了《教育督导条例》。明确教育督导的法律地位是建立健全教育决策、执行、监督相互协调的行政管理体制的重要举措。从我国的教育监管来看，已经和正在进行的实践探索包括以下四个方面。

一是推行权责清单管理，约束政府权力。2015 年，中共中央办公厅、国务院办公厅发布了《关于推行地方各级政府工作部门权力清单制度的指导意见》，国务院办公厅发布《国务院部门权力和责任清单编制试点方案》，该方案提出“按照简政放权、放管结合、优化服务和转变政府职能要求，以清单形式列明试点部门的行政权责及其依据、行使主体、运行流程等，推进行政权责依法公开，强化行政权力监督和制约，防止出现权力真空和监管缺失，加快形成边界清晰、分工合理、权责一致、运转高效、依法保障的政府职能体系”。国务院公布了教育部执行的 9 项行政许可以及 13 项中央指定地方实施行政许可事项。随后，各省份陆续开始梳理本省份范围内各级政府及其教育行政部门的权力清单，并在政府门户网站上公开。各级政府均相应制定并公开了本级政府的教育权力清单。

二是对转移之后的权力强化监管。2017 年 3 月，教育部等五部门出台了《关于深化高等教育领域简政放权放管结合优化服务改革的若干意见》。为落实放管服改革要求，教育部、人力资源和社会保障部及时印发《高校教师职称评审监管暂行办法》，加强职称评审放权后的监管。该办法结合高校特点，对评审工作、监管内容、监管方式、惩处措施进行了规定，覆盖了评审工作的所有环节，构建了一个系统、完整的监管内容体系，为全面正确履行监管职责提供了责任清单。又如，为进一步规范中外合作办学秩序，提高办学质量，教育部重点推进“两平台”“两机制”建设，其中，“两平台”指的是教育部中外合作办学监管工作信息平台和中外合作办学颁发证书认证工作平台，“两机制”指的是建立中外合作办学质量评估机制与中外合作办学执法和处罚机制。针对政府购买服务过程中出现的弊端，2018 年财政部公布《政府购买服务管理办法（征求意见稿）》，设立了政府购买服务内容负面清单。

三是内设监管部门，加强对教育教学质量、教育经费使用等领域的监管。例如，教育部经费监管事务中心是教育部直属事业单位，其主要职责是：受教育部委托，承办与教育经费监管相关的辅助性工作，提出意见建议；承办相关教育专项经费项目前期需求论证和评估评审及绩效评价等具体工作，提交相关论证、评审和评价报告，为教育部决策提供参考；承办经费监管信息化建设和资金活动监控工作；承办直属高校、直属事业单位领导干部经济责任审计问题整改监督检查和其他财务管理专项检查工作；承办教育系统财会、审计、资产管理人员业务培训工作；承办教育部委托的其他工作。审计、纪检等部门发挥监督功能，对国务院各部门、地方各级人民政府及其各部门、国有金融机构和企业事业组织的财政财务收支及相关经济活动的真实、合法和效益情况，中央相关政策措施落实情况，以及领导干部经济责任履行情况进行审计监督。

四是引入社会力量参与政府职能监管。国务院对省级人民政府履行教育职责、对县域义务教育均衡发展等的评估中，均要求"面向社会和学生开展满意度调查"，了解人民群众对各省（区、市）教育工作的满意度。

三、提升服务质量

政府在教育治理中的服务主要表现为向办学机构和相关教育机构提供必要的供给支持，向人民群众提供使其满意的教育服务。政府的服务职能是政府教育权在教育治理现代化建设背景下回归本质的一种体现。

（一）教育使命与政府回应

政府掌握教育权的另一个方面意味着政府承担了提供公共教育服务的义务。换言之，政府承担着提供教育服务的使命。在新时期，如何满足人民群众对教育服务的需求成为政府行政的一大挑战。《2016 年推进简政放权放管结合优化服务改革工作要点》要求"提高公共服务供给效率。坚持普惠性、保基本、均等化、可持续的方向，加快完善基本公共服务体系"，"多渠道提高公共服务共建能力和共享水平，满足群众多层次、多样化公共服务需求"。2018 年，习近平总书记在全国教育大会上强调，坚持把优先发展教育事业作为推动党和国家各项事业发展的重要先手棋，不断使教育同党和国家事业发展要求相适应、同人民群众期待相契合、同我国综合国力和国际地位相匹配。《国家教育事业发展"十三五"规划》将"坚持服务导向"作为教育发展的一项基本原则，提出"服务国家发展和人民群众是对教育改革发展的基本要求。教育发展要适应中国特色社会主义现代化建设需要，服务全面建成小康社会和中华民族伟大复兴目标，主动适应和引领经济发展新常态，为国家现代化建设厚植人才优势，培育创新动力"。

（二）提升教育服务质量的实践与探索

随着国家对民生的日益重视，以及塑造服务型政府的努力，近年来，我国从为人的发展提供服务和为社会经济发展提供服务两个方面，不断扩大教育服务范围与提高服务质量。

首先，在促进教育公平方面，《国家中长期教育改革和发展规划纲要（2010—2020年）》提出要“坚持育人为本，以改革创新为动力，以促进公平为重点，以提高质量为核心”，重申“教育公平是社会公平的重要基础”。《国家教育事业发展“十三五”规划》提出“着力提高教育质量”“着力促进教育公平”等总体要求。围绕国家教育部署，近年来国务院和教育部等先后出台了相关政策，促进教育质量的提升和教育公平，如《关于做好进城务工人员随迁子女接受义务教育后在当地参加升学考试工作的意见》《国务院关于深入推进义务教育均衡发展的意见》《国务院办公厅转发教育部等部门关于实施教育扶贫工程意见的通知》《国务院办公厅关于转发教育部等部门特殊教育提升计划（2014—2016年）的通知》《国务院关于加快发展民族教育的决定》《国务院关于进一步完善城乡义务教育经费保障机制的通知》《国务院办公厅关于加快中西部教育发展的指导意见》《国务院关于统筹推进县域内城乡义务教育一体化改革发展的若干意见》等。

其次，在提升教育质量方面，改革考试与招生制度，引导社会关注学生素质发展。比如在基础教育阶段，加强基础教育质量监测工作。《国家中长期教育改革和发展规划纲要（2010—2020年）》提出要“整合国家教育质量监测评估机构及资源，完善监测评估体系，定期发布监测评估报告。加强教育监督检查，完善教育问责机制”。目前，已开展多次全国范围内的义务教育阶段质量监测工作。在高等教育领域，在加强评估的同时，引导高校不断优化学科专业结构，提高育人质量。

第四节　政府教育治理问题与改革建议

从我国政府教育治理的改革与探索来看，还存在着实效性不强、形式化较为严重、“运动式监管”普遍、对社会经济发展和人的发展的回应性不足、公民参与力量薄弱等问题，需要从增强改革的“功能适应性”、将监管纳入常规性工作、提高教育服务效率和效果、积极培育社会组织参与教育治理等方面入手，推进教育治理体系与治理能力的现代化。

一、增强政府教育治理改革的“功能适应性”

从世界各国政府改革实践来看，在政府治理过程中，纵向整合与横向整合是两种存在张力的组织协调方式。工业社会的科层治理和后工业社会的竞争治理都无法解决政府治理中的协调困境。尽管我国从改革开放以来，一直在推动政府教育行政职能转变，重构教育行政权力，努力塑造既有效率又有效果的政府，但改革成效并不明显，权责清单大多流于形式，除了财政拨款方面中央和地方的职责较为清晰之外，其他领域的教育治理体系和治理能力现代化步伐缓慢。具体体现在教育不公平不均衡现象依然突出，政府以行政手段干预学校办学的情况还大量存在，教育决策民主形式化较为严重，社会参与教育的积极性和能力不足，等等。究其原因，教育行政职能转变基本上是政府内部机构（包括人员）的撤并、整合和政府内部权力的下放、转移或重新配置，政府改革自然而然地定位在有限政府的架构上面，“精简机构”和“下放权力”成为政府改革的着力点。而“精简机构”和“下放权力”，既涉及技术上要保证政府功能相对齐全、结构相对合理，更牵涉到权力主体的切身利益，是一个涉及诸多因素的极为复杂的过程，因而也成了政府改革长期面临的难以克服的顽疾，从而成为政府改革长期无法走出机构缩增循环的根本原因（杨弘，郜清攀，徐勇，2008）。

针对传统简政放权存在的弊端，越来越多的国家在“机关结构的功能适应性”方面提出了与权力分立理论不同的新要求：“合乎宪法的分权体系要求，国家功能的分配以及国家任务的分担和决策的做出，必须遵循如下要求：各个机关依据其内部结构、组成人员、工作方式和必须遵守的决定程序，能够合法且有准备地做出有效率的决定。”（转引自张翔，2018）简政放权的目的不再是减少多少机构和雇员、下放了多少权力，而是在多大程度上提高了解决公共问题的效率和效果。随着教育问题的日趋复杂，以及网络社会催生出来的公民对政府更高的期望，政府治理中各个利益相关者之间的相互依赖日益增强。因此，我国在推进教育治理体系与治理能力现代化的过程中，应更多地考虑“功能适应型”的行政管理体制改革。根据问题的地理范围、管理的纵向层次和横向范围、利益相关者结构等因素，运用信息技术打破组织之间的壁垒，搭建跨部门、跨地区的政府机构、私人机构、社会组织以及公民共同参与的协同治理平台，为政府及其合作伙伴提供各种工具，构建协同治理机制，强化治理主体权力和义务，健全对话协商机制，由利益相关方共同制定规则，共担风险和责任，执行共同规则，确保共同受益。

二、加快政府职能转变的法治化进程

制定权责清单是当前政府教育治理改革的重要举措，也是落实依法行政的重要抓手。权责清单可以反映出政府职能转变的力度。经过几年的实践，政府部门权责清单制定取得了一定进展，同时也存在着清单数量差距较大、清单内容安排不一、法律依据不同等问题。比如：通过对各省教育厅公布的共计 1708 项权力进行统计与分析后发现：（1）从权力类别来看，数量从高到低分别为：行政处罚（547 项，占比 32.0%）、行政许可（250 项，占比 14.6%）、行政确认（150 项，占比 8.8%)、行政奖励（130 项，占比 7.6%)、行政检查（100 项，占比 5.9%)、行政征收（32 项，占比 1.9%)、行政给付（43 项，占比 2.5%)、行政裁决（4 项，占比 0.2%）和行政强制（5 项，占比 0.3%)。另外，有高达 447 项权力被归属为“其他类别”。31 个省（自治区、直辖市）中，有的省份仅列出 11 项权力（贵州省），有的省份却列出了 159 项权力（广东省)。(2）责任清单的制定在具体处理上也有所不同，大致形成了四种做法：一是逐一对应、两单一表，即逐一厘清与每项权力相对应的责任事项和责任后果，责任清单与权力清单合为一个表。二是根据行政职权运行流程制定每个流程的责任清单，此处的责任为工作职责内容，如北京是分别根据行政许可类、行政处罚类、政府确认类、行政给付类、行政奖励类、行政检查类和其他行政职权运行流程制定每一类别的责任清单。三是根据工作职责制定的责任清单，两单两表，即分别列出权力清单和责任清单，如湖南省、浙江省。四是在责任清单里按照行政许可、行政处罚、行政奖励、行政确认、其他等权力类别分别罗列部门职责、对应权力事项、职责边界、追责情形（包括受理责任、决定责任、事中事后监管责任)、免责事项和备注等，如江苏省。(3）由于权责清单的制定更多是执行自上而下的改革要求，导致一些地方存在形式化趋向，在实际的职能履行过程中，并没有充分发挥权责清单的作用。

因此，建议:(1）进一步梳理教育行政权责，通过法治化的方式予以固化。明确界定中央和地方各级政府的管理职责，中央对地方职能的行使从管制、指挥转向强化过程与结果的监督。(2）在实践中切实发挥权责清单作用，实现依法治教。同时，通过网上政务平台公布并追踪每项权力的运行状态、每项责任清单的履行情况，建立健全监督检查和问责追责机制，方便各级各类教育机构和公众了解清单信息，监督权力的行使，切实发挥清单作用，促进政府部门依照清单办事。

三、提高教育监管效力

在我国，长期以来习惯于将政府监督的重点放在对违法行为的事后查处、惩治上，不少监管活动都是在问题引起社会广泛不满之后进行的“运动式”监管，通常是“问题发生—社会强烈不满—领导高度重视—启动自上而下的监督或检查—加强管控”的模式，解决教育问题、提升政府治理水平的坚持性和持续性不足。以校外培训机构监管为例，在校外培训机构发生一系列问题之后，国务院、教育部紧急出台一系列文件，如 2018 年 2 月《教育部办公厅等四部门关于切实减轻中小学生课外负担开展校外培训机构专项治理行动的通知》、8 月《国务院办公厅关于规范校外培训机构发展的意见》、9 月《教育部办公厅关于切实做好校外培训机构专项治理整改工作的通知》及《关于面向中小学生的全国性竞赛活动管理办法（试行）》等。但是，在 2018 年大规模校外培训机构监管与整改之前，校外培训机构的问题便已普遍存在，大量不合法不合规的机构严重损害了人民群众的利益。同时，还广泛存在着监管主体的独立性不强、监管方式单一落后、监管结果公开不足和使用不足等问题，这些因素共同制约了监管的效力。

因此，建议教育监管要从当前的“运动式监管”走向“常规性监管”。（1）立法保障。尽快将政府教育监管标准的制定、监管的组织与实施，以及纠错与整改纳入法治轨道，完善政府教育监管的法律体系。明确教育监管机构及其权限、教育监管的内容和对象、教育监管类型及其周期、教育监管的程序与方法、教育监管结果的使用范围等。因此，需要从法律上建立常态化的教育监管机制。（2）经费保障。从我国当前监管改革来看，一方面增加了监管事务，要求各级政府强化监管，不断减少政府越权和缺位行为；另一方面在加强事后监管的同时强化事中监管，要求对政府履行职能全过程进行有效监管，及时发现和解决问题。但是，随着工作量增加，工作人员、经费等并没有增加，导致不少监管职能难以履行到位。因此，需要政府加大对教育监管的财政支持力度。（3）能力保障。教育监管是一项复杂工程，需要监管人员对教育问题具备较强的敏感性、思考和分析的专业性、客观中立的职业道德，同时需要在监管过程中设计科学可测的监管指标和信息采集工具，并能基于采集到的数据和信息进行科学分析，从而撰写出“基于证据”的监管报告。尤其在当前人力、财力一时难以完全满足需求的情况下，更加需要教育监管人员充分运用大数据采集与分析方法，尽可能以较少的投入进行有效的监管。（4）信息保障。目前我国政府监管的主要形式，依然是政府内部自上而下的监督、检察或查处，所采取的方式依然是查看下级报送的文献材料、听取下级汇报等。在监管过程中，下级政府或部门会基于利益保护的需要，有选择性地提供信息，或者隐瞒甚至谎报对自己不利的部分信息。上级部门通过这种经过“筛选”的信息进行监管，往往容易产生信息偏差，影响监督的有效性。（5）发挥监管结果的效力，如采取威慑式策略对违法违规行为予以惩处，通过建议与劝服策略以加强合作而非对抗，发挥“声望”的作用来塑造教育供给方的行为（Boyne，James，John et al.，2009）。

四、回应发展需求，提升服务质量

服务社会经济发展和人自身发展的需求，是教育的使命。当今世界正处在大发展、大变革和大调整时期。我国正在全面推进经济建设、政治建设、文化建设、社会建设以及生态文明建设，经济发展方式的加快转变迫切要求提高国民素质、培养创新人才。然而，尽管我国教育的规模不断扩大，但培养质量与现实需求还有差距，人才的创新意识、实践能力、进取精神不足，无法满足经济转型升级对创新型、实用型、复合型人才供给的需求。与此同时，我国社会主要矛盾已经转化为人民日益增长的美好生活需要和不平衡不充分的发展之间的矛盾，人民对教育公平、教育质量与教育选择都提出了更高的要求。教育不再只是一个阶段的事情，而是伴随人的一生，终身教育势在必行。

基于此，建议：（1）进一步加强教育与社会经济发展的衔接，一方面服务于社会经济发展的需要，另一方面发挥教育在引领社会经济发展中的能动作用，促使教育真正成为社会可持续发展的重要推动力。（2）完善教育管理体制，推进教育公共服务均等化、普惠化和便捷化。在政府提供教育公共服务过程中，教育行政权力必须对公共利益负责，应体现对公民权利的回应，应该向公民解释权力是如何运行的，包括教育行政权力使用的意图、运用范围，以及承担规定的义务性责任，并提供一个平台用于公众评判。（3）坚持以公共利益为目标，密切关注人民的受教育需求，努力依据客观需求为全社会提供高质量的公共产品和公共服务，将服务的出发点从“我能为人民提供什么”转变为“人民需要我提供什么”。以教育信息服务为例，从我国当前教育信息服务范围来看，绝大多数组织或个人能获取的信息只有各级政府及其职能部门正式颁布的法律法规和规章制度、正式出版的相关年鉴、新闻报道和政策执行报道、部分领导人讲话等。除了法律法规、规章制度外，其他信息大多为“加工”过的信息，即信息提供方认为“可以公开”的信息。这种“政府本位、自上而下”的“给予”式信息服务逻辑造成信息服务的“错位”，具体而言指的是信息服务内容不到位、信息不对称。政府不真正了解民生教育需求会造成决策质量不高，政策针对性、有效性不足；民众难以真正获得自己需要的信息，个人做出教育选择时易茫然、焦虑、盲目，这种负面情绪会反过来释放给学生和学校。

五、积极培育社会组织

我国政府的简政放权涉及的改革主体包括各级人民政府、党的各级组织、教育社会组织或教育企业、各级各类办学主体和作为受教育者的广大人民。改革的关键固然要看各主体间是否建立了相对明晰的权责体系，同时，还需要考量各治理主体是否能承担起应该承担的责任，能否“接得住、接得好”由政府改革、调整、下放而来的相应的权力。《中华人民共和国宪法》明确规定公民参与管理国家，即“中华人民共和国的一切权力属于人民。人民行使国家权力的机关是全国人民代表大会和地方各级人民代表大会。人民依照法律规定，通过各种途径和形式，管理国家事务，管理经济和文化事业，管理社会事务”。从当前的改革实践来看，社会组织发育相对缓慢、公众参与力量薄弱等是制约教育治理体系和治理能力现代化的一个主要因素。

针对我国社会组织发育滞后、力量不足的现状，建议：（1）政府发挥主导作用，积极培育社会组织。托克维尔说：“一个中央政府，不管它如何精明强干，也不能明察秋毫，不能依靠自己去了解一个大国生活的一切细节。……当它要独立创造那么多发条并使它们发动的时候，其结果不是很不完美，就是徒劳无益地消耗自己的精力。”（托克维尔，1988：100–101）因此，政府在加强自身建设的同时，还需要积极动员个体力量，构建多元主体之间的良好治理格局。（2）建立政府、社会、学校之间良好的信息平台，通过法治推动政府信息公开。一方面通过立法打通政府信息壁垒，促进政府信息公开，保障公民执行权与参与权，提高公民参与的广度和深度。另一方面需要从“我愿意公开什么”过渡到“公众希望我公开什么”，建立“顾客”为中心的信息公开机制。如新加坡政府引入“客户”管理的创新理念，把关注的中心从政府转向公众，以公众的信息需求作为政府服务的导向（王灿平，薛忠义，2016）。韩国在经过政府1.0（一般指在传统工业社会环境下单向制定政策的政府角色）、政府2.0（指在互联网等兴起后，政府借助新技术手段，和国民加强互动形成的双向政策制定模式）后，进入政府3.0阶段，强调“以每个人为中心”，加大信息公布力度，利用社交媒体、移动互联网等更便捷的方式强化政府服务职能，提升民众对政治的热衷度和参与感，实现政府与市场、社会的更多沟通与合作。

第三章

教育清单管理

简政放权是转变职能、提高政府治理能力的关键之举，是激活经济、释放改革红利的关键举措。简政放权“正是政府逐步或尝试向市场、企业和社会转移职能和权力”（王学杰，2013）。2013年以来，党中央、国务院将实施清单管理作为落实简政放权的主要抓手，作为促进政府职能转变的有效手段。2013年11月，《中共中央关于全面深化改革若干重大问题的决定》要求：“建立公平开放透明的市场规则。实行统一的市场准入制度，在制定负面清单基础上，各类市场主体可依法平等进入清单之外领域。探索对外商投资实行准入前国民待遇加负面清单的管理模式。”“形成科学有效的权力制约和协调机制。”“推行地方各级政府及其工作部门权力清单制度，依法公开权力运行流程。”为此，国务院在各领域开始推行清单管理制度。此举促进了政府在教育领域的行政变革，对于约束和督促政府治理行为具有积极意义，为整个教育治理体系建设创造了有利空间。

第一节　清单管理与教育清单管理

清单管理制度是我国在借鉴西方的负面清单管理模式的基础上不断完善和发展起来的。它是指以刚性的制度来管权限权、厉行法治、依法行政、建设法治政府的管理制度，是简政放权、建设法治政府的重要举措。

一、清单管理制度的由来

2014 年的《政府工作报告》明确提出探索清单制："设立中国上海自由贸易试验区，探索准入前国民待遇加负面清单的管理模式。""确需设置的行政审批事项，要建立权力清单制度，一律向社会公开。清单之外的，一律不得实施审批。" 2017 年的《政府工作报告》明确提出："全面实行清单管理制度，制定国务院部门权力和责任清单，加快扩大市场准入负面清单试点，减少政府的自由裁量权，增加市场的自主选择权。"清单管理制度对我国深化重要环节和关键领域改革具有重要作用。从实践上看，这一制度顺应了我国政府依法治国、简政放权、提高行政效能的需求。这一制度在西方和我国都有一定的历史，梳理清楚这些历史对于我国当前的治理实践具有重要借鉴意义。

（一）实施清单管理制度的必要性

新中国成立以后，我国借鉴苏联社会主义建设经验，采用计划经济体制，政府对社会生活的各个方面进行全面管理，即采取“全能管制”模式。改革开放以后，我国的社会、经济、文化事业快速发展，政府对社会微观领域的运行干预过多、管得过死，重审批、轻监管，不仅抑制经济发展活力，而且行政成本高，也容易滋生腐败。因此，实施清单管理、推进简政放权、放管结合是解决这一矛盾的重要手段，也是建设服务型政府的必然选择。

1. 推进政府职能转变的需要

1984 年，中共十二届三中全会提出发展有计划的商品经济；1992 年，中国共产党第十四次全国代表大会上提出建立社会主义市场经济。随着我国市场经济的不断完善，通过指令、计划和行政手段进行经济社会管理的全能型政府的管理模式已经不适应社会主义市场经济的需要。政府在履行职能的过程中，既是生产者、管理者，又是监督者，角色混乱，出现严重的越位、错位和缺位，为社会和市场提供公共服务的职能和角色被淡化。政府职能的越位是指政府职责超出了职权范围，“管了不该管的事务”，表现为：政府过度干预微观经济活动，以市场主体的身份深入介入经济活动；习惯用行政手段配置资源；行政审批过多过繁（沈荣华，曹胜，2016：25）。具体到教育领域，政府宛如“大管家”，过高估计自己的权力对教育领域各种事务的干预能力，任意扩大政府权力的行使边界，“管制”范围无所不包，无隙不入，管了许多“不该管”“管不好”“管不了”的事（魏志春，2009）。政府职能的错位是指政府内部发生的职能混乱现象，在纵向上表现为中央政府和地方政府、上级政府和下级政府权责脱节。虽然我国宪法原则上规范了中央和地方政府的职责范围，但缺乏对各级政府责权的明确说明，这使得在具体运行过程中政府职责层层下移，地方政府负担过大。从横向上看，各相关政府部门职能交叉、重叠，职权划分不清，互相推诿扯皮的事情时有发生。这是造成政校不分、职责不清的重要原因。政府职能的缺位是指本应由政府承担的责任却没有落实到位。面对政府越位、错位、缺位的现实问题，重新考虑政府的职责势在必行，明确政府的主要角色侧重于宏观调控、抓学校的办学方向等大政方针：应该是“掌舵”而不是划桨；应该是办“教育”而不是办“学校”；应该是当好“裁判”而不是直接下场“踢球”。因此，推行清单管理制度，简政放权，明确政府职责，划清权责边界，是理顺政府、学校、社会关系，推进政府职能转变，建设服务型政府的需要。

2. 建设法治政府的必然要求

依法治国是我国的基本方略。习近平总书记强调，“建设法治政府，推进依法行政，严格规范公正文明执法”。法治政府就是政府在行使权力履行职责过程中坚持法治原则，严格依法行政，政府的各项权力都在法治轨道上运行。建设法治政府就要求各级人民政府将从决策到执行及监督的整个过程都纳入法制化轨道，实现权利与责任紧密相联，集阳光政府、有限政府、诚信政府、责任政府于一身（陈延平，2011）。依法全面履行政府职能，是建设法治政府的基础和前提，也是适应我国全面深化改革进入攻坚期和深水区、经济发展进入新常态的必然要求。建设法治政府，完善法律制度，要坚持“法定职责必须为、法无授权不可为”的基本原则，明确职能、权限、程序、责任，推进各级政府责权的规范化和法制化，不断完善同级和上下层级政府，特别是中央和地方政府权责分隔，合理、清晰界定政府职能，促进政府间各司其职、各负其责、各尽其能。因此，要推行政府权力清单制度，按照职权法定原则，把该“放”的坚决放开、该“简”的坚决精简、该“管”的真正管好、该“服”的服务到位（袁曙宏，2017），明确各级政府及其工作部门的职权范围，坚决消除权力设租寻租空间（宋建钢，2016：31）。

3. 推进治理体系和治理能力现代化的必然选择

党的十八届三中全会提出：“全面深化改革的总目标是完善和发展中国特色社会主义制度，推进国家治理体系和治理能力现代化。”“所谓国家治理体系和治理能力的现代化，就是使国家治理体系制度化、科学化、规范化、程序化，使国家治理主体善于运用法治思维和法律制度治理国家，从而把中国特色社会主义各方面的制度优势转化为治理国家的效能。”（许海清，2013：3）推进国家治理体系和治理能力现代化要求深化政治经济体制改革，处理好政府和市场的关系，使市场在资源配置中的基础性作用和政府的服务作用得到更好发挥。政府要坚持有所为、有所不为，着力提高宏观调控和科学管理的水平，围绕建设法治政府和服务型政府，切实解决政府职能越位、缺位、错位的问题。因此，各级政府要以放管服改革作为转变政府职能的突破口，坚持职权法定原则，加快建立“三个清单”，划定政府与市场、企业、社会的权责边界。以权力清单明确政府能做什么，“法无授权不可为”；以责任清单明确政府该怎么管市场，“法定职责必须为”；

以负面清单明确对企业的约束有哪些，“法无禁止即可为”。通过建立“三个清单”，依法管好“看得见的手”，用好“看不见的手”，挡住“寻租的黑手”（李克强，2015），以此来推进国家治理能力和治理体系现代化。

（二）清单管理制度的发展历程

最早的清单管理制度的实践探索是负面清单管理模式。在学界看来，“负面清单”（negative listing）的管理模式可称得上古老。现在相对公认的运用负面清单的代表是1994年生效的《北美自由贸易协定》。而在这之前，作为一种订立协议的谈判路径和技术，负面清单已经存在了数个世纪（陆振华，2014），在我国，则是在上海自由贸易试验区首先进行实践，然后在各领域进行推广。

1. 西方负面清单管理发展历程

负面清单管理是相对于正面清单管理而言的。负面清单管理模式是国际经济贸易活动的一种外来资本管理方式，是随着国际、区域不同行政主体之间的贸易活动产生的，并随着国际贸易关系的发展而不断完善。

一般认为，西方的负面清单管理模式源于德意志关税同盟。1834年，当时的普鲁士领导并建立了历史上第一个具有超国家性质的关税同盟——德意志关税同盟，加入同盟的有18个德意志邦国，它们一致同意除了列明不开放和不取消的，开放所有进口市场，取消所有进口限制（陆振华，2014）。德意志关税同盟的本意是减免关税，推进贸易自由，从而缓解当时各邦国国库空虚以及财政赤字的严峻情况。关税同盟条款中关于部分商品的“不开放和不取消”规定，如关于盐和纸牌的继续保持邦国政府的国家垄断的规定，又如关于啤酒、葡萄酒、烧酒等消费品的继续保持邦国政府征收较高关税的规定，都可以视为负面清单管理模式的早期实践之表现形式（刘桂亮，2017）。负面清单管理模式经德意志关税同盟国家的不断实践和完善，在第二次世界大战后的国际经济贸易关系中逐渐形成了“概括否定列举”的模式。第二次世界大战以后，随着科技的发展，美国的经济发展水平迅速提升，并逐渐成为头号资本主义经济强国。由于美国经济的发展，与他国特别是欧洲各国及日本等国的经济贸易日益频繁，因此，为了保护美国的经济利益并促进经济的进一步发展，美国政府在与欧盟的双边贸易关系中，大力推行其经济贸易规则，从而促进负面清单管理模式得到推广并不断完善。在美国与法国签订的《友好通商航行条约》中，为了给双方政府预留一定的政策实施空间，两国政府经协商规定了一些保留条款，即被称作“有关国民待遇和最惠国待遇义务的不符措施”。1953 年，日本与美国签订的《友好通商航海条约》中规定，日美两国政府在完成缔约之后，即应当给予另一国的国民或者企业以本国国民待遇，以保证两国国民或者企业在两国境内进行商贸、工业、金融和其他商业活动，但是，给予国民待遇的行业和领域却不包括公共事业、造船、空运、水运、银行等，这就成为负面清单管理模式的进一步发展表现。这些国家在签订国际条约时所做的保留条款或概括否定列举条款，就成了负面清单管理模式的基本表现形式（刘桂亮，2017）。

20 世纪 70 年代以前，清单管理模式在美国已经得到推广和运用。80 年代，美国经济进一步繁荣，其头号资本主义大国的地位进一步确立，与他国的经济贸易往来更加频繁，在与其他国家签订的双边贸易协定中基本采用负面清单模式。至此，清单管理模式才在真正意义上得到普遍运用。美国从 1982 年开始专门制定双边贸易协定范本，作为谈判的基础。1986 年 3 月，美国与埃及签订双边投资协定，第一次明确在附件中用文字的形式描述列举了两个签约政府所保留或采取限制措施的行业和领域清单。美埃双边投资协定满足了双方政府对于例外情况的要求，这些例外情况单独成为双边投资协定的附件，保护了两个国家的可控利益。在双边投资协定的附件中，美国政府将在航空运输、海运、海运集装箱服务、银行、保险、政府担保和抵押贷款项目、能源和电力、土地和自然资源、不动产所有权、电话服务、广播服务以及卫星传播等行业和领域保留限制或维持限制措施；而埃及政府则将在海事代理、海上运输、陆运、电信、邮递、电报、银行、保险、商业代理及商业经纪、不动产所有权、自然资源、土地使用、电视、广播、报纸以及杂志等行业和领域保留限制或维持限制措施。这就形成了以限制行业清单为主要表现形式的负面清单管理模式，这种模式迅速扩展，在许多国家或经济组织的投资贸易协定中都逐渐体现出来（刘桂亮，2017）。随后，美国与多个国家签订双边贸易协定，推行负面清单管理模式。截至 2014 年 1 月，美国共签署 47 个双边贸易协定，除了与海地、俄罗斯、白俄罗斯、乌兹别克斯坦、尼加拉瓜和萨尔瓦多的双边贸易协定没有正式实施，与玻利维亚签署双边贸易协定终止之外，其他 40 个双边贸易协定中都在实践负面清单管理制度（陆建明，杨宇娇，梁思焱，2015）。

2012年，美国对双边贸易协定范本进行了修订。修订后的双边贸易协定的负面清单的条款更多，内容更具体。负面清单的表述采用“不符措施”（Non-conforming Measures）的称谓，并在附件中做出详细描述。发展至今，美国的负面清单管理呈现如下特点。第一，可操作性提高。每项不符措施都附有详细说明，对不符措施适用的投资事物进行了详细说明；每项不符措施附有法律依据，且大多指明了适用的行政级别；涉及同一行业的不同性质的不符措施被分别列出，从而使对特定行业限制的表述更加清晰。第二，覆盖了更广泛的领域。这表现在负面清单涉及的条款更多，负面清单列出的项目更多。第三，强化了对金融服务领域的限制。金融服务领域涉及的不符措施最多，并作为一个单独的附件列出（陆建明，杨宇娇，梁思焱，2015）。

2. 我国清单管理历史沿革

出于历史发展原因，我国长久以来的计划经济体制以及政府本位的法律文化，导致我国经济领域形成了以正面清单管理模式为主的管理模式。在针对外来资本的管理之中表现得更为明显。在对外来资本参与我国经济活动的管理中，我国长期以来以事前审批制度为主，具体表现为外来资本须根据我国相关政府部门联合颁布的《外商投资产业指导目录》的规定，投资其中明确规定的相关产业和领域，除此之外的其他行业和领域，外来资本均不得进入。正面清单管理模式具有保护我国弱小产业、维护国家安全的优点，对我国经济的发展和国防安全起到了十分重要的作用。但是，随着经济的发展，我国在全球化过程中发挥着越来越重要的作用。2013年7月，在第五轮中美战略与经济对话中，我国同意以准入前国民待遇和负面清单为基础，与美国开展中美双边投资协定的实质性谈判。2013年国务院开始在上海进行“准入前国民待遇 + 负面清单”的外商投资管理体制先行试验，7月3日国务院常务会议原则通过《中国（上海）自由贸易试验区总体方案》，9月27日国务院印发了《中国（上海）自由贸易试验区总体方案》。方案明确要求：“借鉴国际通行规则，对外商投资试行准入前国民待遇，研究制订试验区外商投资与国民待遇等不符的负面清单，改革外商投资管理模式。”9月，上海市政府公布的《中国（上海）自由贸易试验区管理办法》规定：“对外商投资准入特别管理措施（负面清单）之外的领域，按照内外资一致的原则，将外商投资项目由核准制改为备案制，但国务院规定对国内投资项目保留核准的除外；将外商投资企业合同章程审批改为备案管理。”同时，上海市政府公布了《中国（上海）自由贸易试验区外商投资准入特别管理措施（负面清单）（2013年）》，至此我国对外商投资的负面清单管理实践正式开启。

上海自由贸易试验区设立之后，上海市政府公布了2013年版负面清单，2014年对负面清单进行了修订并形成2014年版负面清单。在2014年版负面清单的基础上，2015年国务院公布《自由贸易试验区外商投资准入特别管理措施（负面清单）》，适用于上海、广东、天津、福建四个自由贸易试验区。综合我国的探索实践，负面清单管理模式的发展可分为以下三个阶段。

（1）探索引入时期：2013年9月至2014年5月。负面清单管理模式探索引入时期的重要标志为上海自由贸易试验区于2013年9月公布的2013年版负面清单。由于在此之前，我国十分缺乏关于负面清单管理模式有益的实践经验，上海自由贸易试验区的2013年版负面清单仅能够在形式上借鉴国际经济贸易规则中的负面清单条款，而在内容上则更多地将《中华人民共和国外资企业法》《中华人民共和国中外合资经营企业法》《中华人民共和国中外合作经营企业法》（以下简称“外资三法”）和《外商投资产业目录》的内容作为依据。因此，2013年版负面清单与《外商投资产业目录》的相似度极高，对于外来资本的限制较多，学界对该份负面清单的内容多持不认可之态度。

（2）审慎修改完善时期：2014年6月至2015年9月。负面清单管理模式的审慎修改完善时期以上海自由贸易试验区公布的2014年版负面清单为标志。经历了9个月的经营实践之后，上海自由贸易试验区于2014年6月正式公布了2014年版负面清单。该份负面清单以2013年版负面清单为基础，在内容上减少了一些限制或禁止类的项目，在形式上采用了“特别管理措施+保留行业”的管理方式。它从上海自由贸易试验区运行过程中所获取的经验以及发现的问题出发，审慎地删减了负面清单涉及行业和领域，修改了相关的管理措施，为上海自由贸易试验区扩大了发展空间和探索范围。以2014年版负面清单为基础，经过修改和完善，2015年，国务院公布了《自由贸易试验区外商投资准入特别管理措施（负面清单）》（2015年版负面清单）。2015年版负面清单除适用于上海自由贸易试验区之外，还适用于广东、福建和天津三个自由贸易试验区。2015年版负面清单在内容方面继续审慎删减清单列明的行业和领域，对具体的限制措施也进一步加以完善。

（3）扩大适用时期：2015 年 10 月至今。2015 年 10 月，国务院公布《关于实行市场准入负面清单制度的意见》，提出各地区各部门要认真落实市场准入负面清单制度。对各类市场主体基于自愿的投资经营行为，凡涉及市场准入的领域和环节，都要建立和实行负面清单制度；条件成熟时，将采取目录式管理的现行市场准入事项统一纳入市场准入负面清单。根据党中央、国务院的部署和《关于实行市场准入负面清单制度的意见》的要求，2015 年 12 月《国务院部门权力和责任清单编制试点方案》发布，提出清理规范权责事项，“在全面梳理基础上，对权责事项逐项提出取消、下放和保留的意见，需要对有关法律、行政法规进行立改废的，同时提出建议。对没有法定依据的，原则上予以取消，确有必要保留的，按程序办理。试点部门在依法审核清理规范基础上，形成部门基础权责清单，列明权责事项名称、类型、设定依据、调整意见以及追责情形等内容，于 2016 年 6 月底前报送中央编办”。审核权责清单方面规定：“中央编办、国务院法制办会同有关方面对部门基础权责清单进行研究审核。审核过程中，对于拟取消和下放的权责事项，要建立第三方评估机制，并充分听取有关部门、地方党委和政府的意见。要逐项确认审核结果，需要对有关法律、行政法规进行立改废的，依照法定程序办理。”随后，《国务院关于印发 2016 年推进简政放权放管结合优化服务改革工作要点的通知》《国务院办公厅关于印发全国深化简政放权放管结合优化服务改革电视电话会议重点任务分工方案的通知》等文件相继印发，要求各级政府积极推行清单管理。

二、教育清单管理

我国自 2013 年上海自由贸易试验区先行先试清单管理制度，在对外开放和经济调控领域，负面清单管理模式已先期在多地获得推广，成效明显。由此，在破解教育领域的治理困境中，我们应该以此为借鉴，实施清单管理，推进教育治理能力和治理水平的现代化。为此，2015 年 5 月，《教育部关于深入推进教育管办评分离促进政府职能转变的若干意见》决定推行清单管理方式，要求建立教育行政权力清单和责任清单制度，通过政府公报、政府网站等便于公众知晓的方式，向社会全面公开教育及相关政府部门职能、法律依据、实施主体、职责权限、管理流程、监督方式等事项，为公民、法人或者其他组织提供优质服务，让权力在阳光下运行。在有条件的地方和学校开展负面清单管理试点，清单之外的事项学校可自主施行，要尽量缩减负面清单事项的范围，更多采取事中、事后监管方式。一般来说，清单管理主要包含权力清单、责任清单和负面清单，在教育管理实践中，教育行政部门主要开展教育权力清单和教育责任清单的实践，因此，下面主要介绍这两种清单。

（一）教育权力清单

教育权力清单就是指把各级教育部门所掌握的各项公共权力进行全面统计，明晰每个单位、每个职位的权力，并以清单的方式列明教育部门所拥有的权力（表 3-1）。教育权力清单的实质就是按照“法无规定不可为”的法治政府原则，把法律和法规授予政府及其部门权力的数量、种类、规模、界限和幅度等方面加以详细统计和全面清理，归纳为一张清单向社会公布，接受社会监督，可视为一种政府“瘦身”行为（高旭，曾小锋，2016）。权力清单并不是要赋予或扩大政府权力，而是要对政府权力进行规范，以清单管理的方式对政府的权力逐条列明，厘清政府权力边界，增加权力透明度。通过列明权力清单，政府对自身权力更加明确，对“管什么”“怎么管”有更清晰的定位，以此来有效地减少政府越权现象的发生，使政府职能定位由“全能型”“包办式”政府向“有效治理”“适当干预”的科学化政府转变，以倒逼的手段形成政府权力的良性运作机制。此外，社会各方对权力的归属也达成明确的共识，既可以减少因权限不明而引起的不必要的冲突，也可以此对政府用权行为进行监督，减少权力的越位和缺位行为，使权力在阳光下运行（张茂聪，李睿，2017）。可以说，“权力清单是社会权力运行的现代化革命，将权力置于有约束的牢笼，是规避权力寻租、提升治理效率的重要途径。反而言之，如果权力失去了约束和监管，对国家治理而言无疑是灾难，甚至会造成政府失灵。对公权力机构的权力行为进行清单约束，能够有效规避不当权力行为的发生，进而提升国家治理效能”（崔延强，张珂，2016）。

表 3-1 教育部权力清单（教育部，2016）

编码	项目名称
[02001]	实施本科及以上教育的高等学校（含独立学院、民办高校）的设立、分立、合并、变更和终止审批
[02002]	中央部属高等学校章程核准
[02003]	中小学国家课程教材审定
[02004]	硕士、博士学位授予单位及其可以授予硕士、博士学位的学科名单审核
[02005]	学位授予单位授予国内外人士名誉博士学位审批
[02006]	实施本科以上高等学历教育的中外合作办学机构（含内地与港澳台地区合作办学机构）设立、分立、合并、变更和终止审批
[02007]	实施本科以上高等学历教育的中外合作办学项目以及内地与香港特别行政区、澳门特别行政区和台湾地区合作办学项目审批
[02008]	高等学校教授评审权审批
[02009]	高等学校设置、调整管理权限范围外的本科专业和国家控制的其他专业审批
[02010]	实施本科及以上教育的民办高等学校章程修改备案核准
[02011]	全国性中、小学教学地图审定

（二）教育责任清单

责任清单是教育行政部门必须承担哪些责任、必须做哪些事情以清单的形式进行明确规定的制度（表 3-2）。责任清单是与权力清单相配套的责任机制，《关于推行地方各级政府工作部门权力清单制度的指导意见》明确指出，积极推进责任清单工作。在建立权力清单的同时，要按照权责一致的原则，逐一厘清与行政职权相对应的责任事项，建立责任清单，明确责任主体，健全问责机制。在以往行政体制改革推进中，行政失责现象时有发生，因此在新一轮简政放权改革中，政府在建立权力清单的同时，强化构建相应责任清单制度，落实“法定责任必须为”的思想，将权力与责任相对应，将各个部门所承担的责任以清单的方式予以明确并向社会公示，出现问题依照责任清单对有关部门追究相应的责任，实现“有权必有责、有责要担当、失责必追究”。在现代化治理体系的建设过程中，政府不能包揽所有教育事务，学校不可能承担所有责任，市场也不可能无所作为。因此，责任清单设计的直接目的就是要列明政府、学校和企业承担的事项，公布责任事项的具体承担主体和追责程序，依此明确政府、学校和市场之间的责任范围。

从法律的角度说，责任与权力是对应的。同样，责任清单与权力清单也具有对应关系，即行使什么样的权力就必须履行对应的职责。这体现了“有权必有责，用权必负责”的原则。权力清单就是把各级政府及其所属工作部门的行政职权分门别类进行全面彻底梳理，并将权力逐项列明，以清单列表的形式公布，接受社会的监督。其注重依法优化和公开权力运行流程，致力于形成权责清晰、程序严密、运行公开、监督有效的行政权力公开透明运行机制，以切实有效地解决权力运行中存在的不作为、乱作为、权责交叉、多头执法、相互推诿、监管缺位、暗箱操作、权力寻租等突出问题。责任清单是明确政府部门应该履行哪些义务，应该承担哪些职责。其界定了政府的责任边界，这既是界定“庸政”“懒政”等政府不作为承担法律责任的形式载体，也是实施负面清单管理的有力保障。因此，权力清单与责任清单相互支持相互补充，二者缺一不可。

表 3-2　河北省教育厅部分责任清单（截至 2016 年 12 月）（河北省教育厅，2018）

序号	主要职责	具体工作事项	责任处室
1	负责教育改革与发展重大问题调查研究并拟定有关政策；统筹教育方面的地方性法规、政府规章草案起草工作；负责教育系统法治建设工作；统筹依法行政工作，负责行政许可、行政执法和行政监督工作；承担机关规范性文件的合法性审核工作；负责有关行政复议和行政应诉；指导教育学术团体工作；负责民办教育的统筹规划、综合协调和宏观管理，负责民办医学类中专学校和民办非学历高等教育机构设置、变更事项的审批、备案	负责教育改革与发展重大问题调查研究并拟定有关政策	政策法规处
		统筹教育方面的地方性法规、政府规章草案起草工作	政策法规处
		负责教育系统学校章程建设、依法治校、法治教育等工作	政策法规处
		统筹依法行政工作，负责行政许可、行政执法和行政监督工作	政策法规处
		承担机关规范性文件的合法性审核工作	政策法规处
		负责有关行政申诉、行政复议、行政应诉工作	政策法规处

续表

序号	主要职责	具体工作事项	责任处室
1		负责教育类学术团体设立、年检、终止和变更事项的前置性审查	政策法规处
		负责非学历高等教育及医学类中等学历教育的民办学校设立、分立、合并、终止和变更审批事项，负责省管民办学校年检及招生简章审核等日常管理工作	政策法规处
2	拟订教育事业发展规划；负责高等学校管理体制改革有关事宜；审核高等学校、省属中等学校和市属师范、卫生类中等学校的设置、撤销、更名、调整等事项；承担教育基本信息统计和分析；负责直属学校的基建管理	拟订教育事业发展规划	发展规划处
		负责高等学校管理体制改革有关事宜	发展规划处
		审核高等学校、省属中等学校和市属师范、卫生类中等学校的设置、撤销、更名、调整等事项	发展规划处
		负责直属学校的基建管理	发展规划处
		承担教育基本信息统计和分析	发展规划处
3	负责推进义务教育均衡发展和促进教育公平，负责义务教育的宏观指导与协调，指导普通高中教育、幼儿教育和特殊教育。制定基础教育教学基本要求和教学基本文件，组织编写、审定基础教育阶段的地方教材，全面实施素质教育	会同有关方面提出加强农村义务教育的政策措施，拟订推进义务教育均衡发展的政策，提出保障各类学生平等接受义务教育的政策措施，组织实施国家义务教育办学标准，规范义务教育学校办学行为，推进教学改革	基础教育处
		拟订普通高中教育、幼儿教育、特殊教育的发展政策和基础教育的基本教学文件	基础教育处
		组织编写、审定基础教育阶段的地方教材，推进课程改革	基础教育处
		指导中小学教学信息化、图书馆和实验设备配备	基础教育处
		宏观指导扫除青壮年文盲工作	基础教育处

续表

序号	主要职责	具体工作事项	责任处室
4	指导全省的教育督导工作，负责组织和指导对各级各类教育的督导检查和评估验收，指导基础教育发展水平、质量的监测工作。对下级人民政府落实教育法律、法规、规章和国家教育方针、政策的督导	拟订教育督导的规章制度和标准，指导全省教育督导	省人民政府教育督导室
		组织对各地各级各类教育的督导评估和检查验收	省人民政府教育督导室
		发布省教育督导报告	省人民政府教育督导室
		组织开展全省基础教育发展水平和质量监测	省人民政府教育督导室
		对县级政府教育工作督导评估	省人民政府教育督导室
		对义务教育均衡发展督导评估	省人民政府教育督导室
5	指导以就业为导向的职业教育的发展与改革，拟订中等职业教育教学指导文件和教学评估标准，负责中等职业教育的地方教材建设和职业指导工作	组织实施中等职业学校设置标准	职业教育与成人教育处
		组织贯彻教育部颁布的《中等职业学校专业教学标准（试行）》、中等职业学校专业目录和实施教学工作合格评估	职业教育与成人教育处
		负责指导中等职业教育教学改革和教材建设，组织中等职业学校教学研究与竞赛活动	职业教育与成人教育处
		指导中等职业学校教师培养培训工作，承担继续教育的宏观指导工作	职业教育与成人教育处

三、清单管理制度的特征

清单管理是当前政府推进行政管理体制改革，限制政府权力，激发市场活力的创新性举措。实施清单管理，须明确政府应该干什么，做到“法无授权不可为”；明确企业不能干什么，做到“法无禁止皆可为”；明确政府怎么管市场，做到“法定责任必须为”。对西方的负面清单管理实践和中国自由贸易试验区的清单管理实践进行总结，能为我国教育清单管理提供借鉴。

（一）清单管理措施透明度高

清单管理制度的有效性在于有良好的政策实施机制，而这种机制要求具有良好的透明度，以保证清单管理模式的顺利实施。因此，不管权力清单还是责任清单，抑或负面清单，都具有公开、公正的特性。提高清单目录的透明度，扩大社会的知情权，减少政策信息的不对称性，能加强政策的理性，减少制定政策的随机性。不管是西方的负面清单管理实践，还是我国上海自由贸易试验区的清单管理，管理措施的透明度都非常高。以美国的双边贸易协定范本为例，有研究者发现：美国对于透明度条款的要求越来越高，2012 年美国的双边贸易协定范本的透明度条款在维持 2004 年版透明度规则的主要制度体系基础上，增加了较大篇幅的新内容，在规章公布、通知等方面要求更加严格，进一步提高了透明度标准。而且，不符措施的变更、修改一般要在生效前通知对方，特殊紧急情况下，也要尽可能快地通知对方；如果一方变更、修改或新采取不符措施，它有义务应对方的请求，回答相关问题，或与对方进行磋商（袁云飞，2014）。教育权责清单也如此，部门制定清单之后都要向社会公布。

（二）清单内容规范并及时修正

1983 年，美国制定了双边贸易协定范本后，分别在 1994 年、2004 年和 2012 年进行了修订，更加详细、规范地明确了负面清单的内容。我国的负面清单目录自 2013 年制定后，也分别于 2014 年和 2015 年进行修订。2017 年 12 月，商务部提出全面修订负面清单目录，形成 2018 年版市场准入负面清单，力争在 2018 年年内按照计划实行全国统一的市场准入负面清单制度，逐步探索建立清单的动态调整、信息公开等机制。由此可见，为了适应社会经济发展的需要，有序推进清单管理，我国的权责清单也依照法律法规、根据社会矛盾的变化进行了调整和修正。同时，为保证教育领域的清单管理或清单内容制定过程不遭人诟病，我们借鉴西方的清单管理经验和上海自由贸易试验区的清单管理模式，对教育领域中的核心部门或者关键子部门等的不符措施进行描述。同时，在外资参与办学等活动方面，也对办学规范和领域按照我国的国情和教育性质进行了界定，并根据社会经济的发展对清单的内容进行了调整，以免新的教育形态对我国教育事业的发展造成不良影响。

（三）清单内容与法律法规具有一致性

完善的法律体系是实施清单管理的前提和基础。在美国，负面清单管理模式的有效实施和推进得益于其完善的法律体系。对于我国来说，负面清单管理模式还处于“摸着石头过河”的实践探索阶段。观念层面，中央政府提出负面清单管理的概念，并通过政府规章的形式推动政府职能审批部门逐渐转变观念。在实践层面，实施清单管理需要对我国现有的法律法规和政府规章进行系统梳理，尤其是涉及新兴技术和服务行业等领域法律法规，需要进行新一轮废、改、立。将严重过时的，跟不上社会发展步伐，不适应我国推进进一步开放的法律法规及时废止或者将部分与时代步伐不相适应的条款进行调整和修订；对于法律一直缺位的领域则要根据行业发展和社会发展的新形势制定出新的法律法规。党的十八届三中全会明确指出，在资源配置中市场要起决定性作用。这就要求在法律的修订和制定过程中，要广泛征求意见，充分听取各方利益相关者特别是市场主体的意见，采用听证、问政等多种途径进行深入讨论，达成最广泛意义的共识，最后才能形成法律文本。由此形成的法律法规代表了最大多数人的意见，因此，清单的内容的制定须与法律规定完全一致，这才能确保清单内容的有法可依，同时能体现服务对象的意愿。因此，教育清单管理内容的制定也要以我国的教育法律法规为依据，否则在实践过程中就会出现无法可依的局面，这将严重影响我国教育清单管理制度的实施效果。

第二节 教育清单管理实践探索

为贯彻落实党的十八届三中全会关于深入推进管办评分离的要求，切实解决评审多、评估多、检查多等地方和学校反映强烈的突出问题，有效发挥评审、评估、评价和检查工作在促进教育资源合理配置、提高教育质量等方面的积极作用，2014 年 5 月，《教育部关于改进评审评估评价和检查工作的若干意见》提出，实行目录清单管理。精简工作完成后，对于确需保留的三评和检查事项，要编制目录清单，经过部长办公会审议通过后，在教育部门户网站予以公开。凡已经取消、下放不在目录清单内的三评事项，一律不得再开展。需要新增的，要对其必要性、可行性作充分论证并经部长办公会审议通过后方可实施。2015 年 2 月，教育部召开党组会议，会上强调：依法行政，放权限权。按照"法无授权不可为"和"法定职责必须为"的原则，列出"权力清单"和"责任清单"，系统梳理职责权限，划定行为边界，减少审批及各种变相审批，把该管的管好，该服务的服务好，该协调的协调好（郝孟佳，2015）。随后，《教育部关于深入推进教育管办评分离促进政府职能转变的若干意见》颁布，为建立教育行政权力清单和责任清单制度提供了政策依据。2016 年 3 月，教育部召开党组会议，会上要求大力推进权力清单、责任清单、问题清单制度建设，强化对教育行政审批权、行政执法权、干部人事权、资金分配权和评审评估评比等行为的制度监管（王艺锭，2016）。随着简政放权的深入推进，教育清单管理制度也在政府的教育行政中逐步铺开。

一、教育清单制定依据

推行教育清单管理制度，使权力主体明确、边界清晰、运行公开、职权法定，体现了法治政府的根本属性。要使清单管理具有合法与合理性，须明确教育清单管理制度的依据。从目前各级教育行政部门制定的权责清单来看，当前，教育清单内容的制定依据主要包括教育法律及其他法律、教育行政法规及相关行政法规、教育部门规章。

（一）教育法律及其他法律

教育法律有广义和狭义之分。广义上的教育法律泛指一切国家权力机关制定、发布的对教育活动进行规范的文件。狭义上讲，教育法律就是国家立法机构根据宪法制定的对教育活动进行规范的文件。本书主要采用狭义上的教育法律概念，即国家立法机构根据宪法制定的对教育活动进行规范的文件。有法可依、有法必依是依法治教的基本原则。因此，当前的教育清单目录内容制定的核心依据是我国现有的法律，主要包括《中华人民共和国教育法》《中华人民共和国高等教育法》《中华人民共和国义务教育法》《中华人民共和国教师法》《中华人民共和国民办教育促进法》《中华人民共和国国家通用语言文字法》《中华人民共和国职业教育法》《中华人民共和国行政处罚法》等法律。如河北省廊坊市安次区教育局的权力清单规定，行政许可权包括针对民办小学、初等非学历民办学校设立、分立、合并、终止，举办者、名称、层次、类别变更的审批（安次区教育局，2016），其依据是《中华人民共和国民办教育促进法》第五十三条、第五十四条、第五十五条。针对违反国家有关规定举办学校或其他教育机构的处罚行使行政处罚权力的依据是《中华人民共和国行政处罚法》第四十二条第一款、第五丨五条、第五十八条、第五十九条、第六十一条、第六十二条。

（二）教育行政法规及相关行政法规

广义上说，教育法规是指教育的法令、条例和规章等由国家政权机关制定并由其保证实施的规范性文件的总称。狭义上讲，教育法规是指在国家立法机构之外，由国家行政机关和地方权力机关制定、发布的对教育活动进行规范的文件，即由国务院和地方权力机关制定的教育行政法规和地方教育法规。同时国家教育行政部门制定的规范性文件也属于教育行政法规的范畴。行政法规是制定教育清单目录的重要依据，主要包括《国务院关于贯彻实施〈中华人民共和国教师法〉若干问题的通知》《中华人民共和国民办教育促进法实施条例》《禁止使用童工规定》《教师资格条例》《教学成果奖励条例》《中华人民共和国义务教育法实施细则》《学校卫生工作条例》《学校体育工作条例》《幼儿园管理条例》《高等教育自学考试暂行条例》《普通高等学校设置暂行条例》《中华人民共和国地图编制出版管理条例》《中华人民共和国学位条例暂行实施办法》等。如山西省运城市教育局列出的权力清单中，行政确认权力中的教师资格认证确认权力的依据就是《教师资格条例》第十三条；行政征收权中针对自考报名考务费、自考毕业生审定费、自考转籍费、自考办理免考审定费、自考准考证手续费征收，其依据是《财政违法行为处罚处分条例》第三条。

（三）教育部门规章

教育部门规章是指教育部、委办和其他工作部门根据法律和国务院的行政法规、决定、命令，在本部门的权限内，发布的命令、指示和规章。这里的其他工作部门是指国务院的直属教育机构，其可在法律授权之下发布规章。这些规章主要以实施办法、条例、细则等名称出现（吴遵民，黄欣，2004：29）。教育部门规章是制定教育清单目录的重要依据，其主要包括教育部制定的部门规章和地方制定的部门规章，因此，教育部门规章的内容非常多。教育部制定的部门规章主要包括《高等学校预防与处理学术不端行为办法》《幼儿园工作规程》《教育部办公厅关于确定教育管办评分离改革试点单位和试点任务的通知》《普通高等学校理事会规程（试行）》《普通高等学校招生违规行为处理暂行办法》《高等学校学术委员会规程》《学位论文作假行为处理办法》《国家教育考试违规处理办法》《中小学教材编写审定管理暂行办法》等，地方的教育部门规章更是不胜枚举。以2016年浙江省建德市教育局列出的权力清单为例，行政确认权清单中关于义务教育跨区域招生和转学确认的依据是《浙江省义务教育阶段学生学籍管理办法》第二十二条、《浙江省教育厅关于全面实施中小学学生学籍电子化管理的意见》和《浙江省教育厅关于做好民办中小学招生工作的通知》的相关规定。

二、教育清单的制定过程

教育清单的制定是实施清单管理的初始阶段。教育清单的制定可以理解为清单内容或形式的合法化过程，包括草拟清单内容、规范清单内容、调整和完善三个阶段。

（一）依据法律法规草拟教育清单

清单内容的拟订是一个非常复杂的过程。一方面，要明确内容依据。我国是法治国家，各级教育部门在行使职权时都要做到有法可依、有法必依。因此，教育法律、法规、规章的规定是草拟清单内容的核心依据。同时，我国是一个有悠久文化传统的开放的国家，所以，清单内容的拟订要综合考虑政治因素、经济因素、文化因素、人口状况和国际环境等。另一方面，拟订主体要多元化。当前，许多教育行政机构在拟订教育清单时基本上都是本部门的人负责，有的地方甚至是领导一手安排，这不仅存在巨大的主观性也不符合现实要求。因此，政策草拟的过程中，要吸收多方资源，它可以包括立法者、行政官员、专家与智囊、司法人员、利益团体的代言人等（邱法宗，薛岩松，2013：35）。

（二）公众参与规范清单内容

传统上，政策决策都是采用精英决策模式，突出表现为清单内容都是由领导人、官员来设定。采用精英决策模式确实有利于提高政策的精确性和制定效率，但精英仅仅代表某一阶层的利益，无法充分反映公共诉求。而教育清单管理制度的对象是广大人民群众，因此，在制定教育清单内容时要引导公众参与。第一，举办听证会。所谓听证会“就是借鉴司法的经验，召集利益相关方，而且不同利益不同意见的人各自陈述后可以相互辩论，听证对最后的决策有很大的影响，听证会上的意见，决策者在决策时必须做出回应”（人民论坛杂志社，2012：120）。制定教育清单内容要充分吸收听证会的成果，接纳听证会上各利益相关主体提出的意见和建议，避免听证会流于形式。第二，专家咨询。专家咨询是规范教育清单内容的重要手段。在这一过程中，可以邀请教育学、社会学、政治学、经济学和管理学等领域的专家开展咨询，听取专家对清单内容的意见和建议。第三，公示征求意见。听证会和专家咨询的受众都是少数，因此，通过网络媒介、电视等手段将清单内容公示，广泛听取社会大众的意见，不仅有利于提高广大民众对教育清单管理模式的接受度，更有利于规范清单内容。通过向全社会公开清单制定标准、内容和制定过程，对政治生活态度冷漠、远离政治事务的“狭隘观念者”和消极被动接受政治影响的“顺从者”才会逐渐减少，而那些有自己的政治主见、积极参与和影响政治活动的“参与者”才会逐渐增多（阿尔蒙德，鲍威尔，1987：41）。当然，公众参与清单内容论证的方式远不止这几种，还可采用问卷调查、发放宣传册、张贴海报和发放政府宣传报纸等方式。

（三）清单内容的调整和完善

清单内容确定之后，并非就一劳永逸。为了保证教育清单内容动态地符合经济社会发展的需求，教育清单内容制定出台和实施后，需要进行调整和完善。在清单管理实施过程中，如果发现原来不完善，或者原来完善，但随着各种客观条件的变化，已经不适应新形势、新条件时，同样需要对清单内容进行调整，以完善教育清单管理制度。

三、教育清单的内容

依据教育法律法规确定的教育清单的内容中，主要教育权力清单绝大多数都集中于行政权，主要包括行政许可、行政处罚、行政裁决、行政确认、行政奖励、行政监督和其他行政权力；责任清单主要是在行使行政权力过程中所承担的责任和义务。

（一）权力清单的内容

权力清单的基本宗旨在于规范和约束权力的运行，其中蕴含一个基本的逻辑前提——政府权力的有限性，即政府不是无限政府而是有限政府。有限政府理论产生于西方，其核心观点是以宪政制度来规定政府权力的作用范围和具体运作程序，以保证政治权力与社会的合理互动，从而使得政府权力的运作获得合法性（刘虹，张端鸿，2016）。从目前各地方公布的权力清单的内容来看，集中于行政权力。行政权力是国家行政机关依据宪法和法律赋予的权力、依靠特定的强制手段管理经济、文化和社会事务的一种权力。行政权力与立法权力、司法权力是国家权力的基本组成部分。在各地方公布的教育权力清单中，行政权力主要包括如下几部分。

（1）行政赋权权。这种行政权力是行政主体通过实施相应行政行为赋予行政相对人一定的权利，行政赋权行为的具体表现形式为行政许可、行政奖励、行政认可和行政救助等。

（2）行政限权权。行政限权权表现为行政主体剥夺相应行政相对人一定的权力和利益，即对相对人设定一定的义务的行政行为。行政限权行为主要包括行政处罚、行政征收、行政征用、行政命令、行政强制执行和行政即时强制等。

（3）行政确认权。行政确认权是行政机关通过一定的形式来证明某种法律事实和法律关系的权力，主要包括行政证明、行政登记和行政鉴定等。

（4）行政司法权。行政司法行为是指行政主体以中间人的身份对行政管理过程中行政纠纷或特定民事纠纷所做的调节或决定行为。行政司法行为主要包括行政调解、行政裁决、行政仲裁和行政复议等形式。

（5）行政救济权。行政救济权即行政主体行使对已经做出的行为本身及其行后果进行补救的权力。行政救济行为的表现形式有撤销行政行为、废止行政行为、变更行政行为、行政赔偿和行政补偿等。

具体到某一地区的教育权力清单，并不是上述所有的行政行为都有涉及，而是大多集中于行政赋权权、行政限权权和行政救济权方面，具体如表 3-3 所示。

表 3-3　上海市教育委员会教育权力清单（部分）（上海市教育委员会，2015）

序号	类型	权力事项
1	行政审批	民办普通高等学校的设立、分立、合并、变更和终止审批 教师资格证认定 民办高等学校决策机构成员变更备案 中小学地方课程教材审定 中外合作办学机构、项目（含与港澳台）审批 高等专科（高职）、本科学校及其他高等教育机构的设立、分立、合并、变更、终止审批 民办高校招生简章和广告的备案
2	行政处罚	对于不符合法律法规设立中外合作办学机构或者违法取得办学许可证的处罚 对于中外合作办学发布虚假招生简章，骗取钱财的处罚 对民办高等学校办学条件不达标的处罚 对民办学校管理混乱严重影响教育教学、产生恶劣社会影响的处罚 对教师品行不良、侮辱学生，影响恶劣的处罚 对弄虚作假或以其他欺骗手段获得教师资格的处罚 对非法举办国家教育考试的处罚
3	行政强制	侵占、破坏学校体育场地、器材、设备的，令其限期清退和修复场地、赔偿或者修复器材、设备
4	行政确认	对普通话水平等级的确认 对本市教育培训机构学杂费专用存款账户开户银行的确认 命名“上海实验性示范性高中” 授予办园质量提升显著的幼儿园一级园或示范园的称号 对上海市语言文字规范化示范校的认定 中小学专题教育社会实践基地评审
5	行政给付	对本市经济困难家庭适龄幼儿实施学前教育资助 对基础教育阶段残疾学生实施免费教育 对普通高中家庭经济困难学生实施国家资助 对义务教育阶段相关学生实施营养改善 对教师以及具有中等以上学历的毕业生到少数民族地区和边远地区从事教育教学工作的补贴

（二）责任清单的内容

教育责任清单是依据法律法规从责任的角度对教育部门必须履行的职责以清单列表的形式呈现，以此明确部门职责，界定职责界限，强化政府的公共服务，防止政府管理缺位。编制责任清单应该遵循以下三点原则（于爱荣，2015：82）。一是职责法定原则。教育部门的责任清单原则上以教育法规和部门规章的规定，以及党中央、国务院和省委、省政府规范性文件为依据。没有上述依据，不纳入编制范围，切实落实“法定职责必须为”。二是问题导向原则。根据全面深化教育改革的要求，围绕全面正确履行政府职能，以社会关注和人民群众重大关切为导向，重点明确部门履职范围，厘清责任边界，加强事中和事后监管及公共服务。三是透明公开原则。教育部门的责任清单事项应完整、规范、准确，并主动向社会公开，方便公民、法人和其他组织办事，确保阳光透明，杜绝寻租漏洞，接受社会监督。

一般来说，教育责任清单的内容包括教育部门的职责、职责边界、对应行政权力、行政权力运行流程和加强事中事后监管的制度措施等内容。其中教育部门职责的梳理需要根据教育法律法规和部门规章进行确认，明确具体工作事项；职责边界是依据现有规定明确相关部门的职责分工和牵头部门，建立协调配合机制，分清主办、协办关系，落实监管责任；对应行政权力清单，梳理与履行职权所对应的行政权力事项，严格限定权力使用范围，做到“法无授权不可为”；行政权力运行流程是要求在法定权责和时限内，减少运转环节，简化办事程序，优化办理流程，整合办理事项；加强事中事后监管的职责是要求明确本部门和下级部门、社会组织的职责分工和工作重点，落实日常监管、危险隐患排查、责任追溯、专项整治等方面的具体措施，避免管理缺位（于爱荣，2015：83）。从现有各部门公布的责任清单情况来看，其主要包含对应行政权力，即重在说明在行使权力清单中的各项目过程中所应承担的各项职责（表 3–4）。

表 3-4　河南省教育厅责任清单（部分）（河南省教育厅办公室，2019）

序号	主项	设定依据	职权类别	责任处室
4	弄虚作假、骗取教师资格、品行不良、侮辱学生，影响恶劣的处罚	《教师资格条例》（国务院令第188号）第十九条："有下列情形之一的，由县级以上人民政府教育行政部门撤销其教师资格：（一）弄虚作假、骗取教师资格的；（二）品行不良、侮辱学生，影响恶劣的。被撤销教师资格的，自撤销之日起5年内不得重新申请认定教师资格，其教师资格证书由县级以上人民政府教育行政部门收缴。"	行政处罚	人事处

第三节　教育清单管理的优化

清单管理制度在我国的实施时间不长，还处于探索阶段。因此，在实施教育清单管理过程中还存在清单管理内容同质化、权责清单边界不明、公众参与度低等问题。所以，我们要"摸着石头过河"，边实践边优化教育清单管理制度。

一、教育清单管理的问题审视

随着教育清单管理制度的推行，全国各省、市、县编制权责清单的热情空前高涨。但是，不可否认，在我国，实行教育清单管理制度并无先例，因此，当前的探索基本上处于“摸着石头过河”的阶段。故权责清单的编制中出现的现实问题不容小觑。

（一）缺乏个性化，同质化现象严重

通过对各地区的教育清单进行梳理发现，教育清单同质化现象严重。一是权责内容上下同质。不可否认，职权清单特别是权力清单需要进一步明确权力的分类，不能让各地方政府各自为政，更不能让其成为互相扯皮推诿的借口。换言之，应该由上级政府或者中央人民政府制定统一的分类标准，地方在统一分类的范围内细化权力事项，不允许超出规定范围。但在统一的范围内，各地方应该根据当地的具体情形制定权责清单。现行的教育权责清单统一有余，个性不足，各地方往往以上级政府的权责清单为模板，上级政府的权责清单是什么内容，下级政府的也是什么内容。如上海市 ×× 区的教育局行政权力清单和行政责任清单中的教育行政处罚权中“对教师品行不良、侮辱学生，影响恶劣的处罚”的责任事项包括的内容与上海市教育委员会教育权责清单相关内容陈述一字不差。没有体现基层教育行政部门权责清单的实践性或者地方性。二是行政流程依葫芦画瓢。具体行政流程是最能体现地方特色之处，因为各个地区的职能部门设置和分工都存在区别，但在公布的具体行政流程中，有些地方仅仅是把其他地方的行政流程照搬照套或者稍微进行改动。有研究者对安徽省芜湖市弋江区教育局的权力清单进行分析，发现它在整理行政流程图时，依葫芦画瓢，将市教育局同一项权力的流程图稍微改动，不根据自身特色进行流程再造创新（王丽茹，2017）。

（二）职责边界不明，缺乏协同机制

“我国具有深厚的无限权力和无限责任的政治文化与领导文化传统，这既有其某种正面的道义价值和效率优势，但同时又造成了权力垄断和责任不清，最终导致低效、无效、负效甚至权力腐败。”（《领导科学》编辑部，2013）党的十八届二中全会强调，“加快形成权界清晰、分工合理、权责一致、运转高效、法治保障的国务院机构职能体系，切实提高政府管理科学化水平”。这是国务院新一轮体制改革的目标和方向，也是实施教育清单管理的重要目标。构建清晰的政府权责边界包括：一是明确政府包括哪些部门，它们都有哪些权力，要对哪些事务

负责；二是明确公民、法人和其他组织的权利边界、行为禁区；三是权责信息的公开透明。（陈向芳，2017）但现实中，在权力清单和责任清单的梳理过程中，存在明显的部门独大倾向，缺乏协同机制，造成行政效率低下。以贵州省六盘水市教育局责任清单为例，权责清单中列明“对园舍、设施不符合国家卫生标准、安全标准，妨害幼儿身体健康或威胁幼儿生命安全的行为的处罚”的实施主体是教育局，责任承担机构是基教科。很明显，卫生安全、食品安全、建筑安全等相关问题涉及多个行政部门，而且这些问题的处理和解决需要工商、卫生、教育甚至公安等部门的通力合作，而不仅仅是教育局或者是基教科就能彻底解决的。而这个权责清单中只列明了教育局的职权，并未涉及其他相关部门之间的协作关系，可见，当前的权责清单中权责边界不明，协同机制不健全。

（三）公众参与度低，缺乏监督

中央下达权力清单梳理工作后，各级政府积极响应，但“闭门造车”的问题确也存在。有研究者对安徽省芜湖市弋江区教育局梳理权力清单的过程进行研究时发现，权力清单制定过程中，缺乏民意，缺少民众监督。各地权责清单最终可能只是个效力等级较低的规范性文件，没有强制执行力，缺乏硬性约束机制，加上目前公众的参与度又不高，很容易成为形式和过场。缺乏对公众意见的听取，忽视从公众需求的角度划分整合权力清单和责任清单，仅为完成任务而列出两项单子，梳理出的权责事项难以避免地成为现有法条或流程的重复，其实用性和效用就大打折扣（王丽茹，2017）。

二、教育清单管理的优化

推行教育清单管理制度是实现国家治理体系和治理能力现代化的重要举措。为了完善教育清单管理，解决教育清单管理制度执行过程中的问题，需要做到：提升对清单管理的认识，增强践行热情；完善法律法规，为清单管理提供保障；明确权责边界，构建协同机制；等等。

（一）转变思想认知，提升践行热情

自 2015 年教育部印发《教育部关于深入推进教育管办评分离促进政府职能转变的若干意见》并要求实施教育清单管理以来，有些地方对清单管理认识不到位，存在思想误区。由于改革开放以前，我国长期处于计划经济体制下，权力一直处于过度集中的状态，并形成了科层管理体系。受传统科层制的结构设置和条块分割的行政管理体制的影响，行政管理部门在一定程度上形成了既得利益集团，存在部门利益最大化等不良倾向，地方部门一些领导干部不愿意将长期享受的特权和优惠待遇拱手相让（高旭，曾小锋，2016）。因此，出现了聚权、不愿放权等现象。聚权表现为，为了获取更多的权力，以便把控更多的资源，有些部门把清单编制作为难得的聚权机会，把以前没有受到法律认可的权力趁机合法化，或者寻求更多的权力。因此，在执行清单管理过程中，有些地方把清单管理当作一次“自我设权”、增扩部门权力的难得机会，有些先前不受法律保障的权力，在这次的清单中得到体现和确认。不愿放权是指原来属于本部门的权力不愿意下放，表现为某些干部缺乏全局观念和公仆意识，只关心自身利益的实现，并以实现自身利益和本部门利益最大化为最高目标。同时，由于实施清单管理，需要厘清各部门的权力和职责，无形中给相关部门增加了工作量。而且，实施清单管理之后，有些处于“灰色”地带的内容失去了存在的土壤，必须严格按照清单的规定执行，这无形中也减少了相关部门工作的灵活性和可调控性。所以，有些公务员认为推行清单管理制度会人为地增加工作量，并且会带来工作上的束缚，给工作带来不便；而且，有些公务员不愿将自己的审批权公开，使权力受到社会的监督和制约（赵勇，马佳铮，2015）。可见，不同层级的部门“对权力运作具有复杂多样的心态，一方面认为国家控制的领域应当减少，另一方面在具体问题上，公众永远要求更多的而不是更少的政府行为”（戈登，2001：52）。因此，中央和地方高级领导干部对实施清单管理制度热情很高，思想认识到位，但中低层级部门和不少干部思想守旧、动力不足、热情不高。所以，在地方上出现很多形式清单，上级清单是什么内容，下级部门的清单编制和内容就依葫芦画瓢，应付了事。

为了改变这些现状，各级教育部门要加强清单管理制度培训。以权责清单为教材，各行政部门和乡镇政府加强培训，让工作人员对本单位所有权力事项、责任、权力运行流程、风险点、有关的中介服务、公共服务和事中事后监管细则都有一个全面的理解，提高工作人员的业务素质。通过培训，让各级教育部门和工作人员认识到落实清单管理制度可以有效规范行政审批制度背后的行政审批权力运行，促使政府严格遵循“法无授权不可为”原则，防止对市场和企业的直接干预，完全在清单之外扮演“服务员”角色，切实回归政府的应有职能；同时，可以确保行政审批权力的运行过程公开化、透明化和阳光化，这对抑制审批腐败无疑将大有裨益（陈朝兵，2015）。

（二）完善法律规章，保障清单管理

健全法律法规体系是落实清单管理制度的根本保障。制约政府权力行使、监督政府责任履行与拓展公民权利空间是行政体制改革的重要内容，其贯彻的是两方面有机结合的法理逻辑和原则，即对于政府来说，法律没有列举的，一概不能作为；对于公民来说，法律没有禁止的，都可以作为（王浦劬，2014b）。法律法规是教育权责清单的合法性依据，健全的法律法规体系有利于界定政府的权责边界，提高权力行使和责任履行的科学性，进而为责任清单制度的落实扫除障碍。因此，完善法律规章，保障教育清单管理制度主要体现在两方面。

一是清单内容与教育法律法规相匹配。在现代行政法治理论中，责权法定原则是一项基本原则。它要求教育行政部门在行使权力、履行职责的时候，必须依据相关教育法律法规。因此，根据这一原则，我国教育行政部门的责权应当是教育法律法规所确认的，也就是教育法律法规是明确清单内容的依据。换言之，法律法规是教育行政部门行使权力的依据，也是判断教育行政部门是否存在“越位”“缺位”的依据。总体而言，各地教育部门制定的权责清单的内容与相关法律法规的配套性较高。但也要看到，有些部门和地区编制的权责清单缺乏法律依据，仅根据地方政府发布的红头文件来界定清单内容，有的权力清单中的具体事项甚至有意无意与教育法律法规中的规定有出入。这使编制的教育清单内容缺乏法律支撑和法律保障。因此，在编制教育权责清单的过程中，要严格依据国家法

律法规的相关规定。与此同时，经济社会包括教育事业发展之速度已超出了我们的预期，特别是随着我国的教育国际化程度越来越高，各种新情况和新问题层出不穷。为了保障教育清单的权威性和有效性，立法工作也必须同时推进。换言之，国家要及时且有针对性地完善、修订、取消、新增相关法律法规，同时也为权责清单内容的编制提供法律依据。

二是制定清单制度实施条例。如前文所述，由于受到思想观念和体制机制等因素的影响，有些地方的教育行政部门落实教育清单管理制度的热情不高、动力不足，导致权责清单形式化严重，清单管理制度形同虚设。为了改变这一状况，保障清单管理制度有效施行，建议国家出台统一的法律条例，如“清单管理制度实施条例”，作为指导性的政策文件，统一规范教育权责清单的编制、公布和实施，对清单的内涵、外延、权力、责任等做出明确要求，对清单适应的范围和责任主体等做出宏观的规定，对于哪些方面需要统一、不容地方更改的内容作为强制性条款予以明确，增强合法性，树立中央权威（高旭，曾小锋，2016）；对哪些内容需要地方根据实际情况进行自由裁定的予以明确。同时，规定定期对落实教育清单管理制度的情况进行督查，对于形式清单、阳奉阴违等行为给予严厉惩处，以此保障教育清单管理制度的顺利实施。

（三）明确权责边界，建立协同机制

为了建立同级各部门和上下级部门之间的协同机制、落实教育清单管理制度，教育行政部门要对部门权责进行合理界定，在界定中要以法律法规和政策为准绳，依据社会发展需要和教育运行规律对权责进行详细的分类和梳理，科学合理地确定自身的权力范围。为了建立有效的协同机制，需要在行政权责的梳理和清单确认两个阶段均落实好权力边界明晰、权力合作有益的原则。

建立权责清单，明确权责边界，第一阶段是行政权责梳理阶段。其主要任务在于厘清权责。一般情况下，各级地方教育行政部门行政权力包括本部门行使的行政权力、同级政府行使的与本部门相关的行政权力、授权组织行使的与本部门相关的行政权力。欲明确清单的内容，需要对这些权力进行全面梳理，最终形成三份权力清单：一是部门行政权力清单，二是同级政府相关行政权力清单，三

是授权组织行政权力清单。行政权力梳理的过程中，要避免出现行政主体权力的“缺位”“越位”等问题。第二阶段是权责清单确认阶段。主要目标除了审核各部门制定的权责清单是否合理之外，更重要的是要明确各个部门之间的分工是否明确，合作机制是否建立。这个阶段主要由同级编制管理部门和政府法制部门共同对教育行政部门梳理的权责清单进行审核，明确梳理的权责清单是否存在缺陷。“编制管理部门着重从政府职能转变的角度论证相关行政权力是否应当保留；政府法制部门着重从合法性的角度论证相关行政权力是否有明确的制度性依据，权力类型是否分类准确，权力实施主体是否合格。”（上海市质量技术监督局，2015）同时，重点对教育部门内部、教育部门与其他部门之间的部门职责交叉的情况进行审核，形成管理合力，在部门之间建立协同机制，提升管理效率。当然，各部门的权责清单确定之后，在执行清单管理的过程中要加强数据联通共享。打通权力运行平台的数据孤岛，实现数据互联互通和信息共享，避免平台之间各自为政，让大数据和互联网为公众办事和行政监管服务。

（四）鼓励社会力量参与，建立高效监督体系

从当前通行的做法来看，各地教育部门制定权力清单和责任清单主要是教育部门自身行为，同时，权责清单的统筹和具体负责主体也各不相同，有的是编制办，有的是法制办、审改办，有的是发改委等部门。清单公布的渠道也不尽相同，有的是通过政府门户网站，有的是通过政务服务中心，还有的是通过教育部门自己的网络平台。而且，各地教育部门编制的权力清单和责任清单通过一定的形式公布后，既没有征求国家权力机关的意见和审核，也没有征询社会力量的意见。因此，当前教育行政部门制定权力清单和责任清单纯从自身角度去清理行政权力，这在某种程度上是自己给自己授权。政府自己产生权力，难免陷入自说自话、自由裁量的法理困境（高旭，曾小锋，2016）。我国宪法规定，一切权力属于人民，人民行使权力的机关是人民代表大会。“将各级人民代表大会作为推进权力清单制度的主体是人民当家作主的体现，也是提高合法性基础的必然要求。”（陈奇星，2015：89）因此，教育行政部门不能按照自己的价值判断和利益需求制定权力清单和责任清单，而需要得到广大人民群众的拥护和认可。所以，政府

制定权责清单过程中，要鼓励社会力量参与，监督教育权责清单的形成过程，邀请专家学者进行学理论证，吸纳社会组织、企业主体等社会民众的政治参与，最终提交人民代表大会审核。这样，一方面有利于加强教育清单的合法性和权威性；另一方面，有利于增强对清单制定过程的监督，提升人民对教育清单的认可度。

第四章

学区化集团化办学与教育治理

在当代中国的语境中，学区化和集团化这两种联合体办学形式是国家在新形势下推进义务教育优质、均衡发展的重要部署。学区是按照地理位置就近原则，由一定区域内的义务教育学段学校、政府、家庭、社会等教育治理主体共同构成的办学联合体。集团是优质品牌学校在同一区域内或跨区域组建的办学联合体。这两种办学联合体的价值在于通过打破教育治理的传统边界，调整教育治理的层次、结构和机制，重组教育和教育资源的供给、生产、分配、消费等关系，从而促进教育的优质与均衡。

第一节　学区化集团化办学的内涵

学区化集团化作为一项政策部署，在推进义务教育优质、均衡发展方面发挥着重要作用，形成了新型的教育治理格局。这种改革从本质上说是权利在相关利益主体之间的重新分配，是供给、生产、消费等教育关系的再次调整。

一、学区化集团化办学的含义

从政策设计的主要目的看，学区化和集团化办学的治理对象都是教育资源，其意义在于调整教育资源的供给、生产与分配关系，从而扩大教育资源总量、提升资源的使用效益、缩小教育差距、促进资源分配的公平。但从治理角度看，二者的内涵不尽相同。

2014 年 1 月，《教育部关于进一步做好小学升入初中免试就近入学工作的实施意见》对学区化办学做出进一步规定，要求各地按照“地理位置相对就近、办学水平大致均衡的原则，将初中和小学结合成片进行统筹管理，提倡多校协同、资源整合、九年一贯”。这一要求成为多地进行学区划分的政策依据。例如，2015 年上海市教育委员会颁布《关于促进优质均衡发展、推进学区化集团化办学的实施意见》，鼓励支持各区县在辖区内按照地理位置相对就近原则，将相同或不同学段的学校结成办学联合体，创新学区组织与管理形式，突破校际壁垒，促进学校纵向衔接、优势互补，构建有利于学区教育品质整体提升、学校办学特色积极培育的生态环境。由此，学区化办学即按照地理位置就近原则，由一定区域内的义务教育学段学校、政府、家庭、社会等教育治理主体共同构成办学联合体的办学形式。

集团化办学则是指两个或两个以上的学校 / 校区在办学及学校发展过程中，在共同的理念引领下，在一定契约约束下所形成的具有规模效应的合作关系（张爽，2017）。在集团的成员中，优质品牌学校发挥了核心聚集作用。这里所谓的优质品牌学校可以理解为名校。传统意义上的名校是指办学历史长、办学条件好、教育质量优、在地方上知名度高的学校。当代意义上的名校，更多地是指那些教育理念与办学特色鲜明、文化底蕴深厚、拥有优秀教师团队、在当地乃至更大区域内具有一定知名度、对其他学校发展能够产生积极影响的中学或小学（杨小微，2014）。集团就是围绕名校凝聚而成的学校群。

即便是在同一城市的政策规划中，集团化与学区化也有着不同的政策设计。例如，上文所述的上海市《关于促进优质均衡发展、推进学区化集团化办学的实施意见》对集团化办学规划如下：采取学校自主组合、行政主导组合等多种方式，鼓励优质品牌学校在同一区县内或跨区县组建办学联合体，带动发展相对薄弱学校、农村学校、新建学校，分享先进的办学理念、成功的管理模式、有效的课程教学、优秀的教师团队等，增强自身造血机能，获得更稳健的发展。

从政策表述可以看出，学区与集团同是办学联合体，但从治理的角度看有以下几点区别。

（1）从治理主体上看，学区的治理结构体现了学校、政府、家庭、社会四大类主体之间的关系；而教育集团则反映了学校与学校之间的关系。事实上，家庭的普遍缺位使学区的治理集中在学校、政府、社会之间，其中当然包含了学校与学校之间的关系。学区的治理主体较集团而言更加多元。集团体现的则是以某一优势学校为核心组建而成的学校群之间的治理关系。

（2）从治理的地理范围来看，学区是一定区域内地缘相近的单位之间的组合，教育集团则是区域内或跨区域的组合。从横向来看，学区多以区县为界，将这一区域内的教育有关主体进行划分，形成地理上相近的教育联合体；而教育集团在一定范围内形成了一种超越地理空间的教育资源流通方式，可以在一定区域内进行学校组合，也可以跨区域实现学校联系。由于学校品牌的辐射作用并不受地理限制，教育资源可以借助多种媒介进行流通，因此，集团化办学得以在更广阔的范围实现。2018 年，北京市出台《关于推进中小学集团化办学的指导意见》，不仅要求统筹区内集团办学，而且鼓励跨区集团办学，以此推进城乡教育一体化发展，并提出异地集团办学以促进京津冀协同发展。这一政策反映了集团化办学在空间上的优势。

（3）从治理内容和过程上看，学区将触动教育资源的供给、生产、分配、消费四个环节及相关机制；而教育集团则集中调整教育资源的生产、分配两个环节和机制。学区和教育集团作为学校联合体的两种形式，打破了学校各自为阵的发展模式，从而形成了两种学校间相互联合的教育资源生产模式。因而这两种组织都将改变传统的教育资源生产和分配过程。此外，由于学区的治理主体包括属地政府、教育行政系统和社区，带来了更多元的教育资源供给者，将改变单一中心的教育供给和消费模式。

尽管内涵有所差异，但是学区化、集团化办学都形成了介于区域教育治理与学校治理之间的一种新型教育治理体制，既不同于学校治理，在治理范围上也小于一般而言的“区域教育治理”，是一种中观层次的治理。它们在学校和政府之间架构起一个中间治理层，在学校与政府之间、学校与学校之间、学校与社会之间建设了一个资源共享的机制和共同体。从教育治理的角度来看，这种教育治理系统的价值在于下移管理重心、激活微观主体，构成了一个松散型的新型网络组织。

不同于一般对具体学校的治理，学区和集团这种类型的联合体是内部要素多元的群体治理单位，具有极高的复合性，是政府、学校、家庭、社会等众多主体的汇集点。首先，学校群是教育联合体的核心。学区和教育集团都是学校抱团取暖、发挥集群效应的组织，因此，两者都有众多的学校参与，形成了较为复杂的学校关系。其次，从现代教育治理的角度考虑，学区化集团化办学要求强化校社互动，形成家长、社区参与学区、集团办学的治理机制。作为一种新的治理组织形式，联合体在运行过程中强调大教育体系内部纵横的逻辑联系和结构优化。横向上，打破校际壁垒，树立公共治理观念，支持教育资源的协作与分享。纵向上，促进学校资源、政府资源和社会资源的融合，拓展公共教育的理念，逐步构建学校、政府和社会多元主体共同参与的教育治理体系。

二、学区化集团化办学的治理要素与关系分析

教育治理是不同利益相关者基于共同利益的共同治理。与传统教育管理体制不同，教育治理强调主体的多元性，要求国家机关、社会组织、利益群体和公民个体，通过一定的制度安排进行合作互动，共同管理教育公共事务（褚宏启，贾继娥，2014）。这首先需要厘清治理主体之间的权力和责任关系。2015 年 5 月《教育部关于深入推进教育管办评分离促进政府职能转变的若干意见》回答了我国现代化教育治理体系的主体权责配置问题。这份文件以推进管办评分离来明晰政府、学校、社会之间的权责关系，构建三者之间良性互动机制，进一步提高政府效能、激发学校办学活力、调动各方面发展教育事业的积极性。推进教育管办评分离的总体目标是形成教育公共治理新格局，即政府能依法管理、学校能依法自主办学、社会各界能依法参与和监督。依据政策文件，学区和教育集团将展现多元主体在教育的提供、生产、消费和分配上的新型关系。

（一）政府的双重角色

作为一种公共管理的解释维度，治理是一种创新性的实践行动，它力图促进传统政治、行政制度的变革，构建分权、参与、多中心的公共政策体系（俞可平，2000：86-96）。在学区化、集团化这种创新的联合体办学模式中，政府并非唯一的权力中心，而在其中扮演两重角色：一是履行公民与政府之间的委托代理关系，充当公共资源的供给者；二是履行指导、监督等政府职能，维护教育公平与正义。

1. 资源提供者

政府在公民的委托代理下负责公共资源的供给，包括为学区和集团筹措办学资金和其他人力、物质资源。这属于供给性的支持活动，是政府的基本功能所在。而政府并非办学的主体，也不从事教育资源生产，是与其他社会组织，如志愿者组织、私营组织、社区组织等一起参与办学事务。政府与个人或社会组织是一种典型的公私合作模式，即政府将其部分提供某种公共物品和服务的责任以特许经营权方式转移给社会组织（企业），从而建立政府与社会主体“利益共享、

风险共担、全程合作”的共同体关系（范国睿，2017a）。换言之，政府代表公民享有部分教育资源的所有权，例如对学校的所有权，而将经营权委托给专业的生产者。

从政治学意义上说，政府不仅是物质性的提供者，还是学区化、集团化办学外部合法性的赋予者。政府具有界定各种政治、经济行动者，以及各种集体行动者的性质、能力和特权（张爽，2015）。在中国语境中，这种合法性也是一种潜在的资源。政府的示范作用可使教育联合体吸纳更广泛的资源。同时，这种赋权也是政府简政放权的实践。如上所述，学区和集团是介于学校与政府之间的一层非行政力量，它替代政府来实施对学校的规范化管理，意味着减少对学校的行政干预。政府将自主调配区域内教育资源的权力赋予学区和集团，也就为区域教育的特色发展和教育评价的个性化提供了条件。

2. 指导与监督者

政府放权并不意味着政府只提供资源而不管教育。政府的“管”是其保证公共资源有效利用的必然要求，也是政府维持公平正义的职能体现。政府治理手段具有多样性，尽管有学者在否定政府的统一管制基础上倡导治理，但人们并不否定政府权威的有效性及其对相关公共事务的监管，只是更加强调参与、对话、协商、谈判与合作，这种合作是一种基于多边清晰权责边界的合作。具体到学区和教育集团建设中，政府作为外部治理主体的职责主要包括通过政策手段来实施指导与监督，包括在统筹经费投入、区域教师流动、干部教师队伍激励与退出机制等方面的政策保障；开辟多元主体参与教育集团建设途径；建立评估与问责机制等进行管理体制的改革和创新，以保证教育建设场域内的要素组合发挥最大效能；改变和为改变结构注入必要的动力和资源；等等。（张爽，2017）

（二）学校的主体地位

作为专门化的教育场域，学校是在政府委托下从事教育生产的制度化部门。这种部门的群集构成了学区和教育集团的主体。就学校而言，学区化集团化办学的价值在于打破了学校之间各自为阵的现象，促进了教育生产部门之间的合作和交流，追求教育资源投入 – 产出的最优化以及教育资源分配的公平性。

学区和教育集团都包含学校之间的联盟关系，学校并非孤立的个体。相反，学校总是在与其他利益主体的关系中显示出独特性。其中，一般分为牵头学校和普通成员学校。牵头学校往往是联合体中办学层次较高、资源较丰富、影响力较大的单位。这种学校凭借专业形成了较强的内部权威。

归根到底，学校是学区化集团化办学的执行主体。这两种联合体都要求各学校充分发挥办学的主观能动性和特色化发展积极性，通过自愿合作、规范办学、主动发展的方式，调剂教育资源的分配，协同优化教育资源生产，共同创建联合体的效益。

（三）社会的多元参与

学区化集团化办学不仅是教育系统内部资源的融通，也是教育系统与广泛的社会资源之间的交流。其中，社区和社会组织的参与将改变教育的供给和消费关系，也有益于教育的生产过程。

20 世纪以来，学校与社区的一体化发展已经成为重要趋势，近年来，在我国的教育实践中，已经出现学校和社会相互服务与支持的关系，并且逐渐发展成为教育和社会共识。从学校教育的角度看，以制度形式使社区进入学区和群体治理体系中，这不仅有益于教育的生态治理，也有利于增加教育资源、提升教育资源的辐射作用。一方面，对社区开放教育资源，使得学校将服务的对象范围扩大到了全体社会成员，如此一来，社区成为教育资源的消费者。另一方面，社区资源的注入也扩展了学校教育的范畴。例如，社区的经费支持已经成为部分学区项目运作的财源，由此扩大了教育资源的供给者；学校开办的社会实践课程需要的“本土教材”由社区提供，在教育的生产过程中，社区起到了协助作用；社区街道参与学校评价，成为教育生产的有力监督者。

除社区外，在学区和教育集团的发展过程中，其他社会组织也发挥着重要作用，如各种专业机构。专业机构既包括大学和各级各类研究机构和学校内的教科研部门，同时也包括各级教育学院、各级教育研究院（所）以及各级教研部门等。专业机构的优势在于可以借助自身理论研究的能力对教育的生成、运行、评价、激励等进行研究和阐释，对教育建设所涉及的宏观和微观各个要素间的关系进行梳理并将其模式化。在教育集团的发展过程中，内部组织间关系如何处理，课程、教学、科研工作如何开展，文化凝练如何处理一与多的关系，等等，都需要专业机构这种行动者的支援和参与（张爽，2015）。这些专业机构如若受聘于政府，可代政府对学校进行专业评价；如若受聘于学校（群），则可提供专业咨询，为办学提供专业智力支持。

第二节　学区化办学与教育治理

多年来，我国教育体制的常态是内部消化、各行其是，教育系统内部与外部沟通较少；即便在教育系统内部也存在学段之间、学校之间泾渭分明、壁垒重重的现象，更有甚者出现了恶性竞争的态势。因而教育资源囿于较为狭窄的范围，既难以实现增长，也难以实现均衡，难以发挥教育资源公共属性的最大价值。学区化办学正是一次打破藩篱的改革，它通过变革教育治理的主体和层次关系，促进教育资源的扩充和流通，从而提高资源效益、实现教育公平。从地方实践和国家政策规划来看，学区被视为沟通学校、政府、社区的平台，主要发挥开发与共享教育资源、促进学校均衡综合发展的作用，具有一定的监督、评价、引导和帮助职能，部分学区还被赋予统筹协调、指导检查、招生区域划分、质量监测反馈等权力。经过十余年的发展，我国学区的功能日渐完善而多元，学区化办学也已形成了较为丰富的治理模式和机制。

一、学区模式分类

如上所述，学校群是学区化办学的主体。首先，相较于政府和社会，学校的体量较大，占据了学区治理单位的大部分席位。其次，学校是专门化、制度化的教育生产者，在学区中承担了核心枢纽的治理角色。因此，根据学校的联合形式可将我国现有的学区分为联盟模式和集群模式。

（一）联盟模式

联盟模式指的是为了达成知识资源共享和优势互补的目的，在保持各学校独立性的基础上，多所学校建立联盟。基于学区共同的愿景，各学校建立牢固的合作和知识资源共享的项目协作关系，可以形成松散的网络组织，达到互利共赢的效果。例如，2010 年河南省郑州市设立六个试验学区，在学校隶属关系不变、法人不变、编制独立的前提下，实行实质性联合办学，互派师资、统一教学、资源共享、捆绑考核（郭炳德，陈强，2010）。

联盟模式下的学校往往各具特色，能够优势互补，并未形成一个绝对的教育资源优势中心。因而这种模式一般倾向于采用各校轮流担任学区组织者的方式进行运作，可称为“轮值制”。如北京市东城区出台《东城区教育系统内学区管理办法》，学区内由各学校的主要负责人组成学区工作领导小组，选出轮值主席主持工作（杨明方，靳颖，2006）。这种制度选择具有分担业务功能、保持平等地位的作用，符合联盟模式的要义。

联盟模式的独特性在于：第一，组织的松散性。联盟实际上是一个动态的、开放的管理体系，而不是独立的管理实体，这是一种松散的校际联盟形式，所以各成员校之间的关系也是非正式的。第二，管理的扁平性。成员校之间管理的幅度会增加，管理的范围也会扩大，但管理层次不会有所变化。第三，行为的协作性。为了提高教育质量和效率，实现地区义务教育的均衡发展，必须制定长远规划，其行为集中于从系统的高度来改善学区内共有的教育资源和条件。第四，合作的平等性。构成学区的学校均是独立的法人实体，均保持各自对学校内部事务的独立决策权。学校之间不存在行政层级关系，而是遵循自愿互惠互利的原则，为彼此的优势互补和合作利益所驱动。第五，关系的长期性。由于学校参与联盟的目的不在于获取短期利益，而在于通过持续的合作提升自身的教育质量和效率，以实现长远利益的最大化，所以联盟内部是长期合作关系。第六，利益的互补性。参与联盟的学校都拥有自己的办学特色，都希望通过扬长避短，共享优质教育资源，降低教育成本，产生“1+1>2”的协同效应（蔡定基，2013：83–84）。

联盟模式的具体合作方式还可进一步分为任务分解型和任务协作型。这两种合作方式都改变了以往学校之间彼此隔离、单打独斗的局面，形成了一种集约优势。当任务系统庞大且成员学校之间特点各不相同、各具独立完成某项任务的能力时，学区倾向于将任务系统分解为各个子项目，分别交付不同的成员学校，由各校独立完成，最终全学区共享成果。例如，广州市越秀区小学第一学区将学区重点建设任务进行分解，分别由不同的学校来承担（表 4–1）。

表 4–1　广州市越秀区小学第一学区任务分配表（蔡定基，2013：86）

任务序列	任务名称	操作方式	任务内容
1	邻近学校协作	由一所学校牵头，负责学校文化建设，办学特色优势互补互促	绿色学校创建、团体心理辅导、体艺科技教育、校园环境文化、班级文化
2	科研课题集群联盟	由一所学校牵头，负责建立现代教育技术实验校联盟及学校教育管理研究联盟	课堂教学绩效评价、信息资源有效应用
3	学科名师辅导交流	由一所学校牵头，负责学区学科教研、教师培训	同伴结对、联合培训、开放课堂

当面临共同的新问题时，学区倾向于采用任务协作的方式来共同攻关。联合教研是典型的任务协作模式。在该模式中，教师打破学校界限，实现在学区层面的共同成长与发展。如案例 4–1 所示，在广州市越秀区的学区视频网络教研活动案例中，不同学校的教师协作完成教研任务。与任务分解模式不同的是，任务协作中尽管也存在分工，但是所分解的工作并不是一项独立的任务，而是活动整体的一部分，或称为活动的子环节。案例 4–1 中各成员学校的教师分别负责理论学习、教学设计、一讲与优化、二讲与优化等环节，共同完成了一次有效的教研活动。

案例 4–1　学区视频网络教研活动案例

广州市越秀区小学第一学区将某次学区视频网络教研活动设计为以下六个环节：理论学习—教学设计—一讲与优化—二讲与优化—三讲与优化（公开研讨

课）—自我反思、教研反思。该学区将此次教研活动的六个环节分配给各学校教师，并综合运用各校资源，达成了一次任务协作的活动方式。此次教研的活动环节如下。

（1）由中山二路小学的教师将相关理论学习材料整理汇总并分类发布在学区资源平台上，做好充分的教研前准备。活动开展时，各校组织教师加入学区平台上的聊天主题，点击网上资料下载阅读，或点播网上视频讲座观看。活动记录及发布由中山二路小学负责。（2）由培正小学的教师根据研究主题内容，做好《牧场之国》的教学设计，在培正小学电脑室通过“网易录”向全学区直播说课。（3）由培正小学的教师将该课设计进行修改，并在电脑室应用“网易录”将试教课录制至系统中，供全学区教师观看，并由各校行政主管汇总有效意见发布在学区平台上。（4）由授课教师执教第二次试教，课后进行说课，整个过程利用“网易录”系统实时直播并录制在服务器主机中。各校教师观看后，组织开展评课，并将评课记录发布到学区平台。（5）由培正小学教师执教公开课，并在培正小学集体备课组长的辅助下利用“网易录”拍摄精品课例，课后组织各校教师研讨。（6）通过学区资源平台的内容记录进行回顾与成效分析，针对本次学区范围内的跨校网络视频教研活动开展反思，最终形成文字发布在工作室、集体备课组内。

案例来源：蔡定基.基础教育学区管理模式研究[M].北京：人民教育出版社，2013：88–93.

（二）集群模式

“学区管理视野下的集群是指依托核心学校的资源优势，以资源的开发、加工和共享实现成长的学校在资源禀赋的核心学校附近聚集，通过深度专业化，形成完整的价值链条，健全学区支撑体系，带动区域义务教育均衡发展的组织形式”（蔡定基，2013：95–96）。换言之，集群模式是以优质教育资源为核心建立起来的，因而教育资源占优的学校在学区中成为专业中心。湖北省武汉市东湖区的中心校管理模式就属于典型的集群模式。在这种模式建设中，当地教育局从学区内挑选具有代表性的中心校，赋予中心校统一调配和安排学区内各校资源的权力，同时中心校也承担了指导和管理学区内的所有学校的责任，起到了以知名学校带动相对落后学校，最终共同发展的效果（邱运山，2009）。

集群模式具有以下特征。第一，管理的系统性。为了实现资源共享、知识的传播和满足价值链上的相互需求，需要学区内的学校紧密合作。同时，学区内的学校为了实现自身的持续发展，需要积累自身知识和人力资源，这需要通过获取学区的资源来实现。第二，学校的关联性。学区作为相关学校的高度集中群体，具有明显的空间集聚性。学校之间不仅存在如教育教学方法、教研、考试等横向上的关联，也存在如学区课程共享、硬件资源共享、人力资源共享等方面的纵向关联。如上所述，集群模式是围绕优质教育资源形成的，因而学校之间必然存在教育资源和发展程度上的差距。

当一个区域内学校之间存在明显的差异时，较容易出现专业上的中心，也就容易形成集群模式。一般而言，中心校是当地办学条件最好、资源最丰富、层次最高的单位，校领导具有较高的名望和较大的影响力。如此一来，方可形成一定的溢出效应。例如，某校优质教师群集，便可建立名师工作室，向全学区传授教育教学经验，带动学区的整体发展。再如，某学校掌握的外部优质资源最为丰富，可供学区分享的教育要素最多，便可成为学区的辐射中心（案例 4-2）。

案例 4-2　学区教师专业发展实例

上海市浦东新区上钢学区成立于 2105 年 4 月。该学区包含不同学段、不同体制（公办和民办）学校共 7 所。其中上南实验小学依托高校专业资源成为学区中重要的资源中心。

上南实验小学 2009 年成为上海师范大学小学教育研究所教育科研基地，2014 年又由上海师范大学的专家领衔成立了专家监事会，因此该校拥有较强的专业人才资源。该校使用的“上海市教师教育平台”系统也能为学区重点建设项目“上钢学区教育教学研究平台”提供技术支持。

在学区成立初期，上钢学区即成立了教学研究分享协调小组，举办了基于课程标准的评价研讨活动。上南实验小学在其中发挥了专业主导作用。活动前，上南实验小学以其教师为主体，根据学段的教学内容、教学目标，结合学生的特点制定游园式评价方案、评价细则，并派出骨干教师、教研组长参与各分会场活动，提供经验分享。

案例来源：调研手记（2018 年 10 月 18 日）

二、学区治理结构与治理机制

学区治理有着复杂的结构和机制，其权力运行是一个上下互动的过程，具有参与主体多元、治理方式多样的特点。

（一）治理结构

学区治理结构是指为实现资源配置的有效性，学区组织对其内部的经营管理和绩效改革进行监督、激励、控制、协调的一整套制度安排，它反映了决定学区发展方向和教育成效的各参与方之间的关系。

1. 二级治理结构与三级治理结构

根据治理结构层级可将学区分为二级治理结构与三级治理结构。二级治理结构的特点在于决策机构直接衔接各执行机构。重庆市綦江区学区教育自治组织结构为典型的二级结构组织体系，如图 4–1 所示。该区有九大学区，每个学区都有自己的教育自治委员会，每个自治委员会由 7—9 人组成，组成人员是从辖区内各街镇领导干部、区（镇）人大代表与政协委员、当地社会知名人士、教师、家长、学生等群体中选举产生。各学区所在街镇政府（办事处）主要领导担任委员会主任，其他镇分管、联系教育的负责人任副主任。

图 4–1 重庆市綦江区学区治理结构

学区教育自治委员会下设三个办公室（或称部门、工作小组），负责日常工作。三个办公室分别为：监督评价办公室，主要负责对学校办学进行监督评价，撰写评价报告；业务自治办公室，负责针对监督评价过程中发现的问题，研讨解决方案，推进学区自治体系深入完善；自治执行办公室，负责监督学校进行问题整改，解决学校办学难题，引导社会尊师重教。案例 4–3 以该区的文龙学区和安稳学区为例，详细介绍了学区治理机构的构成。

案例 4–3 文龙学区、安稳学区教育治理机构简介

文龙学区是县教委的直属单位。2008 年 8 月，文龙学区成为第一批试点学区。当时学区共有工作人员 7 人，学区主任主持全面工作，两位副主任分别分管中学教育教学及德育、小学教学和体卫艺、党务群团工作，学区教育教学管理员负责具体的教育教学及德育、语言文字、学籍管理、继续教育和体卫艺工作。学区的任务是：为学校工作搭建展示平台，实现学区内教育资源的统筹利用、深度整合、相互融通，促进城乡教育均衡发展。

2015 年 10 月安稳学区教育自治委员会正式成立。考虑到该学区内有较多大型煤矿企业的状况，该学区教育自治委员会吸纳了代表性煤矿的主管。最终，委员会主任由安稳镇镇长担任，下设副主任 8 人，由安稳镇和石壕镇分管教育领导、副镇长，松藻煤矿、逢春煤矿、渝阳煤矿主管领导担任。学区教育自治委员会下设办公室，负责处理日常事务和联络工作。办公室主任由学区主任担任，办公室成员 5 人，由安稳学区副主任、驻学区专（兼）职督学、安稳镇（石壕镇）党政办负责人组成。

三级治理结构在决策机构和具体的执行机构之间增设了决策机构的常驻机构作为执行机构的直接领导，形成决策层、管理层和执行层相互分离的格局。如北京市海淀区在学区设立学区委员会和学区管理中心，分别为议事机构和秘书处，形成指导和被指导的关系。其中，学区委员会发挥决策职能，秘书处相当于决策机构的常驻机构，统领各具体执行机构（案例 4–4）。学区管理中心下设各部，分别承担具体的执行职能。其设置如图 4–2 所示。

案例 4-4 北京市海淀区学区治理机构设置

北京海淀区在学区内设置学区委员会和学区管理中心。学区委员会是议事机构，是具有更大开放性和包容性的区域教育治理机构，负责对辖区内义务教育改革、发展、稳定等重大事项进行咨询和协调。学区委员会由社区街道办事处、社会名流、中小学校长、家长及驻区相关单位的代表组成。主任委员由街镇主要负责人或分管领导担任。学区委员会委员由街道办、学区管理中心、辖区内中小学推荐产生，并经学区委员会大会通过。学区委员会定期召开联席会议，研究学区义务教育优质均衡发展思路，以及资源统筹、随迁子女入学资格审核等重大事项，协调学校和街镇、社区的关系。学区委员会具有以下职责：一是协助区教委和街道办事处推进区域教育改革与发展工作，对学区教育布局和推进学区内义务教育优质均衡发展提出建议；二是统筹协调各级资源单位，推动资源共享；三是协调落实辖区内义务教育阶段适龄儿童少年入学工作；四是推动学区内中小学有机衔接与合作交流；五是支持学校发展，促进特色立校。

学区管理中心是隶属于海淀区教育行政部门的独立法人机构，是教育行政部门、学校、社区之间的重要枢纽，有固定人员编制。学区管理中心是学区委员会的秘书处，接受学区委员会的指导。学区管理中心负责统筹规划区域教育改革与发展，组织学区内各界人士协商共治。学区管理中心下设发展规划部、教育教学部、资源统筹部。发展规划部负责调查研究学区内教育现状，整体规划学区教育事业发展并提出合理化建议，促进学区整体优质均衡特色发展；统筹区域内义务教育阶段适龄儿童少年入学工作，保证学区内适龄儿童少年接受义务教育，做好学籍管理工作。教育教学部负责引领、推广先进的教育教学理念，开展区域内教育教学研讨活动；服务、支持学校做好三级课程建设，开发符合区域特征的特色课程资源；加强学区内干部教师队伍建设，协助主管部门落实干部教师的流动和骨干教师的考核工作；配合区政府教育督导室对学区内学校开展督导评估，提升学校教育教学质量。资源统筹部负责统筹各级各类教育资源，构建并完善区域资源共享应用平台；强化学校和驻区单位各类硬件教育资源的整合利用，建立资源融通机制；加强内部管理制度建设，保障学区管理中心日常工作的正常开展。

案例来源：陆云泉．学区制新改革：实现区域教育资源的深度整合 [J]. 中小学管理，2016（1）：8-10.

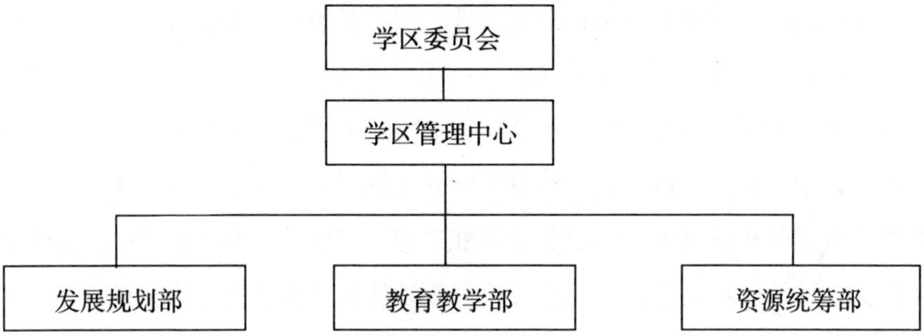

图 4–2　北京市海淀区学区治理结构

2. 学区长负责制与主任负责制

按照学区最高权力机构——决策机构的人员构成和责任制度可将学区治理结构分为学区长负责制和主任责任制。学区长负责制以北京市东城区、西安市、海南省为代表。学区长负责制即不另设学区管理机构，由学区内某所学校作为学区长学校，该校校长为学区长。例如，西安市、海南省等地以优质学校为学区长学校，吸纳一定数量的成员学校形成一个学区，实施“捆绑式发展”，学区长由固定的学区长学校校长担任。而北京市东城区则采取了轮值的学区长制，辖区内每所学校的校长轮流担任学区长（王悦，王雁，2016）。

学区长负责制由教育专业人员担任学区领导，由教育系统内部人员组成学区领导机构，凸显了专业性。此类学区领导机构能向学校提供直接的专业指导、进行专业督查和评价，往往下设直接开展教育业务的职能部门，如西安市的素质教育活动管理中心、教学管理中心、教研管理中心，海南省建立的教学研究与管理中心、德育研究与管理中心和后勤管理与服务中心。但学区长负责制只采用教育系统内部人士建立学区管理组织，略显封闭，不利于吸纳社会力量共同促进学区发展。

主任负责制以重庆市綦江区为代表。綦江区学区教育自治委员会负责学区发展规划制定、各项教育资源分配、学校管理服务等。委员会成员由辖区内各街镇领导干部、区（镇）人大代表与政协委员、当地社会知名人士、教师、家长、学生等六类群体组成。各学区所在街镇政府（办事处）主要领导担任学区教育自治委员会主任，其他镇分管、联系教育的负责人任副主任。相较于学区长负责制，主任负责制弱化了学区管理机构的专业性，因而其下设的职能部门也不以提供直接的专业教育服务为目标。綦江区教育自治委员会下设监督评价、业务自治、自治执行三个办公室（或称部门、工作小组），分别负责对学校办学进行监督评价、制订改进方案、执行学区方案。教育教学方面的专业业务则依托重庆第二师范学院教师教育学院和学区中心教研组等专业力量，学区负责组织、调配、提供保障等工作。这种治理结构的优点在于最大限度地保障了相关利益主体的教育权，较为利于吸纳多元的教育资源供给者，从而丰富教育资源。但这种制度也存在弱化教育专业性的隐患，需要较强的专业智力补充。

（二）治理机制

从治理的内容来说，学区治理机制可分为机构运行机制、资源共享机制和资源开发机制。其中，机构运行机制涉及内部制度安排的选择方式以及教育资源的供给关系；资源共享机制通过在生产环节对教育资源进行再分配来调节教育生产关系；资源开发机制吸纳多元教育供给者，增加教育资源总量。

1. 机构运行机制

机构运行机制是指学区层面各组织的基本职能、活动方式与制度。一般而言，学区最高权力机构主要负责协商与决定学区运行的重大事务、统筹协调学区资源分配等。在学区这种复杂的系统机构运行中，会议制度尤为重要。学区的权力机构普遍采用召开定期的联席会议的方式进行活动，同时推行各执行机构会议制度，如教学管理人员例会制等。

目前来看，学区作为教育行政部门的派出机构，在经费、人事等权力方面主要依赖教育行政部门而运行。在经费权方面，学区普遍没有独立的财权，由上级教育行政部门提供工作经费。在人事权方面，学区之间存在差异，但大部分学区只负责区内学校干部、人事劳资等有关数据的审核统计上报工作，但无决定权。如在教师招聘、解聘与交流方面，学区负责核定区内学校教职工编制但无自主招聘权，对学区内教师调动有初审权而无决定权，仅负责做好本区内教师调剂、支教等工作。

2. 资源共享机制

资源共享机制即按照区域教育均衡发展的整体构想，建立优势互补、协同发展的教育共同体，合理确定教育资源共享的目标，形成能够长期作用于学区各成员之间的相对稳定、规范化的资源交流制度与规范。这种机制体现了“不求所有，但求所用”的思路，本质是变资源的“单位独有”为“学区共享”。

资源共享机制是对以往以学校为边界的教育资源局限问题的重大突破。长期以来，由于学校是教育生产的主体，因而学校成为教育资源的壁垒，出现了教育资源不出学校的弊端。曾有报道称，作为首都核心区的北京市东城区，教育事业发展保持着领先优势，教育资源非常丰富，全区内特级教师数量众多，其他方面的优势也非常突出。可现实是，尽管整体教育资源如此丰富，不少学校还是觉得“缺这少那”，甚至产生了相互攀比的风气（杨明方，靳颖，2006）。原因很简单：优质教育资源分布不均衡，部分学校占有优质资源较多，但一些学校因为缺少资源而陷入办学困境，因此，学校之间出现了一堵厚厚的“围墙”。然而，在公共教育领域，大部分教育资源具有公共属性，将其作为某些单位独享的资源实际上违背了公共资源应有的公平与正义。资源共享机制则是触动资源分配方式的一种制度建设，可以视为回归公共教育本质属性的资源再分配方式。这种资源的再分配发生在教育生产这一环节，实际是在一定的教育资源投入的条件下，通过优化生产资源内部流通来提升学区整体的教育水平。

学区共享的资源主要可分为素材性的知识资源和硬件资源。其中，素材性知识资源包括媒体素材、课件、试题库、教学案例、网络课程、备课资源目录索引、文献资料、常见问题解答等（蔡定基，高慧冰，2011）。硬件资源包括教育场地、设施设备等。

从素材性资源来看，资源共享机制主要体现在学区对各学校的专业指导，即学区组织相关专业力量有针对性地帮助学校提高教育教学水平、改善行政管理。专业指导并不是指学区决策机构或执行机构成员直接对学校进行业务指导，而是这些组织发挥统筹兼顾的作用，调动区内优势资源，借助专业人员进行指导。从重庆市綦江区《文龙学区管理工作职责》的规定可以看出学区专业指导的范围（案例 4–5）。

案例 4–5　重庆市綦江区《文龙学区管理工作职责》（节选）

学区的指导职能范围包括：指导学校开展德育、体艺、科技、国防等教育活动；调研指导各校实施新课改的情况；指导学校制定教师教育教学绩效考核方案并实施；指导学校做好有关人事政策的宣传解释工作；指导学校建立财务台账和学校伙食辅助账及小卖部的账务，加强学校债务管理；负责指导学校预算管理；指导学校建立财务、经费统计台账，按规定和要求及时准确汇总上报各种教育经费统计资料；指导所属学校编制基本建设规划和计划，并督促严格执行；指导学校制定完善安全管理规章制度和管理措施。

教师可视为素材性教育资源的载体，是极为重要的教育资源，但教师水平和分布极为不均。以北京市东城区为例。该区域内有 20 多个国家部委，一大批国家级科研机构，政治、经济、文化、教育、科技资源充裕。该区有基础教育阶段学校约百所，仅市级以上骨干教师就有 140 人。但是据 2003 年的统计数据，该区骨干教师分布不均衡，90% 的骨干教师分布在 10% 的优质学校，所有的特级教师都集中在 6% 的优质学校和教研机构（翟帆，柴葳，2007）。这一案例体现了“不患寡而患不均”的教育资源问题。仅一区之内教师水平的差异竟如此之大，遑论更大范围的教育优质公平。其他地方的教育甚至存在“既患寡又患不均”的恶疾。但是由于教师流动受到人事编制等诸多制度限制，因而学区多采取柔性流动的机制来缓解资源不均的问题。

目前，送教与联合教研是学区普遍采用的教师柔性流动方式。送教，即在学区的统一协调下，学区内有需求的学校之间结成对子，由资源输出学校派出教师指导另一学校教师优化教育教学活动。送教发生在以下两种情形之中：一是优势学校与薄弱学校对接，通过优势学校教师送教帮扶薄弱学校提升教师水平；二是某一学校具有某种特色课程，而另一学校有需求，故通过课程教师送教的方式输出这种课程，满足对方之所需。

联合教研即打破学校的边界，在学区层次组织跨校的共同教学和科研机制。例如，重庆綦江区古南学区提出完善教研教改制度，由学区首席教师和学校骨干教师共同设计教研课题，各学校轮流组织教师参与教研示范课堂，并请专家现场指导；在学区首席教师和学校骨干教师的带领下，各学校积极探索新的课堂教学模式，进一步深化课程改革；加强教师业务培训及校与校之间经验交流学习，组织教师到辖区外的优秀学校观摩学习，积极搭建“走出去、请进来”的教师学习锻炼平台。文龙学区规定，城区小学每学年至少开展一次面向全学区的教学开放活动。该地区将联合教研活动制度化，成立了学区各学科中心教研组，大力推动网上教研，推行学校教研联合模式，推动校际网络联合教研。中心教研组的成员是来自学区内不同学校的业务骨干教师（古南学区小学语文，2009）。其价值在于，依托城区中小学的教育资源优势，开展区域性教研活动，加强校际交流与合作，完善“县 - 学区 - 学校”三级教科研网络，形成上下联动、平行互动的格局。案例 4–6 节选了文龙学区中心教研组工作制度。

案例 4–6　文龙学区中心教研组工作制度（节选）

——节选自《文龙学区 2009—2010 年初中教学教研工作意见》

学区各学科中心教研组每月不少于 2 次活动，每期不少于 2 次专题研讨，期初有计划，期末有心得、总结。同时，完善教研组长考评细则，各中心教研组长在学区教学管理部门的统一指导下开展各项活动，期初由各教研组长制订计划，安排本期教研活动，呈学区备案，学区根据教研组长的安排进行监督落实。期末根据各组工作开展和完成情况，由学区统一负责对各组进行量化评分。

每个教研组要有一个研究专题，围绕创新教育的方法、创新精神与能力的培养、分层教学、分类指导、学法的研究和指导、新课程教学设计、留守学生的教育等开展。研究要结合学科教学进行，并有心得、论文，每组每学年至少要有 2 篇以上论文在县级以上层次获奖或发表。

学区教学管理干部要经常深入学校、课堂，发现和培育在教学管理、课堂教学、特色建设等方面的典型，通过发挥他们的带动辐射作用，激发内部活力，提升办学层次，促进学区内各校管理水平和教学质量的整体提高，真正落实“内涵发展”的要求。本学年末拟打算开展学区级优秀教学管理能手、优秀教研组长、课改先进分子、优秀论文、最佳导学案等评选活动。

素材性资源的共享机制不仅改变了学校之间单打独斗的办学模式，而且改变了教育中“人”的彼此隔离。在传统的办学模式下，教师的教案和经验往往被视为独有的、封闭的个人资源。而学区的共享机制打造了一个展示与交流的平台，提供了促进课程经验互通的制度选择。一定时期内，这种机制可以在不触动教师编制的条件下，最大化地发挥教师资源的辐射力，是一种盘活既有资源的有效途径。

除人力资源外，硬件资源也在学区内实现了开放。实际上，硬件资源在学校之间的分布不均比素材性资源更加显著。针对资源不均的问题，北京市东城区在学区化之后采取了学校资源清单化管理方式，拿出硬件资源为学区共享。东城区政府重点投入建设而成的171中学，是一所北京市示范高中，拥有一流的硬件设施。在学区化建设中，该校将体育馆、实验室、图书馆、信息中心、天文馆、各种功能教室编排了详细的可开放的时间和方案向学区公布，学区内的其他学校可通过学区网络平台提出使用申请。一年来，就有2000多人次共享了该校的硬件资源（杨明方，靳颖，2006）。如此一来，在不投入新资源的情况下，硬件资源的共享机制可提高集约效应，减少重复性投入。

从终身教育的视角看，教育资源的公共属性并不局限在属于某一年龄阶段的人群。因而部分学区发挥了向社区开放资源的辐射作用。上海市浦东新区某学区在项目运作中，形成了多样化的供给－生产－消费关系。以往的教育活动总是以政府为供给者，学校为生产者，社区为消费者。一般而言，总是学校向社区提出需求，社区支持学校建设。在这种关系中，社区处于被动消费的地位，难以有主动发声的机会。浦东新区某学区成立后，社区街道成为积极的主体。目前，该街道提出了设立居民阅读项目的设想，希望借助学区中的基础教育学段教师的专业力量设计一款手机阅读APP。在这一方案中，社区成为供给者，第三方专业机构——软件制作公司和学区是联合生产者，消费者由学龄段儿童青少年扩展到社区的全体居民。这一案例说明，学区的多中心治理网络是弹性的，各角色之间可以因应项目而有所变化。由此，学区的教育资源供给、生产、分配、消费等全过程和机制皆具有开放性。

3. 资源开发机制

如上所述，资源共享机制是对已有资源进行再分配的制度安排，而资源开发机制则是发掘新的教育资源、提升教育资源总量的制度设计。鉴于学区治理主体的多元性，学区教育资源的供给者突破了单一中心的格局，拓宽了教育资源。

在财政来源方面，教育行政系统是公立学校的主要财源。由于我国并不盛行民间捐款，且基础教育学校的行政管辖权集中在教育系统之内，因而学校较少从教育行政系统外另辟财源。而学区的成立改变了这种单一的资源供给关系。多地属地政府成为学区的另一大稳定财源。例如，上海市某学区所在的镇政府设立了专项资金，每年有 20 万元用于扶持学区的发展。镇政府制定中小学骨干教师奖励制度并为地区的骨干教师奖励提供 15 万元的奖金，以此来满足学区开展的骨干教师联聘工作的需要（李金龙，2011：71–73）。如此一来，教育资源的供给者更加多元，资源也日渐丰富。

此外，属地政府参与学区治理也带来了潜在的社会资源。首先，许多区域资源本就归口属地政府管理，如社区行政关系、区县图书馆、医院等。这些资源是学校社会化所不可或缺的试验场地。其次，属地政府往往具有管辖或联系在地企业和各种组织的职能，能够降低学区的信息和交易成本，帮助学区经济地建立外部资源关系。属地政府的参与本身就是赋予学区外部合法性的信号，是支持学区化办学的示范。这是教育行政部门的权力所不能及的。因而，学区能够超越传统教育系统的资源边界，极大地提升资源总量。

从重庆市綦江区的情况看，当地政府、党委在帮助学区协调多元资源方面发挥了积极作用（21 世纪教育研究院，2016）。针对农村学校物资匮乏的情况，学区积极筹措社会援助。如经过文龙学区斡旋，文龙街道从 2009—2010 学年起，拟每年拨出 1 万—2 万元资金对所辖农村困难家庭子女入学进行专项资助。再如整合城乡教育资源发展多元教育。合理规划整合城区教育资源，改善硬件建设，采用民办公助等多种形式，举办学前、小学、初中、高中各学段民办学校，满足老百姓对优质教育资源的需求。整合农村闲置教育资源，分片区举办学生综合实践基地，开展小班教学（刘成，2014）。

除属地政府外，区域内的其他企业或社会组织也可能进入学区的治理网络，这就带来了学区结构的开放性，提升了扩展教育资源的可能性。例如，上海市某学区吸引了一大批民营企业、国有企业及社会团体捐资助学。每年为学区筹措教师奖励资金达 40 多万元，用于奖励在教育、教学中有突出贡献的教师、职工。该学区同时借助当地的社会资源先后建立了多个学生社会实践基地，涵盖了医疗卫生、农业、制造业、艺术等多个行业，扩充了校外的教育资源。

第三节　集团化办学与教育治理

20 世纪 90 年代，集团化办学的模式出现，这种办学模式以大规模、多层次的组织形态为特征，通过学校间优势互补或以强带弱的方式，促进教育资源优质和均衡发展。具体来说，集团化办学是指在一个核心机构或品牌学校的牵头组织下，依据共同的办学理念和章程组建学校共同体。这种共同体打破了学校之间的藩篱，是学校之间的一种联盟形式，使传统学校由单一封闭走向联合开放。教育集团的建立以学校间的差异为基础，具有逐优质教育资源而生的属性。学校之间通过建立契约关系的形式，在学校规划、日常管理、课程建设、教师发展与设施使用等方面实现共享、互通、共生，最终实现共同体内优质教育资源的辐射推广与合成再造。在很多地方，实施集团化办学已经成为扩大优质教育资源覆盖面的重要举措，并逐步形成各具特色的区域模式和学校品牌（钟秉林，2017）。

学校是专门化、制度化的教育生产机构，学校之间的联合实际就是教育生产者之间的联合。集团的价值就在于在教育生产过程中，变革治理制度以再次分配教育资源，优化教育产出。这种优化有两方面的含义：一方面提高既有资源的使用效益，形成集约效应；另一方面促进教育的整体均衡，实现教育公平。

一、集团模式分类

集团化办学模式即为了实现共同的目标，合理配置人、财、物等教育资源，构建适切的组织结构及制度，实现集团化办学学校的良性运行而采取的运行方式，反映了集团化发展的框架下管理运作过程中的主要组成部分与主要环节之间的关系（张爽，2017）。与学区不同，集团未必具有地缘联系。从实践来看，现有教育集团既有同一区域内的校际联合，又有跨区域的学校联合。故而教育集团对优质教育生产资源的追求更为显著。从单一划分维度来看，以学制关系的不同，集团可分为纵向链条式教育集团和相同学段互助型教育集团；以管理模式的不同，可分为核心连锁模式和合作共同体模式（乔慧莲，2012）；依照成功的教育集团的成长轨迹，可分为名牌复制模式、积累拓展模式和连锁投资模式；按照集团学校内部合作关系的紧密程度，可分为实体式、联盟式与品牌式（周彬，2005）。如果从主导性质和行动逻辑两个维度来考虑，则可分为补差模式、嫁接模式和共生模式（孟繁华，张蕾，佘勇，2016）。

（一）补差模式

补差模式常常发生在集团化办学的初级阶段。首先是查找由于政治、经济资源不对等导致的教育资源分配不均衡的状况；其次是采取以行政权力为主导、以"补短板"为主要行动逻辑的方式，最终实现弥补差距的目的。

集团化办学的总体思路是通过政府行政干预，借力优势资源校和优势资源区的教育品牌和教育力量，改造并优化弱势资源校和弱势资源区的共同体。补差模式充分反映了这种逻辑。如上海市于 2007 年启动了以委托管理推进郊区农村义务教育学校内涵发展工作，派遣优势资源校的管理和教学团队帮扶农村学校（尹后庆，2014）。

（二）嫁接模式

嫁接模式是为了实现集团化办学模式的规模效应，以及学校各组织为了获得自身的发展，以权威为主导，以"优化结构"为行动逻辑，调整学校结构，分担改革风险。集团内各学校共存共荣，集团外其他学校或其他集团不能参与其中，这种模式发生在集团化办学的中级阶段。在集团化办学的中级阶段，通过基础教育集团化初级阶段的"补短板"，优势资源校和弱势资源校在资源投入上的差距越来越小，甚至有的弱势资源校在政府和优质校的扶持下，成为新的优势资源校，原先发展水平中等的学校成为新的弱势资源校。在达到教育资源配置基本均等的目标之后，如何通过结构调整促进资源充分利用，促进各学校组织个性发展成为基础教育集团化办学新的发展目标，由此催生了嫁接模式。

嫁接模式主要表现为各学校对科研机构和高校、中小学优势资源校的嫁接：一是以科研机构、高校为中心的同心圆，即围绕在科研机构、高校周围的“高参小”项目（让高校参与到小学教育中），大学支持附中、附小项目，这是大学－中小学合作模式的延伸和拓展。二是以中小学优势资源校为中心向外辐射，学校之间签订协议或新建校区进行集团化办学，通常表现为弱势校或新校在名称、标识、设备、师资、课程、组织机构等各方面嫁接优势资源校。2015 年，北京市提出的“新教育地图”就是这种模式的代表。该行动试图以优质教育资源的重整和组合为杠杆，推动义务教育均衡发展。以西城区为例，西城区为提高优质教育覆盖面，大力推进教育集团化办学，将全区教育集团规模扩大到 17 个，覆盖全区 65% 以上的中小学，集团内各学校在办学理念、教育教学、学校文化以及师资共享等方面融通（北京市教委，2016）。

（三）共生模式

共生模式不仅是基础教育集团化办学的高级阶段，更是理想模式。该模式确立共同关系是以每所学校自身的确立和自律为前提，以协同作用为动力，以“自组织”为主要行动逻辑，最终实现促进不同地区、每所学校、每一位学生的成长的目标。

共生模式是以协同作用为内驱力的。通过这种协同作用，无论是总体意义上（促进学校整体改进）还是个体意义上（促进弱势学校或地区的发展），都释放了学校组织的内在活力。共生模式也以“自组织”为行动逻辑，是对嫁接模式的补充，表现在两个方面：一是各学校组织要以自身确立和自律为前提，不是简单地复制优质校的模式；二是各共同体内部始终要追求积极共存，引入共同体之外的异质组织的竞争因素，促进基础教育集团化的纵深发展。

二、教育集团治理结构与治理机制

集团化办学的治理结构和机制因集团模式的差异而呈现出较为多样的格局。

（一）治理结构

依据集团法人的构成，可以将教育集团的治理结构分为单法人治理结构和多法人治理结构。

1. 单法人治理结构

单法人治理结构是一种紧密型的治理结构，主要采用教育集团董事会领导下的法人负责制。集团领导机构与各方主体是一种上下属的管理关系，权力相对集中于集团领导机构，对下属各方主体的约束力较强，集团享有法律权利，履行法律义务（翁伟斌，2016）。这种治理结构的权力较为集中，具有统一法人领导、统一人事调配、统一计划统筹、统一考核评价的特征。

创建于 1987 年的杭州市采荷第二小学（简称采荷二小）位于浙江省杭州市江干区，是该区的一所实验学校。杭州城市的东扩，促使学校前后与城郊接合部的笕桥镇小学、清泰门小学合并。2002 年，国有民办采荷第三小学（简称采荷三小）开办。2005 年，包含采荷三小校区、采荷校区、笕桥校区三个校区的采荷二小教育集团成立。在这种组织架构下，采荷二小教育集团对各分校采取了较为紧密的治理方式，形成如图 4–3 所示的治理机构。

单法人治理结构多以理事会（或称董事会）为核心领导机构，强化统一管理，同时减少各成员校内机构设置（刘希平，2008）。采荷二小教育集团形成了系统的理事会制度，以校内常务理事为决策层，普通理事为执行层。同时吸纳教育专家、上级主管部门、社会代表、家长委员会代表、社区代表为校外理事。理事会的核心是常务理事会，由集团副理事长、部长组成。

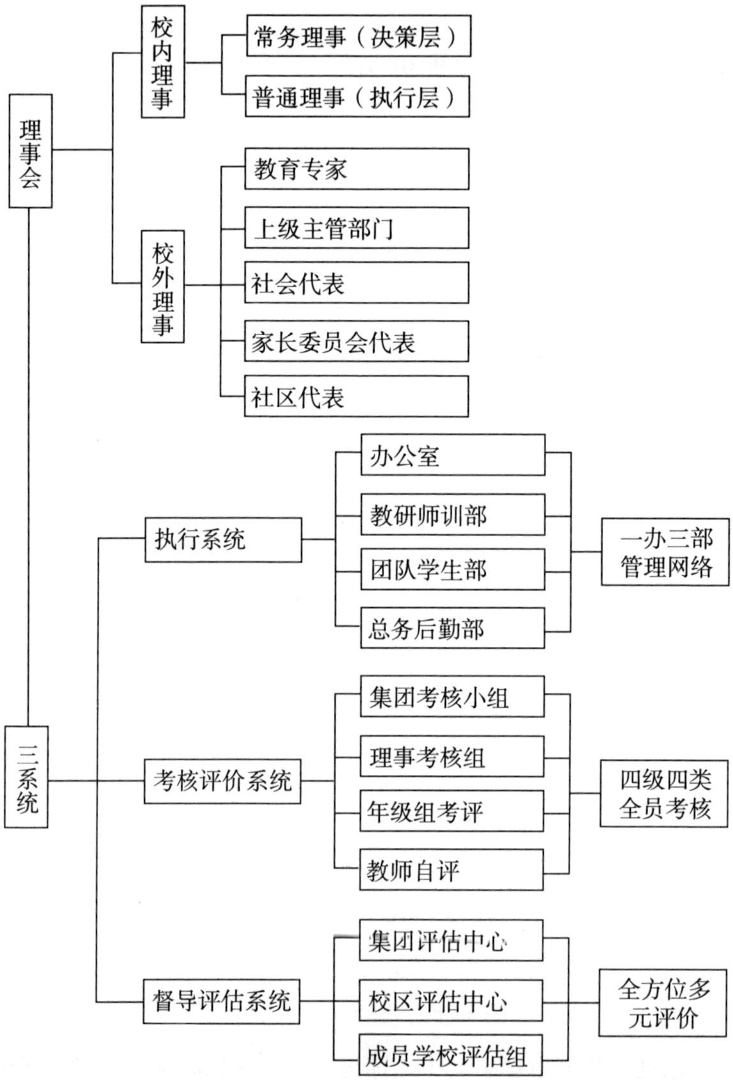

图 4-3　采荷二小教育集团的管理结构（刘希平，2008）

另外，分设执行系统、考核评价系统、督导评估系统等系统，加强功能管理，弱化原有行政管理。执行系统指“一办三部”，即办公室、教研师训部、团队学生部和总务后勤部等三个具体的执行部门。总部设在母体——采荷校区，各校区分别有部门派出机构，即校区办公室、总务处、教导处、大队部和科研室。各部门接受副理事长的分线管理，各派出机构在业务上隶属于总部管理，同时在校区工作上听从蹲点副理事长的指挥。如此形成了“以线为主，以块为辅”的执行模式。督导评估系统由校长室直接领导，主要由校长、分管教育教学的副校长、校内外特级教师及有关专家等组成。考核评价系统指集团的“四级四类考核”网络。四级即教师、年级组长、理事、集团四个参与层面；四类，即月考核、综合评定考核、年终考核、职称评定。

单法人治理结构在人事、财务、教育教学建设等方面较为全面地建立了以集团母体为核心的管理制度。这种治理结构的优点在于一定程度上降低了治理的交易成本，减少了学校之间的壁垒，有利于资源在集团内部的流动。例如，有集团最大限度地打破校区界限，建立集团内部人事自由流动机制。每年由集团公布各校区工作岗位分布及职称岗位数，允许集团内各校教师自由申报岗位意向，最后由集体统一调配。但是强大的集团权力也存在一定隐患，即各学校的个性与文化如何彰显。集团化办学毕竟只是实现优质公平的手段而不是目的。如何在权力集中的集团结构下调节集团共性与学校个性将是一大问题。

2. 多法人治理结构

多法人治理结构是一种松散型的治理结构，其典型特征是各成员单位仍保持独立的法人地位不变，在名校领衔下自愿结成教育联合体。在松散型模式中，集团领导机构与各方主体是一种平等互助的关系，权力相对分散，集团领导机构对各方主体的约束力较弱，主要以合同方式进行合作，各方主体独立享有法律权利，履行法律义务，各自对自身负责（翁伟斌，2016）。

上海市进才教育集团就是典型的多法人治理结构。进才教育集团以上海市进才中学为牵头单位，负责具体组织协调工作；进才中学北校、进才实验中学、进才实验小学、民办进才外国语中学、进才中学南校为一般成员学校。集团设立理事会和秘书处。理事会是最高权力机构，设理事长 1 名，由进才中学领导担任；设副理事长 2—3 名，由浦东区教育局领导、洋泾街道分管领导担任；设理事若干名，由成员学校领导担任，每届任期为三年。理事会责任重大，需要讨论通过或修改集团章程，审议年度工作总结、计划，讨论、通过并实施集团各项管理制度，评估集团成员学校上一学年的合作项目，并提出新一学年的合作项目，审议集团经费使用情况。此外，理事会下设秘书处，由 1 名秘书长和若干名副秘书长组成。理事长聘任秘书长，秘书长聘任副秘书长，每届任期为 3 年。秘书处主要负责以下几项事务：（1）检查督促集团年度工作方案的落实；（2）集团的宣传和文档整理等工作；（3）收集、传递集团工作信息；（4）筹备组织集团理事会议，起草会议文件，撰写工作报告；（5）集团的日常联络工作；（6）集团的财务管理工作；（7）定期向理事长汇报工作进展情况；（8）完成理事长、副理事长交办的日常工作。权力机构之下，设立小学教学联合体、初中教学联合体、高中教学联合体等执行机构，具体负责各项事务。

在多法人治理结构的集团中，各学校保持各自运行的独立，并不在财务、人事等机制上实行统一的管理方式。学校之间的联系主要表现为业务交流，以项目合作为主要形式。以上海市建平教育集团为例。该集团成立于1996年，涉及从小学到高中、从公办到民办几乎所有的办学形式，形成了学生上万、教师累千，涵盖了陆家嘴金融贸易区、金桥出口加工区以及张江高科技园区等在内的跨区域的教育群体。建平中学是这个大体量的教育集团的核心，凭借自身卓越的办学水平和一流的办学质量，从公立学校中脱颖而出，申请成为上海市著名商标。尽管该集团是围绕建平中学品牌资源建立的，但是该集团仍然维持了各成员学校的独立性，因而集团实行“集团理事会领导下的各成员学校校长负责制”。这意味着各学校仍然保持了相对独立的法人资格和内部治理制度，只是在共建项目上服从集团理事会的组织安排。这种项目合作的关系只在于输出－输入，并非统领各学校内部管理。

（二）治理机制

从机构运行机制、资源共享机制可以窥见集团办学的主要运作方式。

1. 机构运行机制

机构运行机制是集团各组织和活动的操作规范与机理，集中表现在集团章程上。集团章程是集团制订的用于指导和规范成员校办学行为的纲领性文件。从内容看，集团章程涵盖了人事、财务、教育教学、后勤、学生管理等方面对集团与各成员的责、权、利的规约，明确集团的办学理念、发展目标、管理体制（刘希平，2008）（案例4–7）。在章程约规下，教育集团按时对发展战略之类的重大事项进行商议，对阶段性工作重点进行讨论和并制定框架性实施方案，以此来帮助各成员校实现办学理念和管理模式的对接。其中，议事制度在处理名校引领和成员校个性发展之间的关系中发挥着重要的作用（刘希平，2008）。这种机制的价值在于明确制度选择的主体及产生各种规则的方式。在多中心治理的格局中，教育集团的议事制度应该体现多元主体之间协商共治的关系。

如前所述，教育集团并不改变教育资源的供给关系，即不改变教育行政部门与学校之间的供给关系。集团化办学要调整的是教育资源在教育生产部门之间的分配关系，这种调整的力度和方式因集团治理结构的差异而有所不同，尤其表现在财务和人事制度方面。在紧密型的集团中，集团对各成员校的财务和人事具有较高的控制权。如前所述，这类集团的牵头单位统一掌握各成员单位的财务运作，也在人事配置上具有较大的权力。在松散型集团中，各成员校则在人事和财务上保有较大的自主权。如案例 4–7 所示，进才教育集团采用松散型的治理结构，故在成员权利和义务规范方面并不涉及财务机制，而聚焦人员的交流和合作规则方面。

案例 4–7　上海市进才教育集团章程（试行稿）（节选）

第十三条　理事大会

（一）理事大会每学年至少召开一次，需三分之二以上理事出席方为有效。若理事不能出席，可委托他人出席。（二）在理事大会休会期间，秘书处行使理事会权力，落实理事大会决议。如遇特殊情况，秘书长可向理事长提议，召开临时理事大会。（三）理事大会实行民主集中制。讨论问题应本着平等互利的原则，进行友好、充分的协商。决议重大问题需半数以上理事同意。

第十四条　理事大会职责

（一）讨论通过或修改集团章程。（二）审议年度工作总结、计划。（三）讨论、通过并实施集团各项管理制度。（四）评估集团成员学校上一学年的合作项目，提出新一学年的合作项目。（五）审议集团经费使用情况。

第十八条　集团成员学校的权利和义务

（一）权利

1. 享受集团成员学校的设施、设备、课程、教学、科研等优质资源。2. 与集团成员学校实行管理人员挂职锻炼、教师柔性流动。3. 组织学生参加集团成员学校的科技、体育、艺术和校园文化节日等活动。4. 组织团队到集团成员学校参观、考察、调研、座谈或听报告等。5. 为集团成员学校学生提供升学指导等服务。6. 集团成员学校的优秀生、特长生可以享受到集团内优质学校“留学”的机会，学籍保留在原学校，学费交到原学校；接收学校不再收取学费等费用。7. 享受集团成员学校有价值的图书、档案等信息资料。

（二）义务

1. 提升学校内涵发展水平，凸显学校办学特色，为集团成员学校提供可资借鉴、促其发展的优质资源。2. 在集团理事会的统一协调下，与集团成员学校进行项目合作，作为资源输出方，帮扶受助学校实现共同发展。3. 自觉接受集团发展指导团的评估和指导。4. 为集团成员学校提供参观、考察、调研、交流、学习等便利。

案例来源：上海市进才中学 . 上海市进才教育集团章程（试行稿）[EB/OL] .（2016-03-15）[2018-03-11] .http：//www.jincai.sh.cn/web/jczx/2730066-2730000000812.htm.

2. 资源共享机制

集团化办学的核心要义是发挥名校品牌效应，通过再分配的方式，提升教育资源在生产环境中的使用效益，促进教育资源在学校间的流通，从而实现教育产出的优质均衡。但资源共享机制并非单向的资源输出 – 接收机制，而是成员校之间协同开展教学研究和课题研究的制度建设，是规范集团成员之间优势互补、协同发展的过程。

课程建设是集团发展的重中之重，序列化、合作化的课程共建共享是集团资源共享的第一路径。在课程资源方面，集团往往发挥某一优势学校的课程辐射作用，将其有益经验推而广之，形成集团内部的共同经验。例如，上海市浦东新区的进才教育集团积极构建“小初高”序列化的科技、体艺和外语衔接课程。如以进才中学“科艺、人文”课程为引导，拟在机器人、天文、3D 打印、民乐、合唱、排球、桥牌、游泳、德语、法语等方面形成序列化课程；以进才的明星社团为载体，构建序列化社团活动课程，如文学、环保、演讲、记者与摄影社团等。

师资共同成长是集团资源共享的基本路径。集团的建立可使教师打破学校藩篱建立新的组织关系的网络。在集团内部进行集团层面的教师培训与柔性流动是集团促进师资共享的基本方式。集团教师培训的形式包括集团内的教师专业发展报告交流活动，如教师教学比赛、联谊活动、教师沙龙与专业工作坊等；也包括围绕同年级某学科的专题教学研究，各学段学生德育工作专题研究以及序列化拓展课程（实践活动）的开发研究等（案例 4–8）。

案例 4–8　建平教育集团青年干部培训班制度

青年干部培训班是建平教育集团干部培养的重要渠道，每个学校都选派干部培养对象参加。培训班采取专题报告和课题研究相结合的培训方式。所研究的课题来自各自学校管理方面的特点与困惑，本着问题解决的方式，让后备干部在解决实际问题的过程中提升自身能力。

案例来源：根据建平教育集团内部材料整理。

除青年教师外，建平教育集团在二十多年的建设中还形成了多层次多种类的内部培训方式。例如，每年举行集团学校干部会议，形成了学校间干部横向交流的活动；每年多次举办全员培训，请市区专家做专题报告，组织校际交流，提升了教育资源的集成效应，减少了资源的重复投入。

教师柔性流动则是集团以稳定计划的形式，鼓励教师带着相应的研究任务开展带教、短期交流、培训、挂职等的校际流动。例如，上海市进才教育集团规定每年每校需有 2%—5% 的师资进行流动，促进学校间的深入交流互动。相较于联合培训，柔性流动是一种交换教育场域的人员流动方式。这种方式更利于精准地结成小范围、紧密的教师合作关系，能够让教师深入到具体的教育教学情境中进行互动。从教师专业发展的角度看，这种活动更有利于提升教师的教学技能。

资源共享机制体现了集团的核心价值，改变了学校封闭式办学的生产模式。实施集团化办学之前，学校是教育资源的围墙，一旦资源投放到学校中，便为学校独有。教育资源中部分资源具有流动性，如教师这种人力资源可以逐良校而栖。学校之间不仅彼此隔离，且出现了恶性竞争的态势，“挖”对方教师等事件时有发生。因而优质学校坐拥优质资源，薄弱学校不仅难以获得优质资源且出现了人才流失的问题。这种现象有悖教育均衡和教育公平的愿景。集团实际是提供了一个资源分享的开放平台，让原本封闭的教育资源流通起来，从而促进了教师的共同成长（案例 4–9）、课程的共同建设以及学校的共生共荣。

案例 4–9　江苏省阜宁县实验小学集团师资共享案例

江苏省阜宁县实验小学（简称阜宁实小）是一所百年老校，随着教育布局的调整，现已形成“一校六区”集团化办学格局，目前共有 307 个班级、17000 多名师生，并与 10 所乡镇中心小学结成学校联盟，阜宁实小是龙头校。集团现有省特级教师 4 名，市、县级学科带头人和教学能手 196 人，分散于 6 个校区，名师资源被稀释现象比较严重。同时，由于驻城人口的扩增，办学规模逐年扩大，集团办学也面临师资紧缺的窘境。自 2014 年起，在县教育局的统筹下，每年抽调 200 多名来自联盟校乡镇小学的教师到校顶岗，再加上每年招聘的 100 多位新教师，各校区出现了顶岗教师多、新教师多、名师少的“两多一少”现象。

为解决上述难题，该集团向内挖掘资源，以市、县学科带头人和教学能手为骨干，选拔在备课、上课、研修上有一技之长的教师组成草根“名师团队”。集团通过组织书友会等形式为各校教师互动交流搭建平台。在机制建设上，集团采用师徒结对和精准帮扶两种模式。师徒结对即每学年开始，集团教研部门都为年轻教师选择相应的名师团队成员做师傅，师徒共同备课、上课、批改作业和进行个别辅导，这种形式极大地缩短了年轻教师的成长周期。在精准帮扶制度上，集团要求各学校把自己教师的特长和不足进行统计分类，然后给予精准帮扶，让名师团队成员中有相关特长、绝活的教师帮扶有需要的教师。集团依据联盟校教学管理部门的质量抽测结果，把脉薄弱年级、薄弱学科、薄弱学校的教育教学质量，在人员配置和活动引领上，实行重点帮扶。例如，集团新林路校区是一所城乡接合部的农村小学，不论是教学管理、教师专业素养还是学生基础状况，都处于集团落后位置。集团在名师团队中物色有管理经验、教学能力的成员，组建新领导班子，很快新林路校区的教育教学面貌发生了翻天覆地的变化。

案例来源：根据江苏省阜宁县实验小学集团内部材料整理。

第四节　学区化集团化办学的治理困境与思考

任何一种治理的变革都涉及权力的重新调整。学区与教育集团这种复杂的治理网络更加涉及政府－学校、学校－社会、政府－社会等多重相互交织的复杂关系，不可避免地会引起许多问题。从时间上看，学区和集团的运行时间尚不算长，因而组织之间仍待磨合，深层的精神文化尚未建立，内部合法性有待提升。从联合体的权力边界来看，政府、学校之间的权力矛盾同时存在于学区和集团之中，联合体的权力还未完备，身份尚不明确，外部合法性面临挑战。从联合体内部运行情况看，学校内部治理结构的科层制严重影响了联合体机制的畅通，社会参与联合体治理的动力仍显不足，政府角色仍在转型过渡期，因而联合体的内部治理结构尚待优化。

一、精神文化建设提升内部合法性

内部合法性是指该行为获得组织成员的承认、支持和服从，反映了该行为所表达的价值观与规则嵌入参与者的个人理性的程度，这种嵌入越是普遍、持久和深入，该行为的内部合法性的基础就越牢固。在学区化集团化办学这个问题域内，内部合法性就是参与的学校组织成员对这项行为的认可程度，这是内部合法性的源头（张爽，2017）。学区化集团化办学内部合法性的困境在于联合体内部的精神文化认同建设是一项长期工程，而试点不过几年时光，要形成共生的命运共同体尚需更长的过程。

应该说，在学区化集团化办学模式下，名校与普通校校际互动与合作的机会与平台已经搭建，学校组织之间的边界藩篱已经打开。但事实上，联合体共性和学校文化个性之间的矛盾仍难消除。

有的联合体内各学校教育千篇一律，无法呈现出鲜明的办学特色，致使教育走着“同质化”的发展道路（王珍，2013）。名校在输出教育资源的过程中，也逐渐消融了其他学校的个性。理论上，联合体应该是各成员平等交流的平台，但是不可否认，由于各成员单位有着不同的文化、物质和社会资本，因而难以彻底根除不平等性。因而，在较为紧密的联合体之中比较容易出现同质化的倾向。可是，联合体办学不是简单的名校文化复制，而更多的是在整合中实现文化及教育的创新与发展。这种同质化倾向是应该予以警惕的。

另一种更为普遍的现象是联合体之间的文化不适应性问题。在联合体内部，由于学校之间的办学理念、制度文化、教学习惯不尽相同，不同学校教师之间的教学态度与行为能力、学生之间的学习态度与行为能力差异也相当显著，并缺少相应的心理认同与接纳，由此导致校际互动合作的内涵与深度也非常有限。也就是说，学区和教育集团的组建及其统一的硬性制度规约，只能破解组织之间的有形边界，而不能真正消除组织之间无形的社会边界与心理边界壁垒（张建，程凤春，2016）。

面对各成员学校的各种社会价值观念、知识体系、道德标准、行为模式的差异，学区和集团文化应该是一种“开放的文化”，应该“求同存异”，或者更应该是一种对成员学校文化的综合凝练基础上的升华。这种文化应该是“主动生成”的动态的过程，是在学区各类教育活动的开展过程中，为成员学校提供交流、互动、融合最后达成共识的过程。这应该是一种“文化自觉”的过程，每个成员学校都是学区文化活动中的主体，都要自觉主动地去促进彼此文化的交融，要站在学区未来发展的立场上，全方位高层次地共同梳理学区的发展现状、环境和资源、发展愿景等，进而形成所在学区新的“文化生态”（程艳霞，龚春燕，陈瑞生，2016）。

二、以权力的让渡与分配回应外部合法性

外部合法性是指该行为获得的组织外与组织相联系的社会体系的承认、支持和服从，尤其是与该行为相关联的组织外部门、机构及个体对该行为的承认、支持和服从。简单来说，外部合法性很大程度上取决于法律和政府授权。

组织是通过集体力量来完成目标的社会单位。从组织的进化形式来看，可以将其分为“他组织”和“自组织”。学区作为社会教育领域的基层单位，具备了组织的属性，从目前的状态来看，其运行机制更偏向于“他组织”。从学区发展的历史观察，学区一直隶属于当地的教育行政部门，是一种附着于上一层级的“亚单元结构”，并非独立的管理层级。各地仍然由教育行政部门统一划分学区、统筹学区内师资等教育资源配置、统一处理财务收支等。

从法律层面来看，学区和集团的法律身份得不到确认，这种尴尬局面难以破解。就学区的法律定位问题，为保证学区的合法性、专业性和权威性，隶属于教育部门的学区治理机构不仅应具有正式编制，也该拥有独立的法人资格，以此来保证政府对教育的主导性，并使地方找到支持区域教育发展的落脚点。但现实来看，绝大部分学区并没有获得独立的法人资格。有学者指出，学区的前身是教办，曾经有过法人身份。以前，街道和乡镇的教办是比较普遍的学区制管理机构，教办也是区县教育行政机构的派出单位，不仅拥有人权、事权和财权，还是法人机构。但在机构调整之后，教办被撤销，可是后来由于区县教育的诸多工作开展比较困难，所以一些教办又被恢复，只是不再具备法人资格（王纬虹，2016）。目前，厘清与教育行政部门的关系是确立联合体身份的关键点和难点。大部分学区定位于教育行政部门的派出机构或直属单位，在实际中受命于上级教育行政部门，势同“降级版的教育局”。

从实际运行层面看，这种尴尬表现在学区－行政部门与教育集团－行政部门之间复杂而微妙的关系上。学区化集团化办学的人、财、物大多是以政策和法律等规制性制度资源作为保障和来源的。在实际运行中，这些关键方面的权力仍受到行政权力的过度干预。

没有明确的法人地位造成了许多运行困难。在经费方面，学区和集团基本没

有独立的财权，不能设立独立的财务账户。以重庆市綦江区学区为例。该学区建立学区自治工作经费保障机制，区教委每年为每个试点学区提供工作经费。由学区自治委员会根据各学校实际情况制定考核方案，学年末组织开展对辖区内学校的评价，形成书面报告，在当地媒体或公众网上发布，同时反馈给区教委，将结果纳入各学校年终绩效考评体系。綦江区教委根据学区自治委员会工作开展情况进行评价，根据等次划拨工作经费（21 世纪教育研究院，2016）。

在人事权力方面，学区和集团只负责联合体内学校干部、人事劳资等有关数据的审核统计上报工作。在教师招聘、解聘与交流方面，负责核定各校学校教职工编制，但没有自主招聘权；对教师调动有初审权，而非决定权；负责做好本区内教师调剂、支教等工作。在教师评价与职称评审方面，负责审定区内教师评先、评优、评职等工作，在政府教育督导室指导下组织实施对校级干部的年度考核。在学校领导干部的选拔与任用方面，负责向教育工委和教委建议区内校长的任免、交流、轮岗、提拔、降职，组织对副校级干部的考察，审定学校中层干部的任用方案。可见，学区和教育集团没有掌握教师招聘与流动的权力，因而关于教师在联合体内流动的设想颇受掣肘。同时，联合体也不具备校长、副校长、校中层干部的选聘权，只有建议、考察权，因而运行缺乏足够的激励机制。

这种外部合法性的尴尬局面是学区化、集团化建设初期难以避免的问题，在法律等相关配套制度上还应该进一步讨论与规范。这在本质上是行政部门放权不到位的问题。学区化集团化办学实际上就是权力在相关利益主体之间重新分配的过程。要实现学区和集团的教育善治则首先要求政府切实转变职能。在此基础上，培育教育的自组织。

根据公共管理领域对于治理的界定和分析，治理的本质在于其统治机制并不依靠政府的权威和制裁，它所要创造的结构和秩序不能从外部强加，而要依靠多种进行统治的以及互相发生影响的行为者的互动。众所周知，英美国家的学区制的核心价值是“自治”，学区的财政、人事、学校发展等均基于学区，学区教育权力机构是学区委员会，由学区居民选举产生，代表居民对学区人事、财政等重大决策做出表决。在我国，学区一直是在教育行政部门的管理和领导下设置的教育管理单元，其在人事编制、资金使用和资源调配等方面听命于上级教育行政部门，只被赋予了统筹配置资源、活动组织等管理权，并没有独立的决定权和分配权，同时，学区长的产生方式不是民主选举，而是指定。我国的学区更像是一个教育行政部门实现管理的“中介”或“平台”，还未形成目标状态下的共治、共建、共享的治理型组织结构。（程艳霞，龚春燕，陈瑞生，2016）换言之，如果不能理顺政府、学校与社会之间的教育供给与生产关系，那么学区的治理将流于表面。教育集团亦如是。

随着教育治理理念的渗透，学区和集团应由单一的行政管理走向多元治理。教育行政部门可以将教育资源配置权落实到每个学区，让它们拥有统筹招生培养、教师资源、课程建设、教学研究、教育资源和家长资源的权力。学区又可以将成员学校的“分散资源”有效管理和使用，学区内自主招生，人员合理流动，政府核拨的各种项目资金合理配置，可以成立由多元主体代表建立的学区理事会处理日常事务等。尽管不同于美国学区“是一个独立的教育行政区域”，但是学区和联合体的角色应进一步回归，逐步由受教育行政部门主导或以中心校为主体的“他组织”，向拥有一定责权利的“自组织”转变。（程艳霞，龚春燕，陈瑞生，2016）

三、学区与集团的治理结构尚待优化

制度经济学者奥尔森（M. Olson）曾利用集体行动理论的隐喻说明，当一个组织规模足够小时，少数精英成员的自发行动就可能实现集体目标；复杂、正式的治理机构适用于规模较大的组织，这样可以真正发挥“选择性激励机制”的功能，使做出贡献的人感觉到干有所值，使“搭便车”的人无机可乘（奥尔森，2014：1–64）。这一原理启示我们，在学区化集团化办学中，组织成员数量增加可能带来集体合作的困境。目前看来，学区化集团化办学已经在打破传统的教育壁垒以及调整教育资源的供给、生产和分配关系上初见成效。但是从激励机制与制度可持续性发展的视角来考察，学区和集团的治理结构中尚存在以下问题。

（一）学校内部结构存在障碍

要真正打破学校之间的壁垒，将联合体推进到生命共同体的阶段则必须首先使联合体中的每一个单位形成自组织，摒弃自上而下的传统治理制度安排。然而，传统学校的科层制结构是学区和集团深入运行的结构性障碍。在校长负责制下，传统学校往往采用垂直化的组织管理结构。由于学校法人治理结构尚未完善，学校内部因校长权力过于集中而造成了较强的内部控制和管理上的外部封闭性。实施学区化集团化办学之后，如若学校内部治理结构不加以改善，则难以真正实现权力的重新组合。一方面，在校长集权之下，一所学校在联合体中的参与度取决于校长个人的意愿，而并非取决于学校师生的民主意愿。另一方面，在科层制结构下，学校之间的深入交流存在重重障碍。传统的科层制的学校组织结构过于僵化，校长、管理干部、教师之间有着较为严密的等级关系，教师在实现自身专业发展的过程中受到学校组织结构和管理体制的种种限制。例如，人事管理体制的单一化就是联合体内教师交流、轮岗等绕不过去的阻力（陈凤伟，金少良，李娟 等，2017）。再比如，教师在联合体与本校之间的工作如何平衡、绩效待遇如何兑现等都是目前的联合体激励机制难以处理的问题。不少教师是在学校领导自上而下的压力下从事联合体工作。而教师在本校的工作量并未相应减轻，绩效待遇也不令人满意。如此一来，个体的工作积极性受到损伤。

这说明，自上而下的制度选择未必能获取足够的内部合法性，也未必有利于制度的可持续发展。唯有优化各学校内部治理结构、形成发挥教职员工和学生自组织活力的制度安排，方可激活整个联合体的制度力量，使学区和教育集团获得可持续性发展。

（二）社会参与乏力

社会是完善学区和教育集团治理网络的重要主体。社会的有效参与将带来多元的教育资源供给关系，影响教育生产过程，也可能改变教育消费方式。然而中西方在教育治理理论和实践中遭遇了极为不同的社会困境。西方的公共治理理论不是横空出世的产物，经历了由“政府失灵”、到市场化再到公共治理的试误过程（Pagden，1998）。各个主体都经历了较为充足的发育，因而治理主体较为齐全、主体能力较强。而中国则不然。这就给社会参与学区化集团化办学造成了障碍。

中国的公立基础教育没有经历过市场化阶段，市场主体缺乏，更难言主体能力。我国教育类社会组织的发展，无论在数量上还是专业资质上，都远不能满足当前教育治理改革的需要，社会组织参与教育的市场短缺，客观上使得社会组织通过公平竞争参与教育事务的竞争者较少（范国睿，2017a）。中国教育治理的困境包括：公众的参与意识淡薄，国家控制事务的意识与逻辑遮蔽了公民参与教育事业发展的意识与权利；公众的教育专业知识、对教育政策的把握程度以及对学校事务的熟悉程度，都客观上限制了公众参与教育的能力；公众参与的组织化水平偏低，难以整合相关公共教育利益诉求、形成参与教育的团体力量；公众参与教育的路径与渠道不畅，相关意见和舆论难以有效表达（范国睿，2017a）。考虑到人口方面的时代背景，部分地区的"空心化"问题也成为当代中国教育治理主体缺位的一大因素。这一问题不仅造成了家庭参与学区化集团化办学的积极性不高，而且直接影响了社区的参与度。调查发现，社区在联合体办学中的动力有较大差异，个中原因很大程度上取决于牵头学校领导的个人影响力，而非制度因素。社会参与乏力将导致教育资源的供给受限、监督难以实现，不免让人担忧联合体的可持续性。因此，尚需从多角度、多层面进行理论探讨和制度建设，以充分调动社会参与联合体办学的积极性，真正优化教育生态。

（三）政府角色处于转型过渡期

如上所述，政府是学区化集团化办学中的一个关键而特殊的治理主体。

一方面，政府是联合体治理外部合法性的来源。不可否认，在推进联合体办学初期，政府具有重要的引领作用，甚至可以是牵头单位。尤其是决策层在政策的制定与推进中发挥着重要的作用，因此有人说，学区化集团化办学与地方政策精英的理性主导，从出台到实施再到评估全程都保持着紧密的联系。在中国的社会生态中，政府支持往往能够实现事半功倍的效果。从治理理论角度来说，公民与政府、政府与学校之间的多重委托 – 代理关系也要求政府是公共教育的供给者，要在授权、服务和监管方面对教育负起必要的责任。

但从长远来看，政府在联合体中的角色不应该形成一种过度的行政控制。罗西瑙指出，治理是被多数人接受才会生效的规则体系。作为一种社会控制体系的治理需要政府与民间、公共部门与私人部门之间进行充分的合作与互动（俞可平，2000：86–96）。因此，联合体办学作为一种办学形式，它需要政府的推动，但又不局限于政府。换句话说，在制度供给阶段，作为教育生产者和制度建构者的学校具有能动作用，地方政府和教育行政部门在制度供给阶段处于主导地位，通过政策导向为教育政策和法律框架下的制度创新提供监管权力，由此来改变内在规则，进而导致新制度形式的产生。最终随着学区和集团的成熟，政府角色从最初的干预逐步转变为服务，从指导转变为规划，最终形成多元利益主体共同参与、协商和互动的良好局面。

目前看来，政府仍在学区化和集团化办学中掌握较多的财权、人事权等关键权力，仅下放了课程与教学权。这表现出较强的过渡性特征。一方面，专业权力的下放顺应了政府简政放权的大势，有利于联合体履行专业发展的职能和权力。另一方面，对其他行政权力的把控已经造成了联合体进一步发展的障碍。例如，对人事权力的过强控制造成教师多样流动的阻碍；对财政权力的控制限制了联合体内部激励机制的发展。这些阻碍再度形成了学区和集团深入发展的制度性壁垒，也必然影响到包括专业发展在内的联合体功能的实现。因此，还需进一步推动政府转变职能，通过赋权来增强学区和集团的可持续性治理。

从激励机制与制度可持续发展的角度看，可探索更加灵活的用人机制，创新编制管理方式，探索学区和集团统筹协调与法人学校聘任相结合的教师编制管理机制；探索在集团内统一职称评审，职称评聘向跨校任职、兼课、指导的干部教师倾斜。优化干部教师薪酬制度。探索调整教育经费支出结构，更加注重对人力资源的经费投入。鼓励干部教师积极参与集团内轮岗交流，按照多劳多得、优劳优酬的绩效奖励激励原则，科学合理核定人员薪酬。发挥财政资金效益，加强绩效管理，调动集团内各校校长、干部、教师的积极性，促进教育集团良性运行，健康发展（华商网，2018）。

第五章

政府购买教育服务

在国家推进治理体系和治理能力现代化发展的大背景下，2015 年党的十八届五中全会明确指出：“创新公共服务提供方式，能由政府购买服务提供的，政府不再直接承办；能由政府和社会资本合作提供的，广泛吸引社会资本参与。”可见，推进国家治理体系和治理能力现代化是国家改革的总目标，而加强教育治理体系建设、提高教育治理能力是我国教育领域改革与发展的重要任务之一。政府购买教育服务是政府向民众提供教育服务的一种方式，其初衷在于向社会公众提供更加优质、更加有效率的公共教育服务。政府购买教育服务的实践也是政府、市场、社会、学校等多元教育治理主体共同参与、协同提供公共教育服务的过程。政府购买教育服务对于深化教育领域综合改革、加强和完善教育治理体系建设、提高政府教育治理能力等均具有重要的理论与实践意义。

第一节 教育治理视域下的政府购买教育服务

各国政府购买教育服务呈现不同的文化背景和社会经济发展特征，但相同之处在于各国采用购买教育服务这一政策工具的目的都指向解决当前存在的突出问题，以向社会公众提供优质、高效的教育服务。

一、政府购买教育服务的背景与原因

国内外政府购买教育服务的背景与原因各不相同。国外政府购买教育服务大致起源于20世纪七八十年代，公共管理理论、公共治理理论等的兴起为政府购买教育服务提供了重新定位政府、社会和市场之间关系的理论准备。国内政府购买教育服务的背景主要源于政府教育职能的转变，尝试探索以购买教育服务的方式向民众提供更加优质、更有效率的教育。

（一）公共管理理论与公共治理理论的兴起与实践变革

20世纪70年代，发达国家的经济转入严重的“滞涨”阶段，在此背景下，各国纷纷削减社会福利的各项开支，探索公共服务合同外包等提供公共服务的有效方式，以此来降低服务成本，增加资金来源，提高公共服务质量。与此同时，政府机构庞大臃肿、效率低下，政府科层体制近乎刻板、僵化，越来越不能适应知识社会、信息社会的发展。在此背景下，新公共管理理论在20世纪80年代应运而生。

新公共管理理论主张改变传统意义上的政府与社会之间的关系，对政府与社会之间的关系进行重新定位。在新公共管理理论的影响下，英国、美国、韩国等国家出现了大规模的政府再造运动，目的在于建立政府与社会的新型关系，构建公共服务型政府。20 世纪 90 年代，在经济全球化的大背景下，公共治理理论逐步兴起。公共治理理论主张政府、社会、学校等多主体通过合作、协商、伙伴关系等方式对公共事务进行管理，倡导重新定位政府、社会和市场之间的关系，倡导各类公共机构、私人机构和政府共同提供公共产品和公共服务。20 世纪 80 年代兴起的新公共管理理论、90 年代逐步兴起的公共治理理论等理论强调重新定位政府、社会和市场之间的关系，政府是“掌舵者”而不是“划桨者”，是有限的政府、分权的政府等基本观点，为政府公共服务“生产者”与“提供者”角色的分离提供了基本的理论基础与理念准备。

（二）政府教育职能的转型

在我国从计划经济向市场经济转型的发展阶段，党的十六大明确提出，深化行政管理体制改革，进一步转变政府职能。党的十七大报告指出，要加快行政管理体制改革，建设服务型政府。

在计划经济背景下，政府既是公共服务的生产者，也是公共服务的提供者，既是“裁判员”，又是“运动员”，政府对社会公共服务的大包大揽导致在一些公共服务领域，政府没有精力顾及或不能高效提供一些涉及弱势群体、特殊领域的公共服务，政府无法提供周到、灵活的服务。另一方面，民众对教育的需求已从“有学上”变为“上好学”，对优质、高效的教育服务需求日益强烈。但与此形成鲜明对比的是，我国的优质教育资源总量不足，不能满足广大民众对优质教育服务和产品的需求，造成了政府优质教育服务产品供给不足与民众多元的、优质的、个性化的教育需求之间的突出矛盾。

因此，要进一步转变政府的教育职能，逐步从“无限政府”向“有限政府”转变，从人治政府向法治政府转变，从审批型政府向服务型政府转变，从“全能政府”向“责任政府”转变，从高成本政府向高效率政府转变，逐步改变政府在公共教育服务供给中的缺位、错位、越位现象，形成以政府为主导，社会、市场、学校、公民个体等多元治理主体共同参与的公共教育服务供给体系。培育社会组织，向社会组织购买服务，正是推进政府转变教育职能、优化教育治理结构、转变教育发展方式的有益探索和重要抓手。

（三）购买教育服务正在成为地方政府解决具体政策问题的一种方式

我国的政府购买服务最初兴起于政府在养老、扶贫、残疾人服务等领域向社会组织购买服务。例如，从 2005 年开始，江苏省无锡市对全市市政设施养护、路灯设施维护、污水处理等十多项公用事业进行购买服务的实践等（转引自周翠萍，2013：163）。最初的政府购买服务主要涉及医疗卫生服务、社区服务、培训服务、就业服务、社区服务与管理类服务、行业性服务等。

上海市浦东新区政府委托上海成功教育管理咨询中心管理东沟中学、四川郫县教育局向民办学校购买学位等案例成为国内较早试点实施政府购买教育服务的典型。这些案例的特点是，地方政府普遍使用购买服务来解决某一具体的政策问题，而购买教育服务的政策工具更多地体现公平的价值取向。

二、政府购买教育服务的内涵

伴随政府购买服务的理论研究与实践探索，出现了不同的“政府购买服务”称谓，比如，“政府购买服务”“政府购买教育服务”“政府购买公共服务”“政府购买高等教育服务”“政府购买公共教育服务”等。这些不同的概念表达不同的含义。具体而言，“政府购买服务”的概念外延最宽广，包括了“政府购买公共服务”“政府购买公共教育服务”等。

（一）政府购买服务

对于“政府购买服务”，不同的学者有不同的理解与定义。虞维华（2006）指出，政府购买服务是政府与营利组织、非营利组织或其他政府部门签订契约，由政府界定服务的种类及品质，向受托者支付费用以购买全部或部分公共服务。吴红萱、江大纬（2006）认为，政府购买服务是指“政府将原来由政府直接举办的、为社会发展和人民日常生活提供服务的事项交给有资质的社会组织来完成，并根据社会组织提供服务的数量和质量，按照一定的标准进行评估后支付费用。简单说，就是一种‘政府承担、定项委托、合同管理、评估兑现’的新型政府提供公共服务方式”。政府购买服务是指政府部门为了履行服务社会公众的职能，通过政府财政向各类社会服务机构直接购买而实现政府财政效力最大化的行为。政府购买服务，是政府遵循市场的基本原则最有效地满足社会公共需求的重要途径（李慷，2001）。

《国务院办公厅关于政府向社会力量购买服务的指导意见》将政府购买服务定义为：通过发挥市场机制作用，把政府直接向社会公众提供的一部分公共服务事项，按照一定的方式和程序，交由具备条件的社会力量承担，并由政府根据服务数量和质量向其支付费用。

（二）政府购买公共服务

关于政府购买公共服务，比较经典的是王浦劬、萨拉蒙等在《政府向社会组织购买公共服务研究：中国与全球经验分析》中的定义。政府购买公共服务是政府将原来直接提供的公共服务事项，通过直接拨款或者公开招标方式，交给有资质的社会服务机构来完成，最后根据择定者或者中标者所提供的公共服务数量和质量来支付服务费用（王浦劬，萨拉蒙 等，2010：3–4）。政府购买公共服务是政府在确定公共服务数量和质量标准的基础上，将原本由政府直接承担的公共服务以契约的方式交付给其他社会组织生产，政府根据监管和评估结果分阶段地使用财政资金支付费用的一种公共服务提供方式（张心怡，2012）。徐家良、赵挺（2013）认为，“政府购买公共服务是指政府通过公开招标、定向委托、邀标等形式将原本由自身承担的公共服务转交给社会组织、企事业单位履行，以提高公共服务供给的质量和财政资金的使用效率，改善社会治理结构，满足公众的多元化、个性化需求”。

（三）政府购买教育服务

关于政府购买教育服务的概念，有学者认为，“政府购买教育服务是指政府从优质、高效、可选择的角度出发，与各类社会组织签订购买合同，以公共财政全部或部分支付社会教育机构所提供服务费用的活动。其目的是更好地满足社会公众多元化的教育选择，践行政府对公共教育服务供给的责任”（方建锋，2018）。毛明明、刘青峰（2015）认为，“政府购买教育服务是指为了提高政府供给教育服务的质量和效益，将公民社会、市场领域力量引入到教育治理中，通过构建公、私之间的购买契约关系来实现政府在教育服务供给中‘生产者’和‘提供者’的分离，进而实现教育服务的多元共治”。

无论是“政府购买服务”概念，还是“政府购买公共服务”“政府购买教育服务”等概念，均有政府、服务、购买三个要素，即政府为主体，购买是主体的行为，服务是主体行为的对象。综上所述，本书将政府购买教育服务界定为：政府与各类社会组织签订合同，按照一定的程序和方式将政府直接提供的一些公共服务事项交由社会组织提供，并根据公共服务提供的数量和质量以公共财政支付费用的活动，其目的在于向社会公众提供优质、高效的教育服务。政府购买教育服务有三个本质内涵。第一，政府的角色在购买教育服务的过程中实现了“生产者”与“提供者”的分离。向社会公众提供公共教育服务是政府的基本职能，但政府在提供公共教育服务的过程中并不一定是公共教育服务的“生产者”。在购买教育服务的过程中，政府为了向社会公众提供更加优质高效的公共教育服务，向社会组织购买服务，从而实现政府“生产者”与“提供者”角色的分离。第二，政府与社会组织之间形成一种以契约为基础、以服务为媒介的购买关系。广义的合同泛指一定权利义务关系的协议，狭义的合同专指当事人之间设立、变更、终止民事关系的协议（辞海编辑委员会，1999：911）。在契约框架下，政府与社会组织之间是一种平等、互利的商品交换关系，政府与社会组织之间是一种民事法律关系。第三，政府购买教育服务的本质特征在于政府以公共财政部分或全部支付社会组织生产教育服务的费用（周翠萍，2013：49–51）。

三、政府购买教育服务的基本特征

政府购买教育服务是为了更好地履行向民众提供公共教育服务的责任，政府将一部分公共服务事项，以一定的方式和程序以合同为基础委托给社会组织承担。政府购买教育服务具有以下基本特征。

（一）满足社会公众多元的、可选择的教育需求，提升政府提供教育服务的公平、质量和效率是政府购买教育服务的目的

政府购买教育服务是在人民对教育的需求日渐多元的背景下发展起来的。随着教育的基本普及，人民群众对教育质量的要求更高，对教育内涵的需求更具个性化。政府面临公共教育服务供给数量不足、质量不高的双重压力，因此，政府通过购买教育服务来更好地满足民众的教育需求，提高公共教育服务供给的质量和效率。

（二）购买主体、承接主体和购买内容是政府购买教育服务的三个基本要素

购买主体主要是指中央政府和各级地方政府；承接主体主要是各种类型的社会组织，既可以是营利性组织，也可以是非营利性组织；购买内容主要是指政府购买的各类公共教育服务事项。

四、政府购买教育服务的发展阶段

国内外政府购买教育服务的背景、发展模式与政策成效各不相同，但无论国内还是国外，政府购买教育服务都成为政府提高公共教育服务供给效率与质量的重要政策工具。为解决政府公共教育财政危机，提高公立教育系统的效率与质量，美国、德国、荷兰、澳大利亚等国家的政府购买教育服务逐步兴起并得到发展。经过多年实践，政府购买教育服务对于促进政府教育职能的转变、吸引社会组织参与教育事业起到了显著的政策成效，对于向公民提供多样化、可选择的教育服务发挥了积极的作用。

如前所述，我国政府购买教育服务的产生与发展是在政府教育职能转变的大背景下，人民群体对优质教育的需求与政府供给公共教育服务有限能力之间的矛盾促使政府通过向社会组织购买服务的方式来解决问题，提升公共教育服务供给的效率与质量。纵观我国政府购买教育服务的发生、发展历程，大致可分为以下几个发展阶段。

（一）起步阶段

政府购买教育服务大致兴起于 20 世纪末期到 2012 年前后。起步阶段的主要特点是：第一，政府购买教育服务的实践探索产生于政府转变职能的大背景下，各地方政府在医疗卫生、居家养老等公共服务领域的购买服务探索，带动了政府购买教育服务的实践。第二，实践探索先于政策的制订与完善。各地政府购买教育服务实践呈现个别领域、小范围试点的特点。在实践过程中，国家层面的相关政策处于空白，指导地方政府探索购买教育服务的政策也不完善。第三，从购买教育服务的内容、方式来说，各地购买教育服务的内容与范围仅限于个别教育服务事项，由“点”开始，逐步探索。

2005 年上海市浦东新区政府委托上海成功教育管理咨询中心管理东沟中学，开始在委托管理、购买学位、购买评估服务等方面探索购买教育服务。其他省市也相继出现政府购买教育服务的相关探索。比如，四川省郫县教育局为解决政府义务教育阶段学位不足的问题，向民办学校购买学位。湖南省郴州市教育行政部门委托郴州市教育基金会承担教育系统奖优扶困事项，并根据基金会提供服务的质量向其支付费用。

（二）纵深发展阶段

2013 年《中共中央关于全面深化改革若干重大问题的决定》明确提出：“推广政府购买服务，凡属事务性管理服务，原则上都要引入竞争机制，通过合同、委托等方式向社会购买。”2013 年国务院办公厅颁布《关于政府向社会力量购买服务的指导意见》，2014 年《政府购买服务管理办法（暂行）》印发，财政部颁布了《关于做好政府购买服务工作有关问题的通知》等政府购买服务的政策文件，各地方政府先后颁布了地方性政府购买服务的相关政策文件，进入了政府购买教育服务的纵深发展阶段。

这一阶段国内政府购买教育服务实践的主要特点是：第一，随着国家层面、地方层面政府购买教育服务政策文件的出台，在“鼓励、支持、引导”的政策导向下，各地纷纷探索实施政府购买教育服务，购买服务的范围更加广泛，方式更加多样，在地域上由点及面，政府购买教育服务在全国范围内迅速发展起来。第二，政府购买教育服务的相关政策更加完善，购买机制更加健全，各地对购买教育服务的实践探索更加深入。具体表现在，购买教育服务的内容更丰富、范围更广泛，涉及购买学生的入学位置、委托管理、购买课题研究服务、购买教育评估服务和培训服务等；依据国家、省级政府的相关购买服务政策文件，区县级政府也出台了更加贴近地方政府实际的政策文件，规范和引导政府购买教育服务的实践。上海市浦东新区等一些探索购买服务较早的地区在实践中已初步形成一套购买教育服务的制度体系，并具有一定的可复制性和可操作性。

例如，浙江省温州市试点设立民办学校购买服务专项资金，购买具有一定资质的民办学校的教育服务，扶持民办学校的发展。北京市延庆区教委购买新东方教育科技集团的数学、英语、物理等学科培训服务。2009 年山东省潍坊市开始探索将学校办学水平和质量评估、教育培训等事项委托社会组织承担，促进了社会组织的发展。

五、政府购买教育服务的成效与经验

经过多年的探索，国内政府购买教育服务的实践已经取得了一定的成效，积累了一定的经验。各级政府通过购买民办中小学校、幼儿园的学位，解决了一些进城务工人员子女入学难的政策问题，使其享受到了公平、普惠的基本公共服务。通过购买学校管理服务，快速、有效提升了一些区域郊区农村薄弱学校和新办学校的办学水平，促进了基础教育的均衡发展。政府向教育专业机构购买教师培训服务、教育评估服务、特殊教育送教上门服务等，整合、吸引更多的教育专业机构进入教育领域，参与提供教育服务，更好地满足了社会公众多元的、多层次的教育需求，提高了政府教育服务供给的效率与质量。

（一）通过购买教育服务解决特定的政策问题，政策导向优先体现教育公平，兼顾效率

购买服务作为一种政策工具，在国内主要用于解决具体的实践问题。例如，政府向社会组织购买学校管理服务，是为了解决各地基础教育不均衡发展的问题，通过社会组织的专业管理，快速提升郊区农村薄弱学校的办学水平。各地购

买民办幼儿园、民办中小学的学位的背景虽各有不同，但主要是为了解决地方政府公共教育资源不足，无法满足适龄儿童的入园、入学问题。解决特定问题的政策指向明确，有利于政策的具体执行与实施。同时，委托管理、购买民办学校学位等政府购买服务，政策实施的导向优先体现教育公平，兼顾效率。

（二）国家和地方层面政策不断完善，初步形成政府购买服务的政策制度体系

《关于政府向社会力量购买服务的指导意见》和《政府购买服务管理办法（暂行）》颁布后，各省、自治区、直辖市分别出台了地方性配套的政府购买服务管理办法。分析各省份相关政策文件发现，政策文本的结构框架大体相同，基本上都包括总则、购买主体、承接主体、购买内容、预算管理、购买程序、购买方式、绩效评价、监督管理及附则等部分，个别省市政策还对信息公开、合同管理等进行了规定。一些省份出台了具体的购买教育服务的政策文件。例如，青海省、江西省、浙江省、宁夏回族自治区的教育部门和财政部门均出台了关于政府购买学前教育服务的政策文件，北京市教委出台了《关于政府购买公共教育服务的实施方案（试行）》（表 5-1）。在地方政府购买教育服务相关政策文件中，比较普遍的是政府购买学前教育服务的政府文件，也有购买公共教育服务、购买美育服务等相关政策文件，如青海省教育厅出台了《政府向社会力量购买美育教育服务促进学校美育工作的实施办法》。

表 5-1　一些省份出台的政府购买教育服务相关政策

省份	政策文件
青海	《政府购买学前教育服务项目实施办法》
北京	《关于政府购买公共教育服务的实施方案（试行）》
江西	《学前教育项目政府购买服务试点方案》
浙江	《政府向社会力量购买学前教育服务实施方案》
宁夏	《政府购买学前教育服务试点工作实施方案》

如表 5-1 所示，一些省级政府出台了政府购买服务管理办法、实施意见等政

策文件，一些地市、区县政府也出台了政府购买服务等相关政策文件，并根据区域特点，创新性地、具体地规范了政府购买服务的主体、内容和程序、监管等内容。一些试点实施政府购买教育服务较早的区域，在购买教育服务的具体实践过程中，已初步形成了较完整的购买教育服务相关制度。比如，上海市浦东新区初步建立健全了包括预算与财务制度、招投标制度、过程性管理制度、评估与监管制度等在内的购买教育服务制度体系，使政府购买教育服务更加规范、有序，提高了政府购买教育服务的效益与效率。

（三）委托管理、购买学位等购买服务已形成较完备的购买流程与体系

随着国家层面、省级层面、地市层面、区县层面政府购买服务相关政策的不断完善，委托管理、购买学位等已形成了较完备的购买流程与体系。比如，委托管理可分为确定委托管理的受援学校（选定实施委托管理的相对薄弱学校或新开办学校、教育行政部门确立具体的委托管理目标、设定委托管理经费）、通过招投标程序确定接受委托管理的中介机构（招标、投标、开标、评标与定标）、教育行政主管部门与中标的教育管理中介机构签订委托管理协议、委托管理过程的监督与评估（内外部评估相结合、常规与专项评估相结合、风险预警机制）等几大流程与程序。

（四）促进了政府教育职能的转变，提升了政府供给公共教育服务的质量与效率

政府购买教育服务的实施促进了我国教育治理体系的现代化，也提升了各级政府的教育治理能力。通过购买教育服务，各级政府实现了管办评的分离，将以往做不好、没有精力做的基本公共教育服务或准公共教育服务交由社会组织来承担，通过市场机制、竞争机制来降低公共教育服务提供的成本，提升了政府供给公共教育服务的质量与效率。通过政府购买教育服务，促进了社会组织的发展，吸纳了更多的社会优质资源进入教育领域，委托管理等购买教育服务形式也促进了区域优质教育资源的跨区域共享，更好地、更灵活地满足了民众多元的、可选择的教育需求。

第二节　政府购买教育服务的要素

购买主体、承接主体、购买内容、购买方式及购买流程是政府购买教育服务的要素。在国家层面政府购买服务政策出台前，实践探索中对于政府购买服务的理解不尽相同，也产生了诸多差异。《关于政府向社会力量购买服务的指导意见》对于购买主体、承接主体、购买内容等几大要素进行了明确的界定，成为指导地方政府推进购买服务实践的有效依据。

一、购买主体与承接主体

（一）购买主体

政府作为购买教育服务的主体，包括了中央政府和各级地方政府，涉及人事、财政、科研管理、决策咨询等部门，以教育行政部门为主。《关于政府向社会力量购买服务的指导意见》明确：政府向社会力量购买服务的主体是各级行政机关和参照公务员法管理、具有行政管理职能的事业单位，纳入行政编制管理且经费由财政负担的群团组织，也可根据实际需要，通过购买服务方式提供公共服务。

在国内实践中，还有一种有争议的“政府购买教育服务”，即公办学校购买教育服务。比如，深圳市政府办公厅在2016年出台了《深圳市公办中小学购买教育服务实施办法》，向社会购买临时性教学岗位的顶岗教学工作、教育教学辅助工作和后勤服务工作。深圳市为满足学校临时性顶岗教学工作需要，由财政部门按照一定的生均拨款标准，向各中小学校拨付购买教育服务的费用，按 30%、30%、40% 的比例，分 3 年拨付给学校，3 年后足额拨付（陈简文，2016）。但深圳市公办中小学购买教育服务的实质仍在于政府部门以公共财政支付购买教育服务的费用。

因此，随着政府购买教育服务实践的不断发展，政府购买教育服务的内涵与外延也在发生变化。狭义的政府购买教育服务仅指政府各部门购买教育服务，广义的政府购买教育服务既包括了政府各部门，也包括了参照《中华人民共和国公务员法》管理、具有行政管理职能的事业单位和纳入行政编制管理且经费由财政负担的群团组织。

（二）承接主体

承接主体是指承接政府教育服务供给的社会组织。从性质上而言，承接主体既可以是营利性组织，也可以是非营利性组织。购买主体与承接主体在购买教育服务的过程中的关系本质上是一种契约关系，因此也决定了承接主体应具有独立承担民事责任的能力。教育是培养人的社会活动，教育服务产品的供给要求承接主体具有一定的专业资质，如具有生产和供给教育服务产品的专业人员、必要设施，具备健全的制度和良好的社会信誉。

《关于政府向社会力量购买服务的指导意见》规定：承接政府购买服务的主体包括依法在民政部门登记成立或经国务院批准免予登记的社会组织，以及依法在工商管理或行业主管部门登记成立的企业、机构等社会力量。

大多数外国政府购买教育服务对于承接主体的性质并没有明确的限制，营利性社会组织和非营利性社会组织均可以承接。在法国，私立学校是政府购买学校教育服务的主要对象，私立学校的性质既可是非营利性的，也可以是营利性的（张为宇，2013）。但各国政府购买教育服务的对象主要是非营利性社会组织，普遍重点扶持非营利性社会组织的发展。

（三）购买主体与承接主体之间的关系

在政府向社会组织购买教育服务的过程中，政府和社会组织作为具有独立承担民事责任能力的组织，它们之间的关系在本质上是一种契约关系。从社会组织是否独立于政府的角度来看，政府和社会组织之间的关系可分为独立关系和依赖关系。尽管从理论上说，政府购买教育服务的前提是政府与提供教育服务的社会组织之间是独立关系，但在现阶段两者之间仍难以彻底剥离依赖关系。故而，从长远看，为提高政府购买教育服务的效率与质量，政府与社会组织之间应建立起良性的合作关系。

1. 契约关系

政府与社会组织之间的关系在本质上是一种以“契约”为基础的商品交换关系。“契约”即合同。政府购买教育服务是政府与社会组织之间具有法律效力的合同购买行为，是政府与社会组织之间以“契约”为基础的购买过程。“购买”使政府与社会组织之间形成平等、互利的商品交换关系。在“契约”框架下，政府和社会组织明确各自的权利和义务，彼此之间不再是行政隶属关系，而是一种民事法律关系。因此，政府购买教育服务得以实现的一个前提条件就是社会组织具有独立的法人地位，能独立地承担民事法律责任。

2. 独立关系和依赖关系

理论上，政府和社会组织通过购买教育服务形成一种平等、独立的契约关系。但在政府购买教育服务的实践中，政府与社会组织之间的关系呈现独立或依赖的复杂关系形态。由于有的社会组织产生于政府机构的“脱钩改制”，一些社会组织的领导是政府部门退休官员，有的社会组织的运行经费主要来源于政府的补贴或购买服务。承接教育服务的社会组织在法人性质上已经实现独立，但在实践中部分社会组织与政府之间还存在千丝万缕的联系，某种程度上还具有“官民二重性”。有的社会组织与政府之间还存在依赖关系。

3. 合作关系

在教育服务产品市场中，政府和社会组织是市场中两个彼此独立的主体，契约的签订使政府和社会组织以教育服务产品为媒介成为服务购买者和服务提供者。但在教育服务产品生产与提供的过程中，政府与社会组织之间的关系不能止于契约关系，双方在契约关系的基础上，更要形成一种合作关系，以共同完成向社会民众提供质优价廉的教育服务产品的职能。

二、购买内容

政府向社会组织购买的教育服务产品的类别、具体内容与许多因素有关，比如，政府提供教育服务产品的能力、社会组织的发育程度、一个国家的社会经济文化背景等都会影响某一阶段政府具体向社会组织购买哪些类别、多少数量的教育服务。

《关于政府向社会购买服务的指导意见》明确指出，对应当由政府直接提供、不适合社会力量承担的公共服务，以及不属于政府职责范围的服务项目，政府不得向社会力量购买。这项政策规定可以理解为政府购买服务的负面清单规定。《政府购买服务管理办法（暂行）》明确规定，政府购买服务的内容为适合采取市场化方式提供、社会力量能够承担的服务事项。政府新增或临时性、阶段性的服务事项，适合社会力量承担的，应当按照政府购买服务的方式进行，基本公共服务、社会管理性服务、行业管理与协调性服务、技术性服务等纳入政府购买服务指导目录。

在各地方政府出台的政府购买服务管理办法中，购买内容中均包括了购买公共教育服务这一购买事项。一些地方政府出台了购买教育服务的相关政策文件，从本区域出发，对购买教育服务的内容进行了更为具体的规定。以北京市、重庆市江津区、浙江省绍兴市的政策文件为例。北京市规定政府购买公共教育服务的内容包括特色教育教学课程的开发、引入与实施，学生体育、艺术等校外竞赛和活动的组织和实施，教育政策宣传与推广等内容。重庆市江津区的购买教育服务内容具体有提供义务教育和学前教育学位、提高教育教学质量、开展师资培训等。浙江省绍兴市的购买教育服务内容包括校园保安（校警）服务、教师教育培训服务等（表 5–2）。

表 5–2　三地购买教育服务的内容比较

北京市	重庆市江津区	浙江省绍兴市
1. 特色教育教学课程开发、引入与实施 2. 学生体育、艺术等校外竞赛和活动的组织和实施	1. 提供义务教育和学前教育学位 2. 提高教育教学质量 3. 开展师资培训	1. 校园保安（校警）服务 2. 教师教育培训服务 3. 购买服务目录规定涉

续表

北京市	重庆市江津区	浙江省绍兴市
3. 教育政策宣传与推广 4. 国际教育交流活动的组织和实施 5. 学生就业创业服务 6. 公益性教育活动组织和实施 7. 其他适宜由社会力量承担的公共教育服务事项	4. 为特殊人群提供教育服务 5. 决策咨询和标准制定 6. 办学绩效评价 7. 其他需要以政府购买方式实施的服务	及教育系统的其他服务

案例来源：北京市教育委员会《关于政府购买公共教育服务的实施方案（试行）》、《绍兴市教育局向社会力量购买服务的实施方案》、《重庆市江津区健全政府购买教育服务机制工作方案》。

概括分析国内外政府购买教育服务的具体实践，政府向社会组织购买教育服务产品的内容涉及学前教育、基础教育、职业教育、高等教育等。如果从所购买教育服务是否为核心教育服务来划分的话，可划分为购买核心教育服务（课程、教学、学校管理等方面）和购买非核心教育服务（校车接送、供应午餐、清洁卫生等方面）；如果从政府购买的是某项教育服务还是整套（一系列）教育服务来划分的话，可划分为购买整套教育服务和购买单项或某几项教育服务；如果从政府购买教育服务的具体内容来划分的话，可分为购买整套学校教育服务、购买学生的入学位置、公－私协办教育设施、购买教育评估服务、购买培训服务、购买教师的培训和教学服务等。综合以上的分类，可将国内外政府购买教育服务的类型划分为以下几种。

（一）购买整套学校教育服务（周翠萍，2013：69–73）

购买整套学校教育服务是指政府向社会组织或个人购买学校管理、课程与教学、人事后勤等一整套的教育服务。购买整套教育服务在国外最典型的模式就是“公校私营”模式，国内最典型的案例是委托管理案例。所谓“公校私营”是指学校仍是公立学校的性质，其办学经费仍由公共财政承担，但通过市场机制将社会组织和个人等引入公立学校的经营和管理中，以达到有效配置公共教育资源、提高教育质量的目的。依据办学形式和办学主体的不同，“公校私营”可分为不同的类型。但总的特点是，政府以合同的方式将公立学校的学校管理、课程与教学、聘任教师等整套的学校运作交给了私人机构。国内的委托管理案例，在实施之初是委托具有一定专业资质的教育中介组织来管理一所薄弱学校，委托管理的目的在于提升薄弱学校的办学质量。

1. 美国的特许学校

特许学校在性质上是公立学校，办学费用主要由政府税收支付，但其又具有很多与私立学校相似的特征，比如在课程设置、教学进度、资金使用、教师招聘、学生培养、日程计划等方面有很大的自主权。特许学校的类型共有三种：一是新建的特许学校；二是由公立学校转型而来的特许学校；三是由私立学校转型而来的特许学校。特许学校的办学者包括了教师团体、社区组织、企业集团或个人等。在教育经费方面，教育当局根据当地学生的生均教育经费为特许学校管理者提供办学经费。特许学校接纳所有的学生，不受任何限制，经费由政府从教育经费中支付。如果学生从私立学校转入特许学校，政府将拨给其所需的教育经费；如果学生从其他学校转入特许学校，原学校需将教育经费转给其新就读的特许学校。特许学校的办学者通常与政府签订三至五年的合同或“特许状”，其中明确规定了学校的办学目标、学生要达到的学习程度及测评的工具。办学者享有相当大的办学自主权，除了遵守有关安全、健康的要求以及学校组织者与财政担保人之间签订的有关规定之外，全权负责学校的管理运作，包括确定课程、选聘教师、选择教学内容与方法以及进行日常管理等。

2. 美国的契约学校

契约学校（Contract School）也称合同学校，是 20 世纪 80 年代以来美国的校本管理、教育券、特许学校等教育改革形式的发展与混合。契约学校在 2002 年美国政府颁布的《不让一个儿童落后法案》的倡导下，得到了快速发展。契约学校与特许学校有很多相似之处，在办学经费的来源上，两者都是依靠公共财政投资运作的学校；在办学主体上，家长团体、教师组织、社区组织、私人公司等通过参与竞标都可成为学校经营者；同样强调学生和家长的自由选择权；同样以竞争和绩效在市场中求得生存和发展。契约学校与特许学校最大的不同在于契约学校发展了特许学校的“特许状”，形成了明确而清晰的合同制，被认为是“特许”观念的革命性发展。合同制清晰地规定了学校委员会、政府、签约人、家长等相关主体的权利和义务，在学校举办者和政府官员之间建立了更加清晰的、可信赖的关系；强调将学校看作一个管理的基本单元、一个真正的组织和共同体（盛冰，2003）。

3. 国内的委托管理

购买学校管理服务，也称委托管理，指政府以公共财政向教育中介组织购买学校管理方面的服务。按照购买服务的来源来划分，可分为两种形式：一种是购买区域外优质教育资源的委托管理——承办学校模式；一种是挖掘区域内教育资源，培育中介机构购买委托管理的模式（汤赤，2007）。按照购买的服务对象来分，可划分为对进城务工人员子女学校的委托管理模式、对民办幼儿园的委托管理模式、对小学的委托管理模式和对中学的委托管理模式。

（二）购买学生的入学位置（周翠萍，2013：73–76）

购买学生的入学位置，也简称为购买学位。在各国教育发展的过程中，普遍存在的一个问题是，政府无法满足社会公众日益增长的多元的、多层次的教育需求，其中既有对优质教育资源的需求，也有一些特殊群体（来自贫困家庭的孩子、特定民族的学生等）对基本教育权利（入学机会等）的需求。许多国家通过向私立学校、其他教育机构购买学生的入学位置来满足不同群体的教育需求。此类型的政府购买教育服务主要有美国的教育券、英国的公助学额计划、菲律宾的教育服务合同和我国的购买学位等。

1. 美国的教育券

美国的教育券可分为公共资助教育券和私人资助教育券。公共资助教育券是由政府出资的，主要是为行政区内符合一定条件的家长提供资金，资助他们为子女选择合适的学校就读。它又可分为收入标准教育券、弱校教育券、特殊学生教育券等。私人资助教育券通常是由个人、公司、慈善基金等出资，为贫困学生提供奖学金，资助他们选择更好的学校。在公共资助教育券的类型中，当家长和学生手持政府资助的教育券选择私立学校入学时，就具有了“政府购买教育服务”的内涵了，政府通过公共资助教育券的方式向私立学校购买对学生的教育服务。

2. 英国的公助学额计划（Assisted Place Scheme）

撒切尔夫人上台后不久就颁布了《1980 年教育法》。该法包含了促进家长择校的各种措施，其中之一就是公助学额计划。该计划的目的是向在学习上优秀的、来自贫困家庭的儿童提供公款资助，使他们能上得起一些顶尖的学术私立学校。

根据公助学额计划，政府每年从地方税收的收入中拨出 7000 万英镑资助约 5000 名以上有才能却无财力进入私立学校的学生，为部分来自低收入家庭的优秀学生进入私立学校学习提供全额或部分学费资助；每所参与该计划的独立学校将与中央政府签订一份合同，规定校方每年提供一定数量的学额，根据家庭收入对学生学费进行一定程度的减免，余额部分由政府提供补偿；参与该计划的私立学校仍然保持独立、自主办学的性质；至 1985—1986 年度，政府已向 226 所独立学校支付了 3380 万英镑，用于公助学额费用的减免，受惠的学生达 31412 人，其中 40% 享受完全免费资格。（贺武华，2008：189）

3. 菲律宾的教育服务合同

菲律宾教育服务合同（Educational Service Contracting）计划是政府“资助私立教育学生和教师”计划的一系列项目之一。教育服务合同计划在 20 世纪 80 年代初作为试验项目开始，80 年代后期成为一项永久性项目。教育服务合同是政府与私立学校签订合同，为那些公立高中不足地方的学生提供入学的机会。“资助私立教育学生和教师”计划一般限定于收取低额学费的学校的学生身上，也优先资助来自低收入家庭的学生。“资助私立教育学生和教师”计划由私立教育资助基金会组织（非营利性组织）进行管理。该国教育部对参与教育服务合同项目的学校进行了资质认证，目的是强调关注这些学校的教育质量（拉洛奎，2007）。

4. 国内各地的购买学位案例

国内的购买学位主要是政府向民办学校购买学生的入学位置。政府向民办学校购买学生的入学位置，主要是解决公办学校或幼儿园学位不足的问题。购买学位主要有两种类型，一种是购买民办中小学的学位，一种是购买民办幼儿园的学位。典型的案例有：上海市浦东新区为解决进城务工人员子女的入学位置，向民办学校购买学位；四川省郫县教育局针对当地投资人员、外来人口不断增多，学校学位（学生的入学位置）明显不足的现状，采用政府购买教育服务的方式，向成都树德联合学校（私立学校）购买学生的入学位置，缓解当地教育学位不够的问题；北京市海淀区向清华育才实验学校等民办学校购买了906个学位，解决进城务工子女的义务教育问题（方建锋，2018）。国内政府购买学位通过两种方式对民办学校进行补贴，一种是减免民办学校校舍的租金，一种是直接给予一定数额的办学成本补贴。

（三）公－私协办教育基础设施（周翠萍，2013：77–79）

公－私协办教育基础设施是一种比较特殊的政府购买教育服务的方式。其属于政府购买教育服务是因为政府要以公共财政来支付私人机构在合同期内所提供的服务，其特殊性则在于在教育基础设施的建设中不是政府而是私人机构提供教育基础设施建设的项目资金。最常见的模式是建设－经营－转让（BOT）模式，即政府允许私营机构对某教育公共设施进行集资、建造并在规定的期限内由私营部门经营和管理，在此期间，政府部门租借这些设施使私营部门获得资金收益的回报，待合同期满后所建设设施转交给政府（李飞龙，2010）。公－私协办教育基础设施主要有以下一些特点：私人机构投资建设学校基础设施并提供相关的非核心教育服务；政府提供包括教学等在内的核心教育服务；政府和私人机构之间通常签订25—30年的合同，通过合同明确私人机构所要提供的服务标准；政府和私人机构签订的合同通常附带服务合同，服务合同明确私人机构承担教育基础设施建设的设计、建造、维护以及其所承担的非核心服务员工的雇佣等；合同中所规定的政府支付给私人机构的费用视私人机构提供服务的质量是否达到标准而变动（LaRocque，2008）。典型的案例有澳大利亚的学校设施私人资助计划、加拿大教育基础设施建设中的公私协办等。

1. 澳大利亚的学校设施私人资助计划

在澳大利亚，公－私协办基础设施已经在交通、健康和监狱等领域得到了广泛的应用。新南威尔士、南澳大利亚、昆士兰、维多利亚等州都采用了公－私协办教育基础设施的方式。

新南威尔士的新学校计划（New Schools Project）由两个主要部分构成。第一，在2002年到2005年私人机构将在州内融资、设计、建造9所新的公立学校。这些新建的公立学校须达到或超过教育和培训部的学校设计标准。第二，从学校建成后到 2032 年 12 月 31 日，私人机构将提供所建学校的建筑家具、设施设备和场地等的清洁、保养、维修、安全等相关服务。作为回报，在项目运营过程中，根据私人机构提供服务的质量，教育和培训部将每月向私人机构支付一定的费用。合同期结束时，学校将转交给政府。2005 年 12 月新南威尔士州财政部对第一期新学校计划审查后发现，该计划的效果是积极的，改进了传统的教育基础设施的提供方式。2008 年，新南威尔士州政府宣布公理教育协会将在 30 年的特许期内，花费州 1.49 亿美元开展设计、建造和维护学校的第二期新学校计划。这个计划涉及整个新南威尔士地区（LaRocque，2008）。

2. 加拿大教育基础设施建设中的公私协办

20 世纪 90 年代后期，加拿大的新斯科舍省因政府的财政状况无法满足兴建大量社会公众所需的学校的需求，引入公 – 私协办教育基础设施的模式。在此模式下，私人机构承担学校的设计、建造、融资和维护职责，通过合同确保学校建造和维护的质量。政府和私人机构的合同建立在竞争性投标的基础上，合同期限为 20 年。这些合同的截止日期大部分为 2017 年至 2020 年。新斯科舍省政府本计划通过公私协办模式建造 55 所学校，但该计划因受到了政治和其他各种问题的困扰，比如由于项目“镀金”（学校标准的提高、学校选址的昂贵等）所带来的成本超支和地方政府监管不力等问题而削减学校数量。在新斯科舍省的学校中，大约有 14% 的学校是通过公 – 私协办的模式建造而成的。2007 年 6 月，加拿大的阿尔伯塔省宣布实施公 – 私协办教育基础设施的新学校计划。起初，该计划涉及 14 所学校，但 2008 年 1 月，学校数量增加到 32 所。在这个计划中，私人机构在 30 年的合同期内负责学校的设计、建造、融资和维护。学校一旦开放，在合同期的 30 年内，政府将向私人机构支付一定的费用，且保证固定的金额和支付日期，而私人机构将向政府提供 30 年的学校维护服务。私人承建机构要预设诸如建造成本上涨和因天气不佳而耽搁等风险，私人承建机构会因为延迟交工而受罚（LaRocque，2008）。

目前，我国还没有社会组织与政府合作进行教育基础设施建设的尝试，但是出现了政府投资的基础设施建设由民办教育集团后续承办的试点（方建锋，2018）：浙江省温州市永嘉县的瓯北高级中学的基础设施建设投资约 4 亿元，由政府承担，2013 年 1 月永嘉县政府与翔宇教育集团签署协议，将瓯北高级中学改由翔宇教育集团举办的民办温州翔宇中学。

（四）购买教育评估、培训和针对特殊人群的教育服务等单项教育服务

购买管理、课程等单项或几项教育服务是与购买整套教育服务相对而言的。后者具有“一揽子”的特征，指私人机构承接了学校管理、课程开发等一揽子的学校教育服务，而前者是指政府只向社会组织购买了一项或几项教育服务（周翠萍，2013：76），前者在国外政府购买教育服务的实践中比较普遍，典型的案例有英国地方教育当局职能让渡合同，在国内主要有购买教育评估服务、购买培训服务、购买针对特殊人群的服务等。

1. 英国地方教育当局职能让渡合同

英国 2002 年的《合同让渡法案》和 2003 年的《合同让渡法案》允许地方教育当局自愿以合同的方式将地方教育当局的一些教育职能让渡给某些私人机构。这些私人机构必须是经过教育与技术部认证的机构。最初只有当地方教育当局的教育政绩被英国教育标准办公室评估为不良时，让渡教育合同才有可能产生。但近年来，那些表现良好的地方教育当局也选择将一些教育职能外包给私人机构。

涉及外包的教育职能包括了一些核心教育服务，教育改进、课程咨询服务、阅读写作与计算策略和监督 / 咨询服务，还有一些支持性服务，比如预算和资金管理、人力资源和信息技术服务等。当然，那些地方教育当局不能让渡的关键性职能，如对关键计划和预算的批准等职能依然由地方教育当局负责（拉洛奎，2007）。

2. 购买教育评估服务

购买教育评估服务是指政府委托具有专业资质、独立的第三方评估机构进行相关事项的评估。比如，上海市浦东新区为评估委托管理的绩效、评估承接教育服务提供社会组织的专业资质等，均会委托第三方评估机构进行评估。购买第三方的教育评估服务具有“委托再委托”的特征。对于管理者（政府）来说，第三方评估机构是受委托的主体；对委托办学者来说，第三方评估机构又是评估的主体，具有中间人的角色（汤赤，2007）。

3. 购买教师培训和教学服务

近年来，随着民办学校和民办培训机构的发展，实践中还出现了一种新的购买教育服务形式，即政府向民办学校或民办培训机构购买其教师的培训和教学服务。比如，2014 年北京市启动民办教育机构参与中小学学科教学改革项目，并从 2015 年纳入政府购买服务的范围。全市有 76 所中小学与 11 家民办教育机构实现有效对接，200 余名民办教育机构选派教师进入公办中小学，开展学科教学、专题辅导、社团活动、课程开发、综合管理等工作，累计提供教学服务超过 2 万课时（汪明，2015）。

三、购买方式

政府向社会组织购买教育服务可以从不同的角度进行解释与阐述。从政府与社会组织之间的关系是独立还是依赖角度，政府购买教育服务的方式分为独立性购买与依赖性购买；从购买是否具有竞争性的角度，购买方式可分为竞争性购买和非竞争性购买等。但从世界各国政府购买教育服务的经验来看，政府购买教育服务的基本工具是合同，理想的购买方式为独立关系竞争性购买，而现实的购买方式具有复杂性。

（一）政府向社会组织购买教育服务的基本工具是合同

全球范围内政府向社会组织购买公共服务所使用的工具可分为两大类：第一类，给予生产方补助，即给服务生产方提供优惠，再由它们将服务提供给受益人；第二类，给予消费方补助，即以某种形式的支付或报销直接提供给项目受益人，让受益人自行选择提供方（表 5-3）。具体而言，所使用的工具有给予提供方的整笔拨款、分类资助、整笔资助和合同，给予消费方的服务消费券、税收优惠和贷款及贷款保证（王浦劬，萨拉蒙 等，2010：210-215）。

表 5–3　国内外政府购买教育服务的主要方式

工具类型	工具的主要特点	主要案例	具体工具
生产方补助	给服务提供方提供优惠，再由它们将服务提供给受益人	美国的特许学校和契约学校、哥伦比亚的租借学校、英国地方教育当局职能让渡合同、萨比斯（Sabis）连锁学校、菲律宾的教育服务合同等国外案例。国内的委托管理、购买教育评估服务、购买课程服务等案例	合同
消费方补助	以某种形式的支付或报销直接提供给项目受益人，让受益人自行选择提供方	美国的教育券、中国的教育券	服务消费券
		英国的公助学额计划、国内的购买学位（给学生补贴一定数额的生均经费）等	直接资助（合同）

如表 5–3 所示，经分析可发现，政府购买教育服务的基本方式就是签订合同。无论是美国的特许学校与契约学校、哥伦比亚的租借学校，还是国内的委托管理、购买评估服务等购买教育服务案例，政府向社会组织购买教育服务的基本方式就是合同。这种工具具有两大优势：第一，合同具有法律效力。以合同的方式来约定双方的权利和义务，维护双方的权益，受到各国法律的保护。无论是政府还是社会组织都可依据合同的约定向对方和相关部门主张自己的权利。第二，合同具有可操作性。一份完整的合同会清晰、明确地规定双方的权利和义务、激励与处罚措施等一切可约定的细节，便于以合同规定的目标来进行绩效考核。比如，在美国的契约学校运作中，一份合格的合同至少包括以下一些内容：契约学校要求签约者必须具备教学经验和相关知识的最低标准，要具备相关的资格证书；签约人要提供生产教育服务的财政预算；明确规定学校的办学目标和规划；具体的学校的运作程序，如考试计划、学生纪律法则、学生的入学标准、被服务的年龄和年级水平、班级规模、学校安全、家长申诉程序等；明确规定对学校进行评价的标准和程序；合同终止、延长或变更的具体条款；学校教室、实验室、运动设施等硬件的维护等（盛冰，2003）。

20 世纪 70 年代以后，世界各国政府与社会组织建立合作伙伴关系，以合同的方式来提供教育服务成为一种极其普遍的现象。放松管制、权力下放、去制度化等成为这一时代教育改革的主题词。政府逐渐从传统的以权力为中心的治理模式走向以合同为中心的治理模式。正如美国学者库珀（P. J.Cooper）所言：不管我们做什么，趋势总是日益从使用权威机制走向协商治理，不管这种协商治理指的是与被管制的企业进行谈判、与营利和非营利组织的服务合同、与任何其他政府机构的跨权限安排、与作为客户的公民的服务协议，还是政府组织内成员间的绩效协议，这样的管理在 20 世纪 90 年代不管是在保守的还是在温和的政府下，不管是在发达国家还是在发展中国家都得到了加强。所有这些趋势和发展的一个共同点是通过政府机构来行使政府权力的行动转向了通过合同来治理。这是安排社会公共事务的基础发展的唯一重要的转变（库珀，2007：50）。

根据购买教育服务的类型、内容，国内政府购买教育服务有几种不同方式。《中华人民共和国政府采购法》规定了政府采购可采用公开招标、邀请招标、竞争性谈判、单一来源采购、询价和国务院政府采购监督管理部门认定的其他采购方式。《政府购买服务管理办法（暂行）》规定，购买主体应当根据购买内容的供求特点、市场发育程度等因素，按照方式灵活、程序简便、公开透明、竞争有序、结果评价的原则组织实施政府购买服务。购买主体应当按照《中华人民共和国政府采购法》的有关规定，采用公开招标、邀请招标、竞争性谈判、单一来源采购等方式确定承接主体。

（二）政府购买教育服务的理想购买方式为独立关系竞争性购买

从购买主体与承接主体之间的关系来看，政府购买教育服务的方式可以分为独立性购买与依赖性购买。从社会组织获得教育服务提供资格的方式来看，可以分为竞争性购买和非竞争性购买。由此可区分出独立关系竞争性购买、独立关系非竞争性购买、依赖关系竞争性购买和依赖关系非竞争性购买四种购买模式（表 5–4）。

政府购买教育服务的本质是政府与社会组织以教育服务产品为媒介而形成的一种契约关系。不依附于政府、独立于政府的、在市场中具有独立法人地位的组织，才具备在教育服务市场中与政府合作的平等关系。如果社会组织依附于政府而存在，在购买教育服务的过程中，由于社会组织与政府之间的依附关系，不能

表 5–4　政府购买教育服务的几种形式

<table>
<tr><th colspan="2" rowspan="2"></th><th colspan="2">教育中介组织相对于政府是否具有独立性</th></tr>
<tr><th>独立关系</th><th>依赖关系</th></tr>
<tr><td rowspan="2">购买程序是否具有竞争性</td><td>竞争性</td><td>参与购买的双方主体相互独立；购买选择程序是公开的竞争方式；双方主体按照购买协议共同承担责任；教育中介组织能结合组织优势提供公共服务，可能按照组织发展的需求提供其他公益服务，与政府建立起“合作”关系</td><td>—</td></tr>
<tr><td>非竞争性</td><td>已有的教育中介组织具有独立的法律地位，不依赖于购买资金生存；购买是双方相互选择和协商的结果，没有公开竞争；中介组织在服务提供过程中承担独立责任，政府只充当监管的角色，双方在权责上较明确</td><td>双方主体之间是依赖关系；购买程序不规范，没有体现竞争、公平等政府采购的原则，政府完全承担公共服务的责任，难以实现职能转移、多方参与等制度目标</td></tr>
</table>

注：此分类及表 5–4 中的特征描述参考：王名，乐园 . 中国民间组织参与公共服务购买的模式分析［J］. 中共浙江省委党校学报，2008（4）：5–13.

自主，可能会出现购买程序不规范、权力寻租等问题。竞争性购买并不是政府购买教育服务的唯一有效的方式，但却是国内外政府购买教育服务的普遍有效方式。

无论是美国的特许学校、契约学校还是加拿大教育基础设施建设中的公私协办，政府均通过竞争性购买来确定教育服务的提供者。从总体上而言，国外许多国家政府购买教育服务呈现出独立关系竞争性购买的特点。在国内政府购买教育服务的案例中，随着购买服务相关政策的不断完善，在国家政府购买服务政策指导下，各地方政府均规定了关于政府购买教育服务必须通过招投标来确定承接主体的服务金额下限。

（三）政府购买教育服务购买方式的复杂性

购买方式的选择与不同的购买环境（比如社会组织的发展程度、社会文化背景等）、购买目的、购买服务的内容等有关。但购买方式应以实现有效购买教育服务为目的，要充分考虑教育服务产品的特殊性、提供教育服务产品过程的复杂性等因素。

教育服务产品涉及不同领域、不同群体，提供教育服务的社会组织也有很大的差异，因此，在政府购买教育服务的过程中，应以制度规约政府购买教育服务的基本要求，使政府购买教育服务的过程有法可依、有章可循。但另一方面，在实践中，在政策实施层面，要充分考虑到政府购买教育服务的特殊性与复杂性，不能“一刀切”。例如，在美国的政府购买教育服务中，购买方式可以分为“合约”、“拨款”（或“合作协议”）等几种类型。“合约”（或“采购”）主要针对政府机构与营利性组织的合同关系，“拨款”（或“合作协议”）主要针对政府机构与非营利性组织的合同关系（彭力，黄崇恺，2018）。在政府购买教育服务的招投标过程中，不能仅以成本控制作为是否中标的标准，对于教育服务产品而言，除了提供成本低、有效率的教育服务产品外，还要充分考虑教育服务中的以人为本、教育规律、公共教育责任等因素。这就要求在选择政府购买教育服务的方式与流程时不仅要有基本的要求与规约，还要具有一定的灵活性。

四、购买流程

购买教育服务的流程或程序是保障政府购买教育服务高效的重要环节。购买流程是否科学、合理直接关系到政府购买教育服务本身的质量和效益。国内外政府购买教育服务的流程也经历了不断完善发展的过程。

（一）国内外政府购买教育服务的基本流程

国外政府购买教育服务的基本流程一般包括需求评估、信息发布、资质审查与竞标、签约前的协商、签订合作协议、服务评估等几个环节（案例 5-1）。我国《政府购买服务管理办法（暂行）》中规定的政府购买服务的基本程序是：

（1）编制购买服务预算；（2）编制政府采购实施计划并备案；（3）向社会公告；（4）按规定程序确定承接主体；（5）签订合同；（6）过程性管理；（7）检查验收。

案例 5–1　美国政府购买服务的程序

1. 需求评估。规定以政府为主导进行需求评估，既可以由政府相关部门直接实施，也可以通过政府购买实施第三方需求评估。在这一过程中，由政府部门负责召开需求分析会，并邀请相关的非营利组织参加。

2. 信息发布。根据需求评估结果，向所有非营利组织发布政府决定购买服务的信息和参与流程，明确招标信息和相关要求，并确保信息通畅。

3. 资质审查与竞标。政府审查非营利组织提交的服务计划，一般包括两个步骤：一是由政府进行基本资质的审核（minimum qualification）；二是外聘专家成立评审小组（review panel），依据一定的评估标准审核服务计划。

4. 签约前的协商（negotiation process）。根据评审结果选定非营利组织后，双方将围绕两个议题进行讨论：一是政府应提供多少资金以及如何使用；二是非营利组织应该提供哪些具体的服务内容。

5. 签订合作协议。充分沟通达成一致后，在明确服务目标和服务内容的基础上，双方签订协议，建立合作关系。

6. 服务评估。服务过程中，政府运用第三方评估进行过程评估和结果评估，掌握有关服务传输过程、效果和质量方面的信息，并根据评估结果决定是否终结或继续服务合同。

资料来源：吴帆，周镇忠，刘叶 . 政府购买服务的美国经验及其对中国的借鉴意义：基于对一个公共服务个案的观察［J］. 公共行政评论，2016（4）：4–22，205.

分析重庆市江津区、江西省、四川省南充市、四川省达州市通川区等地政府购买教育服务的相关政策文件后发现，虽然各地对于购买教育服务的程序或流程的表述并不完全一致，但基本包括了政府购买教育服务程序的基本点：编制购买计划、信息公开、按政府采购的相关规定进行采购、签订合同、过程性管理、验收评估等（表 5–5）。

表 5-5　各地政府购买教育服务的程序或流程

区域	购买教育服务的程序或流程
重庆市江津区	项目策划与方案制定—方案审定—政府采购—项目过程管理—项目绩效评价
江西省	申报年度购买计划—建立项目库预算—申报购买服务计划—公开招标—签订购买服务合同
四川省南充市	公布方案—选定承接主体—签订购买服务合同—履行购买服务合同—评估购买服务成绩
四川省达州市通川区	制订购买计划—公开购买信息—组织竞争购买—签订购买合同—强化购买监督
泉州市	进行预算编报—申报年度购买计划—签订购买服务合同
青海省	编制年度购买计划—公开公示—选择承接主体—签订购买合同—组织实施
宁夏回族自治区	编制购买计划—选定承接主体—签订购买服务合同—评估购买服务成效
江西省赣州市章贡区	申报年度购买计划—确定承接主体并公布信息—区教育局复审—审核汇总申报材料—签订购买服务合同—跟踪监督承接主体

（二）政府购买教育服务流程的健全与重构

政府购买教育服务的流程，可分为确定是否以购买教育服务的方式提供教育服务产品和购买教育服务的过程是怎样的这两个环节。伴随相关政策的不断完善，政府购买教育服务的流程日趋完善。但确定是否以购买教育服务的方式来提供教育服务产品这一环节是整个购买教育服务过程的重中之重，某种程度上决定了购买教育服务的成败。结合国内外政府购买教育服务的经验，完整的政府购买教育服务流程如下。

1. 确定是否以购买服务的方式提供教育服务产品

教育服务产品评估，是指对某一类型的教育服务产品进行评估来确定政府应以哪种有效方式提供。主要指标有以下几个：第一，此类教育服务产品是不是公共教育服务产品或准公共教育服务产品。如果不是公共教育服务产品或准公共教育服务产品，则此类教育服务产品不优先纳入政府付费提供的范围，政府购买教育服务无从谈起。第二，此类教育服务产品是否易于价格估算，提供教育服务产品的过程是否易于监督和评估。对教育服务产品进行价格估算，以此为依据确定政府购买教育服务的费用，这是实践中的难点问题之一。如果某类教育服务产品不易进行价格估算，则无法对政府直接提供与社会组织直接提供进行比较，也无法确定以购买服务的方式提供是否更加有效。在社会组织提供教育服务产品的过程中，最容易出现的问题是信息不对称，加之教育服务产品提供的周期性长，更多地涉及人的问题，因此，教育服务产品的提供过程是否易于监督和评估，也是确定是否以购买服务方式提供教育服务的重要参考。

教育市场评估是以教育市场为对象的评估活动。教育服务市场中是否已有多家具有一定专业资质的社会组织，是否有信息公开、竞争公平的市场环境，是否有完善畅通的信息传递机制，这些因素决定了购买某类型的教育服务产品是否已具备了购买的教育市场条件。只有市场中有多家社会组织，才能真正实现通过公开公平的竞争选择最优的承接主体。

政府生产与市场生产的优劣比较，是指政府直接生产教育服务产品或交由市场中的社会组织提供教育服务产品，哪种方式更经济、更有效率、更具社会效益、更具政治意义。一般情况下，当不涉及核心教育服务时，经济、效率成为评判的主要依据。但当涉及政府的核心教育服务职能时，政府的公共责任、政治意义和社会效益成为选择的首要依据。

2. 购买教育服务的具体流程

政府购买教育服务的具体流程为购买教育服务项目申报与审定、组织采购与资质审核、合同签订、履约监管与绩效评估等。

项目的申报与审定，即各级政府部门按照财政部门的相关规定，参照政府购买教育服务的指导性目录，编制年度购买计划，明确购买方式、服务项目数量和质量、项目预算等内容，并报财政部门、上级主管部门审批。

组织采购与资质审核，即审核确定后的购买计划在政府采购公共信息平台及部门门户网站上发布与公示，通过公开招标、邀请招标、竞争性谈判、单一来源采购等方式确定承接主体。对具有特殊性、不符合竞争性条件的，可以采取委托、特许经营、战略性合作等方式进行购买。

合同签订，即购买主体按照合同管理要求，根据采购文件的相关条款与承接主体签订合同，确定双方权利义务。合同中除应明确服务项目、范围、标的、要求、期限、权利、义务和违约责任等内容外，还应按照资金支付与服务质量挂钩原则明确支付方式，严禁转包行为。根据购买服务项目的需求特点，购买合同可以采用购买、委托、租赁、雇佣等形式，财政部门在此基础上制定、发布相应的合同范本。

履约监管与绩效评估，即承接主体要认真履行合同规定，采取有效措施增强服务能力，提高服务水平，确保服务的数量、质量等达到预期目标。购买主体应当按照购买合同规定的服务标准组织履约验收，验收完成后，购买主体应当将验收情况在部门的门户网站上向社会公开。

第三节　政府购买教育服务的政策完善与机制建设

政府购买教育服务政策的不断推进和实践的纵深发展，使之成为政府向民众供给优质、高效的公共教育服务的有效工具，在实践中也积累了一些有效推进的经验，并取得了较显著的成效。但目前政府购买教育服务在实践过程中也面临一些挑战和存在一些问题，例如，对政府购买教育服务的认识和定位有待进一步深化、清晰，承接教育服务事项的社会组织自身能力有待进一步提高，目前政府购买教育服务的真正竞争性购买不足，政府购买教育服务的绩效评估制度亟待完善，等等。因此，政府购买教育服务理论与实践的深入持续发展，需要进一步加深对政府购买教育服务的认识，制订和完善政府购买教育服务的相关政策，健全和完善政府购买教育服务的机制与制度。

一、购买教育服务的政策取向

政府购买教育服务的前提条件是此类教育服务属于公共教育服务，但政府无精力或不能高效率提供。政府购买教育服务的优先程度取决于教育服务本身的公共性程度，属于政府基本教育职能范围内的公共教育服务，政府应优先购买。不属于政府基本教育职能范围内的，满足民众可选择、多元化、个性化需求的教育服务，根据“谁受益、谁付费”原则，由政府、社会、个体共同承担。根据不同学段教育服务公共性的强弱程度，应优先购买义务教育阶段的教育服务，其次为学前教育、高中（职业）教育、高等教育、非学历教育培训等的教育服务。体现公平正义、促进区域教育均衡发展的教育服务应优先购买。如优先购买满足进城务工人员子女义务教育入学需要的教育服务。优先购买教育教学、学校管理、师资培训、教育评估等核心教育服务，其次购买校车接送、保安物业、清洁卫生和学生午餐等后勤保障类的非核心教育服务。

在教育实践中通过委托管理的方式，快速提升薄弱学校的办学水平，既提升了教育效率，也能实现更加公平地让更多的孩子享受优质教育这样的目的，这种情况固然理想，但在某一阶段某一购买教育服务形式只能解决特定的政策问题。公共性、公平性、均衡性仍是购买教育服务的主要政策取向，应分阶段、分步骤、有规划地推进政府购买教育服务。

二、政府购买教育服务的政策体系建设

一些国家在政府购买服务的过程中，非常重视通过完善的法律政策体系来规范政府购买服务的过程。比如，美国政府制定的《联邦政府采办法案》和《联邦政府采购条例》是政府采购法规体系的核心，规定了政府各部门的采购政策、标准、程序和方法。澳大利亚1997年颁布的《财政管理与责任法》和《联邦服务提供机构法》规定了政府购买公共服务的细则。英国先后于1998年和2011年发布了《政府和志愿及社会部门关系的协议》《开放的公共服务白皮书》，通过选择

性放权，秉持公平性与多元化原则，改善公共服务，引领公共服务改革创新。

在现有政府购买服务政策体系的基础上，我国应进一步完善关于政府购买教育服务的相关政策体系。第一，进一步深化对于政府购买教育服务的认识，明确政府购买教育服务在政府公共教育服务供给中的定位与作用。第二，加强政府购买教育服务的顶层设计，逐步形成国家法律法规和地方政府政策文件相结合的法律政策体系，进一步完善针对政府购买教育服务的政策文件，逐步完善实践层面政府购买教育服务的制度体系，使实践中政府购买教育服务的内容、方式、范围等更加明确。

三、健全和完善政府购买教育服务机制和制度

在实践中，各地的政府购买教育服务多以项目形式出现，即政府相关部门设立一些教育服务购买的项目，通过公开招投标的方式选择市场中的社会组织承担。项目式购买教育服务的优势在于政府可以根据当前的需求，较灵活地调整每年政府购买教育服务的具体内容，项目式购买教育服务的金额一般也不会太大。但项目式购买教育服务的缺点在于周期较短、稳定性和持续性较差。当前，政府购买教育服务已成为政府实现教育公平、提升教育效率的重要政策工具之一，应在项目式购买教育服务的基础上，进一步健全和完善政府购买教育服务的机制和制度，提升政府购买教育服务的效益。

（一）加强政府的合同管理能力，建立政府购买教育服务的风险防范机制

政府购买教育服务的基本形式是签订合同，以合同规定的目标来进行绩效考核。但在合同管理的过程中，可能产生由于承接主体降低成本而带来的服务质量问题，也可能产生官员腐败等问题。因此，加强政府的合同管理能力是完善政府购买教育服务机制的环节之一。“从权力转向合同并不意味着政府部门的终结。恰恰相反，它意味着需要建立一种制度和管理能力去迎接我们面临的许多新的挑战。这就需要一些既能执行各种传统的治理职能、同时又能强调各种合同协议（正式的和非正式的）的复杂组织作为一种至关重要的运作模式。”（库珀，2007：

51）合同管理对政府及政府官员提出了更高的要求和挑战。

一方面，政府与承担教育服务供给的社会组织签订具有法律效力的合同，应明确规定社会组织所提供的教育服务的质量与数量标准、政府和社会组织双方的权利和义务、购买教育服务经费的支付数额等。另一方面，政府需要具有合同管理的能力，具有专业的、负责的官员，政府需要建立有效的实施机制，在合同开始阶段、购买教育服务的实施阶段就做好监督，形成畅通的信息反馈机制，做好购买教育服务全过程的记录、审计工作并适时进行调整。

对于周期长、风险大的教育服务，应借助内外部评估机制、常规监督评估与专项监督评估及时了解提供服务的情况。英国政府为了保证购买服务的质量，在实践中形成了规范而严格的质量评估系统。英国政府对教育服务质量的监督与评估主要是通过合同管理来实现的。在合同中明确教育服务的标准、目标，与社会组织签订绩效合同，并通过具体的绩效指标对整个服务过程进行监控。1997 年，英国政府还为全体公共服务部门定下了服务基准，制定了统一的全国服务水平指标。对于非营利组织的监督，英国政府专门在内阁中设置了一个第三部门部长，作为指导服务和协调政府与非营利组织合作关系的保证。为了便于政府对提供服务的非营利组织进行有效监督和评估，还制定了一份有关会计规范的《推荐实务公告》。

第一，明确教育服务承接主体的准入标准与专业资质，建立该类型教育服务领域的网上平台与数据库，每年定期发布承接主体的资质资料、诚信记录与服务质量等，接受社会大众的监督。第二，形成政府购买教育服务的合同范本，明确购买方与服务提供方、项目内容、项目标准、量化指标、时间节点、经费拨付方式及金额、双方的权利与义务、项目的绩效评估、违约与赔偿等内容。第三，引入第三方专业评估机构，依据合同对购买教育服务过程实施前评估、中评估与后评估。第四，实行购买教育服务经费与评估挂钩、评估后分期付费、事后终身追责等原则。

（二）建立健全绩效评估机制

对政府购买教育服务的结果进行绩效评估是实践中的难点问题之一。对于政府而言，购买教育服务的初衷在于向广大民众提供多元的、优质的、高效的教育服务产品。而社会组织提供什么样的教育服务产品才是政府想要的，才是政府购买教育服务要达到的目标呢？有些教育服务产品需要在完成后经过“体验”才能确认其质量。比如学校培养出来的学生，其学业成绩优秀并不代表该学生具备优良的道德品质、健康的心理素质等。社会组织在提供教育服务的过程中是否可以按照人的身心发展规律、按照教育教学的基本规律来培养学生，这在某种程度上难以具体量化，难以准确进行评估。

美国关于联邦采购的规则对如何建立以绩效为基础的合同以及绩效的具体标准进行了介绍，尤其是对类似学校教育等公共服务的合同，提出了绩效条款的要求：一是必须从绩效出发定义所提供的服务；二是具有可以评估的绩效标准；三是需制订评估绩效的计划；四是罗列相关的具体服务（彭力，黄崇恺，2018）。国内一些省市的政策文件中对于如何进行绩效管理进行了规范（表 5–6），并提出政府购买教育服务应依托专业机构进行评估督导。作为第三方的教育评估机构在实施教育评估时，具有以下一些特征：一是具有“委托再委托”的特征。对于管理者（政府）来说，它是受委托的主体；对评估对象来说，它又是评估的主体，具有中间人的角色。二是相对于政府、评估对象而言，具有专业资质的评估机构的立场更为客观、公正。三是作为第三方，评估机构可以代替政府深入评估现场中，掌握多方面信息，对评估现场、评估对象做出较为客观公正的判断。

表 5–6　国内政府购买教育服务政策文件中的绩效管理规定

区域	绩效管理、绩效评价、评估规定
江西	建立绩效评估办法—建立健全内部监督制度—建立健全综合性评审机制
青海	承接主体提交项目绩效自评报告和绩效目标完成情况—购买主体开展绩效考评—建立标准体系和购买规程
宁夏	建立绩效评估办法—建立健全内部管理监督制度—公开购买信息、接受社会监督
北京	建立健全监督检查机制—实施绩效评价并公开评价结果—配合市财政局、审计局的监督检查绩效评价

政府购买教育服务的绩效评估机制是否完善，直接关系到政府购买教育服务的公共财政资金的使用效率。

1. 科学设计绩效评估指标

政府购买教育服务的绩效评估可分为购买前对承接主体的评估、购买中对教育服务提供的过程性评估和购买后的教育服务产品提供结果的评估。对于承接主体的评估，重点从承接主体的组织规模、专业资质、社会信誉与影响力等几方面展开。教育服务产品的特点决定了产品生产的周期长，培养培训人的教育服务产品具有自身的发展规律，因此，对于购买教育服务的过程性评估不宜过多，关键在于建立起购买主体与承接主体之间的常规的、畅通的信息分享与协同机制。购买后的教育服务产品提供结果的评估，不仅要考虑购买教育服务本身的财政绩效、经济绩效，更要考虑教育服务产品的社会绩效。

2. 引入第三方专业评估机制

购买方应委托第三方对提供公共教育服务的社会组织及其提供服务的全过程进行客观、公正、科学的评估，包括对社会组织的专业资质进行评估，对提供教育服务的全过程进行初始评估、中期评估和终期绩效评估，并逐步形成更加科学、细致的评估指标体系。

（三）建立健全政府购买教育服务的预算与财务管理制度

第一，购买主体应当充分发挥教育主管部门、行业组织和专业咨询评估机构、专家等专业优势，结合项目特点和相关经费预算，综合物价、工资、税费等因素，合理测算安排政府购买教育服务所需支出。第二，对预算已安排资金但尚未明确通过购买方式提供的教育服务项目，可以根据实际情况转为通过政府购买教育服务方式实施。第三，购买主体按要求填报购买教育服务项目表，并将列入集中采购目录或采购限额标准以上的政府购买教育服务项目同时反映在政府采购预算中，与部门预算一并报送财政部门审核。第四，承接主体应当建立政府购买教育服务台账，记录相关文件、工作计划方案、项目和资金批复、项目进展和资金支付、工作汇报总结、重大活动和其他有关资料信息，接受和配合相关部门对资金使用情况进行监督检查及绩效评价；应当建立健全财务制度，严格遵守相关财政财务规定，对购买服务的项目资金进行规范的财务管理和会计核算，加强自身监督，确保资金规范管理和使用；应当建立健全财务报告制度，按要求向购买主体提供资金的使用情况、项目执行情况、成果总结等材料（表 5–7）。

表 5–7　各地政府购买教育服务政策文件中的资金管理与财务管理规定

区域	资金管理、财务管理规定
江西省	教育行政、财政部门监督检查—建立信用档案和承接主体信用机制—依照法律处罚违法违规行为—做好基础数据管理、建立基本信息台账制度
四川省达州市通川区	区财政局全额保障—区教育科技局核实—拨付到承接主体—承接主体专账核算
江西省赣州市章贡区	建立信用档案和承接主体退出机制—加强基础数据管理、建立完善基本信息台账制度
北京市	坚持“以事定费”原则—现行预算管理办法列入各购买主体单位的部门预算—各部门开展资金的预算编制、预算执行等各项工作

第六章

学校自主办学

随着国家治理现代化建设的推进，教育管理的模式也发生了相应的改变，管理的重心正逐渐下移。这突出表现在教育由外控式管理向内控式管理转变，政府制定、下发了一系列政策和文件赋予学校更大的发展权力和更多的办学自由，学校作为自我管理、自主发展的独立法人实体的地位得到明显体现。在新的时代背景和教育形势下，学校如何承接办学自主权以促进自身的良好运作成为我国教育治理体系和治理能力现代化面临的又一重要研究主题。

第一节　学校自主办学的内涵

由于政府职能的转变和国家管理方式的转型，当前教育领域的权力分配在以管办评分离为基本要求的治理体系中也显现出重心下移的趋向，学校的自主权力在教育领域的重要价值受到愈来愈多的关注和强调。自主是教育管理活动的基本前提，自主办学也成为学校拥有自主空间、生成自主能力并逐步发挥组织能动性的必要条件。

一、学校自主办学的必要性阐释

落实学校办学自主权，首先是因为教育资源的有限性特点内在地要求获得最大的资源利用效率，其次是我国当前转变政府职能的需要，同时也是遵循教育内部规律、顺应教育发展趋势的有效应对举措。

（一）学校自主办学是整合教育资源的内在要求

改革开放以来，尤其是进入21世纪之后，民众的物质生活水平得到极大提高，物质财富极大丰富，对教育的要求和需求也随之增长。党的十九大报告指出，我国社会的主要矛盾已经转化为人民日益增长的美好生活需要和不平衡不充分的发展之间的矛盾。这一矛盾反映在教育上就是公众对教育资源，尤其是优质教育资源的需求与教育资源的总量比较有限、分布不均衡之间的矛盾。如何使有限的教育资源发挥最大的社会效益，提高教育资源的利用效率是当前需要考虑的重要问题。

在传统的计划经济管理体制下，政府和学校的成本意识、效率观念相对淡薄，重复建设、过度建设、无效建设等问题丛生，教育资源不足与投资浪费现象并存，有限的教育资源并不能完全应用到教育发展当中。同时，各种资源流动、反馈和转换的时间被人为延长，管理的直接性和决策的针对性被大大减弱，把特殊问题作为一般问题处理的盲目性被无形增强。在新的社会发展态势下，不同形式的资源交换和物质交流日益频繁，教育资源的流动呈现多样化、快速化的趋势。在原有的僵硬、程式化、固定的资源分配模式下，资源的计划性配置无法与学校的发展和需要同步，合理的教育资源的流动被禁止，在造成大量资源浪费的同时也妨害了学校发展的自主性和灵活性。不仅如此，企业、组织和个人兴办教育的愿望和热情被人为设置的障碍打击，大量的人力资源、物力资源和信息资源等无法顺畅地出入教育领域，很难形成教育发展的合力，为学校发展奠定坚实的基础。为整合有效的教育资源，最大限度地发挥资源的使用效率，必然需要增强教育对资源的敏感性，促使学校可以自主地获取、使用教育资源并能根据学校的实际自主、合理地配置教育资源。

（二）学校自主办学是转变政府职能的现实路径

社会是一个整体，教育是整个社会系统的重要组成部分，教育体制的变化在很大程度上受到社会体系以及其他要素的影响和制约。改革开放以来，社会形势发生了天翻地覆的变化，国家正在经历从传统到现代的转型、从高度集中的计划经济体制向自由开放的市场经济体制的转轨，政府对社会事务的管理逐渐由集中、统一向宏观调控、微观放权的模式转变。受此影响，原有的教育体制赖以生存的社会和经济基础被日渐削弱，教育管理体制也呈现出自主、分权、多元的时代特点和内容。

受传统的教育管理思想的左右，我国一直采用集中领导、分级管理的模式，政府集教育的举办权、决定权、统筹权和管理权等于一身，机构设置、人员配置、工资确定甚至教材撰写、教学计划安排等都要由上级教育主管部门统一规定。从中央到地方，国家设置了类型繁多、功能多样的教育管理机构，部分机构的设置不够科学、合理，有的职能划分过细，有的作用交叉重叠，有的脱离实际需要。由于缺乏统一协调，各机构常常各行其是甚至互相抵触，不仅造成机构体系的臃肿庞大，而且降低了工作效率，难以充分发挥政府对教育的管理职能。在权力的具体运行过程中，政府通常按照行政隶属关系，运用行政手段管理教育，造成整个教育系统的条块分割和彼此分化，不仅削弱了国家统筹规划的能力，导致多头领导、各自为政局面的出现，同时也割裂了学校与学校之间、学校与社会之间的交流与合作，降低了教育质量和办学水平。在统一管理的模式下，学校是政府管理的受体，一切行动都由上级决定，内部结构与机制僵化，缺少必备的自我调控能力和风险应对能力，很难处理社会快速发展过程中遭遇的问题。随着政府公共事务管理职能的转变，抓大放小，在做好宏观管理的前提下，赋予学校发展过程中必需的办学自主权，使学校能够灵活处理遇到的困难和问题，自主决定学校的前途命运成为社会转型期教育改革的重要内容。

（三）学校自主办学是遵循教育规律的必然结果

众所周知，教育是一种专业性极强的社会活动，需要遵循自身的客观规律、服从教学活动的内在逻辑自主进行。但是，长期以来，国家把教育视为推动经济发展和社会进步的有效辅助手段，过于重视教育的工具性价值，忽视教育发展的内在规律、横加干预教育活动的行为时有发生，教育发展需要受到市场、环境、人才等要素的限制和制约。

与其他社会活动相比，教育以培养人、发展人、完善人为贯彻始终的追求和目标，教育活动必须依照不同学生的身心成长特点有针对性地进行。人是复杂性动物，在实际教育过程中，学生的特点千差万别，不同地区、不同学校的学生在学习习惯、接受能力、知识基础等方面存在很大差别。但是，传统的“大一统”的教育管理模式过度强调整体性和统一性，在某种程度上忽视了独特性和个别化。

教育是个别性极强的行为，要根据教育内在的规律和学生的特点因材施教。国家除在政策导向和培养目标等方面予以学校纲领性规定，对一些共性问题进行总体规划外，应给予学校自我管理、自我发展的权利。政府把教育的专业性和独立性落到实处，把教育发展的权利交给学校，学校才能够从培养人才活动的现实需要出发，在充分考虑地域特点、师资建设、资源占有等条件的基础上自主确定发展方向，根据社会的需要和情况的变化及时地调整自身的战略、目标和人才培养模式，根据学生知识掌握和智力发展的实际能动地制定培养方案、选择课程教材、创新培养方法等，以充分发挥教师和学生的主体精神和主动意识，高效地开展教育教学活动。

二、自主办学的内涵分析

自主办学作为专有名词出现的时间并不是很长，目前并没有形成统一的认识，不同的研究者对自主办学的内涵也进行了各具特点的解读。有学者指出，严格意义上的自主办学，是指学校不受政府和教育行政部门的行政控制，根据法律和社会需要，独立地举办学校，进行决策和开展各项工作，特别是独立决定办学思想、办学目标、课程设置、人员的聘任和资金的使用（罗爱国，2001）。

自主办学的理念被提出并广泛推行以来，总是与办学自主权交织在一起。纵观已有的研究，大多把自主办学视为学校的一种权力。首先，办学自主权是学校在发展过程中享有的自主决定学校教育决策、教育组织活动的权力。例如，所谓高校的办学自主权，就是指高校作为具有独立法人资格的机构，在不受其他组织或个人非法干预和阻碍的前提下，依法行使教育决策、教育活动组织的权力（霍洪波，2003）。还有学者认为，所谓高校办学自主权，是指高等学校针对其面临的任务和特点，为保障办学活动能够依据其自身特点和内部客观规律的要求，充分发挥其功能所必需的自主决策权、自主执行权和自主监督权等（刘江平，刘晓瑜，2016）。其次，自主办学权并不仅仅局限于教育决策和组织领域，而是涉及学校的所有活动。例如，高等学校办学自主权是为了保障办学活动正常、有序、顺利地进行，充分发挥高等教育的职能，体现高等学校的主体性，高等学校依据自身的特点和发展规律，享有独立自主管理校内一切事务的权力（刘丹丹，2015）。或如，高等学校办学自主权是指为了更好地发挥高等学校的功能，高等学校所必须享有的保障其能够独立自主地处理学校各项教学、科研、社会服务活动的一种权力（权利）（宋中英，郭云云，2016）。

权利与义务总是相对的，没有无义务的权利，也没有无权利的义务。还有学者从这一角度出发，把自主办学视为学校的资格、能力和义务。例如，学校办学自主权是学校及其他教育机构在法律上享有的，为实现其办学宗旨、独立自主地进行教育教学管理、实施教育活动的资格和能力（劳凯声，郑新蓉 等，1997：220）。高校办学自主权就是指高校作为独立办学主体所具有的，以法律权利为依据，以学术自由为原则，结合自身的目标定位和办学特点，面向社会依照章程自主决策、自主实施、自主承担责任从事办学活动的资格能力或权利义务，并且不受其他任何组织和个人的非法干涉与侵犯（阮李全，蒋后强，2014）。

自主办学并非高校单一的某种权力，而是具有层次性。第一层含义是指政府放松对高校的控制，使高校拥有更多的办学自主权，这层含义反映的是政府与高校的关系，这也就是"高校去行政化"的第一层意思。第二层含义是高校行政（管理者）放松对教师（专业人员）的管制，使教师拥有更多的学术自主权（包括教学自主权和科研自主权），这层含义反映的是大学内部行政与教师的关系，这是"高校去行政化"的第二层意思。第三层含义是高校教师放松对学生的限制，使学生拥有更多的学习自主权。学生的学习自主权表现为选课自由、上课自由（段慧兰，2011）。

高校办学自主权是我国高等教育领域所特有的学术用语，主要针对大陆的高校，学界一般将其与西方的大学自治相对应。大学自治，指大学应当独立地决定自身的发展目标和计划，并将其付诸实施，不受政府、教会或其他任何社会法人机构的控制和干预，这是西方国家一种传统的高等教育管理理念和基本原则（沈宏书，张秀萍，2004）。高校自主办学的实质与西方大学自治的精髓一脉相承，其内涵都是指高校作为独立法人，可以在教育法律法规允许的条件下和范围内自主、自由地办学治校，处理内部事务，最大限度地减少外界的干扰和支配（郭峰，韩延明，2015）。

从语义学上分析，"自主"就是"自己做主"的简称。自主主要包括以下两个方面的含义：一是个人对自身行为的支配、调节和控制的能力；二是个人对活动对象、活动过程的支配与控制权利，它是相对于外部力量而言的个体的独立、自由、自决和自主支配生活的权利与可能。（蒋洪池，侯志军，陈翠荣 等，2013：9）自主并非没有界限、无所约束，它是"他律"的对应物。任何自主都是有条件的、相对的，是法律、章程、规范制约下的衍生物。自主有三个基本条件：第一，行动主体能够自行决定个人的行为；第二，行动主体能够调节行为过程的各种关系；第三，行动主体能够负责自身行为的后果。自主表明摆脱他者的控制，不再成为他人的附属。“自主权”就是主体这种摆脱控制的能力，在管理关系中体现为制衡他者控制的一种权力。因此，自主权是一种制衡权，它总是有限的，受到一定程度制约的（刘宇文，2014：1）。因此，自主办学是指学校根据国家相关法律和政策规定，在成为独立的办学法人实体的基础上，依据自身的目标定位、学校特点和发展历史及师生状况，自主决定事关学校发展的各项事务并自觉承担相应的义务的活动。

三、自主办学的要素分析

学校自主办学实质上并非单纯地获得办学自主权，即权力或权利问题，还涉及行为主体、权利能力、行为能力以及权利界限等方面。当前学校已经成为自主办学的主体，其他的要素也相应发生改变。在自主办学过程中，学校应该面向社会、办出水平、办出特色，形成富有个性化的办学格局。

（一）行为主体

在我国，受传统意识的影响和计划经济体制的左右，政府一直是影响学校自主办学的主导因素。1949 年新中国成立后，我国的学校制度在很大程度上借鉴了苏联教育制度的经验，政府成为学校的直接管理者，同时集举办者、管理者和办学者三重身份于一身，学校成为对政府负责的下属机构，自主办学能力较差。1985 年《中共中央关于教育体制改革的决定》明确指出，“改革管理体制，在加强宏观管理的同时，坚决实行简政放权，扩大学校的办学自主权”。这在体制和机制上为学校解绑，学校的办学活力和动力逐渐回归。

自主办学是完善市场经济体制、改革教育管理体制的内在要求，学校必须面向社会，成为真正的办学主体——独立的法人实体。一方面，学校要采取各种措施不断提高自身自主办学的能力，发挥主动性和能动性，逐步从不成熟走向成熟、从依赖走向独立。另一方面，政府要真正转变职能，尊重学校自主办学的主体性，从政策和制度上保障学校自主办学的身份和地位，创新学校管理机制，激发学校的创造性和能动性，促进学校自主办学的落实。

（二）权利能力

《中华人民共和国教育法》规定：“学校及其他教育机构具备法人条件的，自批准设立或者登记注册之日起取得法人资格。”这在本质上表明了学校的法人主体地位。法人是相对于自然人而言的，是被赋予人格的组织，是法律模拟的“人”。权利能力作为法律关系的主体，相当于法人的“人格”。“法律面前人人平等”，作为具有法律人格的表现，法人的权利能力与自然人的权利能力一样，一律平等（尹田，2003）。学校法人身份所具备的权利能力应该包括法律规定的所有权利，这就保证了学校拥有自主办学的权利。但是，学校的法律权利与学校的办学自主权并非同等的概念，二者不能混为一谈。学校的法律权利仅仅是学校自主办学的法律依据而非全部内容，如果把学校的法律权利当作自主办学权必然会丧失不同学校的办学个性和特色，结果导致千篇一律、千校一面的办学困境。

法人权利是有限的，也要受到一定条件的制约。法人权利不但要受到自身性质、目的范围、法律规定的限制，还要受到法人章程等的限制。学校自主办学并不是凭空进行的，而是要根据相关的规定进行。因此，扩大学校办学自主权是相对性的概念，在实际操作中具有一定难度，但是政府减少对学校自主办学的不必要的干预和限制具有较大的现实意义。

（三）行为能力

学校作为法人，必须具备法人的行为能力。行为能力是指能够以自己的行为依法行使权利和承担义务的资格和能力（阮李全，蒋后强，2014）。权利能力为行为能力提供了前提和基础，但有权利能力并不一定都有行为能力。行为能力是法人通过内部机构的行为而享有的权利和承担的义务，是法人对内法律关系的一种事实能力，具有一定的变化，是一种“动态能力”。权利能力为学校提供了一个权利开放的平台，每所学校由法律所赋予的权利能力都是相同的，但能否实际享有权利、真正实现权利背后的利益并承担相应的义务则需要由行为能力来判定。行为能力体现了学校法人对自身获得的办学权利的行使和运用，彰显了学校权利能力的差异性。

在由法律赋予相同权利的基础上，不同的学校根据自身的实际情况，建立了不同的规章制度和内部管理模式，进而形成了各种各样的行为能力及不同的办学水平、办学风格和办学质量等。法人的行为能力主要受制于其内部机构，因此，拥有自主权的机构必须具有良好的内部治理结构。由此而言，学校法人内部治理结构的建设和完善是提升学校法人行为能力的主要途径和物质载体。在当前的时代背景下真正实现学校自主办学，在根本上就要加强学校自身的能力建设，建立健全学校法人内部治理结构，增强学校法人的行为能力。

（四）权利界限

我国学校办学自主权的获得在集权与分权的反复中经过了许多曲折，时至今日，仍然受到方方面面的影响，因此，重视学校办学自主权的界限对于正确行使和运用这一权利具有重要作用。权利是相对的，并非绝对的，要有其自身发挥作用的条件和范围，学校自主办学同样如此。在某种意义上，尽管国家对学校的办学行为进行了一定的限制，但是却能保证学校的教育目标、办学方向不会发生偏移等。学校的教育教学活动也要在法律法规允许的条件下进行，例如，《中华人民共和国教育法》明确规定，学校及其他教育机构具有9项基本权利：（1）按照章程自主管理；（2）组织实施教育教学活动；（3）招收学生或者其他受教育者；（4）对受教育者进行学籍管理，实施鼓励或者处分；（5）对受教育者颁发相应的学业证书；（6）聘任教师或其他职工，实施奖励或者处分；（7）管理、使用本单位的设施和经费；（8）拒绝任何组织和个人对教育教学活动的非法干涉；（9）法律、法规规定的其他权利。这为学校办学自主权的实施规定了范围。

教育要受到时代现实状况的影响，自主办学不能脱离时代发展的实际超前或滞后进行，要符合当前时代发展的切实需要。不仅如此，随着社会力量对教育的作用日益明显，学校的自主办学行为也要考虑社会要素的介入，要符合当地社会发展的需要。总之，学校的自主办学并非恣意行为，而是要在一定的现实背景的基础上，在一定的范围内合理进行，同时要尽可能排除不必要的干扰因素的制约，按照自身内在的规律办事。

第二节　管办评分离背景下的学校自主办学权力转变

随着国家教育管理理念的转变和管理模式的转换，政府厘清权力界限，赋予学校自主办学权，从法律和制度上真正落实了学校的办学法人地位。通过对上海市、青岛市、重庆市、成都市、杭州市、深圳市等地区学校的实际调研，我们发现，与传统管理体制下学校所拥有的权力相比，当前学校在人事权、财务权、教学管理权等方面都有了较大的改变。

一、人事权的扩大

明确校长作为学校法人的地位，赋予校长组织权。

一是允许校长在核定的副校长职数内，按规定程序聘任或解聘副校长。校长有权提出副校长的拟任人选，在通过教育行政部门民主测评后，根据测评结果确定人选，由教代会表决后聘任，按干部管理权限，由相关部门差额考察任用，并报教育行政部门备案。经主管部门批准，在核定的内设机构和干部职数内，学校按规定程序自主设置内设机构，选任机构负责人，并在符合任职资格条件的教职工中组织选拔。在岗位总量和结构比例内，由学校根据实际制定聘任条件和聘任办法，按照规定开展教职工岗位设置、竞聘上岗和岗位聘用工作。教育主管部门对学校人员选拔聘任工作实施有效监督。《青岛市中小学校管理办法（草案征求意见稿）》第十九条规定："校长按照程序提名、聘任副校长和学校中层干部，聘任和解聘教职工，组织教育教学活动，支持工会、共青团、学生会等群众组织按照各自章程开展工作。”

二是在教职工招聘、解聘和考核方面，学校在程序和形式上扩大了自主权。学校在核定岗位职数内按政策进行岗位设置，制定岗位设置实施方案，明确岗位聘任条件和聘任办法，自主组织教职员工竞聘，并根据竞聘情况自主聘用教师。学校自主对教师实施考评、奖励，在绩效工资政策框架下，制定教职员工绩效工资方案，自主进行绩效分配。

三是经人力资源社会保障、教育行政部门批准，学校可以在核准的编制进人计划内，自主招聘紧缺、特色专业人才和重点院校优秀毕业生。学校招聘教师时，可以在笔试前先行对报考人员进行面试筛选。学校也可以通过购买服务的形式，配备中小学教学辅助人员、工勤人员和中等职业学校兼职教师。

四是学校可以按规定程序自主确定参加教师培训的人员及名额，自主安排校内人员参加国内外教育考察、学习培训、学术性会议等活动。

二、财务权的自主

学校根据学校生均教育经费总额，按照《中华人民共和国预算法》《事业单位财务规则》《中小学校财务制度》自主管理使用。学校在政府规定的投资限额内，按照规定采购设备等物资，组织建设、管理、验收新建项目和维修项目。对超出政府规定投资限额的项目，学校提出采购和建设需求，由主管教育行政部门会同有关部门研究论证、立项实施。

一是允许学校依据发展规划，按照部门预算要求自主编制预算，经法定程序审核批复后，由学校按部门预算要求执行，主管教育行政部门将预算内安排经费直接下达到学校。除区级及区级以上相关政策规定外，区、镇（街道）两级教育部门不再对纳入预算的具体事项进行审批。学校在批复预算总额内，可按规定调整预算。学校对结余结转经费可按规定使用。学校成立财务监管机构，对重大项目支出实施监督。

二是将教育专项资金中用于学校基础设施修缮、设备购置等项目的安排使用权限下放给学校，由学校依据有关法律法规自行组织采购，教育主管部门负责监管考核。校服和住宿学生公寓用品，由学校依据有关法律法规和政策规定提供采购服务。学校的基建维修项目，投资在 5 万元以下的，由学校依法自主管理和验收，教育主管部门依法参与监管验收。

三是学校可自主筹措教育经费，自筹经费需纳入“收支两条线”及预算管理。以保障筹资人捐赠目的为前提，简化资金使用项目的预算审批程序，提高资金使用效率。

四是实行经费的“岗位管理”，由全体教师和部门负责人提出年度经费计划，学校组织评估、论证、审核，形成年度的预算草案，经教职工代表大会讨论、审议通过后报教育局审批，学校严格按批准后的方案实施。建立建设项目评审制度，对重大建设项目要进行合法性审查。需上级补助经费的项目，经教育主管部门审批后，项目建设由学校依法依规自主管理；涉及政府采购项目的，学校按照政府采购规范执行，教育主管部门依法依规加强监管，依法参与监管验收，引入社会听证制度，保证项目实施的科学、可行、公平、公正。

三、教学管理权的独立

在教育教学管理方面，一是学校可以依据国家教育行政部门有关教学计划、课程、专业设置等方面的规定，在每周总授课时间不变的情况下，适当调整课程安排和每节课授课时间并按规定报批备案。自行组织和实施本校的教育教学活动。

二是普通高中学校可根据统一的招生政策，结合学校特色和发展实际，自主制定招生录取方案，经教育主管部门批准后实施。职业学校可根据产业发展和布局情况自主招生，依法自主开展校企合作，报教育主管部门备案。

三是在符合课程标准的前提下，学校可进行国家课程校本化，结合学生特点，开发教材、整合教材、重编教材，报教育局备案后实施。把购买学生辅导资料的权力下放给校务委员会和家长委员会，通过教师、家长、学生及管理者的参与，共同决定资料的购买与否。

四是在符合常态编班原则下，学校可自主探索并实施符合学校实际的教学模式和授课方式；可以按照发展规律和实际情况，自主确定学校特色和文化建设，自主申报实验项目，自主申报课题研究，进行教改实验、成果推广。

此外，还有地区规定，在教育教学管理方面，校长有权自主决定是否利用公用经费构建网校，调整课程安排和课堂时间，任命各班班主任并赋予班主任组建班级科任教师团队的权力，选择教师培训的内容和培训方式，等等。

四、学生管理权的下放

学生管理权主要包括招生自主权和学籍管理权。

一是扩大学校的招生自主权。教育行政部门统一制定招生政策，学校根据招生政策，结合学校特色实际，可制定自主招生方案，编制学校的招生计划，报教育局批准后向社会公布并组织实施。

二是赋予学校学籍自主管理权。取消教育行政部门转学、休学、复学的审批权限，实行备案制，将学生的学籍异动权限全权交给学校，教育行政部门通过电子学籍系统、严格控制班额进行监控。学校依据有关规定，结合本校实际，制定具体的学籍管理办法，成立学籍异动审查工作组，对学籍异动进行审核。

三是学校在学生综合素质评价、学生干部选拔、学生评先评优、学生处分、学生资助、学生代表大会产生、学生社团产生等方面也获得了自主权。学校可以根据实际情况，自主决定实施方案、资格标准、实施程序等。

五、学校评价权的多样

一是开展学校自我评价，建立学校发展的内部自评机制。学校以学校章程和发展规划为依据，每学年开展一次全面自评。评估结果应当经校务委员会研究、校长办公会通过，于每学年结束后 1 个月内报主管教育行政部门，并在校内公示。自评小组一般由 5—9 人组成，以教代会代表为主体，党支部书记或工会主席任组长，组员涵盖了骨干教师、民主党派代表、退休教职工、家长和社区代表，高中以上学校还可吸纳部分学生参加。自评的内容主要包括学校发展规划的年度目标、年度目标的调整说明、具体实施举措、年度目标的达成情况以及可在区域内进行推广的经验与成果等，并形成涉及学校办学理念、德育、教学、科研、管理、后勤等多个方面的自评报告。

二是搭建公众满意度平台，开展网络测评，听取民众意见。例如，青岛市于 2015 年 7 月 1 日开始面向全市学生家长组织开展满意度网络测评，测评范围包括规范收费、师德师风建设、教辅材料管理、后勤服务、教育公平、安全教育、课业负担、家校联系、办学质量 9 个方面，涵盖了群众比较关心、社会比较关注的教育热点难点问题。针对网络测评中反映出的问题，市教育局建立限期督办制度，要求有关单位认真研究整改（青岛市教育局，2015）。

六、多元监督的实现

一是形成多元监督主体。根据相关章程规定成立班级、年级和学校三级家长委员会，参与学校的教学与管理。三级家长委员会的创立旨在层层落实家长的参与权与监督权，深入细致地开展家校合作。另外，学校教职工代表大会是全体教职工依法参与学校民主管理和监督的重要组织形式，学校教职工代表大会听取校长学年工作汇报，审议学校发展规划，对重大决策进行表决，反映教职工的正当诉求，提出学校管理的合理化建议，履行监督义务。

二是明确监督的范围和内容。例如，成都新津区根据《学校教职工代表大会规定》，对其监督职权予以明确，具体包括：（1）听取学校章程草案的制定和修订情况报告，提出修改意见和建议；（2）听取学校发展规划、教职工队伍建设、教育教学改革、校园建设以及其他重大改革和重大问题解决方案的报告，提出意见和建议；（3）听取学校年度工作、财务工作、工会工作以及其他专项工作报告，提出意见和建议；（4）讨论通过学校提出的与教职工利益直接相关的福利、校内分配实施方案以及相应的教职工聘任、考核、奖惩办法；（5）审议学校上一届（次）教职工代表大会提案的办理情况报告；（6）按照有关工作规定和安排评议学校领导干部；（7）通过多种方式对学校工作提出意见和建议，监督学校章程、规章制度和决策的落实，提出整改意见和建议；（8）讨论法律法规规章规定的以及学校与学校工会商定的其他事项。

第三节　学校自主办学的内部治理机制

随着政府教育管理职能的转变，学校自主办学获得了政策和法律的支持与承认。纵观已有研究，对学校自主办学的研究大多集中于协调政府与学校间的关系以建立适合当前教育需要的现代学校制度，使学校真正成为自主办学的法人实体。就学校自主权的获取和实现而言，这种外部性思维方式是必需的，但并不充分也非足够。从教育发展的实际看，国家已经在政策和法律层面保证了学校的办学自主权，目前阻碍学校进一步实现自主办学的关键不仅在学校之外，而且更多的在学校之内。作为实现自主办学基础和关键的学校，如何把国家下放的权力真正落到实处，防止权力的误用、借用、滥用，协调不同主体间的关系，建立自我发展、自我管理、自我约束机制等成为学校自主办学机制的核心内容。

一、建立分权赋能机制

在人们日益重视学校变革的情况下，学校组织管理出现了新的趋势，该趋势强调权力结构的改进，要求重新分配学校内部的权力，改变传统管理模式下权力集中于少数人手中的现象，强调就组织内容进行合理分权，使组织成员共享权力。制度惯性是改革过程中最难以消解的阻力，认知路径更是改革过程中难以跨越的鸿沟（陈兵，2016）。分权作为教育治理的重要途径和关键目标，在现代学校制度建立过程中，可以分为学校外部分权和学校内部分权。学校外部分权指政府将管理学校的权力真正下放给学校，使学校成为自我管理的主体。但部分地区和学校对分权的认识存在偏差，把分权仅仅视为在学校外部分权，更多是从“要权”和“有权”的维度来理解自主办学，相对忽视“限权”与“用权”。从教育善治角度而言，政府把权力下放到学校还远远不够，某些学校可能会截留政府下放给学校的新增权力，学校管理甚至会更加专断。因此，在学校内部需要“二次分权”，把政府下放给学校的权力进一步下放给教师、学生、家长等主体，完善内部治理结构，实行分权共治（褚宏启，2014b）。

（一）合理规限校长的权能

根据国家法律法规的要求，在基础教育阶段学校实行校长负责制，而高校实行党委领导下的校长负责制。[①] 校长成为学校行政的负责人，位于学校的中心，对外代表学校，对内全面领导和负责教育教学、科学研究和行政管理工作。在政府向学校下放权力的过程中，大量的行政、人事和财务责任落到了校长身上，这给校长带来了责任的同时也增强了他们的权力，容易导致权力在校长层面的集中。“越权而为”“随意而为”成为相当一部分校长的常态，他们权力的扩张不仅限于传统意义上的决策权，而且伸展到学校工作的各个方面。但是，校长负责制并非“校长负责”，在分权治理的视野下，应该细化对校长权力的规定，将校长权力中的模糊部分明晰化，合理规限校长的权能，明确校长的权责，避免出现校长独断专行的问题，使校长正确履行国家赋予的职能。

现代管理理论认为，管理者是把事情做对的人，而领导者则是做对的事情的人。校长应该成为高瞻远瞩的领导者而非事必躬亲的管理者。在学校获得办学

---

① 1985 年，《中共中央关于教育体制改革的决定》明确指出学校逐步实行校长负责制。1993 年《中国教育改革和发展纲要》中规定，中等及中等以下各类学校实行校长负责制。2010 年《国家中长期教育改革和发展规划纲要（2010—2020 年）》进一步明确要完善普通中小学和中等职业学校校长负责制。2017 年《国家教育事业发展“十三五”规划》再次强调完善中小学、中等职业学校校长负责制。1990 年，《中共中央关于加强高等学校党的建设的通知》明确指出高等学校实行党委领导下的校长负责制。1998 年颁发的《中华人民共和国高等教育法》、2010 年颁发的《中国共产党普通高等学校基层组织工作条例》、2016 年颁发的《关于加强和改进新形势下高校思想政治工作的意见》、2017 年的《国家教育事业发展“十三五”规划》对此又做出明确规定。

自主权、明确校长权力行使的范围后，也需要对校长的义务进行确定。校长应该做好学校的顶层设计工作，制定切实的措施引导教师的专业发展，促进学生的全面发展，营造和谐安全的环境，为教师的工作和学生的学习提供保障，更重要的是，校长应该承担相应的学校发展过程中必需的责任，严禁责任推脱现象，为教师和学生解除后顾之忧。

（二）赋予副校长切实权力

副校长是学校管理中的重要角色，是校长的得力助手，作为校长与教师、学生、家长沟通的桥梁和纽带，在学校发展中发挥着不可或缺的传达、管理和协调作用。副校长既是管理者，又是被管理者，既有决策能力，又有执行能力，这种双重的身份及角色使他们在学校的实际运行中处于比较尴尬的地位，在基础教育阶段的学校更是如此。在美国大多数高校，领导者不是校长而是学术副校长。学术副校长处于发起、运作、处理董事会和学校各项事务的核心位置（波恩鲍姆，2008：94）。作为学校的领导者，副校长工作是否有效依赖于校长的领导哲学以及校长给副校长授权的程度。鉴于此，校长应该切实赋予副校长在学校管理方面的权力，充分发挥副校长的作用。

副校长在学校发展中的作用非常重要，但是对于副校长权力的研究相对较少，已有研究认为，应该在下列方面发挥副校长的作用（大卫·韦勒，西尔韦亚·J. 韦勒，2007：7–8）：第一，教学安排权。这包括依据国家教育行政部门关于教学计划、课程、专业设置等的规定，在保证总课时不变的情况下，决定每节课授课时间；自行组织和实施本校的教育教学活动；在符合常态编班原则下，组织自主探索并实施符合学校实际的教学模式和授课方式。第二，财务预算权。这包括掌管预算权，以对部门领导、教师的办公物品需求进行审批或者是决定拨款资助参加专业会议；自主筹措教育经费，纳入“收支两条线”及预算管理。第三，教学绩效评价权。这是副校长最主要的教学工作，可以通过法定权、参照权及个人的相关知识和技能来评定教师的绩效表现；在绩效工资政策框架下，制定教职员工绩效工资方案，自主进行绩效分配。第四，专家聘任权。副校长在招聘新教师时具有很大的权力，可以运用专家聘任权对应聘者进行评价和选用；还可以在推荐教师获得长期聘用或签订年度聘用合同时实施专家聘任权。第五，教师管理权。副校长可以通过自己的品行及与某些有影响力的人的关系，运用参照权来达到管理的目的或者改变教师的行为。

（三）有效发挥中层领导作用

学校自主办学改变了传统的集中、统一的管理模式，进一步强调多元、合作关系的建立和维持。在政府真正转变职能后，就要依靠学校管理人员来实现学校的正常运转。目前，学校的机构设置是仿照政府的模式，管理水平很难适应急剧变化的形势，尤其是缺乏高水平的领导队伍。学校要改变科层制下重视个人权威的倾向，发挥领导团体的作用，重视中层领导班子的建设。在学校中，中层领导主要包括各处室的正职及副职、年级主任及副主任，高校中还包括各学院的院长及副院长等。校长要注意发扬民主，鼓励中层领导成员提高能力，经常与他们就学校发展问题交换意见。中层领导成员需要明确分工、密切合作，坚持“三分三合”的原则，即在职责上、思想上、工作上要分清，在目标上、体制上、关系上要合作。学校办公室要按照校长的指示进行学校工作的决策和下达任务的执行、反馈等，向各处室及工作单位传递学校领导的工作安排并做好各方面的协调工作，同时要负责学校的党建、政工等任务，以推动学校的正常运作。政教处主管学生思想品德和安全的教育与管理工作，执行校务委员会和校长办公室关于学生德育、安全工作的决策。教务处负责学校的教务工作，通过教研组和教师执行校务委员会和校长办公室关于教学方面的工作决策，落实教学常规，执行教学工作计划，进行教学全程的组织、监督和调控。后勤服务处负责学校的总务后勤工作，为教育教学和科研服务，为师生生活服务。年级主任要根据学校的工作安排，制订本年级工作计划，组织各班、各位教师实施；组织、协调本年级的教育、教学活动，协调好各科教师的工作关系，配合学校对本年级教师进行考勤、考核等，对本年级组教师进行客观的评定。

二、完善协商共治机制

教育治理的目标在于实现公共利益最大化，然而治理的主体是多元的，它们的利益诉求存在差异。利益的差异必然意味着利益的冲突，利益的差异同时也必然意味着相互需要，以及在相互需要基础上交换的可能性和达成一致性契约的可能性（张方华，2009）。在教育治理过程中，为实现教育公共利益的最大化，应该缓解各治理主体间的利益分歧，通过协商达成共识。如果一种民主体制的决策是公开讨论做出的，其中每个参与者都可以自由表达意见，同样愿意倾听并考虑相反的观点，这种民主体制就是协商。协商作为教育主体利益表达、沟通的重要机制与方式，能够为教育治理中各主体达成价值共识与行动一致提供基本的渠道与策略。

（一）健全校务委员会制度

教育治理是一种重要的以利益表达、协商和保障为重点的利益调整机制，它改变了传统封闭单向维度的利益表达机制，致力于建设多方利益主体或组织共同参与的利益表达平台和决策参与渠道（褚宏启，贾继娥，2014）。当前，校务委员会制度已经成为一种重要的群体协商与利益表达的方式。1985 年《中共中央关于教育体制改革的决定》明确提出，有条件的地方应建立学校校务委员会。校务委员会应有学校行政领导人，党、团、队、工会负责人以及教职工代表参加，由校长主持，形成制度，定期商讨研究学校的各项工作，成为学校的管理机构。学校重大的人事、财务、利益分配、发展规划制定等，最终都要由校务委员会做出决定。《国家中长期教育改革和发展规划纲要（2010—2020 年）》进一步指出要实行校务会议等管理制度。

在分权制衡与民主协商的理念指导下，由不同利益主体的代表组成的校务委员会能够增强学校决策的科学性和管理的民主性。根据相关实践，校务委员会委员由学校领导、教师代表、家长与社区代表组成，家长代表由学生家长民主选举或者推选，每一个年级至少要有一名家长代表，高等教育阶段可以有学生代表参加。校务委员会委员的人数为 11—15 人，校内代表不能超过委员总数的 1/3，按照民主、公平和公开的原则，采取无记名投票的方式产生，任期为 2—3 年。校务委员会具有咨询和建议职能、宣传和协调职能、审议和决策职能、评议和监督职能。校务委员会实行工作例会制，每学期至少召开 2—3 次会议，除通报学校办学、管理和发展情况，听取委员们的意见和建议以外，重点是在遵循法律法规和政策规定的前提下，审议有关学生管理和学校发展的事项。委员们享有知情权、参与权、提案权、表决权和监督权。所聘请的委员由学校发给一定的酬金。

（二）完善教职工代表大会制度

教职工代表大会是教职工依法参与学校民主管理的基本形式，也是教职工维护自身权利的主要途径。从1985年《中共中央关于教育体制改革的决定》要求建立健全教职工代表大会，到2011年《学校教职工代表大会规定》颁布，教职工代表大会制度在政策的指导和规范下不断得到发展。在学校获得越来越多的办学自主权之后，更需要进一步完善教职工代表大会制度以适应新的教育理念的需要。但实际上教师参与状况未能满足教师参与管理的需要，教师实际有权参与设计和决定的管理内容很少，内容也有较大差异。例如，即使在教育教学质量评定、各科教材教法改进事务上，教师实际参与决定的机会也仅为6%—8%，而教师希望有权决定的福利分配却只能知道和提提建议而已。对于学校基建投标方案拟订、校务预算经费和自筹资金使用等有关问题的调查结果，大部分教师不参与或不知道详情，但实际上仍有相当一部分教师希望知道详情（刘兴春，2003）。

为改变教职工代表大会作用虚化问题，真正发挥其作用，首先，应完善教职工代表大会的代表选举制度。长期以来，充任教职工代表大会代表的一般是学校领导，普通教师的比例较低，而且这些代表通常以默认的指派的方式决定，导致广大教师的心声和意愿很难在教职工代表大会上得到体现。应该取消对已有候选人进行选举的方式，代之以全体教职工以无记名投票的方式在全校或全院范围选举产生教职工代表大会代表，并且要加强对选举产生的代表的培训力度，使他们的提案或建议能真正代表广大教职工的利益。其次，健全教职工代表大会的提案制度。提案是教职工代表大会的“生命线”，是真正体现教职工需求、当前迫切需要解决问题的重要内容。代表要从提案的征集、提案的落实、提案的解决、提案的反馈等方面层层落实，保证提案的严肃性和民主性，提高提案的科学性，切实保证提案解决了根本性问题。再次，设置教职工代表大会制度的相关配套规定。进一步明确学校行政管理系统和教职工代表大会的关系，充分发挥教职工代表的才智，保障学校决策的民主化、科学化；进一步规范教职工代表大会的职责，并认真解决代表提出的问题；切实发挥教职工代表大会的听证作用，在学校出台有关的政策措施前，通过教职工代表听证会的方式，深入了解教师的意见和建议，并据此对政策措施进行调整、修改，增强教师的心理认同感，保障其贯彻执行。

（三）构建学生参与管理制度

学生参与学校管理是推进学校民主化改革的要求，也是推动学校由一元管理到多元治理，由统治专断走向民主协商、协同“善治”的学校治理现代化改革的应有之义。学校，尤其是高等学校，要积极拓展学生参与学校治理的渠道，改革完善学生代表大会制度，落实学生的民主选举权、自主决策权；制定学生管理或者涉及学生利益的管理规定，要充分征求学生意见（褚宏启，2014b）。课题组研究发现，61% 的调查对象所在学校学生参与社团活动，55%、58% 的调查对象所在学校学生参与纪律的规范制定和监督，45.5% 的调查对象所在学校学生参与奖惩规范的制定。

因此，需要进一步优化学生自治组织与参与机构，完善学生听证制度、学生参议制度、学生评估机制、学生自治组织运行制度、学生自我服务委员会制度及学生申诉委员会制度，并设置常设机构对学生参与学校管理的平台进行全方位维护。创新学生代表参与学校管理的模式，赋予学生代表更深层次的参与权，促使其能够真正代表整体学生的重大利益。在制定或修订与学生利益有关的重大事项规定的过程中，如在发展规划的修订、学生政策的调整、学校规章制度的制定等过程中，不仅要听取学生的建议与意见，更应该参考学生代表会议的决定和审议，促使学校内部治理充分体现学生群体利益。拓展学生个体参与学校内部治理的渠道，一方面，积极引导学生主动参与到学校内部治理工作中，创造更多的鼓励学生平等参与决策的机会；另一方面，基于学生群体的差异制定不同的参与制度，分类科学指导，促使不同学生充分发挥其才能，同时在一些学校管理方面授权学生自我服务与管理，学校仅需要对其提供咨询与指导。例如，可以开通校长信箱、设立校长接待日、开展学生校长助理活动、打造教育阳光服务实体和线上平台、召开学生恳谈会等。

（四）完善家长委员会制度

学校的发展不仅需要学校全体人员的努力，更需要家长和社区的积极参与、帮助，学生的成长离不开社区环境，关起门来办学不可能实现素质教育（范国睿，2002：93）。我国绝大部分的学校利用家长开放日、家长会、儿童功课展览等途径，形式上保持家长对学校管理的参与。这虽然能够在一定程度上实现家长参与学校管理，但并不能充分开发蕴藏在家长群体中的人力、物力和财力资源，家长的智慧、资源不能为学校提供便利。家长作为学校教育的直接投资人，根据“谁投资，谁受益”的原则，有权力了解学校的教育教学等管理状况，参与和监督学校的管理，是学校管理体系的当然成员。家长、家长委员会与学校的关系有这样三个层次：第一个层次是理解，尚未上升到行动；第二个层次是配合，学校是主角，家长委员会基本上是配角；第三个层次是家长、家长委员会参与学校管理。其中第三个层次是家长、家长委员会与学校关系的较高境界。家长参与学校管理的较佳载体之一是家长委员会（朱小蔓，2008：64）。尽管家长委员会制度越来越受到学校和家长的重视，但是其发展还不够健全，需要进一步完备。家长委员会成员由家长民主选举产生，通过班级和学校两级家长委员会，使家长参与学校管理、监督学校管理，促进家校合作。学校采购校服、订购教辅材料、组织活动、代收费用等直接涉及学生个体利益的活动，一般应由学校或者教师提出建议和选择方案，并做出相应说明，提交家长委员会做出决定。家长代表可以利用学校召开的家长会由学生家长当场投票选举产生。家长委员会有权对学校管理运行情况进行讨论与问询，并对涉及学生利益的学校发展重大问题享有建议权。

三、力行监督评价机制

权力的有效运行需要强有力的监督机制予以制约，权力是手段，责任是目的。权力与责任是一对相伴而生的概念范畴，如同硬币的两个面一样，没有无责任的权力，也没有无权力的责任，离开任何一方来谈论另一方都同样是不可想象的（刘淑华，2009）。自主办学是学校发展应该具备的一种权力，同时也是学校提高教育质量需要承担的责任。政府下放教育权力后，应该运用多种手段对学校的自主办学状况进行监督和评价。权力与责任对应是基本原则，它表明学校拥有办学自主权并不意味着想做什么就做什么，还必须负担应有的责任。权力的行使必须配以相应的责任监督评价机制。加强对自主办学权的监督，防止权力滥用，是保证学校更好地使用这一权力的关键环节。

（一）推行校务公开制度

随着世界信息化和民主化发展趋势的日益加快，信息已成为最重要的社会资源。据统计，政府大约占据了全社会信息总量的 80%，信息公开已经成为推动社会民主化的重要手段。《中共中央关于全面深化改革若干重大问题的决定》提出发展社会主义民主政治，加强社会主义民主政治制度建设，要注重健全民主制度、丰富民主形式。学校作为基层社会组织，如果各利益主体对学校决策的形成过程和相关信息不了解，就很难参与进去，导致对学校领导缺少信任与支持，缺乏参与学校事务的兴趣，甚至会产生抵触情绪。2002 年 2 月教育部、中华全国总工会印发了《关于全面推进校务公开工作的意见》，2016 年中共中央办公厅、国务院办公厅分别发文强调全面推进政务公开，2017 年教育部办公厅发文进一步阐述了政务公开的实施要求。学校理应加强民主管理与监督的制度建设，以校务公开为载体，增大开放程度，保障师生员工和社会公众的知情权、参与权、表达权、监督权，发展基层民主。

校务公开对推进学校民主参与、民主管理和民主监督的制度建设，增强师生员工正确行使民主权利和履行民主义务的意识，发挥师生员工建设发展学校的主人翁精神，有效推进学校改革建设发展的进程发挥着重要作用。因此，学校可以通过网站、公告栏、电子显示屏、校内广播电视、书面信函等传统形式和 QQ、微信、微博、邮件、BBS 等渠道，利用校务委员会、教代会、家长会、座谈会、恳谈会、听证会等机制，公开学校的基本情况、学校现行规章制度及办事流程、学校发展规划及年度计划、学校招生及学生管理、教科研工作、人事招聘和管理、物资采购和基建，以及学校经费收支、学生安全等方面的信息。学校应该每年编制校务计划书，作为年内各项活动的指引；编制周年报告，介绍学校上年度各项活动，并以清单的方式详细列举学校在各个范畴内的办学成绩。每年的校务计划书和周年校务报告都要给公众和家长参考，同时，资源发布要兼顾线上和线下，使关心教育的公众都能获得有关学校的信息。

（二）力行学校自我评估机制

学校自主办学必须以自我评估为基础，构建学校自我评估机制。学校自我评估指学校依据自身确定的发展目标，根据学校的办学宗旨和目标不断检验、评估其教育、研究进展及对社会的贡献并公布评估的结果，对学校自我发展能力和水平进行自我督导评估。首先，确立自我评估的主体。学校自主办学的评估主体要以学校管理团队成员为主，但根据评估事项的特点可以考虑教职员工、学生、家长及专家顾问等的参与。此外，对于专业性较强的评估事宜，学校可以请第三方评估机构来实施。其次，明确学校自我评估的内容。学校自我评估不仅要重视各职能部门的总结、计划和评价，也要将校务委员会、家长委员会、教代会、职称评定委员会等纳入评估的范畴。借鉴相关经验，学校自我评估要区分教师工作主要的优势和发展需要以及对学生的影响，也可以通过与具有可比性的优质学校进行比较，找到差距，为学校发展设置目标序列。再次，构建学校自我评估的运行机制。一要将学校自我评估融入学校日常管理体系。自我评估并非一次性总结评估，虽然总结评估不可或缺，但持续进行的过程评估也很重要。二要基于证据进行自我评估。抓住每次机会留下学校阶段评估的记录，包括绩效、经费、师资、满意度等，基于证据的自我评估更加让人信服。三要利用评估，帮助学校实现短期和长期发展目标。四是重视学校自我评估的组织和制度保障。

（三）引入中介组织评估

在现代教育治理的环境下，教育涉及的主体更加多元，相比以前，需要协调的关系、解决的矛盾更加复杂，因此，无论是学校的自我评估还是政府、社会等的外在评估，都无法保证其评估结果的客观性和中立性，更无法得到所有主体的认同。而中介组织作为联系政府、学校和社会的桥梁，与它们之间既没有隶属关系，也不会受到它们在经济、人事等方面的制约，其对学校自主办学情况的监督评估相对具有较强的公正性。因此，学校要主动引入中介组织对学校进行监督评估，如在学校发展战略的规划等方面提供咨询，在学校的专业设置、学位设置以及重点学科建设等方面进行审议，对学校的办学质量、办学效益及学科、专业、课程等各方面进行综合或单项评估等。

四、加强检察问责机制

权利与义务间的伴生关系要求在享有权利的同时必须履行相应的义务，为此，检察问责机制显得尤为关键，它能够使权利的行使限制在适度的范围内，从根源上杜绝违法现象的产生。《国家中长期教育改革和发展规划纲要（2010—2020 年）》明确指出，加强教育监督检察，完善教育问责机制。在学校实现自主办学后，加强对其使用自主办学权情况的检察问责就成为学校治理的重要环节。

（一）完善同体问责制度

教育是公共性很强的社会事业，在某种意义上，教育的社会性要高于教育的个体性。如果教育发展状况不佳，应该首先接受教育内部的检察问责，因此同体问责就显得十分重要。同体问责是在教育系统内部，上级教育主管部门对学校或学校领导对教职工的检察问责等。

第一，教育主管部门对学校的问责。在此层面上，检察问责的主体主要包括上级教育主管部门、国家及地方教育督导机构和教育评估机构等。教育主管部门的问责内容一般涵盖以下方面：学校的发展状况，如学校的发展规划及学校未来的发展方向、学校财务状况等；学校为社会发展所做的贡献，如招生数量、教育教学质量、学校的社会声誉、学生的流失量及就业率等；学校运作情况，如单位人均培养成本、学校学费及奖学金额度和覆盖面、学校科研水平和成果、教师的薪酬水平等；学校在发展中取得的成就和遇到的问题以及是否提供有效的解决策略和实施方案。

第二，党委对校长的问责。尽管我国学校实行的是校长负责制，但是校长需要在党委的领导下，接受党委的检察问责。党委是学校的领导核心，统一领导学校的各项工作。校长是学校的法人代表，对外代表学校，对内主持校务，享有决策权、人事权、奖惩权和财务权等。党委需要对这些权力的使用情况进行问责，如负责拟定的学校发展规划、制定的各项规章制度和年度工作计划的具体落实情况，组织师生开展的教学、科研和思想政治教育情况，学校内部人事管理制度实施和教职工的聘用情况，学生学籍管理及对学生的奖惩情况，年度经费使用及学校资产维护情况，等等。

第三，校长对中层领导及对教职工的问责。当前我国学校的管理仍以科层制为主，校长位于整个权力体系的顶端，负有对其他员工的问责权力和义务。学校中每一层级人员的权力和职能一般都有明文规定，上下级间的权责划分比较清晰。校长要按照学校的规章制度和条文规定，对副校长、中层领导使用权力的情况、职责履行情况及人员管理情况进行检察问责。而且他们还要对教师的教学任务完成情况、班级管理状况、学生满意度等进行检察，对后勤、实验室等辅助部门的工作完成情况问责。

（二）推行异体问责制度

同体问责是教育系统内部上问下责的垂直型问责方式，体现的是系统对其内部成员权责执行状况的检察问责。同体问责中不同主体间的利益存在较大的一致性，缺少对其他利益主体权益的回应，因此要发挥不同部门、不同系统和不同主体的检察问责作用，即异体问责。

第一，发挥学生及其家长的问责作用。学生是学校教育的客体和目标，教育改革的完成都要在学生身上得到体现。随着学生主体意识的增强、法治观念的彰显，他们不仅享有法律规定的政治权、经济权等，还有被赋予的参加教育教学活动的权利、学校事务的知情权等。学生作为问责主体，主要关注学校获得办学自主权后学生的课业负担情况、对学校发展的满意度、班级及课题建设状况等的变化并相应地向学校或教师问责。家长作为学生学习的主要资源提供者，在校本管理的思想下，他们参与教育既是责任同时也是义务，更是教育改革的潮流体现。家长参与问责，主要体现为知情权、建议权、决策权及监督权等，家长在教学计划、课程设置、教材使用、教法选择、硬件配备、德育管理以及环境改造等方面拥有对学校问责的权力。

第二，新闻媒体的问责作用。为最大限度发挥新闻媒体在社会问责中的作用，法律和制度通常赋予它们独立、自主报道的权利，实行新闻自由。在现实生活中，由于部分制度安排的缺陷或信息的不对等，公民或组织在行使问责权时，可能效果不尽如人意，而报刊、电视、网络等媒体可以在某种程度上补齐这种短板。它们可以通过报道事实真相、发表评论文章、开展专题讨论等对学校的办学质量、政策执行、学校事件等进行曝光，通过舆论压力对学校进行问责。

（三）完善法律问责制度

要想实现问责的作用，应该对公共权力设置更多的责任规定，并以法律的形式固定下来，在有法可依的基础上，落实执法必严、违法必究。美国特许学校法案中的问责条款主要包括问责主体、问责方式、问责情节和问责程序。为完善法律问责，第一，应该确立问责主体，即学校的授权方，在我国主要是教育行政部门。前提是厘清政府和学校的权力边界，明确政校双方的权力内容，教育行政部门作为问责主体才能更好地行使权力。第二，根据问责情节选择合适的问责方式。美国特许学校根据学生学业成就、严重违反特许学校所适用的法律、大量违反特许状的具体行为、特许学校授权方裁定认为学校存在严重的故意违反公务员法的做法等，采用“撤销特许状”“不再续签特许状”“特许资格留用察看”“警告性认证”等方式予以问责。我国教育领域可以依据《中华人民共和国教育法》《中华人民共和国高等教育法》等相关法律或《义务教育学校管理标准》等有关条例对学校的整体情况进行评估（为了避免对学校的过多、过繁检察，可以采用督导评估的结果），将评估结果与学校的绩效考评挂钩。第三，建立科学规范的问责程序，针对调查、决定、上报等各个环节，明确办理程序、审批权限和时限要求以及文书填报等事项要求，关于调查结果要与问责对象见面并听取其陈述申辩，规定问责对象的申诉渠道和程序等，并注意善后事宜处理，考虑问责后学校的后续改进、发展问题。

第七章

学校章程建设

在教育治理体系与治理能力现代化的建设过程中，管办评分离改革是一条重要路径。改革落实到学校层面，探索建立现代学校制度，进一步深化校内管理体制改革，完善学校治理体系则是其主要任务。以学校组织作为发展主体，现代学校制度的建立与完善，其目的无非包括两个层面，一是建立和完善有利于学校组织发展的外部环境，二是建立有利于学校组织发展的学校自组织机制。前者要求理顺政府、社会、学校三方关系，明确各方职能：政府要考虑简政放权，加强监督和引导；社会要负责建立和完善教育事务中的市场参与机制；学校则要思考如何充分利用自主发展权实现自身更好的发展。后者要求学校确保自身权力用足用好，不出现办学行为不规范的现象。这既涉及确保政府赋予学校的自主发展权不会受到侵害，也要求在学校内部建立一套权力保障与制衡机制。如此一来，在学校办学中对外协调各方利益关系、对内规范成员行为的学校章程的建设和实施就显得尤为重要。

第一节　学校章程的内涵与功能

学校章程自诞生之日起就承担着独特的功能，经过多年的演变和完善，现在西方的学校章程已经成为规范学校办学行为、保护学校办学自主权的重要手段。有学者考证后认为，现在的学校章程可追溯到中世纪大学的特许状，它成为当时大学保护自身权利的有力武器。后在国家或地方政府教育政策法律法规的指导下制定的学校章程则成为在法律框架下学校依法治校的总纲领。我国的学校出于独特的历史原因，在章程建设方面存在诸多难以令人满意之处。在国家推进教育治理体系现代化建设过程中，学校章程作为上接国家法律法规和政策、下启学校规章制度、连接学校内外制度的桥梁，其意义和价值不言而喻。学校章程可以厘定举办者、管理者和办学者的权责，有助于落实学校依法办学的地位和自主权，构建新型政校关系；可以明晰学校治理机制，规范学校内部各主体的行为，使学校成为依法独立办学的主体；还可以吸引社会力量关心学校发展、参与办学，推进各级各类学校在依法依章治校的轨道上健康发展。

一、学校章程的内涵

一般而言，章程是组织机构或者社会团体通过特定程序制定的活动准则，也是组织实施自我管理的依据。学校是一种组织机构也是法人单位，建立内部管理制度是其发展的必然要求。然而，章程不同于一般制度，从其诞生之时起就决定了章程之于学校发展的独特意义。

（一）何谓学校章程

若追溯“章程”的具体含义，可从《辞海》中的解释中窥见一斑。《辞海》将章程分为三类，具体言之，章程是指用书面形式规定的关于一定的组织及其他重要事项的权利。国家机关颁发的章程，是法规的一种，具有法律效力。政党、社会团体制定的章程，是规定本组织内部关系的规范性文件。企业事业单位根据业务需要制定的章程，是具有组织规程或办事条例等性质的规定（夏征农，2002：2149）。这里可以看出，除了国家行政机关制定的章程外，社会组织和企事业单位制定的章程更多是规范组织内部关系的文件，并不具备法律效力。公立学校在民法上属于事业单位，这也决定其章程具有组织规程或办事条例的性质。

而当从学校章程的起源来考察时，有学者认为根据国外大学章程建设的情况，现代大学章程多是由大学权力机构根据大学设立时所得的“特许状”，以国家或地方政府教育政策法律法规为基础制定的依法治校的总纲领（于丽娟，张卫良，2005）。因而，现代意义上的学校章程可以溯源至中世纪大学的特许状。如耶鲁大学的大学章程就是以准许办学的特许状为首的系列根本性法案、规章和规章汇编。中世纪大学为了摆脱教会或者政府的控制常常通过迁徙的方式维持自身的办学自由。为了保证学校在当地的发展，地方当局或者教会则会授予学校相应的自主权并签署法令。特许状规定大学拥有开设课程、招收学生、聘请教帅、制定学术权力的自治权力。因而，经签署的特许状则是政府与学校达成的“契约”，形成对学校外部势力的约束，保证学校自主办学。历史上能凸显学校章程外部效力的一次重要事件是“达特茅斯学院诉伍德案”。达特茅斯学院为拒绝州议会粗暴干涉学校自主办学，以其殖民地时期英国王室的特许状为依据上诉到联邦法院。最终法院根据美国宪法第 1 条第 10 款的合同条款的保护，判决州议会的立法行为损害了学院的合法权利（王慧敏，张斌贤，方娟娟，2014）。当然，这种外部效力也是基于联邦法院认为特许状具有作为司法判决依据的效力。因而，特许状的功能在于它明确了当时大学特许法人的法律地位，成为界定大学与教会和政府之间的权利义务关系的法律文件，也成为大学自治的法律依据。

不过当国家建立系统的法律体系后，开始以成文法的形式规定大学的法人身份，如德国的《大学基准法》，大学章程也就依据国家成文法制定。“以成文法的形式明确大学法律地位的目的在于将大学与国家的关系规范化、法治化，肯定大学具有基于学术自由所拥有的自治权。”（李昕，2018）国家对大学的监督不能侵害大学自治的核心领域即“学术自由”。这样，国家与大学的关系更加具体化，法律侧重于规范学校的外部关系，而章程则是规范大学的内部关系，具有团体法的属性。我国有学者认为，在国家法律法规的框架下，政府既然对高校提出了目标和要求，批准了学校的办学章程和发展规划，向学校提供财政及政策支持，进行绩效评估，那么政府对学校的合约管理可视为双方合意的体现。章程可视为政府与高校间的一种合约。在性质上，这种合约关系为行政契约，介于行政行为和私法契约之间，兼具行政的公务性和契约的合意性（马陆亭，2012）。也就是说，学校章程其实具备对内和对外的双向效力。不过，无论如何定位学校章程的效力，作为学校办学的纲领性文件，其规范学校办学的效力是无可置疑的。

（二）学校章程与一般制度的关系

明确学校章程的定义后，还需要进一步明确学校章程的地位与作用，特别是学校章程与校内各种制度间的关系。具体言之，学校规章制度是学校依据法律法规的规定以及教育行政主管部门的授权，在其办学自主权范围之内制定的学校内部管理规范的总称。校内规章制度是学校为了实现既定目标制定的、要求师生员工共同遵守的行为准则，更多是对内部成员的管理和约束。规章制度可根据实际需要调整和改变，按照作用范围可大体分为职能部门工作制度、员工岗位责任制度、考核奖励制度、学校例行会议制度等。相比较来说，学校章程是对学校办学宗旨、发展目标、运行体制、教育原则等重大、基本问题的规定，是学校办学的纲领性文件。学校是一个团体组织，学校章程是这一团体最高意志的代表和具体化。这也就决定了学校章程是制定各项规章制度的依据与基础，是学校办学和管理的基本依据和基本行为准则。学校规章制度是对学校局部问题的具体规定，是对学校章程的具体化和补充，且不能和学校章程的内容冲突，正如一般法律与宪法的关系。英国政治学家、社会学家麦基佛（R. M. Maciver）认为，“任何一个团体，为了进行正常的活动以达到各自的目的，都要有一定的规章制度，约束其成员，这就是团体的法律”（邹永贤，俞可平，骆沙舟 等，1993：322）。学校中以学校章程为统领的各种规章制度就在学校组织达到其办学目的的过程中发挥了这种团体法律的作用。同时，学校各级各类内部管理规定不能是凌乱和相互冲突的，而应该是有机统一、相互融合互补的。学校章程就是人们用以修改、制定各类规章制度，以保障管理体系完整、协调和统一的依据。

从修改程序来说，学校章程作为学校办学的纲领，规定着学校的办学方向，一经制定并审核通过后就不能随意修改。章程的稳定性是其权威性的保障之一，章程的性质和地位也决定了其不应因组织领导者的变动而随意更改。只有当国家的法律、法规、教育方针、政策等发生变化，学校章程有违相关精神时，或者当学校的发展、办学理念、办学目标等发生重大转变时，才能以原章程规定的修改程序进行修订。同时，学校内的规章制度因学校办学需求的变化可以随时修订，但修订原有制度或者订立新的制度都必须以章程的精神为指导，且不能与章程发生冲突。

二、学校章程的功能

作为学校成立时的必备要件，学校章程的功能在于实现学校内外部关系的法律化，厘清各方权责，保证和规范学校自主办学的法定权利。如前一节所述，从章程来源可以看到，大学章程是学校自治的起点。无论是中世纪时期的特许状还是此后因大学发展赋予大学自治权的各国成文法，都明确要求大学通过制定章程实现其自治权。法国1968年颁布的《法国高等教育方向法》有专门条款规定：公立科学文化性机构及其所属教学与科研单位，依据本法及其实施法令的规定，确定各自的章程，并要求章程需要经学校理事会成员三分之二以上通过（张维平，张诗亚，2007：207）。俄罗斯1992年制定的《联邦教育法》中涉及教育机构章程的条文达44处。《联邦教育法》要求申请成立教育机构时提交相关章程文件，同时教育机构注册机关对不能完成章程规定任务的教育机构有权做出撤销该教育机构的决定（张维平，张诗亚，2007：206）。1993年，澳大利亚维多利亚州启动了“未来学校”计划，以提升公立学校的办学自主权和责任感，进而提升教育质量。该计划规定的四项工作之一便是要求每一所学校制定学校章程（金建陵，2001）。学校办学自主权得到彰显、保障和落实的过程实际上是对学校法律主体地位的明确，进而实现学校内外部关系和秩序的规范化。所以学校章程成为学校实现自主办学的重要标志，国内外学校法人化改革几乎均将章程建设放在起点。

从大学起源来看，欧洲中世纪的行会组织是现代意义上大学的源头。大学也是由各种异质性个体组成的社团组织。“这种社团有着一个宗旨，而且其总体被承认为权利义务的主体，而不依单个人及其更替变化为转移。”（Buckland，McNair，1965：56）换言之，作为社团法人的大学，需要将每个成员的个体意志加以整合，形成具有稳定性的团体意志。如此一来，由独立个体组成的学校则凝聚成“整体”，个体通过该“整体”与外界产生法律关系。团体组织形成独立于成员个体意志的团体意志后，便成为与自然人具备同样权利义务的法律人格主体。团体意志以章程的形式呈现，并以文本形式固定下来，以至于有学者认为“大学法人格的形成正是章程形成并生效的过程”（李昕，2018）。对于其他各级各类学校这一定位也同样有效，学校内部的每一个组织成员都参与到学校的团体意志形成的决定过程中，这表现为学校办学理念、办学定位和办学思想的形成与获得认同。新的成员加入学校之中，这意味着该成员认可学校成员的团体意志。对内部来说，学校自治的正当性来自每一个利害关系人参与团体意志的形成与决定过程，个体在参与团体意志形成过程中发挥作用，也受到组织制度的保障。团体意志通过章程予以承载和表现，组织成员也借由章程建构共享的价值理念，学校组织的使命与精神内核从而得到彰显。团体的形成必须有规章制度以及在此基础上的明确分工，团体内赋予组织秩序性、结构性和分工的规范就是社团的法律，章程则成为学校形成凝聚力和维持内部秩序的关键。社团的联合体或者共同体性质是由有秩序的人的行为所组成的，“社团及‘其’法律、调整某些人行为的规范秩序，以及由秩序所‘构成’的联合（共同体）并不是两个不同的本体”。所以，“社团只有通过它的法律才算在法律上是存在的”（凯尔森，1996：111）。对于各级各类学校来说，章程在团体内发挥着制度建构、组织与规范的功能。这样也就让章程具备了团体法的功能，成为学校自治中必不可少的要素。因此，从这个角度来说，章程确实是团体最高意志的体现，具备团体内部“宪法”的性质。

学校组织能够具备自主性和法律人格的另外一个重要因素为意志独立、行为自主。学校组织主要是通过自治来实现意志独立与行为自主，即学校获得受法律保护的一种自由和权力——自治权。这种权力是指学校对办学行为的自我决定，体现为针对“自治领域”内的事务，学校可以依据章程，独立制定具体的内部管理规范，自主设置负责相应任务的执行机构，建成具有个性的内部组织结构，规范内部成员的行为。对外部环境权力的干涉学校应保持法律赋予的自我决定权和相关法律地位，找到平衡学校与国家的关系的结合点。学校与国家关系的核心在于寻找学校自主权的边界。就是说给予学校自主权的法律赋予学校何种程度的自主权，即法律规定的学校自治权的边界，这决定了学校章程对外的效力范围。在英美法系国家，特许状依然是一些历史悠久大学的法律身份确立依据，被视为大学与政府间的契约，它限定了政府干涉学校办学的权力。而在大陆法系中，依据团体自治理论，法律与章程独立、分立，国家法律尊重团体自身的管理规范，而国家法律又是团体制定内部规则时应当遵守的基本准则，如此便形成了章程的双重属性，即自主性和从属法律性（李昕，2018）。学校自治权决定了学校自主做出决定、实现自身办学意志的可能性，也影响着学校确定自身制度的权限大小。随着各国法律体系日渐健全，通过法律明确各级各类学校的办学自主权、赋予学校通过章程进行自我管理的权力成为目前大多数学校获得自治权的主要途径。此时学校的自主管理权就表现为通过制定内部章程建构制度的空间，章程的自由度体现着大学在多大程度上能够自治，而法律的控制则体现着政府权力能够对大学自由进行干涉的限度（李昕，2018）。这样章程权限的大小就决定了学校制度形塑中章程功能的大小。

另外，对学校自身来说，章程制定体现的团体意志是对学校长期理性思考中形成的教育理念和理想的概括。每个学校都有自身的历史背景、发展模式和特色文化，这也表现为不同的办学理念、校风校训、教育氛围。学校的办学精神和理念只有通过团体内个体成员的实际行动才得以实现，这包含着个体对于集体意志的理解和认同，这是一个规范个体行为的过程。学校章程体现着团体意志，作为校内最高纲领，具有崇高的地位与稳定的气质，因而也是学校特色文化的载体，需要体现组织长期办学中形成的并可以延续的积极因素。

第二节　中国视野下的学校章程

随着管办评分离，中国的教育治理改革逐渐走向深入。教育治理意味着治理的有序性和法治化，这就要求学校治理有章可循。因而在当代中国的语境中，学校章程具有促进治理现代化的重要作用。

一、我国学校章程建设的实践之路

我国的学校章程建设可以追溯到清末。清政府创办的京师同文馆制定了其办学章程，这也是我国近代新式高等学校最早的章程（朱有瓛，1983：6–9）。此后，洋务运动中创办的各式学堂均制定了相应的章程。民国政府成立后设立的一些大学和中小学也都设置了自身的章程，以指导学校办学。如沪江大学、沪江大学附中等民国时期的大学和中学在国家收回教育权的运动中还通过及时修改学校章程以应对办学形势的转变（张捷，2015）。中华人民共和国成立后，政府对学校采用了高度集权管理的模式以回应计划经济体制下的学校管理需求。无论是中小学还是大学，都在政府的"计划"之下运行，不再直接面向社会办学，各级各类学校没有章程也没有必要制定章程。学校的规章制度"只是政府教育规章、政策的具体执行"（米俊魁，2006）。改革开放后，伴随国家经济的发展，一些体制逐渐暴露出弊端，中央做出了体制改革的决定。随着改革的深化，学校与社会的联系日益密切，学校作为独立主体，成为独立法人，迫切需要享有独立自主权。1995 年，《中华人民共和国教育法》

颁布，从而使学校的法人地位得以确立，规定“学校及其他教育机构具备法人条件的，自批准设立或者登记注册之日起取得法人资格”，并规定成立学校必须具备的条件之一为“有组织机构和章程”。而《关于实施〈中华人民共和国教育法〉若干问题的意见》中更是规定：各级各类学校及其他教育机构，原则上应实行“一校一章程”。《中华人民共和国教育法》施行前依法设立的学校及其他教育机构，凡未制定章程的，应当逐步制定和完善学校章程，报主管教育行政部门核准。此后，教育部相继下发的关于依法治校的文件多次强调学校要依法制定章程，作为办学依据。2013 年党的十八届三中全会通过《中共中央关于全面深化改革若干重大问题的决定》，指出深入推进管办评分离，扩大省级政府教育统筹权和学校办学自主权，完善学校内部治理结构。在这一背景下学校章程建设更加迫切，因为章程建设是事关学校内部治理结构完善与否的基础性问题，而学校内部治理又是国家教育治理体系的基层建设部分。因而，各省份也纷纷制定学校章程建设方案，我国学校章程建设进入一个新阶段。

实践层面推进中，全国“211 工程”及“985 工程”高校的学校章程至 2015 年 6 月全部完成核准并发布，由地方教育行政部门负责的各地方所属本科院校的学校章程制定与核准、发布工作也基本完成；同时，各地中小学校章程也在不断建设中，部分地区业已完成。如在 1996 年湖南省就开始启动全省范围内的“教育法制工程”，在全省范围内积极开展依章程办学的试点。北京市则在 1998 年开始着手小学章程的制定工程，在 1999 年底之前完成全市范围内完全小学的章程制定工作，逐渐推进到中学（陈立鹏，1999：29）。山东省东营市东营区从 2003 年开始以区直属学校为试点单位进行章程制定工作。2004 年启动第二批学校章程建设工作并于当年完成。2003 年，上海市闵行区被列为国家现代学校制度试验区，在全区范围内推进学校章程建设。从总体来看，我国学校章程建设基本实现了“从无到有”的转变，这可以看作落实学校办学自主权的重要一步。此后，在中国特色教育治理体系下发挥学校章程的功效成为各地政府激发学校办学活力的重要手段之一。

二、学校章程建设的意义

《教育部关于深入推进教育管办评分离促进政府职能转变的若干意见》中提出，到2020年基本形成“政府依法管理、学校依法自主办学、社会各界依法参与和监督的教育公共治理新格局”。学校章程建设正是在政府职能转变背景下，对学校法定办学自主权实施机制的进一步具体化和完善，对社会参与和监督学校治理呼声的及时响应，对健全学校内部治理体系需求的主动回应。

（一）完善现代教育治理体系

早在1985年，《中共中央关于教育体制改革的决定》就规定从体制改革入手，进行系统化改革，“在加强宏观管理的同时，坚决实行简政放权，扩大学校的办学自主权”。随着党的十四大将建设社会主义市场经济体制作为经济体制改革的目标，教育体制的改革也面临着持续深化与继续推进的需要。1993年，《中国教育改革和发展纲要》提到“学校要善于行使自己的权力，承担应负的责任，建立起主动适应经济建设和社会发展需要的自我发展、自我约束的运行机制”，同时也强调政府要转换管理方式，“运用立法、拨款、规划、信息服务、政策指导和必要的行政手段，进行宏观管理”。这是对政府职能转型提出的要求，也是对学校提升自我治理能力的要求。1999年，《中共中央国务院关于深化教育改革全面推进素质教育的决定》提出“加强对高等学校的监督和办学质量检查，逐步形成对学校办学行为和教育质量的社会监督机制以及评价体系，完善高等学校自我约束、自我管理机制”。2010年公布的《国家中长期教育改革和发展规划纲要（2010—2020年）》提出“政府及其部门要树立服务意识，改进管理方式，完善监管机制，减少和规范对学校的行政审批事项”。足见，在政府职能转型的背景下，现代学校必须提升自主治理能力，适应政府从“全能政府”向“有限政府”转型过程中对学校提升内部治理能力的需求。

《中华人民共和国教育法》和《中华人民共和国高等教育法》对学校设立的要件要求都包括章程，因而完善章程是学校办学合法合规的体现。在现代教育治理体系建立过程中，学校章程发挥着无可替代的作用。从根本上讲，国家颁布的教育法律法规只是针对各级各类学校办学活动中的普遍性问题进行规定。即使是颇有针对性的地方性法规也不可能兼顾各个学校的不同特色。学校以自己历史文化和办学实际为依据自主制定的学校章程则回应了学校发展中对重大、基本问题的关切。章程对学校的办学定位、办学目标、培养目标乃至自身的办学特色做出合理化的判断，对学校整体改革和发展举措做出安排，以内部“宪法”的形式规定下来，保证了办学思想的延续性。章程制定过程中，学校组织内部成员集体参与其中，以章程为载体，对学校整个运行框架做出制度化安排；以章程精神为指引，理顺和完善内部各种规章制度，形成以章程为统领、高低搭配的制度体系，这为学校管理中方方面面工作的实施细则提供了依据。章程的建设完善了教育治理体系内部微观环境的运行机制，为促进国家教育治理能力现代化打下基础。

（二）激发和保障学校办学活力

政府采用宏观管理、实施简政放权是为了避免教育管理中的越位、错位和缺位情况，确保教育“细胞”——学校的活力。过去受计划体制的影响，政府对学校的管理过于直接和微观，管了一些“不该管”“管不好”的事情，压抑了学校的办学活力，使学校缺乏自主管理意识和能力、形成依赖于政府的倾向。学校实现依法自主办学需要重新厘清政府和学校间的权力与义务关系，打破学校办学中政府作为管理者、举办者和评价者“三位一体”的格局，确保政府将办学权让渡给学校，让学校拥有依法自主办学的“主办方”身份（范国睿，2017b）。况且，教育教学作为一种专业性工作，其内容具有复杂性，这也要求给予学校一定的自由办学权，保障教师拥有相应的专业自主权。从这个层面来看，学校章程在一定意义上是建立新型政校关系的保障。政府要做到简政放权，必然需要下放部分教育管理权限给学校。学校则需要统筹自身拥有的各种管理权力，明确自身的办学目标。章程将学校与政府的关系以章程文本的形式固定下来，并上交给教育行政部门审核、备案。在政府和学校的互动中，章程成为一种契约性文本。政府与学校通过“协商”，明确了学校办学的自主权范围，从而减少对学校具体管理的干涉，规制学校的自主办学行为。章程也要求政府要保障学校各种利益相关者的权益，保障新型政校关系的建立和完善。如此一来，则减少了行政干预，使学校可以回归教育本位，对激发其办学活力具有积极意义。

学校章程作为全校师生员工的共同契约，是学校的“宪法”。对学校内部成员来说，章程是通过观点博弈后形成的办学共识，是集体最高意志的文本的形式，这也要求校内每个个体必须按照章程行事。章程明确学校运行中教学、科研、管理、人事等方面原则性的规定，为制定各方面工作实施细则提供了依据。同时，章程是学校不同主体行使自身权利、开展工作的保障，鼓励各主体按照合理规则开展自身活动。而且，章程是彰显学校精神和文化的最佳载体，承载着校内群体共同的办学追求。学校独特的精神气质源于学校的办学传统，也是师生固有的生活样式。章程从制定到执行是凝聚人心、诠释办学精神的过程，它规定了学校的办学理念，有助于激发全校师生共同奋斗的精神。

（三）吸引社会参与学校治理

公共性是现代教育的基本属性，也是教育治理的前提。教育的公共性要求教育利益者之间实现平等对话。但是在传统的管理体制中，学校只需对上级负责，家长、社会对学校教育的知情权、参与权和决策权被忽视。随着教育需求多元化和民主理念深入人心，利益相关者越来越重视学校教育的质量。这一方面要求学校对行政过程采取问责制，实行信息公开制度，保证社会对教育的知情权；另一方面要求学校加强教育管理的民主化水平，在学校管理中吸纳家长、社会以及社区居民参与。因而，社会参与学校治理可以推动学校形成民主、科学的决策程序，做到教育质量接受社会评价、办学成果接受社会检验、决策过程接受社会监督。随着社会各界对教育的重视，公众对教育质量的关注度也开始提高。《国家中长期教育改革和发展规划纲要（2010—2020 年）》提出，开展由政府、学校、家长及社会各方面参与的教育质量评价活动 ，这就要求整个评价过程更加公开透明、开放民主，保证评估过程的稳定性、评估结果的有效性。教育现代化治理体系中的“社会评价教育”要求将评价权和监督权更多地赋予社会，这将促使学校呈现出开放状态，激发社会各界参与学校治理的热情，提升政府和学校的公信力。

社会参与不是随心所欲地介入学校正常的教育教学活动，而需要遵循必要的规章制度。章程涵盖了学校办学的基本精神，简单明了且易于把握，可帮助大众理解和接受学校管理中的规定。学校章程还可以将学校法人的权利和相关办学事项向社会传达，有利于社会力量在尊重学校办学权利的前提下对学校法人的办学行为进行监督和评价。学校通过章程的制定与发布，将自身办学承诺对社会公布。社会各界可以将国家和地方的教育标准作为参照，将学校章程和学校发展规划设计作为评价依据，从而对学校办学结果展开合理和客观的评价。如此学校不再是一个封闭的“象牙塔”，而是逐步走向社会的中心，回应不同利益者的诉求。社会各界也找到自己参与学校治理的渠道，学校校友、社会中介组织、家长和社会人士等将会更多地参与学校的互动。这样可以吸引更多的社会力量投入办学资源，帮助学校提升办学条件和办学质量。通过章程规范社会力量的参与，让学校办学面向社会、服务社会，以实现学校组织的持续健康发展。

第三节　学校章程的构成

教育管办评分离是促进教育治理体系与治理能力现代化的核心抓手，而管办评分离的过程即是政府放权、学校自主办学、社会参与评价的过程（范国睿，2016）。在实现管办评分离的过程中如何配置政府、社会、学校三方权责，是关键环节。管办评分离中，如何监督学校的办学行为以提升学校内部治理能力，如何吸引社会力量对学校办学的关注并参与学校办学，如何限制政府干涉以保证学校办学自由，需要一个能界定学校投资者、管理者和办学者关系的文件。学校章程正是这一功能的承担者，它让学校作为一个独立法人对外处理学校与政府、市场的关系，对内理顺内部关系，规范各方行为，为依法办学、依章治校提供根本性的约束和规范。

一、学校章程的内容

章程的内容主要是指章程文本所应载明的具体事项。如前所言，学校章程是学校组织内成员的集体意志，也是内部自治的最高纲领和准则。同时，学校章程又是在国家法律框架内制定的，体现国家法律对政府行为的约束。章程根据法律划定的政府和学校行为边界，要求属于学校自主办学的领域行政部门就不应施加干预。所以，按照章程指向的对象可将之分为对学校内部的规范条款和对学校外部的约束条款。2011 年，教育部下发《高等学校章程制定暂行办法》，规定“高等学校的举办者、主管教育行政部门应当按照政校分开、管办分离的原则，以章程明确界定与学校的关系，明确学校的办学方向与发展原则，落实举办者权利义务，保障学校的办学自主权”。这就要求章程文本确定政府与学校的关系，厘清举办者、管理者的权责。对于学校内部来说，章程要基于学校办学的实际情况来设计校内治理结构，设置内部机构和组织框架，明确内部管理层的权限以及校内管理的具体程序与规则。不过，按照是否为法律所明确规定及对章程效力的影响，学校章程的内容又可以分为必要记载事项和任意记载事项。必要记载事项一般又可分为绝对必要记载事项和相对必要记载事项。绝对必要记载事项是指根据法律规定学校章程中必须记载且不可缺少的事项，缺少任何一项都将导致整个章程无效。相对必要记载事项则是那些由当事人决定是否列入章程的事项，这些事项的缺失只会影响部分条款的效力，却不会影响整个章程的效力。比如《中华人民共和国高等教育法》第二十八条规定的大学章程内容为：学校名称、校址；办学宗旨；办学规模；学科门类的设置；教育形式；内部管理体制；经费来源、财产和财务制度；举办者和学校之间的权利、义务；章程修改程序；其他必须由章程规定的事项。其中除最后一项外，均为大学章程中必须载明的事项。而任意记载事项则是指在必要记载事项外，举办者根据学校办学特色认为必须要记载同时也不违背法律的一些事项，这也为加强章程在学校管理中的适切性做了铺垫。

二、学校章程的结构

总的来说，一部完整的学校章程必须包含总则、学校功能与教育形式、学校的组织和结构、教职工和学生、资产与财务管理、校徽、校旗、校歌、校庆日、纪念日以及附则等内容。

总则：这部分主要是用于阐明学校章程制定的目的、学校办学宗旨、发展目标、学校性质等问题。如《吉林大学章程》在总则部分明确该校制定学校章程的目的是保障学校依法自主办学、完善现代大学制度、实现学校的奋斗目标，并对学校性质、学校地址和名称等必要事项加以规定。同样，《华东师范大学章程》在总则中明确了学校制定章程的目的为“规范办学行为，保障师生合法权益，发挥社会各方力量，持续推进学校发展”，还规定了学校的性质、地址、办学原则等。

学校功能与教育形式：《中华人民共和国高等教育法》第五条规定“高等教育的任务是培养具有社会责任感、创新精神和实践能力的高级专门人才，发展科学技术文化，促进社会主义现代化建设”。《吉林大学章程》规定“学校以人才培养为根本任务，开展教育教学、科学研究、社会服务和文化传承创新活动”，教育形式为“全日制学历教育。学历教育以本科生和研究生教育为主”，在实施普通高等教育的同时“适当开展高等职业教育，合理发展继续教育”。《华东师范大学章程》则规定学校主要功能为“以人才培养为中心任务，坚持教学与科研的统一，学术贡献与社会服务的统一，文化传承与文化创新的统一”，“学校实施普通高等教育，主要开展全日制本科生教育和研究生教育，适当开展适应社会需要的其他类型教育”。而与学校性质、任务和教育形式密切相关的一些事项如具体学科门类设置、办学规模等也是必要记载事项。

学校的组织和结构：学校建立和运行必须要依靠一定的组织和管理体制及运行机制，这也是学校组织实施教育教学的基础条件。学校处于特定的社会结构中，其运行和发展离不开与环境的良性互动，也离不开有序的行政管理。这就要求学校处理好专业权力与行政权力的关系。特别是对于大学来说，横向上要处理好行政组织与学术组织的关系，纵向上要处理好各级结构的权力分配。《中华人民共和国高等教育法》第三十九条直接规定了我国高校的领导体制及党委领导职责，第四十二条规定了学术委员会及其职责，第四十三条规定了教职工代表大会及其职责。《中华人民共和国学位条例》也规定高校要设立学位评定委员会，并规定了其具体职责范围。因而，学术委员会、学位评定委员会、教职工代表大会制度等都是高校章程必要记载之事项。高校中，学部、院、系所等是实施教学、科研工作的主要单位，高校章程必须明确各级间的权力划分。《吉林大学章程》明确了学院的地位，并对学院所拥有的基本权利、内部组织结构和职权范围等做了详细规定。《华东师范大学章程》则规定具体组织实施人才培养、科学研究、学科建设的单位是学院（系），在学校授权范围内学院（系）实行自主管理，并进一步对学院的权力范围、学院组织结构及其内设机构职权范围做了规定。

教职工和学生：师生是学校的重要主体，其权利和义务是学校章程必要记载事项。学校章程中必须规定教职工的任职制度、教职工的基本权利和义务、学生的权利和义务。

资产与财务管理：学校的办学经费和资产是其办学的物质条件和经济基础，明晰财务和资产管理制度事关利益相关者的权益，也是学校管理中的重要环节。《吉林大学章程》规定“学校对占有、使用的国有资产实施管理，建立健全资产管理制度，合理配置资源，提高资源使用效率”，并对经费来源和财务管理制度的具体安排均做出详细安排。《华东师范大学章程》中也对经费、资产、后勤管理做出具体安排。

校徽等学校视觉形象标识系统以及学校校庆和节日安排：《吉林大学章程》和《华东师范大学章程》均对此做出了规定。此类事项是学校教育传统和文化的象征，对于塑造学校形象和推动学校文化建设具有重要意义，因此也成为学校章程的重要记载内容。

章程一般会设有“附则”，以规定学校章程的制定、修改程序并对解释权的归属做出说明，并声明学校章程在学校制度体系中的核心地位。

第四节　学校章程的制定程序与执行机制

学校章程因其特殊的地位和功用，对优化学校内部治理体系、完善现代学校制度、推进教育现代化治理体系建设有着不可替代的作用。章程既然作为内部群体成员的团体意志，意味着必须经过群体成员协调讨论后形成众意，才能获得其应有地位。章程在执行中必须发挥“元制度”的作用，在明确章程地位的基础上，健全实施的配套制度、问责机制。这必然涉及章程的制定与执行机制问题。只有符合制定程序、得到组织成员认同并能有效实施的学校章程，才能使学校逐步走上依章治校的轨道，确保学校的自主权落到实处。

一、学校章程的制定程序

作为学校建立的要件，章程理应先于学校设立。但是，因独特的历史状况，我国的众多学校章程在“补课”中逐渐完成。也就是说，在实际办学实践中，每一所学校都有自己固定的、正在运行的章程，只不过有的尚未以文字形式经过特定程序系统化、法定化（胡敏强，赵旻，严新平，2011）。因而学校在制定章程的过程中必须充分考虑到已有的办学传统和学校文化，在继承基础上以文本形式将之固定。章程作为学校凝聚人心的载体，其制定必须有学校内部各部门通力合作、学校人员广泛参与以及社会各界积极支持，从而合乎各方需求。

（一）成立由多方主体组成的起草小组

我国的学校章程建设是在政府“去行政化”的趋势下，为实现学校从“层级管理”的科层组织转换为“意志和行为”独立的法人而提出的。故而，在法律规定的框架内，落实学校的法人地位、规范校内外管理秩序，是落实法律赋予学校的办学自主权的必然要求。《高等学校章程制定暂行办法》规定“高等学校应当按照民主、公开的原则，成立专门起草组织开展章程起草工作”，这要求无论是学校成立前还是成立后，章程制定主体应该由各方利益主体组成“制定代表联合大会”，负责行使章程的审议和表决通过权（湛中乐，2011：229）。学校章程制定首先要由“制定代表联合大会”成立一个起草小组。章程是学校团体内部的“法律”，它是团体意志综合的结果，也是在国家法律框架内落实学校办学自主权的载体。因而，起草小组组成应该多元化，一般需要涵盖学校党政领导、学术组织负责人、教师代表、学生代表和相关专家等，也可吸纳学校举办者代表，邀请社会相关群体代表、退休教职工和校友代表参与其中。多元主体参与其中，体现出学校各利益相关者在学校治理中的参与，更重要的是章程是对学校各利益相关者间权力的制衡与规范，为政府宏观引导、高校及内部力量的民主管理和社会力量的积极参与提供了条件，也为各方利益诉求提供了表达平台。起草小组要注重深入研究和分析本校已有办学传统、办学特色，结合未来发展需要，整理有关学校章程的法律、法规，做好章程起草前的文献准备工作。同时起草小组要广泛听取学校内外相关人员的意见，充分反映举办者、管理者、办学者和师生员工的诉求。事关各方利益的重大问题，要采用多种方式征求意见，使章程起草的过程成为各方利益博弈、学校凝聚共识和整合意志的过程。而针对涉及举办者权力的内容，学校要与举办者和主管教育行政部门充分沟通协商，以便划定政府和举办者涉入学校管理的边界与权限。

（二）章程草案的起草及修订过程

学校章程文本形成是指起草小组起草章程并形成上报核准的文本的过程。对于已经成立的学校来说，要梳理学校已有的规章制度，通过“修、废、改、立”吸纳需要在章程中体现的办学经验，新成立的学校则可以借鉴办学规模与性质类似学校的章程和规章制度。章程起草小组与各方利益相关者充分沟通后开始着手制定学校章程草案。章程草案文本形成后，还需要通过公示阶段，经历“公示—反馈—修改—公示”等多次反复，形成正式草案提交大会审议。在草案的公示阶段，公示对象包括学校内部和外部的利益相关者。内部成员因其利益相关性更强，其利益诉求的表达更能体现章程起草过程中的民主性。故而，对于内部成员的利益诉求和建议，要予以重视。对于外部利益相关者提供的建议和意见，可以视为社会和公众对学校办学提出的要求。对于内外部建议和诉求可在修改后的草案公示前进行反馈，对于不予采纳的要说明理由。

（三）学校章程的核准与发布

根据《高等学校章程制定暂行办法》的相关要求，学校章程正式草案应提交教职工代表大会讨论，同时起草小组负责人需要就章程起草过程、主要问题向大会做出说明。不过，在具体操作形式上，可允许学校利益相关者群体先分别进行内部审议，然后将各群体形成的意见交由制定代表联合大会汇总。起草小组应当派成员到各群体内回应质询、做出说明。章程的审议可采用公开辩论和讨论的形式，也可借鉴国外审议阶段提出修正案的方式给予各方充分表达不同意见的机会。在审核讨论环节中，章程起草小组、学校举办者、教育行政部门代表和教职工代表等利益群体需要一个充分沟通和博弈的过程，各方意见达成一致和妥协，则可将正式草案提交制定代表联合大会表决通过。

《中华人民共和国教育法》和《中华人民共和国高等教育法》均规定章程是学校设立时必须提交的申请材料之一。而《教育部关于加强教育法制建设的意见》和《教育部关于加强依法治校工作的若干意见》都要求学校制定、完善学校章程并提交教育行政部门审核。主管部门的审核可以视为政府对于学校办学自主权范围的确认和赞同，是二者间达成意见一致的过程。学校章程经过行政许可后便获得了调整利益相关者之间的关系、规范利益相关者行为的功能。通过公布这一程序后，章程正式开始发挥作用。

二、学校章程的执行机制

章程的生命在于执行，章程的实施是其从应然状态转化为实然状态，由“书本法”转化为“行动法”的过程，学校章程的顺利执行是落实学校办学自主权的关键所在。因而，学校必须创设章程实施的条件，从对章程的宣传开始创设章程实施的氛围，在学校的规划、制度调整和考核评价中贯彻章程精神，严格按照章程要求规范自身办学行为。

（一）加强章程宣传，塑造依章治校氛围

章程核准通过后，学校要主动借助校报、网站、微信平台等推动关于学校章程的内涵阐释，引导师生参与学习互动；通过新闻网站报道学校章程信息，提升社会关注度。无论对于大学还是中小学，抑或相关教育管理部门及社会监督主体来说，在明确章程地位的基础上提升各方主体按章办事的意识，让章程“入脑、入心、入行动”是章程发挥作用的前提。多年来，学校“无章办学”取得的成就导致人们对于依章办学的内涵和价值意义认识不到位，而社会学制度主义认为，人们对于新制度的接受需要一个文化认知的过程，因而广泛的动员和宣传必不可少。

对学校章程的宣传不仅仅是要宣传章程的内容，更要注重宣传章程的价值和意义。政府要进一步推进章程建设的政策宣传和理论研究力度，形成利于学校章程建设的舆论环境。当然，学校章程真正发挥价值，不能停留在宣传上，而要落实在行动中。教育部办公厅在 2003 年发布《关于开展依法治校示范校创建活动的通知》，提出学校要依法制定章程，经教育行政部门审定通过后要遵照学校章程办学。示范校评价中一票否决的三种情况之一是没有章程。在示范学校的建设中，政府应对相关学校进行指导和支持，严格考核和评估，确保试点学校采用行之有效的步骤开展试点工作。对已有成效的示范学校进行经验总结，探索促使章程实施有力、功能充分发挥的经验，进而推进全国范围内的学校章程的建设，其宣传价值不言而喻。

为扩大学校章程宣传和影响力度，有学者建议可通过地方人大立法的形式

推动大学章程“法律化”，从而赋予大学章程以法律效力。因为具有相对完备的立项遴选程序，只有质量高、能解决实际问题、严格按照地方立法程序制定的章程才能进入立法程序（林琳，2015）。从学校作为章程制定主体的角度来看，若通过地方立法的形式使高校章程具备法律效力，有助于厘清高校与外部利益相关者之间的权力边界，还可以借助于立法程序促使学校制定出质量更高的章程，倒逼学校及其相关利益主体进行充分的博弈。另外，如若推动大学章程“法律化”，势必需要将维护教师和学生等组织成员的权益制度和权益受损后的处理程序纳入章程之中，作为日后解决争议的依据，这将为学校中的弱势群体提供权利救济的有力保障，也会促使高校更积极地落实相关内容。我国香港地区高校章程就是通过相关立法机关的立法审核，确立了其法律地位，具有了法律效力（梁剑，2008）。我国通过地方人大立法保障中小学校章程效力并不现实，但是青岛市借助管办评改革的契机，通过该市地方性法规《青岛市中小学校管理办法》，回应了学校治理中的问题，也为中小学如何依章程办学探索了道路。该办法明确了章程在学校发展中的统领地位，要求学校按照章程自主办学。同时，该办法对学校发展的各个核心问题进行解释，对学校内外部治理机制中各方主体的关系和职责做出相关规定，为落实学校办学自主权、保障章程的效力提供有利条件。这样，学校利益相关群体可认识到依章办学是法律的要求，是学校发展规律的要求，是中央政府在社会发展高度上做出的重要决策，从而在保证维护自身利益的同时，逐渐形成“依章办学”的文化。

（二）以章程为指导，规范学校发展规划

学校章程是学校组织全体成员对学校办学精神、理念和价值取向的高度凝练，它确保学校按照既定的办学方向持续发展，而不会因为校长的更换对学校发展产生影响。学校的发展规划是学校根据国家教育方针、政策和地区教育发展规划对自身未来一段时期内发展的目标和途径的安排。这涉及学校发展目标、发展规模与速度、组织结构调整和办学资源配置等方面。具体到规划种类又可分为长期规划和短期规划、综合规划与单项规划、学校总体规划与部门规划及科室规划等。随着我国经济、社会、文化的发展，政府职能逐步转变，学校必须从一切依靠政府行政指示转向自主发展、主动发展。学校办学自主权得到确认和落实，对

学校制定发展规划的系统性和定位的准确性提出更高的要求。学校制定目标具体且明确的发展规划，就是确定全体成员共同奋斗目标、明确发展思路的过程。这需要以章程中所明确的办学方向和发展目标为依据，确定或者修改学校的中长期发展规划与短期工作计划，落实学校工作的相关部署，确保学校的发展方向不会因为领导的变动而变动。

学校在提升自我规划、自主办学、自我约束能力的同时，应自觉将章程作为办学治校的准则和依据。学校制定发展规划需要具有前瞻性的理念和思想，否则很难办出特色，走上内涵发展之路。学校的规划不是机械执行上级的文件、政策，而要立足学校实际，能够鼓动和激发教师的创造冲动与工作热情，规定好学校师生努力的行动方向。所以说，学校必须有能力制定出符合自身发展特色，符合学校发展理念并具有前瞻性的发展规划，从而推动学校全方位的进步与发展。在处理相关规划问题时，各级各类学校必须将章程作为根本性的指导和依据，确保学校发展规划的制定和实施行走在“合法”的轨道上。

（三）落实章程内容，健全学校制度体系

学校章程是学校内部治理体系的纲领性文件，其具体落实还需要校内基本规章制度体系的支撑。学校需要根据章程的精神建立与之相配套的系统化的学校制度体系，从而保证章程的规定与原则能以具体的制度加以落实，“防止章程与具体规范‘两张皮’”（黄兴胜，2015）。学校章程建设不能仅局限在搭框架上，章程的每一部分内容必须有相应的实施细则或基本规章制度予以具体化，才能逐步落实。这样才能实现制度的执行即是对章程的实施，进而完善学校依章自主管理的制度体系。章程审核通过后，学校健全内部制度体系的主要工作是根据章程精神对学校已经颁布的规章制度进行主动梳理，重点针对一些与章程精神冲突、不合规又无依据的文件，通过“废、改、立”等措施建立起以章程为统领的学校内部治理制度体系。

各级各类学校中都有很多的内部规章制度，而这些制度对于学校过去成就的取得发挥了重要作用。不过从依章治校的要求来说，也有很多制度存在着形式上或内容上的缺陷，或者存在着不健全的情况。学校应该从多个角度去考量：从法律、法规和学校章程角度去审视已有制度是否存在与之违背的地方；从学校章程

对未来的规划的角度去思考现有制度是否符合学校发展的需要；从贯彻章程精神的角度去思考是否还有制度空缺和不到位的地方；审查学校现有制度之间是否存在相互重叠或者抵触的地方；等等。在仔细审查的基础上，对照章程文本，逐步做好学校章程的“废、改、立”工作，建立起有专项制度支撑、有实施细则辅助的“金字塔式”校内规章制度体系。

（四）维护章程权威，理顺校内治理关系

学校章程作为校内管理的“宪法”，也是学校内部治理的总纲。各级各类学校应当依据章程的规定，规范和梳理学校内部的治理结构和运行机制，提升学校管理的制度化、科学化水平。章程要在校内治理中发挥作用，成为学校依法自主办学、实施管理和履行公共职能的基本准则，成为保障师生等利益主体权益的依据，成为限制校长和学校内部领导权力的笼子，就必须要理顺校内各部门、各团体、各岗位的具体职责。

就高校来说，要在坚持和完善党委领导下的校长负责制的前提下，明确学校党委会与校长办公室的具体权力界限和职责乃至学校的决策程序；要在明确学校学术委员会、学位评定委员会等学术组织相对独立性的同时，扩大学术性组织处理学术管理事务的职能与权限，排除和避免行政势力对学术管理的干涉；要处理好党委领导下的校长负责制、院校两级管理体制关系，深化学校内部改革，推行校院两级管理体制，降低管理重心，实现人权、财权、事权的统一，确保院、系可以独立行使其应有职权。中小学则要继续坚持完善校长负责制，明确校长的权限和学校的决策程序；发挥中小学党组织在校长负责制中的领导和监督作用，保障党和国家各项方针政策能够在办学中落实。无论是高校还是中小学都要加强教职工代表大会的建设，保障其民主监督的权利，涉及教职工切身利益和学校发展重大事项的决策必须经过教职工代表大会审议方可执行。

章程的执行就是让学校的各项工作都有法可依，以减少个人因素对学校办学的影响，实现依法治校。学校管理中要重点明确校内各种管理制度及岗位职责，具体来说主要是学校中的日常管理和岗位责任制度。前者包括行政管理制度、教育教学管理制度、学生管理制度、学校物资管理制度、学校安全管理制度、对外合作与交流制度、学校财务制度等；后者包括决策责任制度、教师责任制度、工

作质量考核制度等，全面规范学校内部各个岗位的工作范围、职责与权利。另外，学校还要注重健全校内救济程序和申诉制度。完善师生的权利救济和纠纷调解机制是理顺校内关系的重要内容之一，也是校内个体权利得到保障的体现。具体而言，校内救济制度可分为两种。第一种是申诉制度，即学校要设立专门的相对独立的教师、学生申诉受理机构。该机构有明确的人员组成、职责规定和申诉程序及范围等。第二种则是听证制度，即学校在做出相应处分决定前，要召开听证会，允许相关责任人辩解和陈述，为个体提供充分的自我辩护机会，保障个体的权益。这些制度共同构成学校内部管理体系，让每一个个体都能感受到学校管理中的法治力量，为依章治校提供制度保证。

（五）建立章程执行的监督机制

作为举办者、主管教育行政部门和其他有关机构以及师生、关心教育发展的公众对学校办学监督和评价的主要依据，学校章程在执行中必须建立起监督机制。为防止学校章程实施中出现专断和权力滥用，建立和健全章程实施的监督机制则是重要一环，以及时处理和应对违反章程的事件或行为，维护章程的权威性。如此，可进一步规范各方行为，保证章程的严肃性与有效性。

"徒法不足以自行"，章程经核准后，若仅存于学校档案中和网站上，并不能给学校管理带来任何益处。章程的效力发挥离不开必要的监督与问责。在2014年全国教育工作会议上，教育部提出根据《全面推进依法治校实施纲要》，研究制定依法治校指标体系，形成依法办学的考核标准、考核办法。此项工作给政府、社会和学生家长监督学校办学行为和评价学校管理活动提供依据。章程既然是学校与外部利益主体间的办学"契约"，那么主管部门、社区、家长都有权采用章程规定的途径和方式监督学校是否按章办学。因此，有必要加强章程执行的监督机制建设，确保学校办学自主权行使的透明度。监督机制建设要注重从内部治理主体的利益出发，体现民主性和广泛参与性。首先，监督得益于学校的校务公开。我国法律明确规定教职工代表大会是学校内部民主监督机构、学生代表大会是咨询机构，但充分发挥其监督功能建立在学校校务公开的基础上。学校通过校务公开，对事关学校发展的问题、涉及师生和利益相关者切身利益的问题以及引起社会广泛关注的问题等予以公示。要让学校的每一项工作均在师生监督下实施，在社会监督下进行。其次，校长应在每年度向教职工代表大会提交学校章程执行情况的说明，并上报给上级教育主管部门。学校教职工有权对相关内容进行质询。最后，教育督导机构应把对学校章程实施和执行情况的评价纳入发展性评价之中。教育行政部门应把章程执行情况纳入指导和监督工作中，作为学校评价、校长岗位责任考核、学校年度考核的重要内容。同时建立问责机制，对学校不执行或违反章程的情况施加惩罚，责令限期改正。

第八章

学校治理结构

面对日益复杂的利益相关群体间的冲突和矛盾，依靠行政命令、校长权威等单一力量已无法快速有效应对教育中的复杂情形，包括教师在内的多元主体参与成为化解矛盾、解决问题的关键。因此，学校内部治理结构改革成为教育改革的攻坚重点（马陆亭，2014）。其当务之急便是打破学校内部权力格局，完善治理结构，实现权力资源的重新配置（鲍传友，2017）。同时，也只有通过完善学校治理结构，才能形成自我约束、自我规范的内部管理体制和监督制约机制（袁贵仁，2014），这是政府简政放权的制度前提，有助于扩大学校办学自主权。

第一节　学校治理结构的内涵

组织结构建设并非一劳永逸，伴随社会发展、诉求改变，其会发生再造。学校治理结构也是如此。本节即是在简述组织结构及其再造的基础上，探讨学校组织结构的现状、问题及完善的必要性，进而提出学校治理结构的内涵。

一、组织结构及其再造

组织结构是指为了完成组织目标而设计的组织内各要素的排列顺序、空间位置、聚散状态、联系方式及各要素之间相互关系的一种特定安排，是组织内部分工协作的基本形式或框架（李伟，2012：383）。目前存在直线式组织、职能式组织、直线－职能式组织、矩阵式组织、委员会式组织等各种组织形式。伴随社会发展，也出现了一些新的组织形式，比如网络型结构、团队结构、多维立体结构、虚拟组织以及学习型组织等（李伟，2012：398–404）。无论哪种形式的组织结构设计，管理者都要对工作专门化、部门化、指挥链、管理幅度、集权与分权以及正规化等因素进行综合考虑（罗宾斯，贾奇，2016：382）。其中，“专门化”回答工作分解细化到什么程度的问题，“部门化”回答工作分类的基础是什么的问题，“指挥链”回答员工个人和工作群体向谁汇报工作的问题，“管理幅度”回答一位管理者可以有效领导多少员工的问题，“集权与分权”回答决策权应该放在哪一级的问题，“正规化”回答规章制度在多大程度上指导管理者和员工行为的问题。总之，现代组织结构正在朝着扁平化、网络化、虚拟化、柔性化等方向发展（李伟，2012：396–398），强调减少管理层次，加强组织成员之间的信任、合作与信息共享，能够迅速灵敏做出适应性的调整。

组织结构的设计并非一劳永逸，组织要以核心竞争力为中心，通过对结构的重新思考、设计，形成新的组织文化，以适应外在环境的变化，来提升组织效能，这是一个组织再造的过程（洪晓军，汪小洲，2008）。组织再造的方式主要有政策再造、激励再造和结构再造三种。其中结构再造是最直接、最基本的再造方式，它主要是对组织结构中的目标体系、部门体系和权力体系进行调整而实现目标的过程（王田苗，胡耀光，2002：229–237）。在追求特色的当今社会，从高度结构化 / 标准化的官僚组织到松散的无边界组织，不同组织的结构设计呈现出了多样性、差异性。这种差异或多样主要是由不同组织的战略、规模、技术和环境等不同造成的。

二、学校组织结构的完善

伴随其面临环境、规模、发展战略等的变化，学校组织结构再造成为必然，正如富兰所言，学校组织再造的行动前提是学校组织存在不合理（Fullan，1995）。有学者认为，我国中小学校组织结构变革走向了分部化、分层化（张新平，2014）。分部化是学校组织结构的水平分化，即将组织任务划分为若干领域，并指派适当成员负责各个领域。分层化是组织中的层级控制，也称为垂直分化，它把组织分成上下若干层级，彼此间形成指挥服从关系，便于协调。就本质而言，这是一种条块划分的学校组织结构，在提高学校事务执行效率的同时，也为学校管理的民主参与带来困难。由于组织结构决定着组织功能，实现权力资源的重新配置成为学校治理能力提升的当务之急（鲍传友，2017）。有学者认为，学校组织再造并不是在现今结构中加入更多相同的事物，或是围绕边缘进行修补或做出显著的改善，而是针对学校目标和学校如何有效运作的再概念化。

伴随教育改革的深化、教育问题的复杂化、教育诉求的多样化，越来越需要建立现代学校治理体系，促进多元利益相关主体的参与。学校组织结构再造已经远不是对现有分部化、分层化组织结构的简单修缮。为落实党的十八届三中全会推进国家治理体系和治理能力现代化的目标，2014 年全国教育工作会议提出，

“深化教育领域综合改革，加快推进教育治理体系和治理能力现代化”。作为教育治理的一线场域，学校被赋予了更高的治理目标，即扩大学校办学自主权、实现学校自主办学，而办学自主权需要治理结构来保障和约束。因此，提高学校治理能力，完善学校治理结构，促进多元主体的参与是关键。那么，教育治理现代化背景下的学校治理结构内涵是什么？

三、学校治理结构的内涵

“学校治理结构”是伴随“教育治理”“学校治理”的兴起而产生的新词，本章尤指“学校内部治理结构”，近年来该主题成为教育领域的热点话题。学校组织机构设置的关键问题是正确划分学校权力与责任、公平分配学校成员利益（杨颖秀，李宁，2016：13）。因此，有学者指出，即使是在一所学校内部，“分配权力也同样是治理结构建设的核心问题”，厘清学校治理主体是完善学校治理结构的前提，要逐步明确各主体在不同领域的各个环节上的权力和责任（李希贵，2014）。有学者认为，学校治理结构是“学校内各个利益主体的权责关系及其相互协作和制约机制”（鲍传友，2017），完善它的目的是通过权力分享和民主参与，激发学校内部各主体参与学校事务的积极性和主动性。也有学者认为，学校内部治理结构是各利益主体在共同参与学校治理过程中所形成的法权关系及其运行机制，是一所学校办学思想、文化价值的隐性表达，也是各利益相关方的权力和责任在学校组织设计中的直接呈现；从外延上看，学校内部治理结构是学校组织体系与运行机制的集合。（刘永福，2017）还有学者认为，学校内部治理结构是学校组织、决策、执行、监督、评价系统的制度与权力运行机制的布局设计。它是一所学校的办学思想、文化价值的制度性表达，也是各利益相关方的权利、责任和义务在学校组织设计中的直接呈现（张素华，2017）。

本研究认为，“学校内部治理结构是学校组织权力运行的制度安排，以规范和平衡学校决策、执行和监督等权力关系及相应的组织运行机制，实现各项权利之间的清晰划界，保障决策、执行、监督彼此分离，调动不同利益相关者参与办学的积极性”（范国睿，2017b）。可见，多元治理主体、权责分配、制度规约是学校内部治理结构的主要元素，权责分配不仅涉及各主体，也涉及学校管理决策、执行和监督的各个环节。

第二节　我国学校治理结构的设计

我国学校治理结构的设计旨在回答“谁来治理”“如何治理”的问题，其中也必然涉及各主体之间的权责分配。这一设计是我国学校治理结构的基本蓝图，指导着我们的现代化学校制度建设进程。

一、多元治理主体

学校治理主体由单一转变为多元，是指要改变过去政府包揽一切的局面，让政府、专家、社会机构、学校管理者、教师、学生、家长和社区等多元主体共同参与学校治理。但也有学者认为，教职工代表大会、校长及校务委员会、学术委员会、学生会、家长委员会是目前大家比较认可的具有不同权力的学校治理主体（李希贵，2014）。不论是具体的人，还是由人组成的各类委员会或组织，二者并无本质区别，况且不同主体在学校治理中的参与也多通过相关委员会来进行，当然也不乏一些临时工作小组或者专门工作委员会等。

学校权责规定多以组织而非个体为单位，因此本节将各组织作为学校治理的主体，各主体在学校治理中都有参与权。根据学校“决策—执行—咨询 / 监督 / 审议”的权力运行机制，以及相关政策文件的规定，决策环节的治理主体包括学校党组织或党委、校长及其办公室，对民办学校而言则是董事会；执行系统的治理主体则主要是学校各级各类行政部门，它们在上传下达中发挥重要作用；咨询 / 监督 / 审议环节，主要有校务委员会、学术委员会、教职工代表大会、家长委员会、学生会等治理主体。这些组织机构在学校治理各个环节发挥着关键性的作用（图 8–1）。

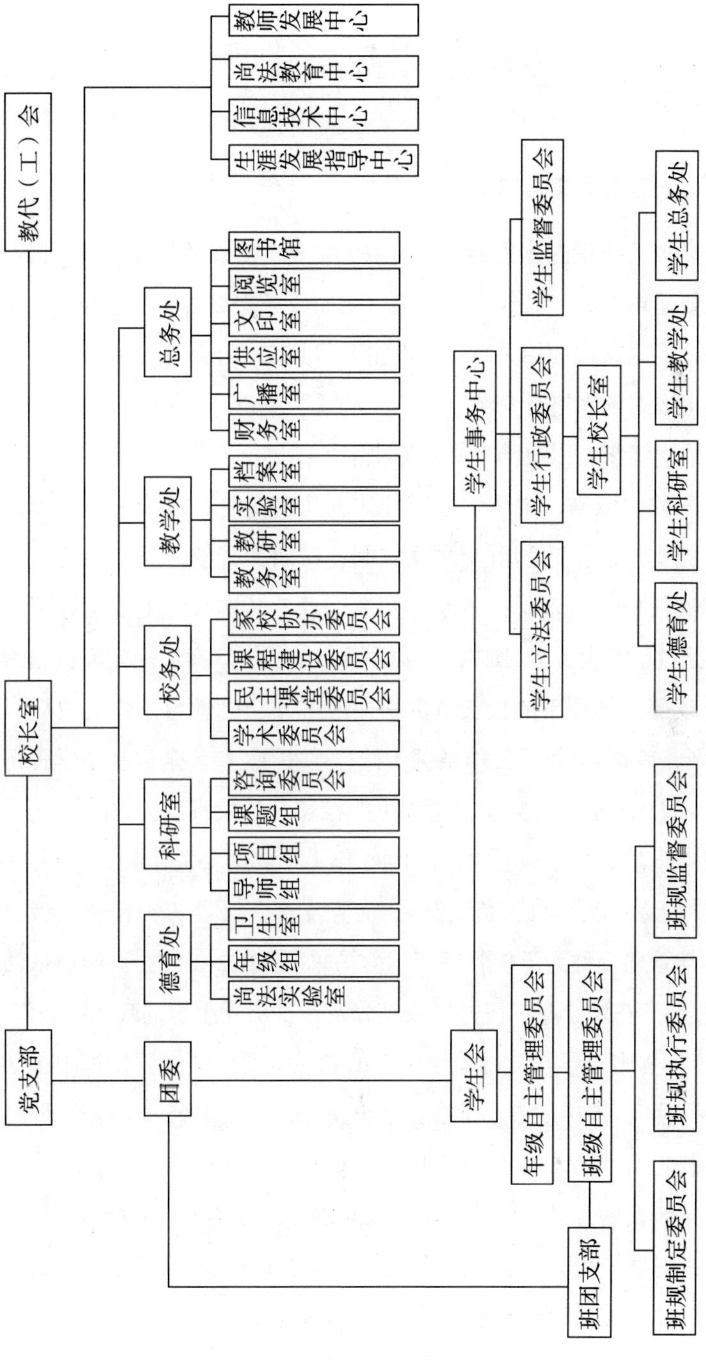

图 8–1　某中学学校治理结构

二、学校治理各环节中的权责分配

除了明确参与主体外，还需明确各个主体在治理结构中的职责，以此确定各自的权力关系。

（一）决策主体及其职责

公办学校的决策主体主要是党组织/党委、校长及其办公会，民办学校的决策主体主要是董事会。其他学校机构，比如校务委员会、学术委员会也有部分的决策权力，但国家层面相关政策文件主要将其定位于审议、咨询性质的机构。因此，这里主要对前者进行介绍。

1. 学校党组织：以政治为核心的决策主体

新中国成立以来，中小学校领导体制几度变更。1949—1984年，学校权力在校长、党支部、行政和群众之间徘徊。初期实行校务委员会制；第一个五年计划期间实行校长负责制；1957年整风运动后，实行党支部领导下的校长负责制；20世纪60年代《全日制中小学暂行工作条例草案》规定实行当地党委和主管教育行政部门领导下的校长负责制；1978年全国教育工作会议后，教育部重新颁发《全日制小学暂行工作条例（试行草案）》和《全日制中学暂行工作条例（试行草案）》，规定实行党支部领导下的校长分工负责制。1985年至今，逐步确立起党在中小学的政治核心地位。1985年《中共中央关于教育体制改革的决定》要求，"学校逐步实行校长负责制"。而党支部保证监督和校长负责、教职工代表大会参与管理合称为学校管理"三驾马车"。2012年《全面推进依法治校实施纲要》要求，"在中小学、民办学校充分发挥基层党组织的政治核心作用"。2016年，《关于加强中小学校党的建设工作的意见》要求"充分发挥中小学校党组织政治核心作用"，指出"中小学校党组织是党在学校中全部工作和战斗力的基础，发挥政治核心作用，全面负责学校党的思想、组织、作风、反腐倡廉和制度建设，把握学校发展方向，参与决定重大问题并监督实施，支持和保证校长依法行使职权，领导学校德育和思想政治工作，培育和践行社会主义核心价值观，维护各方合法权益，推动学校健康发展"。具体而言：

（1）全面贯彻执行党的理论和路线方针政策，贯彻执行党的教育方针，引导监督学校遵守国家法律法规，依法治校、规范管理，确保正确办学方向。（2）参与讨论决定学校发展规划、重要改革、财务预决算和教学科研、招生录取、基本建设等方面的重大事项，以及涉及师生员工切身利益的重要问题。（3）坚持党管干部原则，在选人用人中发挥主导作用，负责学校内设机构负责人的教育培养和选拔任用，协助上级党组织做好学校领导人员的教育管理监督等工作。（4）坚持党管人才原则，参与讨论决定人才工作政策措施，会同有关方面做好各类人才培养、引进、使用、管理、服务和奖惩工作，对教职工聘用考评、职称评审等提出意见。（5）坚持立德树人、德育为先，做好思想政治工作和意识形态工作，开展社会主义核心价值观教育，加强学校文化和精神文明建设，推动形成良好校风教风学风。（6）完善学校党组织设置和工作机制，创建学习型服务型创新型党组织，扩大党内基层民主，严格党内组织生活，做好发展党员和党员教育管理服务工作。（7）领导学校党的纪律检查工作，落实党风廉政建设责任制，严格执行《中国共产党廉洁自律准则》《中国共产党纪律处分条例》等规定，加强对违纪违法问题的预防、监督和查处。（8）领导工会、共青团、少先队等群团组织和教职工大会（代表大会），做好统一战线工作。

新中国成立以来，我国高校领导制度也几经变动，从“校长负责”到强调“党的领导”，党在高校中的地位和功用也有变化。1950 年《高等学校暂行规程》规定实行校（院）长负责制。1958 年中共中央、国务院《关于教育工作的指示》要求实行“学校党委领导下的校务委员会负责制”。1961 年《教育部直属高等学校暂行工作条例（草案）》（即“高教六十条”）规定高校实行“党委领导下的以校长为首的校务委员会负责制”。1978 年《全国高等学校暂行工作案例（试行草案）》要求实行“党委领导下的校长分工负责制”。1950—1984 年，从“校长负责”到强调“党的领导”，党在高校的领导地位获得确立。1984 年中宣部和教育部在成都召开 9 省市高校校长负责制试点工作座谈会，确定北京师范大学等 15 所院校试行校长负责制。1985 年《中共中央关于教育体制改革的决定》提出“逐步实行校长负责制”“学校中的党组织要从过去那种包揽一切的状态中解脱出来，把自己的精力集中到加强党的建设和加强思想政治工作上来”。1987 年 10

月党的十三大报告要求，“事业单位中的党组织，也要随着行政首长负责制的推行，逐步转变为起保证监督作用”。1988年《关于高等学校逐步实行校长负责制的意见》提出，高等学校必须按照党政分开的原则，逐步实行校长负责制，并要求已经实行的认真总结经验，尚未完成的进一步理顺党政关系，条件成熟时，改行校长负责制。1989年中共中央政治局讨论通过《中共中央关于加强党的建设的通知》，明确提出，高等学校实行党委领导下的校长负责制，试行校长负责制的范围不再扩大，党委是学校的政治核心，全面领导思想政治工作，管理干部，同时支持行政领导独立负责地工作，力戒包揽行政事务。1989年至今，我国高校一直实行党委领导下的校长负责制。为加强党在高等学校的功能，1990年中共中央《关于加强高等学校党的建设的通知》要求，明确高等学校的领导体制，坚持党委的领导地位。2010年印发的《中国共产党普通高等学校基层组织工作条例》对党组织的设置、职责，党员教育、管理和发展，干部工作，思想政治工作等做了较为详细的描述，明确了党委在高校的具体职责，可以说是对“党委领导下的校长负责制”中的“党委领导”在高校落实的具体规定。该条例在2021年得到修订，反映了高等学校党的建设面临的新形势、新任务，以及高等教育管理体制、高等学校教学科研组织方式、内部管理模式面临的变革。《中华人民共和国高等教育法》以法律形式确定了“国家举办的高等学校实行中国共产党高等学校基层委员会领导下的校长负责制”，该法第三十九条对党委在学校的职责做出明确规定：

中国共产党高等学校基层委员会按照中国共产党章程和有关规定，统一领导学校工作，支持校长独立负责地行使职权，其领导职责主要是：执行中国共产党的路线、方针、政策，坚持社会主义办学方向，领导学校的思想政治工作和德育工作，讨论决定学校内部组织机构的设置和内部组织机构负责人的人选，讨论决定学校的改革、发展和基本管理制度等重大事项，保证以培养人才为中心的各项任务的完成。

2. 校长及其办公会：以行政为核心的决策主体

在我国公立学校体系内，校长及其办公会是学校重要决策机构，这由“校长负责”的学校领导体制所决定。如前文所言，学校领导体制历经徘徊与变革。1985 年《中共中央关于教育体制改革的决定》要求，“学校逐步实行校长负责制”。1989 年以来，出于政治原因，高校最终选择党委领导下的校长负责制，而中小学实行“校长负责制”。不论是高校还是中小学校，“校长负责”都是其领导体制的重要内容，校长在学校决策系统中的作用和意义也是重大的。根据 2013 年出台的《义务教育学校校长专业标准》，校长的职责可以概括为六大方面：规划学校发展、营造育人文化、领导课程教学、引领教师成长、优化内部管理和调适外部环境。而校长办公会或校务会议一般是校长做出决策的重要载体或途径。《中华人民共和国高等教育法》第四十一条对校长在学校治理中的职权进行了规定，“高等学校的校长全面负责本学校的教学、科学研究和其他行政管理工作”，具体行使下列职权：

（一）拟订发展规划，制定具体规章制度和年度工作计划并组织实施；（二）组织教学活动、科学研究和思想品德教育；（三）拟订内部组织机构的设置方案，推荐副校长人选，任免内部组织机构的负责人；（四）聘任与解聘教师以及内部其他工作人员，对学生进行学籍管理并实施奖励或者处分；（五）拟订和执行年度经费预算方案，保护和管理校产，维护学校的合法权益；（六）章程规定的其他职权。高等学校的校长主持校长办公会议或者校务会议，处理前款规定的有关事项。

3. 学校董事会：民办学校的决策主体

董事会是现代公司法人治理结构的核心，公立高校建立董事会是我国高等教育管理体制改革的新探索。1987 年，汕头大学在全国高校中率先成立了董事会。目前，我国公立高校董事会的定位主要有两种类型：一是决策指导机构，多数高校董事会属于此种；二是半决策机构，这并不多见。而民办学校一直以来主要有两种管理体制，一种是董事会领导下的校长负责制，一种是校长负责制，主要以前者为主（谢锡美，2005）。2016 年修正后的《中华人民共和国民办教育促进法》规定，“民办学校应当设立学校理事会、董事会或者其他形式的决策机构并建立相应的监督机制”，主要由学校举办者或其代表、校长、教职工代表等人员组成，应在五人以上，其中三分之一以上的理事或董事应具备五年以上教育教学经验。学校理事会（董事会）的职权主要是：

（一）聘任和解聘校长；（二）修改学校章程和制定学校的规章制度；（三）制定发展规划，批准年度工作计划；（四）筹集办学经费，审核预算、决算；（五）决定教职工的编制定额和工资标准；（六）决定学校的分立、合并、终止；（七）决定其他重大事项。

2010年，《国家中长期教育改革和发展规划纲要（2010—2020年）》强调，“民办学校依法设立理事会或董事会，保障校长依法行使职权，逐步推进监事制度”，同时要求“探索建立高等学校理事会或董事会，健全社会支持和监督学校发展的长效机制”。2012年《全面推进依法治校实施纲要》依然对职业学校和民办学校董事会进行强调，“职业学校要建立有行业企业人员参加的学校理事会或董事会，形成校企合作决策机制；民办学校和中外合作办学机构要健全学校董事会或者理事会的议事规则，依法按期开会履行法定职责。健全决策程序”。同时，该文件要求依法明确高等学校董事会在决策中的作用。2015年《教育部关于深入推进教育管办评分离促进政府职能转变的若干意见》要求普通高等学校也要建立和完善学校理事会，发挥好理事会在决策咨询和社会合作中的积极作用。

（二）执行主体及其职责

中小学执行系统包括贯彻落实学校决策的各职能部门，它是以校长为首席执行官，各职能部门如办公室、政教处、总务处等通力合作的系统。领导体制变化带来的学校权力结构变动，也在一定程度上影响着学校组织机构／执行系统的设置。

1952年教育部颁布的《中学暂行规程（草案）》和《小学暂行规程（草案）》要求，中小学实施校长负责制，校长负责领导全校工作；设教导、总务两处，以班为教学单位，各班设班主任，受教导主任领导；各学科设教研组和组长，初步形成了我国学校组织结构的内部框架。1978年，《全日制中学暂行工作条例（试行草案）》规定，学校一切重大问题必须经过党支部讨论决定；校长是学校行政负责人；建立校长领导下的由各方面负责人和教师代表参加的校务会议 / 全体教职员会议；全日制中学一般设教导、总务两处（规模小的中学可设教导主任和事务员）。从 20 世纪 80 年代开始，许多学校成立了年级组，采用年级组和教研组并存，以其中一种作为办公单位的体制。这一阶段，学校内部组织机构设置基本定型，在校长负责制的基础上，尝试探索校务会议、教师会议等民主形式，但仍处于初始阶段。1985 年至今，中小学校在确立并完善校长负责制的基础上，逐步健全教职工代表大会制度，并努力探索多主体参与学校治理的格局。同时，科层式的学校组织结构在我国中小学基本确立起来，该组织结构可以描述为：在校长负责制下，校长办公室、教务处、德育处、总务处等行政部门，党支部、团委、少先队组织等党团组织以及工会等群众组织共同合作，年级组、教研组等教师专业发展和日常工作运行组织上传下达，校务会、行政会、教职工代表大会、党支部会议等管理制度确保组织顺畅运行（杨志成，2014）。但在具体实践中，由于学校规模、层次、地域、信息公开程度等因素的影响，多种治理结构是并存的，其中不少学校在探索适合自身的新型治理结构。图 8-1 展示了一所中学各组织部门的职能架构，学校执行系统蕴藏其中。

与中小学学校治理结构中的执行系统相比，高校执行系统更为繁杂，相关政策文件也并未对其进行详细介绍。通过对各大学组织机构的设计分析可以得出，高校执行系统基本包括党委和行政两条线路。党委线下有党委办公室、党委组织部、党委宣传部、党委统战部、工会委员会、共青团委员会等；行政线下有校长办公室、学生工作部、招生办、研究生院、教务处、人事处、就业处、发展规划处、财务处、基建规划处、后勤保障部等。此外，通过各院系、各研究中心相关党务、行政部门将学校决策层层传达执行。它们共同构成高等学校的执行系统。

民办学校的执行系统是以校长为首的学校行政管理系统。《中华人民共和国民办教育促进法》规定了校长的职权："（一）执行学校理事会、董事会或者其他形式决策机构的决定；（二）实施发展规划，拟订年度工作计划、财务预算和学校规章制度；（三）聘任和解聘学校工作人员，实施奖惩；（四）组织教育教学、科学研究活动，保证教育教学质量；（五）负责学校日常管理工作；（六）学校理事会、董事会或者其他形式决策机构的其他授权。"对职能部门的设置，相关政策文件也并没有做出具体规定，国际学校、普通民办学校和公办学校的差异还是较大的。

（三）“咨询 / 监督 / 审议”主体及其职责

执行系统包括贯彻落实学校决策的各职能部门，咨询 / 监督 / 审议系统是学校为各主体提供的参与学校治理的重要渠道，主要包括校务委员会、学术委员会、教职工代表大会、家长委员会和学生会 / 学生自治组织等。

1. 校务委员会 / 议事会 / 管委会

从国家层面来看，一直以来校务委员会都被定义为咨询、审议机构。比如，1985 年《中共中央关于教育体制改革的决定》规定，“有条件的学校要设立由校长主持的、人数不多的、有威信的校务委员会，作为审议机构”。2012 年《全面推进依法治校实施纲要》要求，“中小学要健全校长负责制，建立有教师、学生及家长代表参加的校务委员会，完善民主决策程序”。2015 年《教育部关于深入推进教育管办评分离促进政府职能转变的若干意见》对校务委员会的功能做了进一步的阐释，要求“中小学建立由学校负责人、教师、学生及家长代表、社区代表等参加的校务委员会，对学校章程、发展规划及年度工作报告，对重大教育教学改革及涉及学生、家长、社区工作重要事项的决策等提出意见建议，完善民主决策程序”。由以上政策文件可知，现今的校务委员会较 1985 年《中共中央关于教育体制改革的决定》所要求设立的校务委员会已有了较大改变，一个明显的区别是在人员构成上，后来的文件更加强调主体多元。根据各地颁布的相关政策文件，校务委员会的构成人员主要有教师代表、家长代表、学生代表、社区代表、教育行政部门代表、学校领导等，学校根据需要还可以邀请专业人士参与（魏叶美，范国睿，2018）。一些省市大多将校务委员会视为议事监督机构，但是也有部分城市将其定义为决策和监督机构。例如，南京是探索校务委员会建设较早的城市，在实践中校委会的功能演变过程为咨询建议——部分参与学校决策——学校管理体制的组成部分——校长负责制的补充和完善。深圳市教育局印发的《深圳市中小学校全面推进现代学校制度建设指导意见》指出，校务委员会是学校行政工作的咨询议事机构，就学校发展的重大问题提出咨询意见建议，重点审议涉及学校发展和师生、家长切身利益的重大事项。宁波市教育局《关于推进建立中小学校务委员会制度的意见》指出，校务委员会是学校的议事监督机构，是“校长负责制”的补充和完善。

教育议事会是指在不更改学校的现有办学制度、不过度干预校长办学自主权的前提下，对学校办学重大事项进行咨询和审议的外部监督组织，是学校与家长、社区建立长期密切联系、协调与合作的一种组织平台（陈善军，徐晓红，2005）。宁波市海曙区教育议事会对学校事务具有知情权、参与权和部分决策权，同时承担学校与外界系统沟通协调，学校与外界系统发生冲突时进行仲裁，对学校发展方向、校风学风等进行参谋、监督等的功能。天津市和平区万全小学从2005年开始创立教育议事会的治理模式。教育议事会由会长、常务副会长、秘书长及各职能部门组成。万全小学还不断完善制度建设，编制《万全小学教育议事会章程》《万全小学教育议事会委员校园值周制度》《教育议事会100问》等制度文本，积极开展议事活动，通过议事委员参与学校文化建设、审议学校工作计划、深入教学改革一线、协调家校关系、协助开展后勤工作等。

2004年，成都市青羊区教育局下发《成都市青羊区教育局关于学校成立“民主管理委员会”工作的要求》；2005年，青羊区教育局下发了《关于学校民主管理委员会建设和运转的意见》等系列文件，并启动成都市升平街小学校长“公推直选”实验。该委员会由教职工代表、家长代表、学生代表、社会代表、教育行政部门代表等成员组成，是对学校事务进行民主决策、民主管理、民主监督和咨询的学校最高级自治性组织。其权力包括：通过学校办学理念、教育目标和发展目标；审议通过学校章程、发展规划、学校形象设计书和其他重大事项；审议通过学校经费和重大建设项目；参与学校重要人事任免；定期听取学校领导班子工作报告；执行民主监督权。从以上描述可以看出，教育议事会、民主管理委员会和校务委员会的根本区别在于各自的机构性质，前两者类似于学校的民间组织，而后者是学校的官方组织。但三者在学校治理中的功能是相似的，即审议、咨询或监督，促进多元主体的民主参与。

2. 学术委员会

学术委员会在高等学校治理中经历了参与事务由少到多、参与程度由浅到深的变化，它已不再仅仅拥有审议、咨询权，在某些学术事务中甚至拥有决策权，但前者仍是主流。1956年高等教育部颁发《中华人民共和国高等学校章程草案》，那时高校学术委员会由校、院长担任主席，讨论学校工作的重大问题和学衔授予问题（中央教育科学研究所，1984：168）。1978 年 10 月，教育部通知试行《全国重点高等学校暂行工作条例（试行草案）》，要求设立学术委员会，学术委员会“在校长或副校长领导和主持下”，对大学基本学术事务有咨询权和审议权。1998 年《中华人民共和国高等教育法》颁布后，高校学术委员会获得实质合法地位。《中华人民共和国高等教育法》规定学术委员会的主要职责是“审议学科、专业的设置，教学、科学研究计划方案，评定教学、科学研究成果等有关学术事项”。2015 年，全国人大常委会对该法进行了修订，在以上职责的基础上，又加入“调查、处理学术纠纷；调查、认定学术不端行为；按照章程审议、决定有关学术发展、学术评价、学术规范的其他事项”。可见，学术委员会在学校治理中参与的事务越来越多。《高等学校学术委员会规程》（2014 年 3 月 1 日正式公布并实施）规定：高等学校应当依法设立学术委员会，健全以学术委员会为核心的学术管理体系与组织架构；并以学术委员会作为校内最高学术机构，统筹行使学术事务的决策、审议、评定和咨询等职权。学校在学科、专业、学术、学位等方面做出决策前，应提交学术委员会审议，或者交由学术委员会审议并直接做出决定；学校在教学、科研成果奖励、人才引进等事务中涉及对学术水平进行评价的，应由学术委员会或者其授权的学术组织进行评定；学校在制定与学术事务相关的重大发展规划或战略，分配及使用学校预决算中的教学、科研经费，对外开展重大项目合作等方面，应通报学术委员会，由学术委员会提出咨询意见。

由此可以看出，学术委员会在某些学术事务中的参与程度已超越审议与咨询，拥有一定的决策权。而学术委员会的人员构成考虑了不同学科与专业、党政职能部门领导和专任教授、老教师和青年教师等各种因素。《高等学校学术委员会规程》规定：“学术委员会一般应当由学校不同学科、专业的教授及具有正高级以上专业技术职务的人员组成，并应当有一定比例的青年教师。学术委员会人数应当与学校的学科、专业设置相匹配，并为不低于 15 人的单数。”

3. 教职工代表大会

教职工代表大会是教师参与学校民主管理和监督的重要制度载体。1978 年颁布的《全日制小学暂行工作条例（试行草案）》和《全日制中学暂行工作条例（试行草案）》要求，校长定期召开学校各部门负责人和教师代表组成的校务会议或者全体教师会议，发扬民主，集思广益，研究讨论学校各方面工作。这可以说是教职工代表大会制度的雏形。1985 年《中共中央关于教育体制改革的决定》明确提出，“建立和健全以教师为主体的教职工代表大会制度，加强民主管理和民主监督”。2003 年的《教育部关于加强依法治校工作的若干意见》也提出，“要进一步完善教职工代表大会制度，切实保障教职工参与学校民主管理和民主监督的权利，保证教职工对学校重大事项决策的知情权和民主参与权”。但是，这些政策只对教职工代表大会的发展做了方向性指导，没有细致的操作规程。2011 年，《学校教职工代表大会规定》发布，指出学校教职工代表大会是教职工依法参与学校民主管理和监督的基本形式，对其职权，教职工代表大会代表的选举、任期、权利、义务，组织规则、工作机构（即工会）等方面的问题做了详细规定，教师通过教职工代表大会参与学校事务有了操作性的参考。其中，教职工代表大会的职权包括以下方面：

（一）听取学校章程草案的制定和修订情况报告，提出修改意见和建议；（二）听取学校发展规划、教职工队伍建设、教育教学改革、校园建设以及其他重大改革和重大问题解决方案的报告，提出意见和建议；（三）听取学校年度工作、财务工作、工会工作报告以及其他专项工作报告，提出意见和建议；（四）讨论通过学校提出的与教职工利益直接相关的福利、校内分配实施方案以及相应的教职工聘任、考核、奖惩办法；（五）审议学校上一届（次）教职工代表大会提案的办理情况报告；（六）按照有关工作规定和安排评议学校领导干部；（七）通过多种方式对学校工作提出意见和建议，监督学校章程、规章制度和决策的落实，提出整改意见和建议；（八）讨论法律法规规章规定的以及学校与学校工会商定的其他事项。

通过以上内容可以看出，教职工代表大会在学校治理中的主要功能是审议、建议、评议和监督。2012 年《全面推进依法治校实施纲要》对教职工代表大会的以上职权进行了再次强调。2017 年《义务教育学校管理标准》将“健全学校教职工（代表）大会制度，将涉及教职工切身利益及学校发展的重要事项，提交教职工（代表）大会讨论通过”作为评价学校管理的重要标准。

4. 中小学家长委员会

伴随家长教育诉求的增多、家校共育理念的深入，家长委员会在中小学校治理中的意义越来越凸显。不少政策文件（比如《中共中央国务院关于深化教育改革全面推进素质教育的决定》《2003—2007 年教育振兴行动计划》《教育部关于加强依法治校工作的若干意见》）都提到鼓励、积极推动家长对学校管理的参与、监督或评价。山东省是较早重视家长委员会建设的省份，2009 年《山东省普通中小学家长委员会设置与管理办法（试行）》颁布。2012 年《全面推进依法治校实施纲要》对家长委员会做了较为详细的规定，“家长委员会承担支持教育教学工作、参与和监督学校管理、促进学校与家庭沟通、合作等职责”。家长委员会的成员应由全体家长民主选举产生。学校应保障家长委员会对学校、教师的教育教学、管理活动实施监督，提出意见、建议；应当定期与家长委员会成员进行沟通，听取意见。对于直接涉及学生个体利益的活动，应由“学校或者教师提出建议和选择方案，并做出相应说明，提交家长委员会讨论，由家长自主选择、做出决定”。同时还要“积极探索完善家长委员会的组织形式和运行规则，不断扩大家长对学校办学活动和管理行为的知情权、参与权和监督权”。2012 年《教育部关于建立中小学幼儿园家长委员会的指导意见》对家长委员会的意义、职责、组建等方面做了规定，其中家长委员会的基本职责包括：

参与学校管理。对学校工作计划和重要决策，特别是事关学生和家长切身利益的事项提出意见和建议。对学校教育教学和管理工作予以支持，积极配合。对学校开展的教育教学活动进行监督，帮助学校改进工作。参与教育工作。发挥家长的专业优势，为学校教育教学活动提供支持。发挥家长的资源优势，为学生开展校外活动提供教育资源和志愿服务。发挥家长自我教育的优势，交流宣传正确的教育理念和科学的教育方法。沟通学校与家庭。向家长通报学校近期的重要工作和准备采取的重要举措，听取并转达家长对学校工作的意见和建议。向学校及时反映家长的意愿，听取并转达学校对家长的希望和要求，促进学校和家庭的相互理解。

5. 学生会 / 学生自治组织

学生，尤其是心智成熟的高年级和高校学生，是学校治理不可忽视的重要主体。其在学校治理中的参与经常通过学生会或学生自治组织来实现。其实，政策文件关注学生参与是近些年才出现的。例如，2012 年，《全面推进依法治校实施纲要》明确指出："要积极拓展学生参与学校民主管理的渠道，进一步改革完善高等、中等学校的学生代表大会制度，推进学生自主管理。制定涉及学生利益的管理规定，要充分征求学生及其家长意见。要扩大有序参与，加强议事协商，充分发挥教职工代表大会、共青团、学生会等群众组织在民主决策机制中的作用，积极探索师生代表参与学校决策机构的机制。"可以看出，中等和高等学校的学生参与获得政策关注。2015 年，《教育部关于深入推进教育管办评分离促进政府职能转变的若干意见》要求中小学建立有学生等参与的校务委员会，进一步完善和落实学生代表大会制度，依法保障学生参与学校民主管理和监督。2017 年 12 月，《义务教育学校管理标准》要求"发挥少先队、共青团、学生会、学生社团的作用，引导学生自我管理或参与学校治理"。有学者认为，虽然学生在某种程度上参与到了大学内部"共同治理"中，但总体而言学生参与学校治理仍处于理念呼吁阶段。而参与其中的学生，主要是发挥建议和监督作用。

此外，学校监事会、教师申诉或调解委员会等机构在调动利益相关主体参与学校治理的积极性、完善学校治理结构方面也发挥了重要作用。综上，学校理论上应该建立起了"决策—执行—咨询 / 监督 / 审议"的治理系统，相关政策文件也对各个治理主体的主要职责做了系统规定。

第三节 学校治理结构的现实困境和完善策略

理论上，学校通过种种制度和机构设计，规范了学校决策、执行和监督等权力关系，也调动了不同利益相关者参与学校治理的积极性。但是政策设计下的学校治理结构，落地会产生变化甚至失灵。因此，当前学校治理结构仍存在一些问题，完善学校治理结构、提升学校治理能力依然任务较重。

一、学校治理结构建设的现实困境

以政策设计和相关理论为参考，我国当前的学校治理结构发展还不够成熟，具体表现为治理主体的活力尚待进一步激发、机构制度尚不健全、激励保障机制有所欠缺。

（一）治理主体的民主意识及其之间的矛盾

1. 参与意识和能力欠缺

根据利益相关者理论，学校管理者、教师、学生、家长、社区等都属于学校治理的主体，而教职工代表大会、校务委员会、学术委员会、学生会、家长委员会以及学校各职能部门是承载各学校治理主体的、具有不同权力的共同体机构。完善学校治理结构，首先需要调动各治理主体的参与积极性，但是目前各主体在学校治理中的参与意识和意愿都不甚理想。例如，对教师参与学校治理情况的调查发现，有相当一部分教师对参与学校治理漠不关心，还有部分教师期待坐享其成，也有部分教师认为自身无力改变现实而选择接受，量化分析也指出意愿是影响教师参与学校治理的重要因素（魏叶美，2018）。对上海10所小学学生家长的调查研究发现，家长实际上并未踊跃参与学校管理，参与的障碍主要来自家长自身，特别是家长不愿意参与、家长无时间参与、家长不具备参与的知识和能力（王帅，2012）。在对高校学生参与学校民主管理的意识和具体行动的调查中，研究者发现仅有29%的同学有强烈参与意识并付诸行动，国内高校学生习惯服从和被管理，缺乏参与民主管理的意识（何涌，彭文姣，许和纯 等，2012）。总之，各主体在学校治理中的参与意识都有待提高。除了参与意愿、意识外，各治理主体的参与能力对其在学校治理中的作用发挥也具有重要影响。参与能力包括信息接收能力、理解能力、人际沟通能力、参与所需专业知识和技能等。访谈过程中，学校领导经常会表达出对教师、家长以及学生参与能力的担忧。

2. 学校领导不够民主

有研究指出，学校民主管理机制缺失，一方面校长受到太多的外界束缚，另一方面校长在校内一言九鼎，几乎没有任何约束（冯大鸣，2005）。在集体主义、高权力距离、高文化情景的社会大背景下，领导习惯统揽学校权力，采用集权式的决策方式，民主意识比较淡薄（蒋典阳，2012），这就导致治理主体难以介入学校治理过程。有研究表示，学生在不少学校的治理结构中是被忽视的一方（蔡莹，2017），学生社团组织在参与学校民主管理中发挥的作用十分有限，学生主体地位难以得到体现（张素华，2017）。总之，校长负责制下，学校内部治理结构缺乏对校长有效制衡和监督的机制，即便有学校依据政策文件设置相关机构、制度，但由于校长缺乏民主意识，也会流于形式。

3. 治理主体间的权力矛盾

在学校治理结构中，各主体之间存在多种矛盾关系，比如书记和校长、行政机构和学术机构（行政人员和专业人员）（张红梅，2015）。在大学治理结构中，党政管理不和、书记和校长矛盾冲突的现象时有发生，具体表现为某一方的专权，或者两者之间的相互干涉或相互推诿。这种矛盾关系处理不好，会直接导致高校办学效率低下。行政比学术强势在高校治理中是一直存在的，后者在高校处于服从和被挤压的状态。高校学术权力的最高代表学术委员会对学术及其相关事务有着咨询和审议权，决策权力非常有限，且处于一种从属地位。这在中小学治理中则表现为行政管理人员和教师专业人员之间的矛盾，依靠行政力量推行教学方式或方法的事情时有发生。

（二）机构制度尚不健全且发挥作用有限

各主体在学校治理中的参与意愿不够强烈的部分原因是其自身因素的限制，另外的关键是学校组织机构制度方面的制约。

1. 学校现有机构制度作用发挥有限

近年来，相关政策文件再三强调完善学校治理结构，关于教职工代表大会、家长委员会、学术委员会等机构制度甚至有专门出台的指导意见，但是不少研究指出情况依然不甚理想。有学者指出教师参与的主要途径——教职工代表大会呈现形式化、过场化的现象（姚秋兰，2016）。也有学者认为，校长负责制下这些机构制度的作用发挥很大程度上依赖于校长个体的民主意识，这就决定了参与情况的不确定性和偶发性（熊伟荣，2007）。其实，根据组织社会学制度学派的观点，组织都会面对技术环境和制度环境这两种不同的环境，制度环境要求组织符合政策规定，否则就会产生“合法性危机”，而技术环境要求组织有效率。为了使组织既符合制度环境的要求，又满足技术环境的规定，不少学校设置了政策要求的机构制度，但实质上并未切实有效地发挥这些机构制度的功用。

2. 学校现有机构制度尚不完善

首先，学校的科层管理模式使得信息沟通局限于自上而下的单向交流，上下结合的信息收集和反馈机制不够健全。以高校学生参与为例，高校普遍采用“党委—团委—学生会”的单一直线式管理模式，其组织机构均为执行机构，缺少专用于校方和学生的沟通机制（何涌，彭文姣，许和纯 等，2012）。除了信息沟通渠道的单向度外，学校缺乏收集意见后的决策反馈机制，教师经常有“提了意见也无用”的抱怨，校方对教师的意见不予反馈，导致教师参与学校治理的积极性大大降低（魏叶美，2018）。教师如此，其他治理主体何尝不是如此。其次，学校内部的多层管理模式极易造成信息不对称。现行学校管理层级一般是校领导 — 中层管理者 — 年级（教研）组长 —班主任和教师，这种层层管理极易造成信息不对称的同时，也会使治理主体尤其是教师产生厌倦。学校组织结构的扁平化程度不够。最后，股东大会应是民办营利性学校治理结构的重要组成部分，学术机构应是非营利性学校治理结构的重要组成，目前相关文件缺乏有关规定。同时，教职工代表大会、党组织、共青团、工会等治理结构在民办学校相关政策文件中并未得到明确定位。

（三）激励保障缺乏导致主体参与乏力

无论是学校决策，还是咨询、审议或监督都需要学校治理主体的积极参与，而激励机制是调动各主体参与积极性的动力机制。但有研究指出，因缺乏激励，由教育行政部门任命的校长中不少安于现状（刘博，2013）。而教师作为学校治理的重要主体，参与积极性却不高，缺乏激励是关键因素（魏叶美，2018）。2009 年 1 月义务教育教师绩效工资制正式实施以来，一部分学校采取了简单处理、“一刀切”的“大锅饭”措施，使得政策激励乏力，不能有效激发教师参与学校治理的积极性。同时，对于家长参与，学校也尚未设计合理的激励机制，甚至没有激励，这导致一部分家长积极要求参与家长委员会等学校治理机构，但仍有部分家长对参与事务了无兴趣，甚至为家校合作带来不便。

二、完善学校治理结构的策略

在 2014 年全国教育工作会议上，教育部部长袁贵仁要求，完善学校内部治理结构，形成自我约束、自我规范的内部管理体制和监督制约机制。完善学校治理结构必须做好以下几方面的工作。

（一）积极促进学校组织再造

要改革和完善学校治理结构，需要突破原有组织架构，进行合理规划和设计，使管理权力的划分能在各个主体之间实现权责对等和平衡，也就是实现组织结构再造。一般情况下，影响组织再造的因素包括组织环境、战略、规模、技术条件、人员素质等。实践表明，科层式组织结构给学校带来的沟通不便，不利于除管理者以外的学校治理主体参与管理。完善学校治理结构、提升学校治理能力的宏观政策环境和教育治理现代化的国家教育发展战略，都使得学校组织再造变得迫切。同时，伴随学校布局调整、学校规模扩大，管理者不可能包揽所有决策，权力下放成为必然趋势，而权力的承接也需要组织机构的配合。

《关于建立和完善事业单位法人治理结构的意见》出台后，学校系统也掀起了实施法人治理结构的热潮。例如，丽水市在2014年丽水市实验幼儿园教育集团实施法人治理结构试点取得预期成效的基础上，颁布了《丽水市教育局关于推进中小学校（幼儿园）法人治理结构建设试点工作的实施意见》，要求建立以决策层及其领导下的管理层为主要架构的法人治理结构，以理事会为决策机构、以管理班子为执行机构、以监事会为监督机构、以中小学校党组织为政治核心，实现新型管理模式，并要求2016年6月底前完成法人治理结构建设试点工作并常态运行。其中，中小学理事会和监事会的探索，无疑是对学校组织结构的再造或创新，这对完善学校治理结构意义重大。有研究者认为，建立公立高等学校监事会制度，从外部对公立高校的运行进行监督，有利于国家高等教育公益性目标的实现，促进高等教育在法制的轨道上健康运行（陈鹏，刘献君，2006）。

除了以上这种政策层面要求的组织再造，实践中不少学校也在积极尝试组织结构再造。例如，育英学校“从问题出发，问道于教师、问道于学生、问道于家长”，进行“扁平化－矩阵式”管理。学校成立了“四中心”“一院”，即学生服务中心、教学服务中心、行政后勤服务中心、人力资源服务中心及课程研究院（杨志成，2014）。闵行区实验小学面对校区数量增加导致校级层面管理负荷超载、大量新人进入导致教师文化认同度降低、多校区统筹管理导致同质化等现象，积极探寻学校治理的多校区模式，目前已形成了“一校四区”的办学体制及运行机制（图8–2）。这可以简单概括为：“一个体制”，即理事会领导下的校长负责制；“两个智库”，即来自大学专业人员的“外脑”和出身于本土的专家所构成的“内脑”；“三个中心”，包括管理评估中心、课程研发中心和教师发展中心；“多种实验”，即进行国际理解教育、教育戏剧、儿童哲学、拓展阅读、地域文化课程、科－体－艺综合等多项实验。（何学锋，2015）

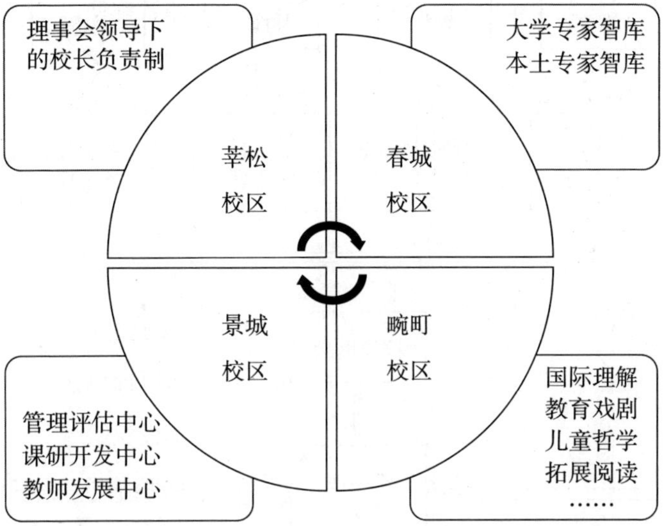

图 8–2　“一校四区”办学体制及运行机制

为提高各主体在学校治理中的参与程度，不少学校也在积极进行组织再造。以学生参与为例，图 8–3 展示了 HZ 附属中学学生组织及其参与学校治理的机制。该校学生事务中心下设校长助理、立法及监督委员会，赋予其参与校园事务的管理、调研、实践权力，是学生自主解决学校生活中存在的问题、锻炼各方面能力的平台。学生志愿报名参加事务中心的竞聘，参与教学、德育、科研和总务等校园事务的调研与实践，每月与校行政联合召开一次行政会。

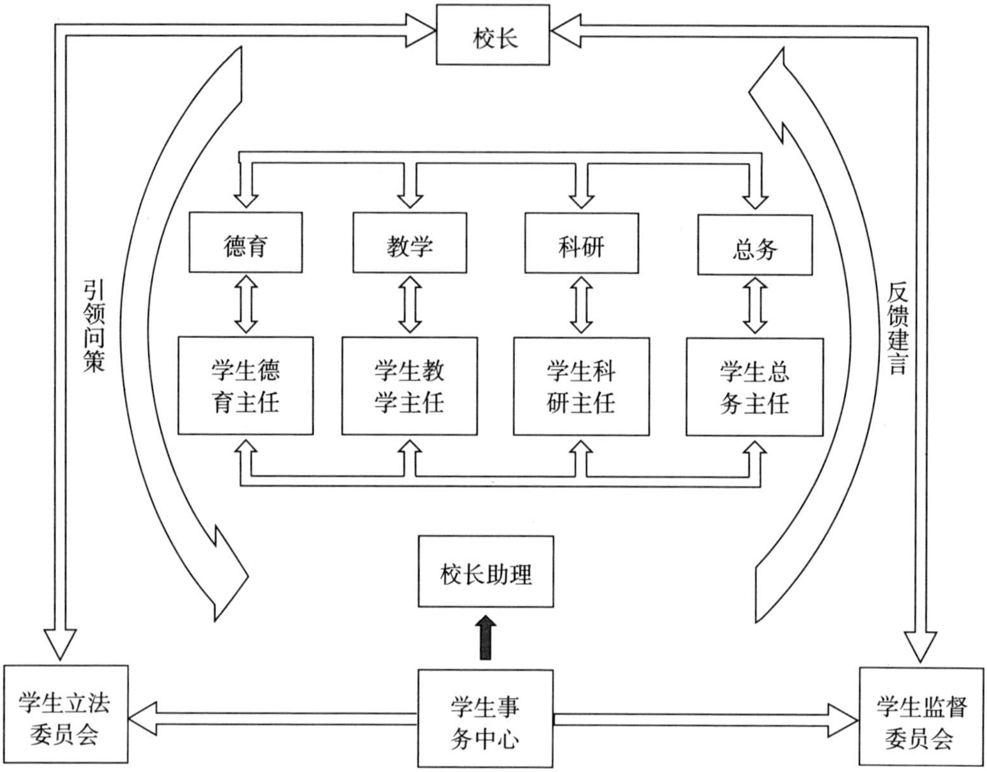

图 8-3　HZ 附属中学学生参与学校治理机制

（二）优化学校内部权力关系

学校内部权力关系较为复杂，既有党组织 / 党委的政治权力，也有校长和管理者的行政权力、教师的专业权力，还有以家长为主体的社会权力、学生的自主管理权力等。这些权力都应被纳入学校内部治理体系，并在学校内部治理结构上体现出来（鲍传友，2017）。完善学校治理结构需要综合考虑以上各个权力要素，并把各主体权力按照合理结构整合为一体，实现校长个人治理向共同体共同治理的转变。

虽然不可否认高校学术权力弱于行政权力，但《高等学校学术委员会规程》依然在一定程度上推动了行政权力与学术（专业）权力的良性博弈，有助于促进学术精英及利益相关者在学校治理中的广泛参与，并达成各种权力的协调共治

（张胤，武丽民，2015）。而中小学教育领域目前尚未有专门的规章制度对教师专业权力进行规定，校长用行政权力干涉教师专业权力的现象时有发生。因此，可以考虑制定中小学领域的专业委员会规程。学校专业相关范围内的事务，如教研组活动、校本课程开发等由专业委员会来处理。

对于政治权力和行政权力之间的关系协调，要严格落实《中国共产党高等学校基层组织工作条例》《中共中央办公厅关于坚持和完善普通高等学校党委领导下的校长负责制的实施意见》《关于加强中小学校党的建设工作的意见》等政策文件的规定，坚决避免任何一方的“专权”。而对于其他权力主体，要构建学校民主协商机制。不论是校长，还是普通教师都要树立民主协商意识，激活学校现有民主制度存量，积极探索学校民主制度新增量，为各主体参与学校治理提供保障。为各权力要素在学校治理结构中和谐相处、实现共赢做好保障。

最后，通过学校章程规范各主体权力，保障高校党委领导（中小学党的政治核心）、校长治校、教师治学的协调运行，建立起保障学校内部治理结构的长效机制。

（三）提升各主体的参与积极性

学校决策、执行以及咨询、审议和监督各环节，都要提升各主体参与的积极性。学校需要营造积极民主的参与氛围，探索各主体参与的渠道和途径，强化反馈。

1. 营造氛围，了解诉求

各利益主体的诉求表达是学校进行科学决策的基础，也是促进民主参与的重要契机。学校要在充分调研的基础上，拓宽各利益主体的诉求表达渠道，搭建形式多样的沟通平台。而学校领导要以开放的姿态包容各利益主体的意见与诉求，让大家能在信任、尊重、合作的氛围中畅所欲言。同时，要了解诉求，保证运用恰当合理的激励措施调动各主体的参与积极性。

2. 探索渠道

了解民意的基础是充分调研，畅通各利益主体的诉求表达渠道，搭建多种形式的沟通平台，建立科学有效的学校治理主体诉求表达机制，并将其规范化、制度化。以学生参与为例，有学者将高校对学生沟通渠道的探索分为“议案式”

（中南财经政法大学的“专题议案委员会”）、“座谈会式”（清华大学的“校长接待日”制度）、“权益组织式”（湖南工业大学的“学生维权委员会”），并提出了“校园议事厅”的设想（何涌，彭文姣，许和纯 等，2012）。这大大增加了学校决策中广大学生的话语权。

3. 增加反馈

公民参与理论认为，管理者想要获得一定水平的公民参与，必须提供与之相当的影响权力作为激励方式。也就是说，如果管理者忽视了公众的影响力需要，只重视让公民参与的过程，而不关注公民参与影响力的分享，就会面临参与失败的风险。这时，公众或者因感到缺乏激励而不愿参与，或者虽然按照管理者意愿参与了，但发现自己的影响作用有限，而不再对参与抱有幻想（托马斯，2010：27–28）。因此，校方调动各主体参与学校治理的同时，要注意对各主体的诉求、建议或意见进行反馈，可以通过归纳整理，或私下或公开对性质类别各异的主体诉求进行反馈。

（四）加强对各主体的权责规范

学校纵向的权力分配链条，即在同一领域或事务（如校本课程设计、绩效工资方案制定、职称评审推荐等）的不同环节上，不同主体拥有不同的决策、执行、咨询、审议或监督的权力。分配权力是学校内部治理结构建设的核心问题，但“权”与“责”向来是不可分离的，因此在学校治理中明确各主体享有权力的基础上，要重视对其所应承担责任的强调。不论是学校治理中的决策主体、执行主体，还是咨询、审议和监督主体，在将其权力制度化的同时，也要将其责任制度化，这样才能保证各主体的参与是负责的，避免个别参与主体的随意和自私。

第九章

教师参与学校治理

在教育治理现代化建设的大背景下，教师参与对完善学校治理结构、提升学校治理能力意义重大。教师作为学校的主人，不仅参与学校事务的监督和评价，更应参与决策或者决策相关事宜。教师的参与不仅要有制度化的途径，而且要有非制度化的渠道。学校现有的参与机制为教师参与提供了便利。但是，面对教师参与意识强、参与行为少的现实，学校仍需采取一定措施促进学校治理中的教师实际参与。

第一节　教师参与学校治理的必要性

当前教育面临的新形势、新任务迫切要求教师在完善学校治理体系、提高学校治理能力方面有所作为，这是政府简政放权的前提，也是学校“用好权”“限好权”的需要。同时，必须让教师在专业事务中享有话语权，才能实现教师专业自主，促进教师专业发展。

一、学校治理现代化的要求

党的十八届三中全会首次提及推进国家治理体系和治理能力现代化。教育领域也面临新的挑战和改革契机——民主化、法治化、制度化和效率化成为衡量教育治理现代化的主要标准。处在教育治理体系和治理能力现代化建设的大背景下，学校治理作为教育治理的重要组成部分，完善学校治理结构、提高学校治理能力，实现学校治理的民主化、法治化、制度化和效率化是时代要求，也是实践所需。而教师参与在完善学校治理主体、促进学校民主管理的同时，也会有助于学校决策者在充分了解信息的基础上做出高质量的决策，程序上的民主参与也是学校决策合法化的重要途径。因此，教师参与对促进学校治理现代化意义重大。为加快推进教育现代化、整体提升学校治理水平，教育部于 2017 年颁发《义务教育学校管理标准》，将“健全学校教职工（代表）大会制度，将涉及教职工切身利益及学校发展的重要事项，提交教职工（代表）大会讨论通过”作为学校评价的重要指标。虽然学校民主参与的方方面面并未被全部纳入该标准，但起码它向我们释放了教师参与学校治理已然成为衡量学校发展重要指标的信号。教师参与显然已成为学校治理民主化、法治化、制度化和效率化的重要标准，是学校治理现代化的内在要求。

二、教师权利的要求

教师参与学校管理是法律赋予教师的权利。《中华人民共和国教育法》第三十一条规定，“学校及其他教育机构应当按照国家有关规定，通过以教师为主体的教职工代表大会等组织形式，保障教职工参与民主管理和监督”。《中华人民共和国教师法》也规定，教师享有“对学校教育教学、管理工作和教育行政部门的工作提出意见和建议，通过教职工代表大会或者其他形式，参与学校的民主管理”的权利。加之，教育治理现代化、教育管办评分离等理念的提出，在加大政府简政放权力度的同时，扩大了学校办学自主权。教育行政部门将权力下放给学校，如何避免校长权力寻租对学校权责制衡的能力提出了更高要求，而包括教师在内的各利益相关者的共同参与有助于限制校长权力。因此，一方面，教师要树立“权力分享意识”。孟德斯鸠等思想家认为，权力只有用权力来约束（蒋德海，2004）。在学校治理中，教师应该被赋予参与公共事务的权利，使其在学校事务的规则制定和执行中发挥影响力，只有这样才能约束校长权力。另一方面，教师要树立“权力监督意识”，通过教师监督实现学校自我限权。众所周知，不受监督、没有约束的权力容易出问题。不论是学校发展规划等学校整体层面的事务，还是教职工福利待遇等与教职工切身利益相关的各项事务，都对教师利益产生重要影响。为保护自身权益，也为促进学校发展，教师有权进行监督。

三、教师专业自主的要求

教师专业自主是教师在专业规范约束下，不受外力的干预和外在的压力，根据自己的专业知能对其教学、学校或组织的决策与任务，独立地做出专业判断与决定的意识和能力（魏薇，陈旭远，2010）。其具体表现在：订立教学目标、编选教材、采用教学方法、辅导或管教学生及进行学习评价等；参加进修、参加教师组织、参与建立教师聘任资格与聘约制度、订立教师伦理规范、改善教师工作条件与待遇等学校决策。但是，我国“自上而下”的集权式教育管理体制和严密的科层式学校管理体制，使得教师的专业自主更多地表现为贯彻政府政策或决策，而学校发展规划、教学计划、绩效评价、职能分配等的决策集中在校级行政部门手中。如此，教师专业自主的空间受到严重挤压，长此以往教师将会缺乏自我，盲从、照搬执行上级规定，专业发展的动力和能力都会不足。不少研究也表明，如果教育改革忽视教师在决策方面的主体地位，改革可能停滞不前以致失败。因此，为实现教师专业自主基础上的专业发展，必须让教师拥有更多平等表达意愿的权利，在其专业领域赋予其更大的自主权。从学校组织文化的支持环境建设来看，学校应该努力建构以教师为主导的多元参与格局，让教师在参与中实现专业自主，促进自身专业发展。

第二节　教师参与学校治理的内容与路径

教师参与学校治理是必要的，教师在学校治理中应该参与什么，通过哪些途径参与其中，这些都是本节要探讨的主要内容，而课题研究过程中获得的访谈资料是本节某些观点的主要佐证。

一、教师参与学校治理的内容

就本质而言，学校中的各项事务都在一定程度上关涉教师利益，只不过有些事务更倾向于教师的个人直接利益。例如，课程教学相关事务关涉教师专业发展，也关涉教师绩效考核；教学行政事务关涉教师上课班级、课程安排、班主任安排等事务，对教师的工作时间、教学质量、绩效考核等都有直接影响；人事事务更是直接与教师工资福利、职称职位直接相关。而有些事务虽对教师个人利益有影响，但综合看来是学校整体层面上的事务，与学校公共利益相关。例如，学校发展事务涉及的学校发展规划制定、章程制定、文化建设等，经费与建设事务涉及的学校预决算、基础设施建设等，学生管理事务涉及的学生编班、学生奖惩纪律制定等。当然它们对教师的个人利益也会产生影响。不同教师在不同学校事务中的参与情况是不同的，但整体而言教师有权参与学校事务的决策、监督和评价。

（一）教师参与学校决策

正如有学者所言，学校决策绝不只是校长一个人的事，也不只是正副校长几个人的事，而是全校所有教师的事。教师是学校决策的主人，教师有权利也有义务对于一切自己认为是错误的或不当的学校发展目标、工作计划及资源配置等，明确提出自己的疑问和批评，并主动、积极地提出建设性意见（吴康宁，2017）。可见，学校决策并不是全体教师都要拍板决定，教师参与的重点是在决策过程中提供信息和咨询，当然个别教师也会以代表身份参与到决策中。

1. 为决策提供咨询和建议

众所周知，只有充分了解民意，才能更好地把握民众的政策偏好，才能做出高质量的决策。实践中，学校管理者希望教师从全局出发，为学校发展出谋划策，为学校决策提供信息支撑。比如，课题调研发现，管理者希望教师在学校规划和章程制定中能够多多参与、多动脑筋。显然，作为管理者，他们已经意识到了教师参与的重要性。其实，为学校提供建议是教师作为组织成员对组织负责的表现。在学校章程、规划或者方案的制定过程中，上海大部分中小学采取自上而下和自下而上相结合的办法。上下结合的过程一般是相关负责人汇总或拟定草稿，在教职工代表大会中以年级组或教研组为单位分组讨论，或将草拟方案放在校园局域网上，让教师提供自己的意见与看法。这样的过程多则七八轮，少则两三轮。

2. 直接参与决策

其实，教师直接参与学校层面决策的机会是很少的，即便参与决策也只是个别教师代表的事情。相对而言，在课堂教学等专业相关事务中教师参与决策的可能性是较大的。例如，教师可以在课堂中决定采用哪种教学方法、方式。“我不太注重学生成绩，但是周围同事、领导都非常注重成绩，我就很累，关起门来我可以在我的课堂上人性化、比较宽松地对待学生，但我没有更大的权限去改变现状。”教研组长和备课组长对自己团体内的事务具有较大决策权，普通教师在教研组中参与决策的可能性也是较大的。例如，HZ 附属中学在教师招聘、人事安排等事务中都组建了由教研组长 / 年级组长、骨干教师、分管行政领导组成的工作小组，小组具有相当大的决策权；同时将教师考核权下放到教研组，由其根据学科特点征求组内教师意见制定教师考核方案。同时，教师尤其是班主任在班级治理中也具有相当大的决策权，在班级公约的制定、班委成员的构成、学生问题的处理等方面，班主任都是重要的决策主体。

3. 讨论通过相关决策

2011 年教育部颁发的《学校教职工代表大会规定》指出，教职工代表大会的职权包括“讨论通过学校提出的与教职工利益直接相关的福利、校内分配实施方案以及相应的教职工聘任、考核、奖惩办法；审议学校上一届（次）教职工代表大会提案的办理情况报告；按照有关工作规定和安排评议学校领导干部……”。2012 年，教育部颁发《全面推进依法治校实施纲要》，规定专业技术职务评聘办法、收入分配方案等与教职工切身利益相关的制度、事务都要经教职工代表大会审议通过，而通过的方式一般是教师代表投票表决。

（二）教师参与学校事务监督

教师作为学校主体，有权监督和学校发展、学生培养及自身利益相关的学校事务及其运营。1985 年《中共中央关于教育体制改革的决定》要求“建立健全以教师为主体的教职工代表大会制度，加强民主管理和民主监督”。而信息公开是教师发挥监督功用的前提。2012 年《全面推进依法治校实施纲要》指出，“学校配置资源以及实施干部选拔任用、专业技术职务评聘、岗位聘任、学术评价和各种评优、选拔活动，要按照公开公正的原则，制定具体的实施规则，实现过程和结果的公开透明，接受利益相关方的监督。要按照《高等学校信息公开办法》以及中小学信息公开的规定，……重点公开经费使用、培养目标与课程设置、教育教学质量、招生就业、基本建设招投标、收费等社会关注的信息”。教师参与监督的领域主要包括经费、人事、职称等与其切身利益相关的事务。

1. 经费收入、使用或分配

为提高教师在经费事务中的参与积极性，学校应该在预算制定中多倾听教师的意见，使学校整体规划与教师意见相结合。同时，经费收支状况也要接受教师监督。有学校将经费收支情况以告示形式张贴于布告栏，也有学校通过学校网站公开经费信息，多数学校会在教职工代表大会上向教师汇报经费情况。因此，可以说在经费收入、使用和分配过程中，多数学校有接受监督的意识。虽然教师在学校经费预决算中的话语权微乎其微，但教师有权知道经费去向，有义务为促进学校清正廉洁贡献力量。因此，学校一方面要尽量倾听，在学校整体经费布局中融入教师建议；另一方面要做好信息公开，在内容上更加细致，在技术上更加规范，为教师监督提供方便。

2. 人事任免（选举）

2003 年《国务院关于进一步加强农村教育工作的决定》要求“切实扩大民主，保障教职工对校长选拔任用工作的参与和监督”。这是对教师参与监督学校事务的政策规定。其实，不止校长，学校中层干部的选拔任用过程都需要教师监督。各学校一般通过线上和线下相结合的公示办法，接受群众监督。总之，人事方面的选拔、任用事宜必须接受教师的监督，只有选拔出来的人员顺应民意、代表民意，才能更好地发挥学校领导力。

3. 职称评审和评奖评优

职称评审、评奖评优涉及教师切身利益，教师除了提供建议、参与制定方案，更重要的是监督方案的执行，让评审、评奖能够公平公正。

（三）教师参与教育评价

按照对象分，学校评价主要分为教师评价、学生评价和领导干部评价；按照内容分，学校评价包括对各主体的评价、对学校培训活动的评价等。下面按照评价对象分类，对教师在不同主体评价中的参与情况进行分析。

1. 教师评价

首先，教师是制定自身考核评价方案的参与者。考核评价涉及教师切身利益，只有让教师充分表达，吸取教师合理意见，才能制定出让教师满意的教师考核评价方案。虽说这是教师参与教师评价，但本质上是教师为学校决策提供建议。其次，教师是自身评价的参与者。一般而言，学校教师评价是以教研组 / 年级组为单位，教师要填写自评表、互评、行使投票权选择优秀教师参加学校竞评。如本课题组调研所示：

HZ 附中将教师的考核权下放给每一位参与考核的教师。每个组（教研组、年级组）根据自己的特点都有自己的考核方案，然后量化成表格，学校备案。一般是教研组长起草文件，征求副组长、组内教师的意见，所有教师参与讨论决定，最后形成一个完整方案。期末教师自己对照表格打分，组长也会给教师打分，教师自己打的分只是一个参考，因为教师打的分可能不够准确，组长掌握的信息可能更全面。至于最后学校考核等级的比例也由全体教师共同投票决定。到底是 A、B、C 中的哪一个等级，需要学校考评委员会来评定。每个学科不一样，打的分也不一样，学校重新进行折算。

2. 学生评价

教师是学生教育活动的直接参与者，是最了解和掌握学生情况的个体。因此，学生评价自然是教师的分内之事。学校层面学生奖惩评价方案的制定需经教职工代表大会审议通过，而班级层面的学生奖惩评价则是教师尤其是班主任参与的结果，而普通教师在教授学生知识、培养学生品德的同时，也无时无刻不在担任学生学习效果、道德品质的评价者。

3. 干部评价

《全面推进依法治校实施纲要》要求，建立有效的信息沟通渠道，使学生、家长以及教师对学校的意见、建议能够及时反映给学校领导、管理部门，并得到相应的反馈，扩大教职工对学校领导和管理部门的考核权与评议权。问卷调查是学校中层干部考核评价中经常使用的获取普通教师意见的途径。“每年 7 月份领导会进行述职，然后会发下一张民意调查表让我们勾选，我们的意见可能会有一定的作用。但领导的晋升留任不是我们能决定的。”有些教育行政部门让教师通过网络系统对校长进行评价，这也是进行民意调查、获取教师意见的重要途径。但无论是调查问卷，还是网上测评，干部评价的结果反馈和利用一直备受教师诟病。

二、教师参与学校治理的路径

政治学领域根据参与主体将参与分为个体参与和群体参与，根据参与途径将参与分为制度化参与和非制度化参与。群体参与是指社会利益群体在一定范围内通过社会组织或以临时集结的方式进行的政治参与活动（麻宝斌，马振清，2005）；而个体参与则强调个人行为。制度化参与强调普通公民通过制度的、正式的渠道影响系统决策活动；而非制度化参与是指在正式的制度渠道缺乏或者不畅通的条件下，公民采用非制度化的方式来影响和推动系统决策活动（高桐杰，2011）。根据参与主体和参与途径的不同组合，政治参与可以分为个体制度化参与、个体非制度化参与、群体制度化参与和群体非制度化参与（麻宝斌，马振清，2005）。借鉴这种思路，可将不同主体在学校治理中的参与途径大致分为教师个体的制度化参与、教师个体的非制度化参与、教师群体性制度化参与、教师群体性非制度化参与。

（一）制度化参与途径

制度化参与是指教师通过学校正式组织、会议或途径提出自己对学校事务的意见，参与学校事务的协商或决策等。教师群体或是个体参与取决于学校要求、事务情况、教师选择等因素。

1. 工会

《学校教职工代表大会规定》要求，工会作为教代会的工作机构，做好教代会的筹备和会务工作，组织选举教代会代表，征集和整理提案，提出会议议题、方案和主席团建议人选；在教代会闭会期间，组织传达贯彻大会精神，督促检查教代会决议落实，等等；组织教代会代表培训，接受和处理教代会代表的建议与申诉；就学校民主管理工作向学校党组织汇报，学校沟通；等等。可见，工会是教师参与学校管理的机构，在教师参与中发挥组织作用。除学校民主管理外，大部分学校的工会致力于教职工的慰问帮扶。访谈发现，部分学校工会是“3+1”模式，“3”指教职工人文素养的培养、民主管理、帮困，“1”指干部自身素养的提升。目前工会的委员一般包括工会主席、文体委员、宣传委员、女工委员等。

教师节表彰大会从主持到节目内容再到奖品发放等都是工会人员组织的。可见，工会不仅在学校治理中发挥组织、参与功能，也是教师参与学校治理的重要机构、途径，教师的意见可以通过工会渠道反映，工会代表教师表达诉求。

2. 教职工代表大会制度

学校教职工主要通过教职工代表大会参与学校民主管理和监督。如前文所述，《学校教职工代表大会规定》对教代会的职能、教代会代表参与细则等都做了详细规定。教师通过教代会的参与可以概括为以下方面：提出提案、听取报告、反映意见、投票表决。意见提出的方式一般是以教研组或年级组为单位，大家先进行讨论并将意见统一反馈给组长，由组长交给教代会主席团，进行集体协商。校级层面给出回复，合理者采纳修改，不合理者不采纳并给出缘由。最后教代会都会以少数服从多数的原则，无记名投票通过相关方案。其职权主要是听取学校各方面报告并提出意见和建议，讨论与教职工利益相关的各项事项等。

3. 校务委员会

1985 年，《中共中央关于教育体制改革的决定》要求，“有条件的学校要设立由校长主持的、人数不多的、有威信的校务委员会，作为审议机构”。2012 年，《全面推进依法治校实施纲要》要求，“中小学要健全校长负责制，建立有教师、学生及家长代表参加的校务委员会，完善民主决策程序”。2015 年，《教育部关于深入推进教育管办评分离促进政府职能转变的若干意见》也要求，“完善学校内部治理结构”“中小学建立由学校负责人、教师、学生及家长代表、社区代表等参加的校务委员会，对学校章程、发展规划及年度工作报告，对重大教育教学改革及涉及学生、家长、社区工作重要事项的决策等提出意见建议，完善民主决策程序”。在具体实施过程中，学校存在两种校务委员会：一种是学校权威人士组成的校务委员会；另一种是多元主体组成的校务委员会，该校务委员会由学校领导、教师代表、工会主席、社区代表、教育局领导、家委会委员、学生代表等组成，主要决策涉及学生的重大利益事项，如学生校服的订制等。虽然校务委员会的设置多有变化，但总体而言，越来越强调多元参与，是教师参与学校治理的一条途径。

4. 教研组、教职工大会及座谈会

首先，普通教师的参与一般以教研组或年级组为单位。教师意见的收集、评奖评优中的教师推荐都要通过教研组或年级组，而学校的通知意见也多通过它们传达给各位教师，上传下达是其基本功能。很多学校事务的组织和推进都以教研组和年级组为单位，它们是教师参与学校治理的基层组织。其次，教职工大会制度的性质、领导关系、组织制度、运行规则和教代会制度相同，理论上它是教师参与学校治理的重要途径。最后，与教职工大会相比，座谈会的与会者数量要少得多，它主要是针对不同事务了解不同层面的群体代表的意见。它的优点是在选择目标座谈对象时学校领导已经进行了人员筛选，选择的人员一般是与座谈主题相关的人员。例如，访谈教师说："我学校有体育俱乐部，俱乐部中有老师觉得 ×× 事情做得不太妥当，来找我，我跟体育俱乐部的负责人一起开座谈会，叫提意见的老师一起参加，让他充分表达……。大家说开来。通过这种沟通后，老师非常开心，矛盾也得到了化解。"可见，在座谈会中基本每一个参与对象都有表达的机会，校方可以较充分地了解民意。

而领导谈话、校长信箱以及教师信访等都是教师个体参与学校治理的重要途径，学校对这些参与方式有制度性的规定。此外，学校局域网、校园 APP 平台在收集教师对规划、章程、制度的修改建议，进行民意调查（通过线上问卷的形式采集教师建议、让教师投票等）等方面发挥重要作用，这些事务都由学校专门机构处理。

（二）非制度化参与途径

制度化参与和非制度化参与的主要区别是，前者是正式组织、机构或会议的教师参与，而后者是非正式组织、虚拟组织或私下随意的教师参与。

1. 群体性非制度化的教师参与途径

教师群体性的非制度化参与是指具有相同或相近偏好或利益诉求的群体结合起来，对学校事务提出意见、参与学校事务的协商或决策等，但是学校并无相应的制度安排，主要是以非正式组织或虚拟正式组织的形式存在。

非正式组织。学校生活中从来不乏由于对具体问题的认识一致、观点相同而形成的非正式组织，它有着被大家接受并遵守的不成文的行为规则，并以成员间融洽的情感或关系为纽带（周三多，陈传明，鲁明泓，2009：346–349）。随着互联网、通信工具的发展，线上交流途径越来越成为教师参与学校治理的重要渠道。例如，班级层次相当、年龄相当的教师建立微信交流群，他们基本上有着共同的诉求，在群里对学校事务尤其是对涉及自身利益、自己班级、学生的事务进行讨论。这些非正式组织的存在必然会对正式组织的活动及其效率产生影响，在配合或对抗学校管理方面发挥重要作用。

虚拟正式组织。除了线上虚拟非正式组织，教师为了共同的目标、任务，也会组建虚拟正式组织，如研究团队群、为专项事务和临时事务组建的“群”等。例如，访谈教师说：“我们教研组最近在开展一个课题研究，我们经常在微信群里传达信息，进行任务分工、讨论研究进展。需要碰面的时候再碰面。我觉得这样的方式比较有效，速度比较快。”这些群组交流一般比较随意，对涉及专项事务的信息进行传达、讨论或处理，但是没有正式的制度规定。通过线上交流收集信息已经成为教师参与学校治理的重要途径。普通教师参与较多的线上正式途径有年级组和教研组的群组，这是教师参与学校治理的最直接、最常见的渠道。

2. 个体性非制度化的教师参与途径

教师个体的非制度化参与是指教师对学校事务在学校制度、机构以外发表意见、讨论或互动。例如，“见缝插针”式的私下交流。这种教师参与方式比较随意，是目前学校治理中较为普遍的一种形式，但前提是校长乐意和教师沟通，而教师也不反感与校长交流。教师在此过程中的参与大多是了解情况、发表看法，至多向校长提出意见或建议。也有一些教师通过单独发 QQ 消息、微信、短信、邮件等方式，与学校领导直接互动。还有一些教师利用论坛、微博发布学校事件情况，引起大家的关注和评论，以群体舆论、媒体的力量对学校治理产生重要影响。

第三节　促进教师参与的措施

“教师应当成为学校大家庭中负责任的一员，成为一个真正的‘家人’。”（吴康宁，2017）而实践中的教师参与并不令人满意，研究者调研发现教师参与意识强，但参与行为较少，教师有许多无奈，校长也有些许顾虑。因此，有必要采取某些措施在学校治理中促进教师参与。

一、营造良好的学校氛围

营造良好的学校氛围，很大程度上是形成良好的校长 – 教师关系，这种关系可以简单概括为：校长民主，乐于倾听；教师积极，敢于提意见，乐于为学校出谋划策；而信任是沟通两者的桥梁。有学者认为，营造和谐的参与氛围，首先要建立信任感，信任是实现教师赋权增能的基本条件（符太胜，严仲连，2014）。第一，校长要信任教师，用麦格雷戈 Y 理论指导行为，相信教师不会先天厌恶自己的工作，教师期望创设共同的目标，建立信任、尊重的人际关系（曾文婕，黄甫全，2006），而不是“领导像管学生一样管老师”。第二，校长要鼓励教师发表自己的意见、不怕犯错、勇于提出自己的观点。访谈中不少教师表达了对学校“政治生态”的惧怕，教师担心自己发表意见会被打击报复、会被同事排斥，有学校领导者也证实了此种现象的存在。因此，要让教师感到所处环境的安全性，要营造一种非常宽松的环境，让教师能够主动建言献策。访谈中有校长采取书信的方式，让教师谈“理想的学校”“理想的自己”，用一种委婉的方式获取教师对学校的意见，让教师放下心理戒备，同时让教师树立教育理想，激发其为学校服务的内驱力。

研究结果表明，学校组织氛围尤其是校长–教师关系对教师在竞争事务、整体管理事务中的参与程度有显著影响，校长民主、包容、公平与否在很大程度上影响了教师敢不敢表达、参与的程度如何。而教师–教师关系对教师在专业相关事务中的参与程度也有显著影响，同事之间的信任、尊重与否也在一定程度上影响了教师参与的积极性。因此，营造学校民主氛围，激发教师内驱力是促进教师积极参与的关键因素。

二、建立畅通的沟通平台

沟通平台是一个抽象的多元主体互动协商的空间。畅通的平台可以提高信息传输效率，提升信息的精准度和使用率，对于进一步激发教师参与的活力具有重要作用。

（一）充分利用现有的参与机制

实际上，我国早已有对教师参与学校治理的机制设计，如教职工代表大会、教师大会、校务委员会、工会等民主制度，也有校长信箱、民意调查、民主选举等民主形式。关键是如何保证教师参与的协商民主机制充分发挥功效。首先，学校领导要有民主意识。其次，管理者必须正视学校现存机构制度的合理性，因为对制度环境的认同并不总是与组织效率相冲突，有些制度环境尤其是那些具有明确技术规则的制度环境，不仅不会影响组织的运行效率，反而可能会促进组织效率的提高，调动教师积极参与治理，其对学校发展的作用是巨大的。再次，充分发挥现有机构、制度在学校治理中的作用，遵循规范的参与程序，调动教师表达的积极性，做好意见反馈，实现教师的有效参与。需要注意的是，学校管理者必须充分把握不同学校事务中的教师参与程度、参与方式、参与主体，并非参与教师越多、参与程度越高越好。假使在学校管理者做了充分准备后，民主参与的制度环境和组织效率间还是产生了冲突，那么设定期限、进行调和是解决问题的关键。

（二）探索学校参与机制新增量

实践中，调动广泛利益相关主体参与学校治理的尝试并不缺乏，例如：成都市青羊区的学校民主管理委员会制度，由教职工、学生、家长、社会人士、教育行政部门代表组成，是学校民主管理、民主监督、民主咨询和决策的最高级自治组织，它甚至能够推举并弹劾校长；宁波市海曙区教育议事会由学校、社区、家长等相关人员组成，是在不过度干预办学自主权的前提下对学校重大事务进行咨询和审议的外部监督机构，具有知情权、参与权和部分决策权，以及监督、协调和仲裁的功能（陈善军，徐晓红，2005）。这些协商民主机制的探索在全国范围内有较大的影响力，为教师参与学校治理提供了制度载体。

我们在访谈过程中也发现一些促进教师参与的新机制。例如，HZ 附属中学的教师咨询委员会。该委员会兴起是由于校方希望更多地倾听教师的呼声，让他们为学校建设出谋划策，但是学校管理岗位有限，为了学校教育教学的改进，也为了普通教师的发展，学校设置了教师咨询委员会，调动普通教师参与学校治理的积极性。该机构是学校的“民间组织”，不属于学校管理机构。具体运行机制是，学校每学期就教育、教学或管理中亟待解决的问题发布项目。教师志愿申报，党支部和教科室负责讨论决定，并给予教师答复。最后，经过校务会同意确定咨询委员会主任，并授权自由组阁。学校会在财政上对其进行支持。每学期根据考核方案，学校给咨询委员会的主任和委员会成员提供奖励，主要是对他们每学期开展的实践、工作的量和质进行考核评价。

再如，上下结合的政策制定。上海市中小学章程、规划或方案的制定往往采用上下结合的方式，这样大大提高了教师的参与程度。以晋元高级中学附属学校为例，其发展规划的制定经历了上下七八轮的意见采集或完善过程。首先，对上一轮规划实施情况进行总结，是制定新一轮规划的基础，教师在此过程中主要是对学校各部门主任撰写的总结提出意见。总结三次下放给教师，三次征集教师的意见，吸收教师意见的有益成分。教师阅读总结、提出意见的过程是全面了解学校过去三年 / 五年做了哪些事情、取得哪些成绩、还有哪些不足的过程。其次，由校长对新一轮规划进行顶层设计，教师在其中的作用主要是分组讨论校长构思，并提出意见。在此过程中，教师了解到了学校未来五年的发展方向，学校领导也会分门别类地充分吸收教师意见中的有用成分。最后，请教专家指导后，基本可以定稿，最终在教职工代表大会或者教职工大会上投票表决通过。其实，在此过程中，教师还可以提出自己的意见，但经过前面环节的充分讨论，在该环节提意见的教师较少。

三、加强教师参与激励

激励机制是制度设计中的关键一环，关系到制度整体的可持续性。在教师参与的制度设计中，应该充分重视激励机制的激发、导向和维持作用，采取精神和物质相结合的方式，将措施落到实处。

（一）精神激励，让教师意识到参与的价值

促进教师参与的精神激励办法有多种，其中一种便是意见反馈。公共政策参与理论认为，管理者必须提供相应的影响权力激励公民参与。具体到学校场域，这个"影响权力"其实是通过校方的意见采纳或重视表现出来，也就是校方的意见反馈，让教师感到自己有能力来影响学校。如果校方采纳了意见，教师对学校治理便产生了影响，影响力给教师带来了价值感；如果校方未采纳教师意见，需要或整体或个别地做出合理的解释说明，基本也不会影响教师参与的积极性。不论意见采纳与否，意见反馈带给教师的首先是被尊重感。总之，教师是否在参与中获得尊重肯定会对其接下来的参与产生影响。

对教师参与的精神激励不仅应该在动员教师参与之前，也应该在教师参与之后。在动员教师参与学校事务之前，校方应该让教师意识到自身参与的必要性，让教师知晓其参与学校治理对学校、对自身的价值。在教师参与之后，更应该表达对教师的感谢，感谢大家为了促进学校治理改善所做的共同努力。这种感谢是可以是口头上的，也可以是书面上的，但必须是真实的。除了感谢，还可以进行表扬，树立榜样，让教师在精神上获得满足感。此外，针对从教 30 年以上、未兼任何职务的老教师在学校治理中参与积极性、参与程度较低的现实，可以考虑让他们为学校联络、工会活动、学生活动等发挥能量。对年轻教师和年长教师在

学校中的角色做好定位，让年轻教师更加专注专业发展，让老教师在学校治理中更多地发挥热情，更重要的是让老教师意识到学校发展对其的依赖。

（二）物质激励，让教师获得参与的报偿

教师是“蜡烛”“春蚕”等隐喻，描绘了其无私奉献的精神品格，但教师非神，他们需要体面生活。2018 年 1 月，中共中央国务院颁布的《关于全面深化新时代教师队伍建设改革的意见》明确提出，“不断提高地位待遇，真正让教师成为令人羡慕的职业”。目前我国教师待遇水平并不令人满意，教师尤其是年轻教师的工资并不能支持其有尊严地生活。在目前待遇并不令人满意的情况下，让教师获得参与的物质报偿，促进教师参与是非常必要的。

要打破“大锅饭”的状态，让参与者获得相应的报偿。不少访谈对象对物质激励的不满主要在于学校的“平均主义”，参与者和不参与者在经济报酬上并没有实质区别，这严重打击了教师参与学校事务的积极性。因此，建立一种竞争激励机制，在学校经费有限的情况下，通过内部制度设计，真正做到“多劳多得”便非常重要。同时，教育行政部门也要在一定程度上扩大学校财权，或者为学校提供专项发展经费，用于奖励参与学校事务的教师。此外，可为普通教师设立学校发展贡献奖，通过公平、公正的推选办法，让普通教师踊跃为学校发展出谋划策。例如，有学校设置的“金点子”制度、HZ 附中的“教师咨询委员会”等，由学校发布课题或者问题，让广大师生想办法解决问题，学校向“点子”被采纳者颁发学校发展贡献奖，并给予一定的物质奖励。

（三）构建激励相容机制，统合整体和自我利益

激励相容理论认为，市场经济中的理性个体都有自利的一面，管理就是要构建一套具有相容性的激励机制，让个体在追求个人利益的同时，也能为达成组织目标贡献力量，从而解决个体利益与整体利益之间的矛盾。首先，可以考虑个人与集体绩效奖励相结合。为激励普通教师参与班级管理，可以将教师绩效评价与班级评价相挂钩。其实，在学校治理中，很多时候都可以采用团队评价的方式，如为了促进教师参与教研组的活动，将教师绩效考核与教研组的集体考评相结合，往更大范围讲，可以把教师绩效考核与学校整体评价相结合，从而激发教

师将个人利益与学校整体利益相结合的意识。其次，分解学校目标，进行目标管理。纵向上可以将学校目标分为长期目标、中期目标和短期目标，横向上可以将学校目标任务分配到各处室、各年级、各教研组，再具体到教师个体。在制定目标时，学校要引导教师将个人目标和集体目标相结合、个人阶段目标与集体阶段目标相结合，引导教师在发展过程中将自我利益与学校整体利益相结合。最后，参与式治理理论认为，公共利益是行政机关和各利益相关方在协商与沟通过程中发现的。因此，要承认整体利益和自我利益的差别，校方只有通过与教师协商、沟通，引导教师认识到公共利益所在，双方才能在参与的过程中彼此妥协，实现共赢。

第十章

家校合作与教育治理

治理视野下的家校合作有别于传统的家校合作模式，是家校共育的必然和学生发展的需求，是教育发展的应有之义，但是现阶段我国中小学家长参与学校治理的状况并不乐观，面临诸多问题。本章将基于教育治理的视角，探讨家长参与学校治理的现状与问题、内容与要求，最后提出家长参与学校治理的相关改进策略。

第一节 “治理”视野下的家校合作

习近平在全国教育大会上指出：办好教育事业，家庭、学校、政府、社会都有责任。家庭是人生的第一所学校，家长是孩子的第一任老师，要给孩子讲好“人生第一课”，帮助扣好人生第一粒扣子。教育、妇联等部门要统筹协调社会资源支持服务家庭教育。全社会要担负起青少年成长成才的责任。各级党委和政府要为学校办学安全托底，解决学校后顾之忧，维护老师和学校应有的尊严，保护学生生命安全。《中共教育部党组关于认真学习贯彻全国教育大会精神的通知》提出：深入推动习近平新时代中国特色社会主义思想进教材进课堂进头脑，构建德智体美劳全面培养的教育体系和更高水平的人才培养体系，健全家庭、学校、政府、社会协同育人机制，形成全员育人、全过程育人、全方位育人的格局。

在全员育人、全过程育人、全方位育人的新格局下，在多元主体参与综合改革和教育治理的新形势下，家庭、学校成为多元治理的基本主体，发挥着不可替代的重要作用。与此同时，家校合作作为主体间合作的一种，不仅是教育发展的题中之义，也是教育综合改革和学校治理的必然。

一、家校合作的必然性

学校治理是教育治理体系和教育治理能力现代化的重要内容和必然要求，它包括内部、外部两个关系结构。一般而言，学校外部关系结构主要是指政府、学校、社会三者之间的关系及其协调；学校内部关系结构主要是指校长、教师、学生、家长之间的关系及其协调（程红兵，2017）。在学校内部治理体系当中，家长和家庭的作用是非常重要的，是其他主体无法取代的。从这个意义上说，加强家校合作是完善学校内部治理结构的必然要求，也是实现管办评分离教育治理格局的必经之路。

不论是教育综合改革还是教育治理，其目的都是通过社会各界共同努力以促进教育公平，提高教育质量，最终促进每一个孩子的健康成长与发展。从狭义来看，在社会多元主体中，家庭与学校是最为主要的主体。在以往学校教育实施过程中，学校是一直占据主导地位的一方，家长也存在着一定的认知误区，主要表现在他们认为教育就是学校的事情，把孩子送进学校就算是履行教育义务了。也有学校认为孩子有问题都是原生家庭的缘故，推脱学校教育应负的责任。这些认知是错误的，在当前推进教育综合改革和教育治理不断加速的进程中，学校和家庭必须克服以往认知误区，携手促进孩子的终身成长与发展。

二、家校合作的必要性

一直以来，家校共育都是教育的基本理念之一，也体现在国家颁布的系列教育政策中。从狭义来看，学校与家庭是教育儿童的最基本的两个法定责任主体，因此，家校共育不仅是儿童健康成长的保障。可以说，对于青少年来说，家庭和学校是影响其发展的最重要的两个环境系统。一方面，学校教育影响并制约着家庭教育；另一方面，家庭教育也以它的力度和成效制约学校教育的成果（黄河清，2008：21–34）。

1995 年的《中华人民共和国教育法》规定，学校、教师可以对学生家长提供家庭教育指导；1999 年的《中共中央国务院关于深化教育改革全面推进素质教育的决定》明确指出“实施素质教育……应当贯穿于学校教育、家庭教育和社会教育等各个方面”，“学校、家庭和社会要互相沟通、积极配合，共同开创素质教育工作的新局面”。《中华人民共和国义务教育法》从德育的角度提出了家校合作议题，《中华人民共和国未成年人保护法》也指出：“未成年人的父母或者其他监护人应当学习家庭教育知识，接受家庭教育指导，创造良好、和睦、文明的家庭环境。共同生活的其他成年家庭成员应当协助未成年人的父母或者其他监护人抚养、教育和保护未成年人。”这个时期，“作为家校合育政策的主要制定者和主要实施者，教育行政部门和学校更强调家长对学校工作的配合与参与”（洪明，2018）。

尤其在当今培养学生核心素养的关键时期，“要让学校教育、家庭教育和社会教育结合起来，共同落实核心素养。我们要积极探索为提升家庭教育而做的家长教育的有效途径。同时，学校教育中也要加入家长教育、家庭教育的内容，社会教育中要加入‘产前家长教育’内容”（王莉萍，2018）。家校共育成为现代学校的一种新型教育管理方式，将有效提升学校与家庭之间的教育合力，共同促进孩子的健康成长（唐红松，2018）。

家校合作可以共同促进孩子在学业成绩、品德习惯、综合素养等方面的发展。不论是从社会学、生物学、教育学、心理学等学科角度出发，还是观照教育实际，培养未完成的人的过程是一个360°无死角的全景敞视的连续培育的过程，培育过程中所涉及的各主体都有其主要负责的相关领域，各主体之间是合作依存而非各自为伍的关系。也就是说，新形势下家校合作一方面可以共同监管孩子的成绩、品德、素养，共同促进孩子全面发展，使其成为一个有潜能、充满无限可能、能适应不断变化的未来社会的人；另一方面，针对教育过程中青少年出现的各种问题，家校合作还可以一起解决、共同克服。

第二节　家长参与学校治理的现状

本节简要论述现阶段我国中小学家长参与学校治理的状况，描述家长参与学校治理的形式与内容。

一、家长参与学校治理的形式

目前来看，家长参与学校治理的主要形式包括家长参与学校管理、家长参与学校各种类型活动、家庭－学校－社区共建等。

（一）家长参与学校管理

家长委员会是现代学校建设的重要内容。1988 年《中学德育大纲》提出要建立家长委员会，2003 年《教育部关于加强依法治校工作的若干意见》首次明确指出“学校决策涉及学生权益的重要事项，要充分听取家长委员会的意见”。《国家中长期教育改革和发展规划纲要（2010—2020 年）》将“建立中小学家长委员会”作为建设现代学校制度的内容之一。2012 年教育部颁布了《关于建立中小学幼儿园家长委员会的指导意见》和《依法治校——建设现代学校制度实施纲要（征求意见稿）》，明确提出在中小学和幼儿园建立健全家长委员会。

《关于建立中小学幼儿园家长委员会的指导意见》指出：“家长委员会应在学校的指导下履行职责。参与学校管理。对学校工作计划和重要决策，特别是事关学生和家长切身利益的事项提出意见和建议。对学校教育教学和管理工作予以支持，积极配合。对学校开展的教育教学活动进行监督，帮助学校改进工作。参与教育工作。发挥家长的专业优势，为学校教育教学活动提供支持。发挥家长的资源优势，为学生开展校外活动提供教育资源和志愿服务。发挥家长自我教育的优势，交流宣传正确的教育理念和科学的教育方法。沟通学校与家庭。向家长通报学校近期的重要工作和准备采取的重要举措，听取并转达家长对学校工作的意见和建议。向学校及时反映家长的意愿，听取并转达学校对家长的希望和要求，促进学校和家庭的相互理解。”

家长委员会是代表最广大学生家长根本利益的团体，是通过家长推荐选举成立的学校议事组织机构，是具有不同层次、不同阶层的家长代表的组织（满建宇，2014）。家长委员会一般可分为学校家长委员会、班级家长委员会两级，或者学校家长委员会、年级家长委员会和班级家长委员会三级，其成员由选举产生。家长委员会是连接家庭和学校的桥梁和纽带，是家长参与学校管理的途径。因此，家长委员会对学校的发展和改革起着积极的促进作用（柳燕，2016）。

除了上述的家长委员会，在学校管理方面，学校还可以设学校领导接待日、意见箱，不定期进行问卷调查，全面征求家长意见，了解家长满意度。最后，家长还可以尽己所能为学校提供服务，如担任志愿者、集资募捐等。

（二）家长参与学校活动

除了家长委员会这种比较正式的组织形式外，家长参与学校治理还可以通过参与学校举办的各种类型的活动来体现。

从当前学校实际看，中小学阶段家长参与学校活动的形式主要有以下几种。

家长会（parents meeting）或座谈会一般是由学校或教师发起的，面向学生、学生家长以及教师的交流、互动、介绍性的会议或活动；针对一项或多项主题，以教师讲述和传达为主、家长提问为辅。从整体看，当前中小学阶段家长会一学期一般会进行 1—2 次，主要内容包括传达教育行政部门最新政策要求、沟通学生身心阶段特征及可能遇到的各种问题，希望家长能够及时了解到最新政策变化、教育改革系统设计及核心内容，并能够积极配合学校，提高学业成绩、发展素质教育，共同促进孩子身心健康发展。每学期开好家长座谈会，广泛听取家长的意见，请家长提出好的建议，并对学校教育教学工作打分，进一步改善学校教育教学工作。

家长开放日是学校一项面向学生家长开放的活动，邀请学生家长了解孩子所在班级的课堂教学情况。通过这项活动家长可以了解到学校教师的教学水平，也可以了解到孩子在学校教学过程中的表现和参与情况。家长开放日活动，不仅是展示学生表现和教师教学的机会，也是使家长更深层次地参与学校内部治理的过程。在一些学校的家长开放日活动中，有的教师邀请家长参与课堂教学的过程，使其亲身体验学校的教育观念，在此过程中把教学相长、学生的主体性等教育观念传递给家长。可向每位家长发放家长开放日活动反馈表，家长们也可对课堂教学活动给予反馈和评价。

除了上述的家长会、座谈会、家长开放日等，家长参与学校活动还有其他形式，比如亲子活动、开学毕业典礼、节庆活动等。

（三）学校为家长提供教育服务

学校为家长提供各种教育服务也是家校合作的一种方式，除家长学校外，还有家庭教育讲座、家长指导手册、家庭教育咨询、经验报告、家长交流等（表10–1）。

表 10–1　学校为家长提供教育服务类型（黄河清，2008：176–186）

服务类型	服务内容
家长学校	家长教育知识培训：涉及心理学、教育学、伦理学、生理学、医学、文化艺术等 1. 有关社会发展与家庭关系的知识，主要侧重家庭背景对学生成长的影响 2. 单亲家庭子女教育的知识 3. 亲子关系的知识 4. 有关家校联系途径的知识 家长学校类型：系统培训、跟踪培训、专题训练 教学形式：授课、对话、经验交流、网上讨论 教学人员：教师、专家、教子模范 教学管理：考勤、评价、反馈
家庭教育讲座	

续表

服务类型	服务内容
家长指导手册	学校专为家长教育编著或订购，内容以合格家长标准、怎样成为合格家长为主 两种类型：家庭教育指导；学校状况、学校安排、教师情况说明
家庭教育咨询	专业人员针对家长在家庭教育中的问题进行个别指导与帮助 方式：面询、电话咨询、网上咨询 基本过程：提供咨询，进行跟踪，案例记录分析，汇集成册
经验报告	
家长交流	家长沙龙

家长学校是开展家长教育与家庭教育指导服务的重要形式，是家长参与学校内部治理的途径之一。《中共中央国务院关于进一步加强和改进未成年人思想道德建设的若干意见》指出："家庭教育在未成年人思想道德建设中具有特殊重要的作用。要把家庭教育与社会教育、学校教育紧密结合起来。各级妇联组织、教育行政部门和中小学校要切实担负起指导和推进家庭教育的责任。要与社区密切合作，办好家长学校、家庭教育指导中心，并积极运用新闻媒体和互联网，面向社会广泛开展家庭教育宣传，普及家庭教育知识，推广家庭教育的成功经验，帮助和引导家长树立正确的家庭教育观念，掌握科学的家庭教育方法，提高科学教育子女的能力。"《关于全国家长学校工作的指导意见》明确指出："家长学校以未成年人的家长及其抚养人为主要对象，是为提高家长素质和家庭教育水平而组织的成人教育机构；是宣传正确的家庭教育思想，普及科学的家庭教育知识的主要场所；是中小学、幼儿园开展家庭教育工作和党政机关、企事业单位、社区、村镇进行公民素质教育的有效途径；是联系学校、家庭、社会，促进形成三结合教育网络的工作桥梁；是优化未成年人健康成长环境、推进社会主义精神文明建设的重要阵地。"

2011 年全国妇联、教育部、中央文明办联合颁布了《关于进一步加强家长学校工作的指导意见》，再次明确提出家长学校工作的指导思想、主要任务、组织管理、保障措施等。2012 年教育部发布了《关于建立中小学幼儿园家长委员会的指导意见》，2013 年颁布了《义务教育学校校长专业标准》，2015 年颁布了

《关于加强家庭教育工作的指导意见》。《关于加强家庭教育工作的指导意见》明确了学校在家校合作共育中的协调和统筹作用，高度注重家长学校和家长委员会的制度建设。《关于进一步加强家长学校工作的指导意见》明确指出，家长学校的主要任务是："面向广大家长宣传党的教育方针、相关法律法规和政策，宣传科学的家庭教育理念、知识和方法，引导家长树立正确的儿童观和育人观；组织开展形式多样的家庭教育实践活动，增进亲子之间的沟通和交流，使家长和儿童在活动中共同成长进步；通过多种形式为家长儿童提供指导和服务，帮助解决家庭教育中的难点问题，提升家长教育培养子女的能力和水平；增进家庭与学校的有效沟通，努力构筑学校、家庭、社区'三结合'的未成年人教育网络，为儿童健康成长营造良好环境。"

（四）家庭－学校－社区共建

除了家长委员会、家长参与学校的各种类型的活动外，还有一种家长参与学校治理的方式是家庭－学校－社区共建。从学校治理要求看，家庭－学校－社区共建是提升学校治理能力的有效方式，三者形成合力共同促进学生全面发展。从长远来看，增进家庭与学校的有效沟通，努力构筑学校、家庭、社区"三结合"的未成年人教育网络，为儿童健康成长营造良好环境，是学校治理的必然要求。

二、家长参与学校治理的内容

家长参与学校治理的主要内容包括家长为学校集聚资源，参与学校决策、评价等。

（一）集聚教育资源

家长作为一种隐性的教育资源，具有丰富性和可再生性（洪明灯，2016）。挖掘家长拥有的人脉资源，为孩子们组织校外活动提供机会或方便，让孩子的成长从校内延伸到校外（刘小洪，2017），有利于学校治理水平和教育品质的提升。

1. 为学校提供各种资源

家长数量是学生数量的数倍。家长来自四面八方，从事各行各业，是一个庞大的资源群体。立足学校教育实际，挖掘家长资源，建立家长资源档案库，用活家长资源，服务学校教育教学活动，对于丰富教育活动、融洽亲子关系、提升家校共育效果具有重要的促进作用。学校根据实际，邀请具有专业技能的家长走进课堂，可以丰富孩子们的见闻。如从事医生职业的家长可以给孩子们讲传染病预防知识，从事警察工作的家长可以给孩子们讲预防违法犯罪或者自我保护的知识，在银行工作的家长可以给孩子们讲讲理财知识，在污水处理厂工作的家长可以给孩子们提供参观污水处理过程的机会，在企业工作的家长可以给孩子们提供参观企业的机会与场地，等等（刘小洪，2017）。

2. 参与学校各种类型活动

应采取一系列措施提升家庭、学校合作的深度和广度，不应只局限于学生的学习方面，尤其是要鼓励家长参与学校方方面面的活动，关注孩子的全面发展。可以发动家长积极参加学校组织的各类活动，如邀请家长参加升旗集会、入队入团活动、主题班会等，陪伴、见证孩子的成长，融洽亲子关系，增进家校合作（刘小洪，2017）。

（二）参与学校决策

家长参与学校治理，还包括有责任和资格参与学校决策和改革，为学校规划发展提供智力支撑。

1. 参与学校发展规划制定

制定学校发展规划是学校治理的重要内容和途径，事关学校教育教学质量的提升和学校的长远发展，这需要多方主体共同参与和共同制定，尤其是需要作为核心利益相关者的家长、教师等参与其中，主要内容包括共同参与制定学校未来的发展目的、学校管理制度、学生培养计划、课程与教学内容、重大任务与措施等。为了促使家长更好地参与学校发展规划制定，学校可通过开展家长座谈会、访谈、咨询会等各种活动来收集、征询家长意见，尤其是在中高考改革新形势下，学校面临招生、教育教学、教育管理、人才培养等方面的挑战与压力，这些方面的规划制定都需要家长的参与。

2. 参与学校决策和改革

对于涉及学生和家长核心利益的重要事宜，家长有资格参与学校决策和变革。例如，学校基本政策的制定、学校培养目标的确立、课程的设置、课程和教学的改革、学校的撤并等，不但要让家长参与决策，广泛听取家长的意见和建议，而且应赋予并保证家长一定的表决权和审核权（蒲蕊，李子彦，2017）。

为了保障家长参与学校决策和变革的合法权益，一方面，应进一步完善家长委员会章程，明确家长委员会在学校治理中的地位、职责和权利，做好组成人员的遴选工作，注重从家长的阶层结构、职业状况、经济状况等多个角度来遴选代表，使之更具有代表性和科学性，确保家长委员会规范、有序和有效运行，使家长委员会切实成为家长有效参与学校决策、监督和评价的组织机构，成为学校与家长之间沟通、协商、合作的桥梁和纽带。另一方面，学校应创新性地拓展家长参与学校决策的途径，精心策划适合不同类型家长参与决策的计划、方案和渠道。例如，定期或不定期召开“家长听证会”、设立“家长接待日”等（蒲蕊，李子彦，2017）。此外，还要完善家长参与决策的组织，拓宽家长参与决策的渠道（蒲蕊，李子彦，2017）。

（三）参与学校评价

家长除了为学校提供一定的资源，参与学校一些决策和改革外，还可以对学校发展目的、学校教育教学质量等方面进行评价。一般而言，家长评价的内容包括学校督导、学生和教师、学校管理、课堂教学管理等。家长评价有助于对学校育人工作的质量进行反馈，揭露育人工作中存在的问题，在一定程度上规范学校、教师和学生未来的发展趋向，发挥监督学校教育的职能（胡白云，瞿聪，徐彬，2017）。

1. 参与课堂教学评价

家长作为评价主体之一参与学校的课堂教学评价，如此一来，家长就作为家校共育的主体与管理者站在了同样的高度，共同谋求学校的发展。在课程管理方面，家长要积极对国家课程的实施和管理提出意见，并积极参与到校本课程的建设中。同时，家长也要积极参与家长课程的开发，了解课程目标的制定、课程内容的选择、课程教学的实施和课程的管理评价等，并提出相应的意见和建议。在教学管理方面，家长还要积极走进课堂，寻找和发现教学管理中存在的不足，为改进课堂教学提出一些具有可行性和针对性的建议。家长还要积极参与相关课程的教学实施，在真实的课堂教学中了解教学管理实施的具体步骤与行为。

2. 参与学生和教师评价

家长对学生的评价不只是对学生学业成绩的评价，也包含对学生学习态度、学习与问题解决能力的评价，对学生道德品质、审美能力和水平等的评价。家长对教师的评价不只是通过学生的学业成绩来判断教师专业水平的高低，也包括评价教师对学生身心发展过程中各方面的指导，具体来说包括对教师本人的评价、对教师指导学生的道德发展的评价以及对教师培养学生审美情趣的评价等方面。

3. 参与学校管理评价

家长参与学校管理评价也是家长参与学校内部治理的必然要求，只有让家长参与到学校管理的各个环节中，与学校管理者共生，才能切实提高学校评价和管理的效率。一方面，要创造条件，让家长了解学校管理的复杂性和多变性，使家长对学校管理多一分理解和支持；另一方面，要让有能力的家长参与到学校管理中。这是因为，学校管理与自己孩子的切身利益相关，当学校需要时，多数家长都愿意积极想办法，帮助学校解决管理中的问题。另外，应重视家长的评价，并将其融入学校管理各个环节中。尽管不是所有的家长都懂管理，但家长能够从家庭的角度提出建议，提供不同的解决问题的思路。同时，在学校管理过程中，有了家长的评价和监督，就相当于有整个家长群体为学校的发展保驾护航，有利于及时发现问题，确保学校教育获得好的效果（胡白云，瞿聪，徐彬，2017）。

（四）参与学校督导评价

学校督导评价包括对政府教育职责的评价和对学校办学质量的评价，而评价主体则包括家长、学生、教师、社会等。家长作为评价主体之一参与对学校办学质量的督导评价，既是督导评价的内容也是学校治理的必然要求。当前各级各类学校督导评价都会听取和征求家长意见，以提升家校合作水平。

比如，有的学校专门设立“家长督学”办公室，坚持每天邀请两名家长进校，全天候参与督促教学和管理工作，并与孩子共同学习，为学校的发展建言献策。家长们按照学生的学号顺序，轮流到校担任督学。家长督学工作主要包括

“四进”：进教室，既查课堂常规，又查教师授课；进办公室，实地查看教师办公情况；进校园，督查校内卫生安全，实地查看是否有隐患；进食堂，陪孩子进餐，抽检饮食卫生，对学校食堂的饭菜质量做出评价。家长督学进驻校园已经成为某些学校的一大特色。虽然工作繁杂而辛苦，但在参与管理、监督学校事务的过程中，家长们能更加深入地了解学校、老师的不易，以及孩子的学习情况，由衷地感谢学校、感谢老师，对学校和老师少了埋怨和指责，多了理解、信任和支持，真正地实现了家校一体、家校同心（陈中梅，2016）。

第三节　家长参与学校治理面临的挑战与问题

在我国，尽管越来越多的人在家长参与学校治理的重要意义和作用问题上已形成共识，但在实践中，家长参与依然面临诸多困境，家长作用难以充分发挥，甚至被排斥和边缘化（蒲蕊，李子彦，2017）。家长参与学校治理面临的挑战与问题主要包括责任边界模糊、参与机制不健全、重形式轻效果等。

一、责任边界模糊

在教育实际中存在着这样一种现象：教师因职业优势，在家校关系中处于优势地位。这种不对等有可能导致当教师将一部分应尽职责转嫁给家长时，家长无法拒绝，也必然会滋生学校的责任转嫁、不作为等乱象。如今，社会对孩子的教育越发重视，家校共育理念不断普及，但在一些中小学，家长与教师之间的责任边界趋于模糊。

（一）过度依赖

教师过度使唤家长。如上所述，有时候教师将一部分应尽职责转嫁给家长时，从批作业到教室值日保洁，再到监督学生考试，在家校共育、家校合作过程中，家长与教师之间的责任边界趋于模糊，家长正在成为一支随叫随到的“编外教师”队伍（余明辉，2018）。

家长过度依赖教师。不少家长认为教师应担负教育孩子的主要职责，这一群体的家长很可能在日常生活中将孩子推给教师，自己放任不管。

（二）放任不管

在家庭教育中，很多父母把子女教育的重心放在如何保障孩子学习及成长上。这种保障偏重于提供物质方面的基本条件。绝大多数父母认为只要孩子衣食无忧，自然会全身心地投入学习中，至于学习成绩则需要靠学生自己去努力（胡白云，瞿聪，徐彬，2017）。

不论是教师群体还是家长群体，都有一部分人推卸责任，持有上述教育理念的人很可能在孩子的教育问题上放任不管。具体说来，有的家长缺乏教育方面的系统知识，不了解孩子的学习过程，认为教育只是教师和学校的责任，可能会一味地将教育责任推卸给教师。还有家长由于价值观的差异对教师缺少信任，不愿去倾听教师的观点，只凭借自身的经验和主观立场对子女进行教育（胡白云，瞿聪，徐彬，2017）。有的教师认为教好书就算完成教育任务，对教学之外的育人活动并不看重；有的教师则因为教学事务繁忙，很少与家长沟通，偶尔的沟通也只是浮于表面；还有教师认为，家长素质参差不齐，沟通起来难度较大，干脆不去主动沟通。由此一来，家长与教师就会质疑和轻视家校共育的价值，弱化家校共育的功能（胡白云，瞿聪，徐彬，2017）。

（三）过度干涉

与放任不管相反的，就是过度干涉，不论是教师群体还是家长群体，都存在着过度干涉另一方的现象。在访谈中，我们发现有的家长认为家长可以对教师管教孩子进行全方位过问，只要自己的孩子受到委屈或惩罚都是教师的错，认为没有教不好的学生，只有教不好的老师。

二、参与机制不健全

家长参与学校治理还存在着决策机制、沟通协商机制、信任机制、激励机制等方面不健全或缺失的现象，导致家长难以有效参与中小学治理（蒲蕊，李子彦，2017）。

家长参与学校决策的层次较低，范围有限。研究发现，诸多中小学的家长委员会不同程度地存在不健全现象，在保障措施缺失和运行机制不健全的情况下，家长委员会或长期处于闲置状态、形同虚设，或远离学校的管理事务，其作用的发挥无从谈起。此外，家长参与学校决策的范围和层次受限。目前，家长参与学校决策主要涉及的范围和层次是学生学习、德育和安全教育、校服的购买等事项，较少参与听课评课、教师和校长评价、校本课程管理与建设、学校发展规划及其他重大事项的决策。有调研显示，偶尔与从不参与协助学校获得教育资源及处理公共关系、志愿参加学校面上管理、志愿参加高层次的学校管理活动的家长比例分别为 42.9%、53.8%、48.1%（王帅，2012）。可见，学校治理中多元主体共同参与决策的格局尚未真正形成。

教师与家长之间的沟通缺乏系统设计和针对性的沟通方案，尚未形成策划、实施、反思与重构的沟通流程。有调查发现，家长在与教师沟通中，对学生的学习情况关注度最高，比例达 67.3%。教师和家长彼此进行随机性的家校沟通的比例均大于 70%，高达 60%—90% 的家长没有采取参与家长委员会、家长学校、家长开放日的方式与教师进行沟通（杨晓琳，2013）。可见，家长与教师、家长与学校沟通的内容、方式和渠道单一。

家长与教师、学校之间尚未形成信任机制。“从理想的角度来说，家长和教师有很多共同的地方，希望事情的发展对儿童最为有利；但是实际上，家长和教师却通常处于互相不信任和敌对的情况下。”（Hargreaves，2000）教师和学校往往质疑家长参与学校教育和管理所表现出的知识、能力和行为；家长往往对教师的班级管理、教学能力以及学校的办学行为存疑。如学生校服的订购、升学指标到校名额的分配、小升初摇号随机派位等事关家长和孩子切身利益的事项不断受到家长质疑。凡此种种，无不反映出家长与教师和学校之间沟通协调和信任的缺失。

缺失激励的被动参与。事实证明，激励是实现家长有效参与的重要手段。当家长的参与受到学校和教师的重视和尊重，或者他们感到自己的参与对班主任和学校管理者的管理能产生一定影响时，他们的参与热情就会被激发。反之，若家长提出的意见和建议被漠视或迟迟得不到回应，他们就可能逐步丧失参与热情，进而形成恶性循环。他们要么因为感到缺乏激励机制而不愿参与，要么会按照管理者所愿积极参与，但不久就会因自身的影响作用太有限而变得非常沮丧，并对参与不再抱什么幻想（托马斯，2010：19–20）。家长参与学校治理的激励机制在很大程度上是缺失的。

三、重形式轻效果

家校共育的重要性似乎已成为普遍共识，不管是各级教育行政部门，还是家长、学校，都纷纷采取各种形式促进家校共育，如组建校级、班级家长委员会，成立家长学校，定期召开家长会，开展家长开放日、家访等活动，也积极运用校讯通、QQ 群、微信群等现代共育手段。形式多，活动多，但家校共育应有作用的发挥却参差不齐。有的合作只是低层次的合作，甚至是假合作。不少家校合作的主要内容是关于学生的学习情况和品德纪律。常常是教师向家长通报学生的在校表现，要求家长给予配合与协助，甚至给家长布置具体的任务，如检查、签字、听写等。不少家长委员会成立后只是一个摆设，基本没有发挥作用，或者更多的作用是收费、买东西等；校讯通、QQ 群更多的功能是发作业、发通知；不少学校开展的家长会、家长开放日往往“华”而不“实”，实质上是家校之间的一种低层次合作；不少学校、教师由于教育教学任务繁重而只是应付完成上级的行政任务，没有实质性的家校协同，没能真正达到共育的效果（刘小洪，2017）。

第四节　家长参与学校治理的改进策略

基于家长参与学校治理的现状与问题、内容与要求，本节提出以下四个家长参与学校治理的改进策略：培育基于理解与认同的教育观念、激发家长参与学校治理的动力、完善基于信息技术的家校沟通渠道、构建多维立体的现代家校合作制度。

一、培育基于理解与认同的教育观念

已有教育研究和教育实际显示，虽然家校共育的理念基本成为共识，但家庭与学校教育指导思想存在显著差异，教师与家长都对孩子的教育具有一定的责任心和义务感，但是两者之间缺乏理解、信任和配合的主动性。为了更好地促进家校合作、家长参与学校治理，首先要培育基于理解与认同的教育观念，共同促进学生的全面发展。

二、激发家长参与学校治理的动力

现实中，家长素质参差不齐，参与学校管理的意识和能力也不尽相同，致使家长在学校管理层面的参与程度十分有限（胡白云，瞿聪，徐彬，2017），造成家长缺乏参与学校治理动力的一个原因是能力不足，另一个原因是有能力但没动力（蒲蕊，李子彦，2017）。近年来，虽然公民意识、权利意识不断被唤醒，但家长的主体意识和权利意识模糊，未能真正认识到参与学校治理是自己的权利和义务。此外，具备一定的教育和管理方面的专业知识及表达、协商、沟通、分享、合作和决策等能力是家长有效参与的基础，但是接受过系统家长教育的人却寥寥无几。对学校的许多教育活动，尤其是课程教学、教师教学能力评价等专业知识和技能含量较高的项目，家长往往苦于缺乏相关知识和能力，表现出参与的畏难情绪，缺乏理想的行动逻辑。有研究发现，28.2% 的家长认为参与学校管理的最大障碍是家长缺乏相关知识，家长认为没有参与能力参与、没有信心参与的比例均低于 10.0%（王帅，2012）。

为了改变这种现状，相关主体应创造一切条件激发家长参与学校治理的动力，一方面政府部门应通过系统顶层设计保证家长参与学校治理的权利与可行性，另一方面学校要通过相关制度建设和活动让家长意识到参与学校治理的重要性，与此同时，通过家长开放日、家长学校、家长培训等活动提升家长的治理能力，逐渐让家长在可控的、有驱动力的意义感中参与学校治理。

三、完善基于信息技术的家校沟通渠道

畅通沟通渠道的前提是建立健全信息公开制度。信息公开是依法治校、多元主体参与的重要前提。“任何旨在预防和解决公共争议的措施的执行，其基础必然是拥有一个充分知情的公众群。”（Connor，1988）家长只有在“知”的前提下才有可能不断调整自己的行动策略，才能有效参与学校治理。为此，学校应在充分论证的基础上，确定学校信息公开的范围、程序、反馈等。坚持“公开是惯例，不公开是例外”的原则，通过学校门户网站等渠道主动公开关于学校发展规划、培养目标、课程设置、教学质量、招生、收费标准、学校安全等方面的信息，充分保障家长的知情权，使学校管理从封闭保守走向开放透明（蒲蕊，李子彦，2017）。

要完善家校合作的信息技术平台。为了促进家校合作，学校要创造条件搭建多元沟通平台。比如，有的学校搭建多个平台，让家长及时反映问题：微信平台，校长的微信号向全体家长公布，诚邀各位家长关注；在校门口设立校长信箱；建立校级家长委员会 QQ 群；公布意见建议公开电话；组建班级微信群；确定月底最后一天是家长意见建议日，建立意见和建议台账。每个平台安排专人负责，在每周五的家长委员会会议上，提交收集的意见或建议跟踪单，参与督学的

家长在当天提交跟踪单，每天安排专人整理微信留言，及时处理意见或建议。各平台负责人按“提出—分解—解决—回复”流程，在收到建议或意见的当天进行处理，将建议或意见安排到具体团队，要求团队负责人马上安排专人负责，并在建议或意见跟踪单上做好记录，负责人在限定期限内对建议或意见予以回应，不能解决的要在限期内说明原因。最后，由各阶段负责人签字，做好确认、备查。

四、构建多维立体的现代家校合作制度

为了保证家长参与学校治理的有效性和可持续性，各主体应合力构建多维立体的现代家校合作制度。一方面，政府、学校、社会都应共同参与到构建现代家校合作制度的过程中；另一方面，各主体要致力于构建有效的运行机制，以保证家校合作制度的可行性。

多维立体的现代家校合作制度不仅应规定家校合作的目的、内容及相关主体的职责，还应进一步明确确保家校合作制度运行的决策机制、沟通协商机制、信任机制、激励机制等。首先，学校必须转变自身的管理理念和决策方式，形成有助于家长参与的家校合作决策机制。学校需要转变观念、调整思维定式，从学校治理现代化和现代学校制度建设的高度，改变传统封闭的、集权式的决策方式，以更加开放、包容的心态实施民主决策，贯彻落实在中小学建立校务委员会的政策，让家长切实参与学校的重要决策。同时，在家校合作制度中应明确家长参与学校决策的范围，提高其参与决策的层次。根据霍伊和米斯克尔提出的利益相关性原则，当决策内容可能涉及某一群体利益时，该群体应当参与决策（Hoy，Miskel，1996：95）。

最后，应进一步完善家长委员会章程，建立健全家长委员会治理结构，具体内容包括“明确家长委员会在学校治理中的地位、职责权利，做好组成人员的遴选工作，注重从家长的阶层结构、职业状况、经济状况等多个角度来遴选代表，使之更具有代表性和科学性，确保家长委员会规范、有序和有效运行。使家长委员会切实成为家长有效参与学校决策、监督和评价学校的组织机构，成为学校与家长之间沟通、协商、合作的桥梁和纽带”（蒲蕊，李子彦，2017）。

第十一章

社会组织参与教育治理

社会组织参与教育治理是当代中国教育治理话语体系中的重要理论命题，也是建构教育治理体系、提升教育治理能力的重要组成部分。“教育治理”理念的提出，针对的是长期以来在我国教育管理中存在的具有“管制主义”[①]色彩的实践形式，倡导人们对既有的单一、封闭的教育管理体制进行反思，主张通过合作、协商、伙伴关系等方式来改进教育公共事务。作为教育“合作、协商、伙伴关系”的主体之一，社会组织是生长中的社会空间的重要组成部分，在社会转型和教育改革中蕴含着巨大能量。然而，社会组织的力量一直没有受到应有的重视，社会组织对于教育改革和发展的重要意义没有得到彰显，直到改革开放乃至20世纪90年代之后，人们才对它的特性和功能有了新的认识。当然，这并不意味着社会组织的出现就一定是当代的事情。事实上，它是古已有之，甚至一定程度上可以说，它也是具有中国文化性格的事物，譬如“乡绅”，他们作为传统社会体制中“国家”与“乡村”的“中间阶层”，发挥着连接上下的重要作用，他们在相当长的历史时期都扮演着弘扬社会价值观念的角色，他们兴办教育、建设学校等。那么，今天我们所谓的社会组织究竟是什么？意味着什么？究竟在何种程度上有助于推动教育改革？

① 在管制模式下，国家包揽了教育领域的一切事务，政府的教育行政权力渗透到教育的各个角落，控制着教育资源的支配权和分配权，教育活动也处于政府的严格控制之下，学校缺乏自主行动的空间，对政府形成了绝对的依赖。

第一节　教育治理中的社会组织

为什么是社会组织而不是其他组织参与教育治理？它的哪些因素契合了当代教育改革和发展的进程？它能在多大程度上参与并影响教育改革和发展的进程？为了回答这些问题，本节主要从社会组织的定义、社会组织参与教育的必要性和可能性三方面进行阐述。

一、社会组织的定义

社会组织是一个“舶来品”，主要用来指称政府部门和市场部门之外的构成社会空间的组织或部门，通常人们也称之为“第三部门”（the third sector）。在美国，政府公共部门通常被称为“第一部门”，商业部门被称为“第二部门”，因此习惯性地将两者之外既非公共部门又非商业部门的非营利部门称为“第三部门”（卢咏，2011：3–4）。较早提出这一概念的是美国学者利维特（T. Levitt），他认为第三部门是指那些非公非私的、既不属于政府部门又不属于私营企业的社会组织，它们从事的是政府和私营企业不愿做、做不好，或者说不常做的事（Levitt，1973：27）。由此出现了一些比较常见的概念：非政府组织、非营利组织；社会团体、公民团体、群众团体、人民团体；中介组织、第三部门组织；独立部门；草根组织、民间组织、志愿组织、慈善组织；等等。这些称谓在内容所指上虽然没有实质性差异，但在用法上却有一定的区别。中国的社会组织区别于西方的社会组织，无论在主体权利上还是其所置身的环境及其制度建设上，中国的社会组织都具有鲜明的中国特色的基因或烙印。

新中国成立后，社会组织无论在内涵还是外延上都发生了一定的变化。在20世纪80年代，社会组织主要指伴随着改革开放而涌现的各种社会团体，如研究会、学会、协会、基金会等。它们虽然表现出完全不同于政府部门的形式，但是在实际运作过程中往往会紧紧依靠党政体系。80年代后期，国家开始逐步规范社会组织，以制度建设推动社会组织规范化。进入90年代后，随着市场经济改革的不断推进，政府职能改革的进程也不断加快，社会转型明显加快，这个时候的社会组织开始呈现出越来越多的民间性特征，同时也逐步显现出区别于企业的非营利性特征。2016年8月，中共中央办公厅、国务院办公厅印发的《关于改革社会组织管理制度促进社会组织健康有序发展的意见》明确提出："以社会团体、基金会和社会服务机构为主体组成的社会组织，是我国社会主义现代化建设的重要力量。"该意见还提出，要依法做好社会组织登记审查，大力培育发展社区社会组织，从公共服务、财政税收支持、人才支持等方面完善扶持社会组织发展政策措施，严格监督和管理，规范社会组织涉外活动，加强社会组织自身建设，加强党对社会组织工作的领导，等等。

本章所指的社会组织主要是狭义的社会组织，是指以各级民政部门为登记管理机关并被纳入登记管理范围的社会团体、民办非企业单位、基金会这三类组织。当然，这些社会组织又必须是依法登记注册、具有合法身份、具有一定独立性和自治性的组织，同时也包括各种"专业类组织""草根组织""个人团队"等。由此，与国家－市场－社会相对应的，便是政府组织、市场组织和社会组织。

就本质而言，非政府性、非营利性和社会性就构成了社会组织的基本属性。所谓非政府性，是指这类组织有别于国家体系中的政府等公共组织的特征，与政府在决策体制、治理结构、制度设计、运行体制等方面存在本质区别。非营利性是指这类组织不同于市场经济中以营利为目的的企业或其他机构，不从其财产或运作中获得利益，避免使用以利润和收益作为激励手段的管理规则，财产不得用于不合乎其宗旨的其他社会活动。而社会性是社会组织区别于其他组织形态的本质特征，其活动宗旨、活动内容、发展资源、产出形式、问责主体都源于社会，具有极强的社会属性。但是，这也并不意味着国家、市场和社会三者就是彼此独立、互不影响的，三者是相互独立但又相互依存的，共同形成一个整体。这些特征也彰显出社会组织区别于政府组织和市场组织的独特性，使得中国社会组织越来越发展成为与政府组织、市场组织相对独立而又相互依存、相互辅助、共同发展的社会部门。

二、社会组织参与教育治理的必要性

在谈社会组织参与教育治理之前，首先需要澄清这样一些问题：什么是教育治理？为什么教育治理需要社会组织的参与？为什么是社会组织而不是其他组织参与教育治理？假如这些问题得以解决，那么我们还需要明确另外一个问题，即社会组织与教育治理之间究竟是怎样的关系？我们认为，至少有两种解读方式：第一，教育治理本身预设了社会组织的存在，社会组织是教育治理的重要主体，只是出于这样那样的原因，社会组织的作用并没有得到很好发挥，那么在教育治理的背景下就需要重提或者强调社会组织的参与，否则就不能称之为教育治理。第二，社会组织本身并非教育治理的一个部分，它并不一定只存在于教育治理的环境中，在我国教育发展的历史长河中能够找到社会组织的影子，只不过当时所强调的并非现在的“教育治理”的语境。社会组织更合乎现代意义上治理的理念，教育治理本身蕴含着对政府之外的社会公共机构参与的要求，这种要求不仅体现在治理主体的要求上，也反映在治理过程中权力运行的向度上。社会组织在我国教育发展中曾经发挥过并仍然在发挥重要作用，即便是在特殊的政治环境中，它们也并没有完全销声匿迹，只不过它们的生存空间多依赖政治、经济、文化等的宏观体制的变化，在不同的社会环境中的生存空间、发挥的作用有大有小。因为从某种程度上讲，社会组织也是“社会教育力”的一个部分，是一个社会所具有的教育力量之一。在社会教育力的构成中，还存在社会各系统中的教育影响力与教育系统内的教育作用力。教育的社会责任要由社会各行各业、事业企业、专门领域和公共领域共同分担（叶澜，2016）。因此，在当代中国教育正在进行深度转型的背景下，需要将社会的教育力量激发出来，为教育改革注入新的动力。从这个意义上讲，社会组织参与教育治理是中国教育和中国社会实现深度转型的必需。

当然，如果从一般意义上理解，社会组织参与治理也有着充分的理论根据。

首先，政府 / 市场失灵。这一理论由美国经济学家韦斯布罗德（B. A. Weisbrod）提出，他认为，当代经济学虽然论证了私人市场的存在及其均衡模式，但是却无法解释为什么要由非营利部门来提供公共的、集体消费的物品。为了论证非营利部门存在的必要性和正当性，他从“需求 – 供给”这一传统的经济学分析范式进行了阐释。具体的逻辑思路如下：个人的需求数量是有差异的。个人在收入、财富、宗教、种族背景、教育水平等方面不一致，这就导致了个人对于社会公共物品的需求也存在差异性，但是政府提供的任何商品的数量和质量都是由政治决策过程决定的，这就必然会导致大量群体的需求得不到满足（田凯，2003）。那么，这部分群体的需求如何得到特殊化的满足呢？一个可能的选择是，他们可以向市场和非营利组织购买私人替代品。可是消费者群体在购买政府和市场所提供的公共物品时并不处于最优的位置，他们为实现个人效用最大化，通常会选择购买有更多的个人控制和较少外部收益的私人替代品，而较少去购买公共物品。也就是说，他们对政府提供的公共物品不满意，因此，非营利性组织作为政府以外的集体物品的提供者，就具备了存在的可能。

其次，合约失灵。合约失灵理论由美国法律经济学家汉斯曼（H. Hansmann）提出，他认为如果说政府 / 市场失灵理论针对的是政府 / 市场与非营利部门关系的话，那么合约失灵则是从营利部门和非营利部门之间关系的角度，考察非营利部门的必要性。所谓的“合约失灵”是指由于某些特殊商品或服务的性质发生了变化，这些变化对于生产者和消费者的意义发生变化，使得消费者难以对生产者进行有效监督，导致其难以获得所应得到的服务。市场逻辑和企业的营利性质告诉我们，当满足特定的条件时，企业就会提供无论在数量上还是在价格上都能最大限度地反映社会效益的物品和服务；但是在特定情况下，消费者也会因为购买和消费环境问题，或是产品自身的本质的问题，难以准确地评估企业承诺的或交付的物品，他们或许在购买之初就没有达成最好的交易，也无法继续享用这种交易所带来的产品或服务。进一步来看，当这种情况继续下去，市场竞争很可能会导致无序竞争，以次充好，价格虚高，结果就是消费者的福利受到极大损害。这个时候，假如消费者转而与非营利企业而不是与营利企业进行交易，那么他们的利益就会得到一定程度的保护，他们的境况就会得到改善。那么，为什么非营利部门能够缓解生产者和消费者之间的这种紧张关系呢？在汉斯曼看来，这主要是因为非营利部门自身具有“非分配约束”“非牟利控制”的特征，这些特征意味着非营利部门在提供信息不对称的商品和服务时，尽管有能力去提高价格或降低产品质量，但不会损害消费者的利益（田凯，2003）。也正是由于非营利部门所获得的利润不能参与分配，这在很大程度上抑制了生产者实施机会主义行为的动机，从而维护消费者的利益。与韦斯布罗德的理论相比，汉斯曼注意到了非营利部门本身的特性，并论述了这种特性使非营利部门在提供某些物品上所具有的优势地位，这也为非营利部门从事独特的实践活动提供了理论基础。

三、社会组织参与教育治理的可能性

教育变革的展开总是受制于外部更大的经济社会环境的变化。改革开放以来，国家经济发展和社会结构经历了且一直在持续不断地进行全方位的改革和转型，这种改革和转型不仅改变了教育的基础样态、体制机制、结构功能，更是深刻地改变了教育的价值理念和人们的教育观念。社会组织正是在改革开放后愈加宽松的社会空间中获得了发展的空间。

首先，我国教育变革开始实现由“政治－经济”向“社会－文化”的转型。新中国成立以来我国的教育改革经历了以下重大转型：改革开放前的教育改革是一种“政治统领”式的改革，改革开放之后则转变为一种“经济统领”式的改革，两种模式相互穿插，共同构成一种“政治－经济”的模式；进入21世纪以来，教育改革又逐步转型为一种“社会－文化”的改革，更加注重社会和文化因素在教育改革与发展中的重要作用（程天君，2012）。更进一步说，它意味着当教育的政治、经济的意义和标签逐渐消失之后，教育开始走向民生取向的“社会－文化”式变革。而社会组织正是“社会”领域的细胞，社会组织有可能也有理由成为未来教育改革和发展的重要参与力量，它们能够像改革开放之初个体经济和私营经济的重新出现极大地活跃了经济建设那样，为教育转型、学校变革和教育生态的建设带来巨大活力。

其次，教育决策层和社会公众对社会组织有了新的认识。近年来，由于经济社会形势的不断发展和国家决策层的大力推动，以“治理”“社会组织”等一些词汇为代表而形成的话语，成为国家重大会议、战略规划、政策文件和新闻宣传中的“新精神”和“新方向”。教育领域虽然一直以来并没有明确提出社会组织这一概念，但也多次强调过“允许”“支持”“鼓励”社会力量参与办学或者参与评价。尽管理论界在社会组织参与所涉及的国家教育管理体制、教育的性质等问题上有诸多争论，但是并没有妨碍社会力量参与教育的实践的开展。在“教育治理体系和治理能力现代化”的命题提出之后，教育领域才开始关注“社会组织”的提法，强调以社会组织为代表的社会力量在促进教育改革、激发教育活力上的潜能。

最后，教育改革和发展的结构转型为社会组织参与教育治理提供了契机。改革开放以来，国家经济社会发展重心由政治领域转向经济领域，我国从计划经济向市场经济转型和发展。这一转型的重要标志是，国家权力开始从社会领域逐步退出并形成日益扩大的社会空间，基层社会在减少束缚之后焕发出了新的活力（渠敬东，周飞舟，应星，2009）。教育领域这一时期改革的基本做法和基本经验也是简政放权，破除体制机制性障碍，激发基层与地方教育活力，而这也是1985年《中共中央关于教育体制改革的决定》的精神遗产（范国睿，2015）。改革开放也改变了过去集体主义时期所形成的“国家－社会”二元结构，为社会组织创造了难得的发展空间，社会组织的力量得到迅速壮大。这种社会力量的壮大，成为我们理解改革中中国的治理方式、政商关系和社会发展等问题的重要切口（纪莺莺，2013），也成为理解教育治理和治理体系的关键。

第二节　社会组织参与教育治理的机制

社会组织参与教育治理，首先需要考虑的是社会结构的因素，它直接决定了社会组织所处的空间位置及其功能的发挥。在此基础上，需要关注社会组织如何参与教育治理的问题，包括参与管理的行动路径和实施策略。

一、空间：社会组织参与教育治理的前提

空间本身有多重含义，既可以指特定的物理空间，也可以指某种虚拟的空间；既可以指抽象的空间，也可以指具体的空间。在不同学科的视角下，空间也有不同的含义。我们这里谈空间，并不是要给空间一个明确的界定，而是强调不同事物之间的关系。也就是说，我们所要考察的，是社会组织参与教育治理的前提条件，或者说国家、社会、学校对社会组织的认识到了什么程度，它们能够释放多大的有效空间来发挥社会组织的作用。如果从列斐伏尔（H. Lefebrve）的观点出发，社会组织就是要在“政治性”的空间中寻找话语权，也就是要追求所谓的“表现的空间”；如果从吉登斯（A. Giddens）的观点出发，那么社会组织就是要在既定的体制结构中建构自己的角色；如果从福柯的观点出发，那么社会组织就是要注意处理与国家的关系，尤其是那些蕴含在区域中的可见与不可见、监控与被监控的关系。结合中国语境，我们认为，社会组织的参与空间实际上是指社会组织在行动过程中与现有体制的契合度的

问题。所谓的体制契合度主要是指社会组织的活动究竟在多大程度上契合或符合了国家对社会组织的动员和整合效果。这种制度化模式是国家层面需要的，社会组织也试图在现有框架下参与到国家教育决策中来。

但是，无论是权力的合法表达还是权利的正当享有，都必须在国家民主观念日益深化、政治不断开放的背景下进行。否则，无论是作为获取利益手段的权力，还是作为人们获取正式公民资格和身份的权利，都可能会因为来自国家层面的压力而被排斥在外。如果经济社会发展处于较低的水平，人们迫于国家制度层面的压力或日常生活中基本生存的需要，可能不会有充分的权利或权力表达；但是当经济发展能够达到并能满足人们基本生活需要时，这种对自身利益和基本权利的要求就会凸显。尤其当一个社会处于急剧转型期的时候，人们对国家的期望和国家所能满足人们需求的实际状况之间会产生张力。而无论这种张力有多大，人们总是希望在既定的制度下进行消化和解决，而不希望造成国家与社会的撕裂。这个时候，这种张力就是社会空间的大小，它决定了社会组织的生存空间。在中国语境中，这就意味着政府尤其是教育行政部门需要“放”一定的权力给社会，把该抓的工作抓好，可以放给市场和社会的就放下去，促使各自教育功能最大化，同时加强彼此之间的信息沟通和合作，共同促进教育治理体系的建立和健全。

近年来，国内的研究也越来越关注教育改革中社会力量或底层的呼声，或者说人们也开始更加深刻认识到社会力量对教育改革的影响。譬如，有学者对教育领域综合改革进行了系列研究，提出了制约中国教育改革的四大力量，包括考试竞争、区域差异、关系网络、社会基础等。导致改革复杂性、曲折性和长期性的原因在于，教育改革过程中出现的理念与利益、文件与文化、前台与后台、官方与民间、中央与地方、城市与农村之间的差异和矛盾（吴康宁，2008；吴康宁，2010a；吴康宁，2012b；吴康宁，2013；吴康宁，2014）。也就是说，教育改革不再是政府或教育领域独家的事情，它必须得到“社会领域”的支持，尤其在利益不断分化和价值日趋多元化的今天，社会领域的支持具有极端重要性。因此，教育改革应该得到完整的、和谐的、适度的和大致均衡的社会支持，具体的要素包括政府职能方面、经济与社会组织的作用方面、公众与社会群体的影响方面，其中，经济和社会组织的作用方面包括人才市场支持、社会投入支持和社区支持等。这样，就为社会组织参与教育提供了空间，这种空间绝不仅仅是显见的、具体的空间，也包括话语、利益表达、制度支撑等方面的因素。

总之，社会组织参与教育治理的空间，具体包括以下几点。首先，社会组织之所以能获得参与教育的空间，主要是政府教育职能存在的缺陷以及社会组织自身所具有的特点使得它们在开展教育活动时具有一定的优势。其次，虽然国家的教育改革不再是过去简单的自上而下的行政命令式的改革，但无论这个过程有多少力量和利益的交织，社会组织参与教育的空间从根本上都要由国家权力以及教育方针来决定。再次，国家权力虽然在教育改革中占据权威和主导地位，但是"全能型"政府已然不复存在。在教育改革中，政府必须辨别和利用教育改革中的其他力量。最后，虽然也有一些社会组织如公益组织、教育协会、专业组织参与教育评估等行动，但是一种良性的机制尚未建立，未来需要形成一种稳定的制度安排，确保社会组织参与教育治理的制度化和日常化。

二、路径：政府主导下的社会组织参与

大多数社会组织尚不能直接在国家开创的有关教育改革事务中发挥参与作用，也就是说，在国家主导的教育改革和资源分配的框架下，身处教育体制之外的社会组织不可能开展大规模教育改革实践，也不可能调动所有资源动员学校完全按照自己的设计从事教育改革。因此，社会组织必须围绕国家教育改革的框架开展活动。在教育治理的背景下，社会组织的广泛"参与"究竟意味着什么？利克特（R. Likert）从参与范围的维度提出了参与的概念，认为参与是一个连续统一体，从少量参与到上下级之间形成统一的整体，从雇员们仅能获得少量的信息到雇员与上级共同努力，运用最有效的方法来处理和解决问题（Likert，1961）。弗伦奇（J. R. P. French，Jr.）、伊斯雷尔（J. Israel）等人提出，普遍参与虽然能够有效地体现管理中的民主，但是也要关注具体参与的实质，即参与者是否真正对决策产生了影响。也就是说，"参与"更应该关注在制订计划、政策或决定过程中不同主体之间的相互影响，至少是参与者对于组织内的决策者的决策产生的实质性影响（French，Jr.，Israel，As，1960）。基于上述概念，我们认为：（1）参与者对于决策者的决策有影响力；（2）这种影响力是积极的、有效的；（3）影响力

以合法的途径发挥作用；（4）参与者与决策者形成共同体共同解决和处理问题；（5）关注参与的实质性而非形式性。

具体到教育治理体系和治理能力建设上，可以从以下方面来理解社会组织的教育参与。（1）教育参与侧重于具体行为而非政治影响或特定的价值理念。社会组织参与教育主要针对的是政府教育职能或行为中缺失的那一块，重点在于教育服务本身而非与教育性相关的价值体系建设，尤其不能产生与国家教育方针或教育战略相悖的论述。（2）教育参与主要是指以社会组织为代表的社会力量的参与。之所以强调社会组织的参与，是为了与政府的行政性活动和市场的营利性活动相区别。（3）教育参与是指社会组织能够影响政府（或学校）教育决策，并形成共同体合作的活动。社会组织参与教育治理的努力，可能包括教育政策建议、教育创新、教育评估，以及创办学校等方式，使政府和教育行政机构采取行动。（4）教育参与不仅包括那些能够对政府和学校决策产生影响的活动，还包括与这些机构形成合力，共同合作产生实际的效果。只有当社会组织的参与能够对政府或教育行政部门决策产生影响，并且它们能够与政府或学校形成良好合作关系并产生实际效果时，才能说这种参与是成功的。

三、策略：社会组织参与教育治理的行动逻辑

“参与”教育治理，实际上表明社会组织是决策者之外的主体，没有实际的决策权。换句话说，在当前我国国家层面和地方层面的教育改革中，社会组织还无法直接进入核心决策层和所谓的“体制内”的权力及其运行机制。但是这也并不意味着社会组织就无所作为，实际上它们可以在体制外开拓活动的空间。一些专业类社会组织或项目，如近来人们比较关注的大中小学德育一体化建设、“U–S”合作、“中小学校科研”等，一些社会组织可以有机会与政府或中小学校合作并参与其中。事实上也是如此，无论是中国青少年发展基金会、中国儿童少年基金会等公益组织，还是各类教育社会团体如中国教育学会等，都将自身的行动置于国家权力和教育战略的框架之内。然而，最重要的问题在于，它们如何在既定的框架下开拓自己的行动空间，获取足够的资源和能量，包括部分教育权力，能够在确保自身生存并发展的基础上，参与到教育改革和发展中去。那么，

各类社会组织是通过怎样的机制来寻求发展空间的呢？主要有以下几种策略：借助体制背景、借助名人效应、广泛宣传动员、虚拟空间互动等。

1. 借助体制背景

能借助体制背景的是那些具有“官办”性质的社会组织。譬如，中国青少年发展基金会是目前我国社会参与最广泛、最具影响力的民间公益组织，而它的发起人就是共青团中央。从“出身”上看，中国青少年发展基金会属于绝对的“官办”社团。也正是基于这一点，中国青少年发展基金会就比较容易从体制内获取合法性并得到体制内的支持，相应地也能获得由体制内延伸到体制外的资源的支持。这一机制似乎服膺了“新制度主义”理论中的“理性选择制度主义”的观点，即“制度是由规则和行为诱导构成的各种体系，在这些体系里，个体努力将他们自身的效用实现最大化”（转引自彼得斯，2011：19）。组织与其所属的制度互动，也是为了获取空间和资源以实现自身效用的最大化。在中国青少年发展基金会的历年大事中，也总能看到各种体制内和体制外的资源的支持，如国家领导人捐款、名人捐款、企业支持、央视宣传等。尽管中国青少年发展基金会在本质上还是属于民间性质、社会化的组织，但是它“体制内”的出身却也是值得重视的。这一出身使得中国青少年发展基金会比较顺利地获得了体制的认可，也为获取资源创造了巨大的便利。更重要的是，中国青少年发展基金会正是在体制的支持下，已经与全国 37 家地方青少年发展基金会形成全国青少年发展基金会共同体，建立起了可以在全国范围内开展活动的制度化体系。

2. 借助名人效应

与借助体制背景类似，社会组织也可依靠特定的社会关系网络开展行动。这种依靠社会关系获取的资源和力量支撑也被称为“社会资本”，布迪厄（P. Bourdieu）就把社会资本定义为借助于“所占有的持续性社会关系网而把握的社会资源或财富”（高宣扬，2004：150）。布迪厄自己也说，这些资源与对某种持久性的网络的占有密不可分（布迪厄，1997：202）。拓展社会关系或者依靠社会关系网络就是积累社会资本。粗略看来主要有两类：一类与借助体制背景类似，依靠官方领导人的支持获取体制内资源，强化自身的合法性。譬如，一些党和国家领导人为中国青少年发展基金会的“希望工程”题词或者捐款；一些党和国家领导人担任中国青少年发展基金会的理事长和副理事长；中国青少年发展基金会也与革命老区进行合作，宣讲革命事迹；中国儿童少年基金会先后由康克清、陈慕华、顾秀莲、陈至立等同志担任理事长（会长），彭丽媛担任中国儿童少年基金会春蕾计划促进女童教育特使；等等。在中国语境中，领导人的参与更多的是象征作用，它代表着国家和政府的意志，获得领导人的支持就等于获得国家或体制的支持，就具有合法性。另一类则与体制背景相反，完全向民间寻求资源和力量支持，具体而言就是与媒体、企业、名人或其他团体建立特定的关系，尤其是“圈子”关系，并从这些社会关系中获取资源和力量。譬如，“公众人物”类基金会，如知名演员、企业家等创立的基金会，这些基金会多是以个人名义进行募捐；完全依靠民间力量成立的基金会或组织，如南都公益基金会、21 世纪教育研究院等；完全由个人牵头组织的筹集公益资金的活动，这类活动虽是一次性的，但是其援助对象却具有“精准帮扶”性质，如崔永元发起建立的“崔永元公益基金”专门用以培训乡村教师，周迅发起的“爱，点亮夜空”关爱残障儿童公益演唱会，邀集娱乐圈公众人物为残障儿童募捐。

3. 广泛宣传动员

仅仅依靠体制背景和社会关系网络虽然能够获得资源和支持，但是社会组织行动空间的开拓还需要践行自己的使命并获得社会的广泛支持。对社会组织而言，单单获得体制的认可并不能保证其正常发展，更重要的是要赢得社会大众、专业人士的支持和认可，只有他们认可了，社会组织才可能发展。首先是取得社会大众对社会组织合法性的认可。譬如，通过媒体等的广泛宣传促进社会对组织的认可。譬如一些基金会类社会组织往往会把章程、治理结构、重要制度、授权商标等信息在网站上展示，还会把民政部颁发的资格证书在网站上公布，以获取公众的信任和认可。由于人们对个体或非政府组织筹集基金还抱有怀疑的心态，这些宣传一方面有利于让公众知晓，另一方面也有利于对社会组织进行监督。宣传和动员机制有利于社会组织扩展自身的参与空间和影响范围，尤其在当今信息化社会，通过宣传和动员往往可以调动大量资源。

4. 虚拟空间互动

这种形式主要是基于互联网时代信息技术的发展而产生的。人们利用虚拟空间推送与教育理念、教育政策、课程改革、教师专业发展、课堂管理等有关的各种信息，以此达到参与教育的目的。譬如，美国《教育周刊》（*Education Week*）

专门开设了博客，就政治与政策（Politics & Policy），技术、工业与创新（Technology，Industry & Innovation），研究（Research），国际视野（International Perspectives），课堂（In the Classroom），领导力（Leadership）等14类主题进行实时、动态讨论。实际上这些虚拟空间的作用在于为不同人群开设一个公共讨论空间，在其中人们可以自由交流和发表看法。

虽然对社会组织的参与机制进行了区分，但是这些区分之间并无明显的界限，很多时候社会组织都是同时采用多种策略，以扩大自己的空间和影响。毕竟它们关注问题的重点、层次、范围都不一致，因此所采取的行动策略也并不一致。当前和今后更应该关注的问题是，如何能够建立机制，促进政府对转型过程中各种社会力量的驾驭和管理，在社会各领域找到有志于服务教育的社会组织或其他民间力量，让这些社会组织与国家一道形成相互认可的合力，促使教育的优化发展。

第三节　社会组织参与教育的活动分析

作为中国教育改革和发展的一股重要力量，社会组织已经为国家教育改革做出了诸多贡献。然而由于传统观念的影响，以及源自国家层面“集中力量办大事”的大规模教育改革和行动，人们忽略了这些社会组织相对分散但是又必不可少的力量和行动。社会组织一直在默默地做着自己的贡献。当教育改革逐步回归“理性化品格”的时候（王举，范国睿，2013），人们越来越注意到单凭国家教育决策部门的力量进行教育改革的局限性。教育改革的系统性和复杂性要求改革主体的广泛参与。“有助于教育改革成功的三个主要有关方面：一是社区，尤其是家长、校长和教师；二是公共当局；三是国际社会。过去的许多排斥现象都是由其中的一方或另一方参与不足造成的。自上而下或从外部强制推进教育改革的种种尝试显然都失败了。”（联合国教科文组织，1996：14）因此，就更需要去论证社会组织所做的事情对于推动教育改革的重要意义。

一、参与国家教育政策的制定

参与教育政策尤其是最高决策部门教育决策一直以来都是各方参与公共事务的最高理想，其中表现最为突出的要数大学教育学研究者，他们不仅形成了相对独立的研究领域，而且逐步形成了更为成熟、内容更优化的政策参与领域。社会组织也试图在教育改革和发展中发出自己的声音。譬如，21 世纪教育研究院就推出了多项专题研究成果，如高考改革、取缔奥数、北京小升初乱象、新课改十年、农村撤点并校、在家上学、高等教育信息公开等；推出了民间版的“高考制度改革方案”“教育改革方案”等，为《国家中长期教育改革和发展规划纲要（2010—2020 年）》的制定建言献策；通过举办高峰论坛、学术研讨会、讲座、教育沙龙、出版书籍等，开展公众讨论，进行教育传播和推广，对我国教育政策的改善发挥了积极的作用。长江教育研究院和 21 世纪教育研究院类似，它也注重为国家提供政策建议，每年会发表一份《教育政策建议书》，有针对性地对中国教育改革和发展中所面临的体制问题、管理问题、经费问题、学校问题、教师问题、课程教学问题、政府购买公共教育服务等，进行专门研究并提出相应的改进措施。

在《国家中长期教育改革和发展规划纲要（2010—2020 年）》的编制过程中，中国教育学会也提出了诸多有参考价值的政策建议。譬如，题为《努力办好每一所学校，教好每一个学生》的报告所提出的“教育均衡发展不等于平均发展，要给每个学生提供最适合的教育，使每个学生都能健康成长”（顾明远，2010），就在文件中有所体现。可见，社会组织对教育政策的参与涉及教育改革的各个方面，因此，可以将社会组织视为教育政策治理的重要工具之一。

二、参与教育评估

参与教育评估是教育管办评分离中对社会组织最为基础性的设想，无论在理论构想还是在实践运作过程中，人们都发现了政府集办学、管理和评估于一体的教育管理模式存在诸多弊端，因此倡导社会组织分担政府“评”的部分，实现权责关系上与政府的分离，以第三方的身份客观中立地对教育进行评估。社会组织可以弥补因“政府失灵”和“市场失灵”而造成的“社会空白”地带，解决政府无力关注、市场又不愿意关注的教育服务领域，并承担教育监督和评价的功能。长期以来，在高考制度和升学制度的导向下，分数成为考核学生和学校的唯一指标，由此导致我国应试教育愈演愈烈。而社会组织就可以开展积极的监督评价活动，譬如近年来西安、湖北、山东等地中小学陆续引入学校第三方评价制度。山东潍坊教育局委托教育类公益组织对市直小学进行评价试验，对减轻学生学业负担、提高学习效率起到一定作用。21 世纪教育研究院工作的四大板块之一就是教育咨询评估，具体业务包括政府咨询与规划、学校咨询与发展、公益项目评估、教育满意度测评以及基础教育绿色评价等。国家的一些政策规定也强调了社会组织的评估功能。譬如，2015 年《教育部关于深入推进教育管办评分离促进政府职能转变的若干意见》明确指出，要支持专业机构和社会组织规范开展教育评价，“大力培育专业教育服务机构，整合教育质量监测评估机构，完善监测评估体系，定期发布监测评估报告。扩大行业协会、专业学会、基金会等各类社会组织参与教育评价。制定专业机构和社会组织参与教育评价的资质认证标准。引入市场机制，将委托专业机构和社会组织开展教育评价纳入政府购买服务范围”。

三、推动教育创新

社会组织自身的灵活性，决定了它们在教育创新上具有绝对的优势。在传统社会分工视野下，公立教育部门受体制的影响，不能很好地适应快速变化的市场和社会发展节奏，教育工作人员与互联网企业、公共媒体、家长群体等之间有非常明晰的界限，都主要在各自的教育“领地”工作和探索。随着新的教育理念和教育技术的不断发展，这种所谓的界限不断地受到冲击，彼此之间开始相互关联和渗透。譬如，2014 年民间社会组织蒲公英教育智库主办“未来的学校”首届中国教育创新年会，来自各地的专家、校长汇聚一堂，共同探讨相关主题（匡丽娜，2014）。2015 年，21 世纪教育研究院、北京西部阳光农村发展基金会、新教育基金会联合主办的“LIFE 教育创新峰会”推出了来自公立学校、民办学校、互联网企业、民间教育机构、公益组织、家长社群等主体的近 50 个教育创新案例，期冀能够以自下而上的力量推动多样化教育生态形成。峰会还发布了《人本主义教育宣言》，呼吁促进教育人文化、多元化、社区化，推动教育创新。“LIFE 教育创新”还涉及中小学办学体制改革的议题，多位教育局局长和校长分享了各自在办学体制改革上的创新经验。例如：上海较早探索的委托管理模式；成都通过政府购买服务改进公共教育资源的供给方式，推进社会参与，在公办中小学中设立民主管理委员会；重庆綦江的“学区、学校和联盟”三个自治；深圳引入优质的教育品牌和社会力量参与公办学校办学；腾讯公益基金会与福田区政府合作兴办明德实验学校，万科教育发展基金会在龙岗开办天誉实验学校；潍坊在校长职级制改革上积累丰富经验，通过管好权力之手，激活内生动力；等等。21 世纪教育研究院发布了《中小学办学体制改革研究报告》，提出办学体制改革的三个基本方向：一是改革公办中小学办学体制；二是发展民办教育；三是开放教育，扩大社会参与。以上只是“LIFE 教育创新”工作的一个部分，它们的工作还包括“地方教育制度创新”“公益组织促进教育创新”“对外开放促进教育创新”“企业促进教育创新”等板块。以“公益组织促进教育创新”为例，21 世纪教育研究院组织了多个主题的探讨，譬如“科技遇见教育公益”“互联网思维与技术开辟的教育空间”“以教育创新促进教育公平”“探索留守儿童亲子沟通”“体育公益”等，将创新纳入教育领域的各个环节和层面。

四、参与教育合作、教育补偿和教育救助

首先，教育合作最为典型的一种形式是大学与中小学的合作，即人们所谓的“U–S”合作，这种合作多围绕“校本课程开发”“教师专业发展”等内容展

开。有学者将大学与中小学的合作分为三种不同的类型，即利益联合型、智慧补合型、文化融合型。这三种类型的合作在合作动机、地位认知、身份界定、角色关系、关注重心、行动过程、力量投入、自身体验及评价内容等方面存在重要区别，因此是由低到高三种不同的合作境界，而要想取得实质性的合作，文化融合是必由之路（吴康宁，2010b）。

其次，教育补偿和教育救助针对的主要是特殊群体。与“U–S”合作不同，社会组织的力量相对较分散，因此在提供专业知识和专业技能上不如大学教育学研究者，它们就发挥所长，在资金支持、物质支持、个体帮扶、志愿支教等领域开展服务。总之，社会组织以丰富多样的形式参与到教育补偿和教育救助的服务中，理论知识和专业知识的不足并没有阻碍它们在其他层面参与教育改革。

1. 在经费支持和资源供给上，教育基金会类的社会组织具有绝对的优势

现代国家通过财政拨款和税收建立了公共学校系统，为国家和社会培养合格的公民。我国在 2001 年开始推行“地方负责、分级管理、以县为主”的基础教育财政体制，2006 年又推出“中央地方共担、经费省级统筹、管理以县为主”的新体制。可以说，国家也在不断加大对教育的投资，教育经费占 GDP 4% 的目标也已经实现，但是由于地区之间经济发展的差距，基础教育经费支持也存在不小的差距。因此，如果仅仅靠国家经费拨款，那么很难满足学校的需求，无论是地方政府还是学校都希望其他力量参与进来，以缓解教育经费的紧张。而在教育补偿这一环节上，社会组织拥有巨大的优势。譬如中国儿童少年基金会，它具有很强的社会动员能力，通过号召社会捐助为特定人群提供有针对性的服务。中国儿童少年基金会运行的项目包括“春蕾计划”“儿童快乐家园”“HELLO 小孩”“儿童安全”“儿童健康与救助”。2015 年，中国儿童少年基金会支出总额为 3.23 亿元，其中 22.36% 用于“春蕾计划”，43.54% 用于“安康计划”，16.27% 用于“消贫行动”。[①] 这些资金或物资对于儿童的就学、就业、安全、卫生和补偿发挥了重要作用。

2. 在优化中小学课程和教学、支援贫困地区儿童学习方面，志愿和支教团体

---

① 参见中国儿童少年基金会官网。

发挥了重要作用

譬如北京益微青年公益发展中心针对每年的大学生假期支教过程中因缺乏专业培训而出现的多种问题，研发了一套“主题 + 乡村夏令营”的创新支教模式以及相应的志愿者培训体系，通过益微学院培养驻扎在超过 10 个城市的 100 名乡村夏令营培训师，通过这些培训师开展具体的课堂教学培训，推广乡村夏令营，引领短期支教创新。萤火助学则主要针对农村教育，开设了乡村童园、一个鸡蛋计划、贫困学生资助、悦读书屋、加油爱心操场、大学生假期支教、高校公益社团支持平台、大学生公益行动激励计划等，其中既有支教计划，又有学校基本建设项目，既有阅读项目，又有社团类支持项目。这些项目都针对农村留守儿童开展，希望帮助他们获得更好的教育，使他们能够获得更好的发展。此外，也有一些以个人名义开展的教育帮扶计划，譬如“崔永元公益基金”发起的“爱飞翔 · 乡村教师培训”计划，就是针对西部农村地区教师队伍面临“断层”和匮乏的危险而设立的。

上文重点关注了社会组织在参与国家教育改革和发展中所做的具体行动，或者说是社会组织为教育改革做了哪些有益的事情，并没有从组织内部关注社会组织自身在运作以及与国家、社会互动过程中所面临的问题和障碍。但是如果从教育治理体系建构的角度看，这里呈现的社会组织的一些参与行动和内容，着实丰富了政府教育职能“力所不能及”的地方。社会组织因其自身特点在补充政府教育职能上具有先天优势。社会组织的参与可以灵活地对政府教育职能顾及不到的地方进行弥补，使相关群体拥有同等的机会、享有高质量的教育。社会组织在教育政策制定，教育监督和评估，教育创新，教育合作、补偿和救助上都发挥了积极的作用，它们的力量不应该被忽视。

第四节　优化社会组织参与教育治理的环境

改革开放以来，有越来越多的社会组织参与到经济社会发展各领域，也有越来越多的社会组织通过不同内容、不同层面、不同范围的集体行动，参与到教育领域改革和发展中，从而推动教育的转型和进步。很难说社会组织一成立就能够在教育改革和发展中发挥自身力量，因为这不仅受限于社会组织自身的功能体系和专业水平，也与国家治理环境、市场发育状况和社会结构变化有着密不可分的关系。当前，教育决策层和教育理论界都开始关注并持续讨论社会组织参与教育治理的体制机制建设及其内容、模式、方法和体系等。但是，社会组织的建设和发展是一个不断摸索前进的过程，需要在制度建构和政策支持上给予特定的支持。因此，瞄准教育现代化2035，深化教育治理，应该着重从体制机制方面改进和优化社会组织参与教育治理的环境。

一、改变传统的“公私”观念

传统的“公私”观念是影响社会组织发展的重要因素，它反映了国家和公众对社会组织的认知与理解。在过去几十年中，“公家的”和“私人的”成为极具中国特色的词，大到国家层面的体制变革，小到人们日常生活中的朴素观念，都会谈到这两个概念。在改革开放以来的经济体制改革和教育体制改革中，它们甚至一度成为影响改革进程的关键问题。费孝通曾经指出，传统中国乡下最大的毛病就是“私”，因为只要一说到公家的，“差不多就是说大家可以占一点便宜的意思，有权利而没有义务了”（费孝通，2005：29）。为什么呢？用费孝通的概念解释，这是一种差序格局的关系，这种关系没有明显的公私划分，而是一种以己为中心的、富于弹性的可伸缩的社会圈子。但是这里的“公私”与费孝通所说的“公私”是有区别的，他的重心在于从道德层面分析人们之间的道德关系，这里则更多的是制度层面的“公”和“私”，它不关涉人伦道德，实际上反映的是既定体制下的规则和资格的问题，也就是说，谁有资格做什么事情的权利。那么，它背后反映的实质性问题是什么呢？它涉及的是合法性的问题，也就是说，谁是合法的？它被承认或被接受的程度是怎样的？

中华人民共和国成立后，政府包揽学校一切事务，社会团体、集体或个人办学都不被允许，因此所有学校都被打上了“公办”的烙印，在当时的政治环境和教育语境中，“公办”的即是合法的，公办以外的任何形式都是非法的。在此后的一系列制度安排和设计下，这种形式被稳固下来。直到改革开放之后，为了激发地方教育活力，国家才试图打破这种固化的、统一的办学模式，寻求政府以外的力量以促进教育发展。这样，以社会组织为代表的社会力量开始受到重视。但是，由于传统“公私”观念的影响，再加上自身资质的问题，社会组织在改革开放之初发展得异常艰难。在人们的朴素观念中，公家的是合法的、可靠的，进入公家部门是有保障的，自身的利益不会受到损害；即便受到损害，也有维护自身权益的路径。但是对于“私人的”部门而言，公众则会认为它们是不合法的、不可靠的，甚至是违法的，假如进入私人部门，自身的利益就没有办法得到保障，更没有确定的维权的路径。为此，各类型社会组织不得不寻求特定的行动策略，以稳固自身的合法性。譬如中国青少年发展基金会于1989年发起的“希望工程”就是由邓小平题名，这实际上就是寻求合法性的一种必要形式。我们认为，随着社会空间的不断扩展和社会领域建设的不断完善，人们传统的“公私”截然对立的观念在发生改变，对社会组织的认识也会更加全面。但是，这需要政府的引导和支持，尤其是在社会舆论和信用体系上进一步加强制度建设，引导社会组织健康发展。

二、拓展社会组织发展空间

社会组织发展空间源于社会分化，而社会分化的根本动因则是国家层面的体制改革。改革开放以来，中国社会结构发生的最为根本性的变化，就是由总体性社会向分化性社会的转变，在市场经济不断深入发展的过程中，由分化性社会所带来的利益分层和社会问题的多元化，构成了社会组织面对的基本背景（王诗宗，宋程成，2013）。实际上也就是说，社会结构转型过程中由国家让渡出来的社会空间，就构成了社会组织发展的空间。这就意味着，社会组织若要得到发展，就必须进行体制改革，改进政府职能，让渡一定的社会空间。那么，国家怎么让渡？让渡什么？这是需要澄清的问题。从结构性视角来看，社会结构对于社会组织的影响是决定性的，是否拥有合适的社会基础（土壤），是社会组织发展的关键；从能动性视角来看，社会组织能够应对其所处的环境，社会组织的生长和发育也是其与政府和市场互动、协调的结果。这两种视角都阐释了国家与社会组织的关系，都有其合理性。在当前中国，国家逻辑居于主导地位，国家决定了社会组织的合法性和发展空间，但是国家不是全能的，在全球化和国际化的趋势下，社会组织因自身优势就可以在经济社会中扮演重要角色，它们拥有相对于政府部门、市场部门及其他部门的比较优势，具有很强的独立性。尤其是当社会组织在价值理念、专业能力等方面不断更新的时候，其自主性会增强。

因此，改革政府职能，让渡社会空间，有以下几点注意事项。首先，全面理解社会组织的生存空间。对于社会组织的生存空间，人们往往理解为社会组织存在的实体环境，对于社会组织的软环境包括社会心理和虚拟网络等则缺少应有的关注。在“国家－社会”二元结构转型为国家、市场、社会构成的多元结构过程中，不仅要关注社会组织的实体和制度空间，而且要关注社会心理空间和虚拟网络空间以及二者与实体制度空间的整合与平衡（查立友，2012）。其次，大胆改革社会组织审批制度，优化现有“双重管理”机制，有条件的情况下尽快实行社会组织直接登记制度，减少特定行业或领域因找不到业务主管部门而无法登记的状况；在现有的“四大类”直接登记的社会组织基础上，扩展教育领域社会组织直接登记的范围和层次；政府对社会组织进行宏观指导，建立合规性监管体制，通过建立合理的监管法律法规与制度规范，实现监管重心由事前监管向事中和事后监管转移；优化监督监管体系，建立健全全社会监督社会组织的渠道和手段，动员社会公众监督。最后，完善法律法规和政策制度。制定和完善系统性的社会组织准入、资质审核、内部管理、自我监督、社会监督、事后评价的制度，以制度建设推动社会组织发展；制定出台“社会组织法”，明确社会组织作为重要社会治理主体的地位，确立社会组织自立、自管、自治的基本框架，确立社会组织监督管理的基本内容和方式，确保社会组织依法自主开展各项活动；制定“社会团体登记管理条例”，以与“社会组织法”配合，共同为社会组织生长和发育提供法律和制度支持。

第十二章

教育评价与教育治理

深化教育领域综合改革是推进教育治理体系和治理能力现代化的重要路径，为此教育部明确提出以推进教育管办评分离为基本要求，以构建政府－学校－社会新型关系为核心，以转变政府职能为突破口，全面推进教育治理体系和治理能力现代化建设。在教育评价的层面，要求建立标准健全、目标分层、多级评价、多元参与、学段完整的教育质量监测评估体系。为应对教育评价带来的新变化，作为教育评价的重要参与者，教育督导应立足自身问题，促进教育督导机构独立化、学校建设参与全程化、督导科学化。作为教育评价的新生力量——第三方教育评价应明确与教育督导的关系，突破当下第三方教育评价参与教育治理的困境，构建以教育督导为主、第三方教育评价为辅的新型教育评价体系，从而更好地在管办评分离的制度框架下体现第三方教育评价应有的作用和价值，促进我国教育治理的现代化建设。

第一节　教育治理与教育评价之变

教育评价是根据一定的教育价值观或教育目标，运用可操作的科学手段，通过系统地搜集信息、资料并进行分析、整理，对教育活动、教育过程、教育结果进行价值判断，从而为不断完善自我和教育决策提供可靠信息的过程（袁振国，2004：260）。随着教育管理向教育治理的模式转变，教育评价也相应地发生了诸多变化。从目的方面来看，由原来为政府决策服务转变成为政府、学校、学生提供多元诊断服务；从参与主体上来看，由原来政府督导“一肩挑”转变为政府督导、学校自评、第三方评价组织多元参与的局面；从评价模式来看，打破以往以单一指标为标准的评价模式，扩大评价内容和范围，制定科学化的标准，运用多样化的技术手段，进一步推进教育评价科学化、规范化、客观化。

一、教育评价目的的转变

目的作为行动的直接动机，指引、调整着行为的同时也作为支配人意志的内在规律贯穿于人的实践中。教育评价的目的支配着整个评价的过程，指导教育的过程与发展方向。所谓教育评价目的，是在开展教育评价之前，已有的设想或规定的教育活动所达到的效果（陈玉琨，1993：32）。不同的教育评价理论呈现了不同的教育评价目的观，有人认为教育评价目的在于实现教育目标，也有人认为教育评价目的在于促进过程整改，还有人认为教育评价目的在于促进人的主动发展（龚孝华，2008）。近年来，随着教育治理能力建设的不断推进，教育评价的目的不再仅仅局限于判断学校、学生发展成败，而是为政府提供决策服务，为学校改进、学生个性发展助力。

（一）为政府决策提供科学依据

教育评价是提供信息的过程，这个观点自20世纪60年代后开始出现。美国学者克隆巴赫（L. Cronbach）认为，所谓教育评价是指为获取教育活动的决策资料，对参与教育活动的各个部分的状态、技能、成果等的情况进行收集、整理和提供相关信息的过程（瞿葆奎，1989：159-179）。2015年，《教育部关于深入推进教育管办评分离促进政府职能转变的若干意见》发布，要求“加大政府简政放权力度”，政府由微观管理向宏观管理转变，教育评价作为政府了解教育状况的重要路径，对于教育法律规章下达，政策修正、完善、落实具有重要的意义和价值。

推进教育治理体系现代化，就是要推进教育治理的科学化、民主化和法治化，尊重教育规律，实行依法治教、依法治校和民主治教、民主治校，为此，教育部在2015年提出了2020年我国教育治理的预期目标，即基本形成政府依法管理、学校依法自主办学、社会各界依法参与和监督的教育公共治理新格局，为基本实现教育现代化提供重要制度保障。在此过程中，做到政府简政放权，坚持管办评分离与放管服相结合，在现代法治与国家法律框架下，解决教育权力关系调整问题，重新规划和处理教育的主导权、决策权、管理权、监督权和评价权之间的关系，变革政府对教育的“大一统”格局（史华楠，2016）。从源头上规范学校办学，提高教育教学质量，教育评价在其中发挥着重要的作用。

评价关系教育目标，更关系教育决策的科学性。评价不是决定好坏的过程，而是一个收集和反馈信息的过程（瞿葆奎，1989：159–179）。随着政府职能的转变，教育评价的作用更加凸显。作为政府获取教育信息的重要渠道，教育评价具有诊断功能。在评价活动中，通过对搜集到的信息资料进行整理分析，常能发现评价对象（如教育方案、课程计划、教师工作、教学方法、学生学习等）的优点及存在的问题（袁振国，2004：260），可以客观地描述区域内教育质量的现实状况，继而为政府改进、完善与教育相关的法律、规章，学校改革、教师发展等相关政策的制定提供科学的依据。在美国，国家教育进展评估（National Assessment of Educationl Progress）作为全国范围内的连续性教育评价项目，被认为是美国国内最权威的中小学生学业成就评价系统，它为美国的教育研究提供了大量的基础数据，同时也是影响国家教育政策制定与改进的一个重要信息来源（马健生，宋薇薇，2014）。在我国，近年来也进行了一系列探索，如教育部成立基础教育质量监测中心，关注中小学教育教学工作的推进，为进一步完善相关政策和计划发挥着重要作用。此外，随着一系列文件的出台，教育督导作为教育评价的主要执行者，权威性、专业性、科学性不断提升，为政府决策提供了一手资料，进一步推动了教育事业的健康、有序发展。

（二）为学校发展改进注入活力

当前，我国教育综合改革已进入“深水区”，从国家教育管理体制到学校内部，从教育思想到教学方法、内容等多个方面，教育改革的触角已经伸入学校的每个角落。尤其是2012年《全面推进依法治校实施纲要》发布，指出“要以建设现代学校制度为目标，落实和规范学校办学自主权，形成政府依法管理学校，学校依法办学、自主管理，教师依法执教，社会依法支持和参与学校管理的格局”。2015年教育管办评分离改革全面铺开，学校办学自主权的法律地位得以确认，学校在法律与制度框架下的自主办学权得到实现，学校的直接办学责任、教育责任得到落实（范国睿，2017b）。在此过程中，对于考察学校办学的科学性、修正学校发展过程中存在的难题，教育评价显得尤为重要。

一直以来，对学校进行评价是教育评价的重要内容之一。随着教育管理向教育治理的转变，对学校的评价要求、标准也有少许变化。从评价内容来看，评价内容由单一走向多元化，主要表现在不再仅仅关注学生的成绩，学生的个性化发展、学校的基础设施、教师的整体素质等方面也成为评价的内容。例如，山东省教育厅《关于开展中小学教育质量综合评价工作的指导意见》将品德发展、学业发展、身心发展、艺术素养等作为反映学生发展水平的指标，将校长课程领导力、学生课业负担、教师教学方式、师生关系、班额标准化、家庭教育等与学生成长密切相关的因素作为评价的主要内容。从评价方法来看，打破以往以终结性评价为主的评价方式，采取过程性评价与终结性评价相结合、内部评价与外部评价相结合、定量评价与定性评价相结合的方式，全面、科学地评价学校的发展情况。从评价结果来看，更加关注对评价结果的公开、运用，以促进学校改进。这一系列的变化，旨在通过评价，帮助学校解决发展过程中遇到的困难与问题，为学校建设、改革发展注入活力。

随着学校办学自主权的不断扩大，教育评价的目的不再仅仅局限于对学校办学质量的考察，而更加关注对学校办学理念、办学行为等方面的诊断，对学校改进具有重要的意义和价值。

（三）为学生个性化发展助力

教育评价根本上是为了学生发展，无论是学校评价还是区域教育发展评价，最终都要回归到“育人为本”这个基本的主题上（吕晓丽，2015）。在推进教育管办评分离改革的进程中，教育评价打破了以往注重甄别、选拔学生的传统评价机制，更加强调促进学生的个性化发展。

教育的过程实际上就是促进学生发展的过程，而评价作为教育的一个重要环节，自然应强调其对个体的发展性功能（徐朝晖，张洁，2015）。《基础教育课程改革纲要（试行）》明确指出，“建立促进学生全面发展的评价体系。评价不仅要关注学生的学业成绩，而且要发现和发展学生多方面的潜能，了解学生发展中的需求，帮助学生认识自我，建立自信。发挥评价的教育功能，促进学生在原有水平上的发展”。这明确了发展性评价是此次课改中学生评价的基调。但在多年的实践中，发展性评价存在诸多误区，比如认为发展性评价是即兴的、随意的、无原则的，评价与学生的发展相对脱节，等等（许爱红，2005）。在学生评价方面，有些地区仍旧奉行传统的学生评价方式，以分数、排名的单一标准评价学生，忽视了学生的个性化发展。随着各地教育管办评分离改革全面铺开，一些地区针对教育评价往往采用经验主义、形式比较单一、忽视学生个性发展、唯分数是从的情况开展了多方改革，为学生个性化发展助力。杭州市上城区作为教育管办评改革的地方性改革试点，通过区教育局设立助导机构，重新梳理了三个助导机构的 100 多个岗位的职能和职责，明确了其核心职责——服务和帮助。例如，青少年活动中心主要为学生发展提供定制的、个性化的服务，学校或学生在提交申请后，研究中心会按需服务，通过对学校学情展开诊断式调研助力学生发展。

评价功能不应停留在教育教学结束后对学生的甄别、筛选，更应该是促进学生发展的有效手段（曾继耘，2003）。相较于以往，学生在评价中也不再是被动的角色，而是成为评价的服务对象。越来越多的人已经认识到评价可以帮助学生更好地了解自己的能力倾向和兴趣特长等（黄晓婷，2015）。

二、教育评价主体的转变

当下，随着全球教育治理能力建设的进一步推进，教育治理主体的多元化打破了政府"管办评一肩挑"的格局。在这个过程中，政府通过转变职能，改进教育管理方式；学校主体性作用进一步凸显；社会组织参与评价、支持教育监督。政府如何管、学校如何办、社会如何参与成为推进教育治理体系和治理能力现代化必须思考的三大重点问题。就评价主体而言，这是一个由政府督导评估、学校自我评估和第三方评价机构参与的、多元化的教育评估体系。

在西方，奥斯特罗姆（E. Ostrom）通过对"公共池塘"使用者如何制定规则进行管理的研究，认识到了存在于政府、市场之外组织的力量（Ostrom，1992）。这种由一群人组成的组织内部的治理模式，其特点在于通过自下而上的方式，在体现群内每个人需求的同时，克服政府模式的低效率和市场模式的不公平（Ostrom，1998）。在评价方面，相对学校自评与政府主导第二方评价的"你评"来看，第三方评价的落脚点在于"他评"。评价主体变化，一方面可以使评价主体从旁观者的角度对教育教学活动进行客观、公正的评价；另一方面能够为教育决策提供现实性的依据，打破"你评"带来的行政窠臼，实现诊断性评价、形成性评价与总结性评价的统一。从第三方评价机构的功能来看，它与教育督导一样，可以对教育活动进行监督、评估、协调、指导。但它与教育督导又有显著的不同，比如，在机构设置上，第三方评价机构独立于教育行政部门外，整个评价过程在法律的监督下进行，不受行政权力的约束，使得评价的结果更客观、公正。在这一层面上，教育督导职能的发挥显得逊色许多。同时，在管理机制上，第三方评价机构实行内部自我管理，其活动内容、方式等在遵守法律的前提下自主决定。教育督导由于在教育行政部门的管控下，其内部运行方式缺乏自主性。可以说，第三方评价机构的引入改变了以往教育系统中评价主体既当运动员又当裁判员的单一评价模式，坚持了社会和群众有序参与的民主评价方式（朱小蔓，

2008：73–76)。

近年来，我国重视第三方评价机构的培育、建设。2015 年 5 月，《民政部关于探索建立社会组织第三方评估机制的指导意见》发布，对第三方评价机构的运行原则、资金保障机制等方面进行了规定。建立第三方评价机制，是教育治理体系与教育治理现代化的重要步骤，是完善社会组织综合监管体系的重要内容，是社会组织评估的发展方向，也是管办评分离改革中社会评价教育的重要支撑。管办评分离改革的开展，教育评价主体的改变促使我们重新思考在其过程中教育督导的定位，以期能够在此背景下更好地促进教育的发展。

三、教育评价模式的转变

教育评价是学校教育工作的重要组成部分，是了解教育的适宜性和有效性、改进教育工作、促进学生发展、提高教育质量的重要手段。随着教育治理体系建设的不断推进，政府权力被分割，实现了由微观管理向宏观治理的方向转变，在此过程中教育评价的内容和范围进一步扩展，标准更加科学规范，评价技术更加完善，这对促进教育发展具有重要的意义和价值。

首先，评价的内容和范围扩大。近年来，我国立足于学校发展、学生进步出台了多项举措，为完善教育教学管理、推进教育治理能力和教育治理体系建设发挥了重大作用。近年来，随着《教育督导条例》的实施，我国建立起覆盖各级各类学校的教育督导评价体系。在教育督导评价内容上，加强了对当下存在的诸如校园欺凌、乡村学校基础设施建设等热点难点问题的专项督导。

其次，评价指标更加科学、规范。2013 年，《教育部关于推进中小学教育质量综合评价改革的意见》颁布，明确了包含品德发展水平、学业发展水平、身心发展水平、兴趣特长养成以及学业负担状况五个方面、20 个指标的教育质量综合评价指标框架。大连市中山区为积极探索督导评估的科学化，通过督导机制改革推进政府教育管理职能转变，构建“T”字形横纵向指标体系，引导学校规范、特色发展。

再次，评价技术革新。随着教育信息化建设的不断推进，《教育信息化“十三五”规划》等多个文件出台，为优化教育评价提供了重要支持。以教育信息化促进教育评价改革，既充分利用不同类型的信息技术发挥其聚合优势，又可以针对学生的需要采用相应的信息技术，发挥其独特的价值。以大数据为例，目前教育部已经设立了多家基础教育质量数据库和多级数据采集网络，运用到学生的综合素质评价、学业测试等多个方面。这些技术的更新不仅可以评测学校、学生的现状，而且还能记录学生的学习轨迹，促进学生评价更加立体、全面和客观。

最后，关注教育过程。教育督导评价作为一项系统性的工程，涉及多个相互联系、相互制约的过程与环节，是十分复杂且具有挑战性的工作（苏君阳，2012：252）。其中，以结果为目标的督导反映了学校的办学效果，而注重过程的督导则反映了学校在办学过程中的主观行为与努力程度。基于目标的评价方式是一段时间内我国教育督导的主要评估方式之一，在评价内容上重视考试分数，忽略学生综合素质和个性发展；在评价方式上重视结果，忽视学校进步和努力程度；在评价结果上重视甄别，忽视诊断和改进；等等。这一系列问题使得学校忽视了学生创新精神、关键能力等的培养。为解决教育评价存在的诸多问题，2013年《教育部关于推进中小学教育质量综合评价改革的意见》，强调评价要以育人为本，既要关注学习结果，又要关注学习过程和效益。2015年，国务院教育督导委员会办公室印发了《国家义务教育质量监测方案》，要求注重基于过程的教育质量评估与监测，改变以往以升学率作为评价学校与学生的唯一标准的做法。自此，随着评价方式的转向，教育督导评价也从关注教育结果转向关注教育过程。

第二节　管办评分离改革与教育督导制度创新

当下教育改革进入新的历史时期，推进教育评价结果科学化、规范化，参与评价的民主化、社会化等是推进教育评价改革的重中之重。教育督导是教育评价的主要执行者，对于提高教育管理效能、提升教育质量具有重要的推动作用。但同时，在推进教育治理体系和教育治理能力现代化的进程中，教育督导制度也面临诸多问题。在此背景下，教育督导应正视自身问题，进一步完善督导体制机制建设，为推进管办评分离改革贡献力量。

一、教育督导的功能

客观、科学、公开、公正的评价，为政府决策提供参考，为学校改进发展提供依据，是增强教育工作针对性、有效性的前提（刘利民，2015）。教育督导工作的开展，从政府层面来看，是政府了解教育教学活动的重要路径，也是修正、制定、完善各项教育政策、法规等的重要依据；从学校一方来看，督导评估在一定程度上为其现状、问题等提供归因分析，支持学校发展。为进一步推进教育事业科学发展、办好人民满意的教育，在督导职能方面，2014 年《深化教育督导改革转变教育管理方式的意见》出台，要求建立督促地方政府依法履行教育职责的督政机制、指导各级各类学校规范办学提高教育质量的督学体制、科学评价教育教学质量的评估监测体系，形成督政、督学、评估监测三位一体的教育督导体系。

教育督导的基本任务在于“督政”与“督学”。前者在于通过建立地方政府履行教育职责问责机制，引导地方政府优先发展教育事业，提高地方教育发展水平与质量；后者则落脚于学校层面，监督指导各级各类学校办学行为、教学过程等。两者是相互依存的。从政府的角度来看，判断地方政府在教育工作中的成效，除了看人、财、物等资源的配备，具体还要看这些资源在学校层面的使用。从学校的角度来看，判断一所学校是否得到了发展，同样要看政府的支持、扶助。在教育改革的新时期，评估监测的提出，有利于及时发现政策制定与执行之间的偏差，对于转变政府职能、实现科学决策具有重要意义。在全面推进教育管办评分离改革的过程中，政府职能的转变、学校自主权的增强、社会组织的参与等都需要教育督导坚持督学、督政、评估监测一体化。

教育督导活动是以政府、教育行政部门、学校为督导对象，依照国家的有关政策、法律法规，按照督导的原则和要求，运用科学的方法，进行监督、检查、评估、指导，并向本级和上级人民政府及其教育行政部门报告教育工作情况的活动。在推进政府职能转变的过程中，教育督导要坚持督学、督政、评估监测相结合的要求，为学校发展提供切实有效的指导，为地方教育发展提供实践性的一手材料，不断促进政府改进教育管理行为，促进学校改进办学，促进教师改进教学，以推进教育持续、高品质发展。

二、教育督导制度现存的问题

教育督导制度是我国现行的基本制度之一，在教育管理、法制体系构建中占有重要的位置。督导评估作为教育评价的主要手段，一直以来都是政府进行教育管理的重要依据。教育督导的体制、机制问题是其基本问题。教育督导体制关涉教育督导的外部建设，由教育督导的组织结构、领导隶属关系、管理权限组成。教育督导机制则是制约、引起教育督导事业发展变化的内在结构和作用方式。体制决定机制，机制可以给整个制度运行带来活力；同时制度具有指导、约束、规范等方面的功能，可以更好地保障机制的运行。自改革开放以来，我国已经形成了覆盖中央、省、市、县的四级督导制度。但当下，教育督导的体制、运行机制存在诸多问题。

（一）机构设置并未独立

机构的独立性、权威性、责权关系是影响机构职能履行和作用发挥的重要因素（程素萍，2016）。以山东省为例，其督导机构为山东省人民政府教育督导室。从称谓上可见，作为以政府名义设立的督导机构，它是省教育厅内部的一个机构，与省教育厅下设的其他机构平行，受主管教育行政部门的领导与制约。在此框架下，作为行政部门的子机构，由于层级局限，教育督导室很难对乡镇一级政府形成行政约束力，这样一来，教育督导室处于行政边缘化地带，督政的难度加大，效力大打折扣（孙世杰，2013）。

（二）评价缺乏区分度

目前，各级教育督导机构已经出台了各类专项督导的标准、方案或操作细则。以江西省为例，《2010 年江西省县级人民政府教育工作督导评估评分细则》中将评估指标分为政府履行职责、经费投入与管理、办学条件、教育发展水平四个部分，每个部分设置相应的分数。江西省各县都要参照这一个标准进行督导，其他地区也是如此。从各地教育督导评价的细则中可以看出，省、市、县三级督导评价方案往往各自采用单一的指标，简单来说就是一个省份一个标准、一个市一个标准、一个县一个标准，且评价的重点集中在各项指标达成度方面。众所周知，我国各省份教育发展程度不一，同一地区不同学校的发展情况也存在差距，用一个标准去衡量辖区的所有学校，对于弱势学校的发展不利。此外，指标体系在分类方面也存在不合理、不科学的现象，如过于重视升学率、忽视学生的全面发展等。

（三）人员配备不合理

通过对各级教育督导机构的人员选拔方式进行梳理发现，一般情况下，多数教育督导人员是通过任命方式确立的，其来源构成多数是中小学校长、高级教师以及一些即将退休的老教师等。为提升督导队伍的质量，我国一些地区开始通过聘用专职督学人员健全督导队伍，但这种选拔只针对教育系统内部，并不是面向社会的公开选拔。

就当前我国教育督导人员的现实状况来看，督导人员结构不合理（孙玉洁，2004）。由于督导人员多数年龄偏大，在个别县市，督导机构成为教育系统内部的“养老机构”，人员工作热情不高；一些督导人员长期在教学一线工作，缺乏专业的督导知识与能力，不利于督导工作的开展。此外，由于缺少相关法律保证，督导人员的行为对于学校的评估难以形成约束且不具备权威性；同时对于政府有关教育活动的监督、评估不具法律执行力，导致了督导人员督政无权、督学无力的现实状态。

三、教育督导制度创新

教育管办评分离改革打破了政府对学校的发展的行政干预，根据放管结合的原则，学校要灵活、因地制宜地开展各种活动，推动学校发展壮大。在管理的层面上，政府要完善制约监督机制，通过教育督导实现对当地教育事业发展的宏观把控，掌好教育这艘大船的舵，推动教育的现代化进程。因此，在管办评分离的背景下，重新审视教育督导制度，构建新型的评价制度显得尤为重要。

（一）教育督导机构独立化

我国教育督导范围包括教育行政工作和学校教育工作两大部分（黄崴，1998：164），即督政和督学。在实际的操作过程中，机构的设置依附于教育行政部门，督学易受行政性指令的影响；同时迫于行政体制的级别关系，无法实现同级督政。因此，督政、督学工作与督导机构的设置具有相关性。学校教育的真正发展与政府对教育的扶持是分不开的；同时，评判一个政府是不是有效地发展了当地的教育事业，具体还要看学校层面在办学条件、教师配备等方面的落实情况。

综上所述，机构设置问题是阻碍督导职能发挥的重要因素之一。因此，管办评分离改革后，教育督导的机构独立是首先应该解决的问题。当前，国际上教育督导机构设置类型有三种：第一，完全独立式；第二，相对独立式，大多数国家都是这种形式；第三，依附式（表 12-1）。

表 12-1　教育督导机构类型

设立形式	国家代表	主要表现
完全独立式	英国	教育标准局独立开展督导工作，对教育大臣和议会负责，无行政干扰
相对独立式	荷兰	教育文化科学部的下设单位，对督导部门具有决策权，但不干涉其日常事务
依附式	美国	美国联邦教育部未设专门的督导机构，而是通过提供特别教育项目的款项对全国教育进行调控

注：此处独立是指教育督导机构独立于教育行政部门之外。

通过对其他国家教育督导机构设立的考察，结合我国的实际情况，从机构设置这一层面来讲，教育督导机构应该从教育行政部门中完全脱离出来，在中央一级设立于全国人民代表大会下，保证其能独立开展督导工作。省、市、县各级参照中央的机构设置进行整改。人民代表大会通过多种方式、方法，监督“一府两院”的工作实施、落实情况，这样一来，教育督导机构的地位提升，政府、督导、学校处于一种平等的地位，督导工作的开展摆脱了受制于行政权力的尴尬境地，保证了督导活动的有效开展。

（二）学校建设参与全程化

现阶段，对学校督导的基本流程主要包括三部分，分别是督导前、进校督导、督导后。其中督导后的工作分为两个阶段：一是根据督导过程中出现的问题撰写报告；二是学校改进。对于学校提出的改进方案，督导人员进行回访以检测学校改进工作的成效。通过对督导人员在督学过程中的参与情况的分析，我们不难发现，督导人员的参与方式属于终端参与，即不参与学校整改的计划，而仅仅向学校指出办学过程中存在的问题。

管办评分离改革后，就学校而言，自主权扩大在惠及学校发展的同时也为学校管理人员带来了不小的挑战。校长要对学校发展提出完整的、适切的规划，制定符合自身发展的章程；同时，对校长进行绩效考核，以此督促学校的发展建设。在这个过程中，仅仅依靠学校自身力量对办学行为进行整改并不现实，提出的解决措施是否得当也无定论。因此，在这种条件下，为确保改进方案的科学性、有效性，督导人员应全程参与学校的整改，与学校管理人员一道提出有针对性的改进措施，提交到相关部门进行论证后再实施。另外，在督政职能的发挥方面，督导人员在考察了某地政府机关关于教育工作的开展、落实情况后，应与上一级督导机关讨论出现的问题，监督、督促下级政府机关完善教育工作，并通过不定时的回访，查看改进情况。同时，为保障教育督导参与学校建设的延续性，教育督导部门应建立教育质量监控系统，通过对当地学校关键年龄段的学生的课程掌握情况进行抽样测试，及时发现可能存在的问题，以便教育决策部门及时调整教育政策，控制教育行为。

（三）大数据助力督导科学化

教育管办评分离改革旨在通过“评”实现政府对教育的宏观治理，教育督导是评价的重要主体之一。当下我国教育督导效率低下制约了教育督导的全面性，督导时效性差导致不能及时发现和解决问题，督导手段落后限制了教育督导的科学性，督导效力不高使得督导难以有力支持教育治理决策，这些问题严重阻碍了教育督导工作的科学化（杨宗凯，2017）。随着互联网、物联网的蓬勃发展，大数据影响着人们的思维、生活和工作方式。大数据在教育改革与发展中的运用，尤其在为教育督导评价提供更为科学的数据资源方面发挥了重要作用（何秀超，2015）。

首先，从技术层面上来说，大数据是在对海量数据进行收集、挖掘、判断、分析的基础上，展示督导某一内容的过去、现在以及可预测的未来样态、趋势，推动督导决策制定的科学化。其次，从大数据本身来看，将大数据思维运用于督导工作中，创新教育督导方式，可以改变单纯的督导人员观察、调查等手段单一的工作方式，利用大数据的特性，改变督导效率低下的现状，使督导工作更加高效。此外，利用大数据平台公开督导结果，实现结果公开常态化，让社会公众了解当下各级政府履行教育职责、学校办学等工作的基本情况，推动督导结果运用得更加有效（何秀超，2015）。

充分利用大数据平台及其思维模式创新教育督导的理念与制度，提高督导决策的科学性、前瞻性，是督导机制改革的当务之急。大数据具有容量大、即时、零散、渠道来源多等主要特征。在督导工作中，数据的采集量也是相当巨大的，如果不依赖于科学的技术平台而只是凭借督导人员自身对教育活动的有限理解、假想、推测“制造”出“拍脑袋”的决策，或者依靠传统的调查问卷、座谈、汇报等相关行政程序的问询开展督导工作，不能保证结果的科学性、真实性。为此，教育督导在搭建、利用大数据平台获取信息的同时，更要利用大数据思维更新、创新工作理念，用数据说话，推动教育督导工作适应信息化时代的要求。同时，要从制度框架方面推动督导大数据平台的建设，建立数据库资源的共享和开放利用机制，清除“数字鸿沟”“信息孤岛”，形成各级各类教育、各级教育督导部门都能共享的教育督导大数据中心。

第三节　第三方参与教育评价

第三方机构参与教育评价已成为各国推进教育治理进程的主要举措，第三方教育评价体现了评价主体的协商民主性，保障了评价内容的针对性，确保了评价过程的客观公正性，提高了评价结果的信度和效度（靳玉乐，李阳莉，2014），是管办评改革中“评”的重要组成部分。梳理国内外第三方教育评价的发展脉络，探究当下第三方教育评价与我国教育督导的关系以及第三方教育评价的现实困境，对于推进教育治理能力和治理体系现代化建设具有重要的价值和意义。

一、第三方教育评价的历史发展

第三方教育评价机构是独立于教育系统之外的，介于政府、学校和社会之间的专业性组织。20 世纪 70 年代起，在西方，为克服教育领域政府与市场的“双重失灵”，第三方教育评价机构已开始萌芽。后来制定了第三方教育评价机构的准入程序，厘清了它们与政府之间的关系，逐步形成了相对完善的教育评价机制。从具体效果来看，第三方教育评价已经成为影响美国教育决策的重要组成部分，由于规避了政府管理、市场调控的弊病，政府更愿意将教育评价的工作委托给第三方中介机构（Stufflebeam，2000）。

第三方教育评价以“他评”为落脚点，在教育领域最先应用于高等教育阶段。自 20 世纪中期以后，美国成立了全国认证委员会（National Commission on Accrediting，NCA）。该委员会主要由多个院校的高等教育组织组成，旨在减少专业评估组织的数目，将其合并到地区性评估组织中去。同年，成立了由各地区性院校的评估与认证委员会组成的全国地区性认证机构委员会（National Committee of Regional Accrediting Agencies，NCRAA）。1975 年，两大机构合并，更名为高等教育评估与认证委员会（Council of Postsecondary Accreditation，CPA）。其机构设置脱离美国联邦教育部与州教育行政部门，也不隶属于任何高校。这被当作独立的第三方教育评价机构出现和形成的标志。20 世纪中后期以后，在西方国家，第三方教育评价已经形成了非常成熟的市场以及运行机制。

在我国，从 20 世纪 90 年代开始，第三方教育评价被广泛运用于各行各业。在教育领域，国家颁布了诸多文件，逐渐探索第三方教育评价制度建设问题。1990 年的《普通高等学校教育评估暂行规定》、1993 年的《中国教育改革和发展纲要》以及 1999 年的《中共中央国务院关于深化教育改革全面推进素质教育的决定》等文件中均出现了第三方教育评价的相关内容。首先，这一时期，虽并未明确提出第三方教育评价的概念，但与“第三方”含义相近的表达，诸如“社会团体”“社会中介组织”等清晰地出现在相关的教育文件中，为以后第三方教育评价的发展提供了良好基础。其次，由于尚未出现大规模的第三方教育评价机构，对于第三方教育评价机构的探索大多停留在理念层面，关于具体的操作、制度保障、方式等方面的探索较为欠缺。最后，就范围来看，第三方教育评价的提法多集中在高等教育阶段。这一时期系列教育文件的出台，为在高等教育领域实际开展第三方教育评价活动提供了重要的政策保障，为发展第三方教育评价制度打下了坚实的基础。进入 21 世纪，我国逐渐加大对第三方教育评价机构的培育、支持力度（表 12-2），为实际推进第三教育评价制度的建设与完善提供了清晰的方向。

表 12-2　2010—2017 年相关政策文件中关于第三方教育评价制度的规定

发布时间	政策文件	相关内容提要
2010 年	《国家中长期教育改革和发展规划纲要（2010—2020 年）》	开展由政府、学校、家长及社会各方面参与的教育质量评价活动。推进专业评价。鼓励专门机构和社会中介机构对高等学校学科、专业、课程等水平和质量进行评估
2011 年	《教育部关于充分发挥行业指导作用推进职业教育改革发展的意见》	要建立社会、行业、企业、教育行政部门和学校等多方参与，以能力水平和贡献大小为依据的职业教育质量评价体系。逐步建立以行业企业为主导的职业教育第三方评价机制
2013 年	《中共中央关于全面深化改革若干重大问题的决定》	深入推进管办评分离，扩大省级政府教育统筹权和学校办学自主权，完善学校内部治理结构
	《教育部关于推进中小学教育质量综合评价改革的意见》	改进评价方式方法。注重发挥各方面的作用，逐步建立政府主导、社会组织和专业机构等共同参与的外部评价机制
2015 年	《教育部关于深入推进教育管办评分离促进政府职能转变的若干意见》	以推进科学、规范的教育评价为突破口，建立健全政府、学校、专业机构和社会组织等多元参与的教育评价体系。支持专业机构和社会组织规范开展教育评价。扩大行业协会、专业学会、基金会等各类社会组织参与教育评价
2017 年	《国家教育事业发展“十三五”规划》	加强对第三方教育质量评估的监督指导，培育专业教育评价机构。鼓励行业企业、专业机构和社会组织规范开展教育评价和决策咨询，大力培育专业服务机构，委托专业机构和社会组织开展评价
2017 年	《关于深化教育体制机制改革的意见》	要建立健全教育评价制度，建立贯通大中小幼的教育质量监测评估制度，建立标准健全、目标分层、多级评价、多元参与、学段完整的教育质量监测评估体系，健全第三方评价机制，增强评价的专业性、独立性和客观性

在此背景下，我国部分省市也建立了许多专业的教育评估机构。2012 年西安市面向社会，以公开招标的方式遴选具有资质、符合要求的第三方机构对整个西安市的教育改革发展状况进行评估。2016 年 9 月，山东省出台国内首个省级第三方教育评价办法，对委托评价事项、委托程序、评价程序、评价各方的权利和义务、评价结果运用、组织领导等方面进行规定，通过规范第三方教育评价的范围、内容、程序等，建立健全第三方教育评价的制度体系，提升山东省教育治理能力建设水平。在此背景下，山东省世纪教育评估中心、山东省泰山教育创新研究院等几家第三方教育评价机构成长起来，对完善当地教育评价体系建设发挥了重要作用。

二、第三方教育评价的优势与困境

根据《国家中长期教育改革和发展规划纲要（2010—2020 年）》《中共中央关于全面深化改革若干重大问题的决定》《教育部关于推进管办评分离提高教育治理水平的若干意见》等关于教育评价体系建设的要求，在当下教育管办评分离背景下，我国培养培育第三方教育评价机构、完善评价程序、健全内部管理等。同时，必须意识到，第三方教育评价具有自身的优势，也面临着困境。

（一）第三方教育评价的优势

“深入推进管办评分离”“强化国家教育督导，委托社会组织开展教育评估监测”等作为党的十八届三中全会关于教育领域综合改革的精神要求，为当下推进教育督导自身建设、鼓励第三方参与教育评价指明了方向。

2017 年，国务院办公厅印发《对省级人民政府履行教育职责的评价办法》，指出“第三方专业机构受国务院教育督导委员会办公室委托，根据督导评估指标，利用国家统计数据和调查获得的系统数据，对省级人民政府履行教育职责情况进行监测评估，面向社会和学生开展满意度调查，于每年 6 月底前形成年度监测报告”。实践层面，上海市较早在办学评估绩效方面引入第三方教育评价，2005 年 4 月，浦东新区引入第三方教育评价机构，对辖区内东沟中学委托办学的绩效进行评估（葛孝亿，谢小金，2017）。2016 年，北京市人民政府通过发布

《关于委托第三方机构开展教育评估监测工作暂行办法》，从法律层面对第三方机构的资质、评估程序等进行了明确的规定，鼓励与支持第三方机构参与教育评估。

第三方机构参与教育评估的最大优势在于通过科学的、有效的手段，使得督导结果更客观、真实、公正。首先，第三方评价使得督导人员从繁杂的督导事务中解脱出来，集中精力做好学校后续改进、发展计划等方面的工作；其次，作为独立于政府与市场的自组织形式，第三方机构参与评估有利于克服督导过程中过分行政化产生的问题，保证评估结果的真实性；最后，第三方机构参与教育评估，有利于鼓励社会、公众形成参与教育活动的观念与意识，营造民主管理、多元参与的良好氛围。

（二）第三方教育评价的困境

第三方教育评价大大提高了教育主管部门的管理效率，对于第三方教育评价的需求也逐步增加。但由于第三方教育评价作为舶来品，在我国的发展起步晚，无论其体制还是机制仍不健全，且受传统行政管理模式的影响，第三方教育评价在培育、发展的过程中存在诸多困境。

1. 第三方教育评价机构缺位

提高教育教学质量是当下全民对教育最迫切的需求，我国的教育能否发展得好，很大程度上取决于是否建立了质量提升的机制，是否有完善的教育评价体系，尤其是科学客观的第三方评价体系（储朝晖，2016）。在政策层面，国家颁布了诸多文件保障第三方教育评价的发展环境，但在实践过程中，专业的第三方教育评价机构无论是在数量上还是在质量上都无法满足教育评价的要求。

委托第三方开展教育评价的前提是必须存在一些有资质、可承接政府教育评价转移事项的、独立的第三方机构。但是，当下我国独立的、专业的第三方组织数量较少。虽然最近几年，各地出现了不少冠以第三方头衔的教育评价机构或组织，但其或多或少仍与教育行政部门存在联系，不利于教育评价工作的开展（葛孝亿，谢小金，2017）。也就是说，多数第三方机构或组织并不是自发形成的，而是在政府扶持甚至是主导下产生的，依赖于政府行政体制，缺乏独立性（吴锦良，2001：342）。将一些官方以及非正式教育评价机构去除，具备专业性的、独立的第三方教育评价机构很少。同时，在少部分第三方机构与组织中，其内部管理运营无章程，评价人员的专业性不强、稳定性不够，面临市场困境等问题反映出当下第三方教育评价机构的不成熟，使得评价结果的质量难以保证。在这种情况下，寄希望于政府单方面发展独立第三方评价，改变已有教育评价体制中过于倚重第一方评价和第二方评价的现状是不现实的（储朝晖，2016）。

2. 第三方教育评价机构规制缺失

对于第三方机构组织来说，一定的规制是其运作的依据，同时也是保障评价机构评价结果科学性、赢得社会公信力的前提。但法律层面的缺失以及培育政策的不足，影响着第三方教育评价的科学性。

目前我国还没有专门的法律或者条例规范第三方教育评价机构，对于第三方教育评价机构的准入、管理、资质等方面的规定还不够明确，对第三方教育评价机构缺乏应有的培育与扶持。毋庸置疑，如果没有相应的合法性的保障，第三方教育评价结果的独立性、科学性就会荡然无存。从政策制度来看，在法律层面上，尚未确定第三方教育评价机构的地位和权威性，权责利不明确，相关法律政策条款缺失。进入 21 世纪后，特别是随着管办评分离改革全面铺开，中共中央、国务院、教育部出台了多份文件改进教育评价，鼓励社会参与教育评价，委托社会中介组织开展评价，加快社会组织参与教育质量评价进程。但是并没有专门的法律规章来规范第三方评价机构如何参与评价，使得第三方评价机构的法律地位难以确认，评价权利以及权益难以得到保障。

第三方教育评价机构规制缺失，对于评价机构评价的独立性、公正性、有效性有重要影响。同时对于第三方教育评价的鼓励和培育政策不足，行业缺少评价参与动力。虽然国家层面出台了相关文件鼓励和支持社会组织参与教育评价，但多数学校受我国行政权力支配社会的传统观念的影响，重视政府性的评估和官方表彰，轻视民间组织的评价，对第三方教育评价的认知度低（丁建石，2017）。

3. 第三方教育评价机构监管缺失

第三方教育评价机构作为处于教育行政部门之外的独立的媒介，通过公开的社会竞争为国家提供评价服务，其评价具有科学性、公开性、公正性等特征。相对于政府主导的督导评价，第三方教育评价虽然有诸多优势，但也需要一定的监管以促进教育评价市场的有序运作。

第三方教育评价如何保持自身独立性、公正性和有效性，评价指标体系如何科学、合理地包揽整个教育活动，评价后是否真正利用评价结果来改进教育教学改革等问题都需要外部监管对第三方教育评价机构的工作进行再评价，以增强第三方教育评价的有效性、科学性、客观性。受政府和学校等主体因素的影响，大众媒体往往倾向于宣传第三方教育评价的正面信息，很少客观真实地反映其存在的问题，这不仅会造成大众对第三方教育评价的认识存在盲区，还会使第三方教育评价机构产生麻痹心理，从而无法客观有效地对自身行为展开反思。此外，由于社会的问责机制还不健全，容易导致第三方教育评价出现公信力危机，继而影响第三方机构开展工作（刘鹏，2017）。

三、第三方教育评价的优化

纵观国内外教育治理体系的构建过程，第三方教育评价作为市场与政府之间的连接点，在教育政策的制定、实施、评价和反馈的整个过程中，在学校的教育教学及其管理的实施、评价、监督、反馈等过程中发挥着举足轻重的作用。但由于我国第三方教育评价起步晚，在外部发展环境、内部自身建设等方面受到不同程度的制约。因此，进一步优化第三方教育评价的培育、培养环境，健全外部管理体制、内部管理运行机制应是促进第三方教育评价发挥作用的关键方面。

为了保障第三方教育评价的合理运行和有效实施，必须为其发展营造良好的制度环境。就政府层面来看，要通过制定相关法律、政策文件保障第三方教育评价的运行。第三方教育评价机构属于独立的市场个体，如何客观、科学认识对不同层级的政府有关教育行为的监督、评估，如何保持自身在政府与市场之间的灵活性等一系列问题的解决都需要政府的帮助。同时，政府可以出台评价机构的资格认定、审查等相关工作的规定，以确保评价工作的科学性、规范性和有效性。除此之外，政府可以通过经费资助、人员配置等途径为第三方教育评价机构提供一定程度的支持，并为其解决在评价过程中面临的问题给予有效的帮助。其次，加强对第三方教育评价的监管。第三方教育评价机构的出现旨在改善政府与市场双重失灵的境况，其公益性特征决定了它不仅需要严格自律，还需要社会各界的监督，唯有如此，才能保证其评价结果的客观性和公正性。最后，完善第三方教育评价机构的内部管理运营。与教育督导相比，第三方教育评价的人员配置、方式、管理模式等是由个人或组织决定的。因此，第三方教育评价机构要建立健全管理机制，明确操作方法和流程，加强与学校、政府以及其他教育利益主体的交流与合作，促进第三方教育评价尽快融入教育系统中。

目前，第三方教育评价的应用范围得到了进一步扩大，从最初在高等教育领域内进行探索，逐渐向外扩展，已在学前教育、基础教育、职业教育等领域逐步得到应用。立足于教育发展的大局，合理地优化与完善，对于促进第三方教育评价快速成长具有重要意义。

第四节　新时代教育评价体系构建

当前，教育治理的步伐不断加快，政府“管办评一肩挑”的局面正逐步被政府－学校－社会新型关系所取代。在评价层面，教育督导作为政府进行教育评价的主要路径，其独特性与不可替代性决定了教育督导制度在教育管理中的重要地位与作用。同时随着第三方机构的不断发展健全，构建以教育督导为主、第三方评价机构为辅的新型评价体系，才能更好地发挥评价在管办评分离制度框架下的作用与价值，这对于推进我国教育治理体系与治理能力现代化建设具有重要意义。

对于教育管办评分离改革的理解不能仅仅停留在简单的政府向学校、社会组织放权、赋权，而要认识到其实质在于通过组织多元主体参与教育活动，合理划归政府权力，重塑政府、学校、社会三者之间的权责关系，探索在市场经济体制和利益相关者多元的社会环境下的教育治理机制，建立多元主体相互联系、制约的复合模式，追求和实现“好教育”。就“评”而言，实际上，这是一个由政府督导评估、学校自我评估和第三方评价相结合的多元化的评估体系。教育治理主体参与的“多中心”并非“无中心”（范国睿，2017a），但仔细考量当下第三方教育评价的现实情况，不能将第三方教育评价机构作为“评教育”的中心。从政府层面看，委托第三方机构进行评价的同时受传统行政管理模式的影响，政府往往习惯通过权力、命令来控制和监管教育活动，这种过度严格的控制与监管路径透露出对第三方教育评价机构的“不信任”（金绍荣，刘新智，2013）。相较于教育督导，第三方评价机构具有明显的独立性。第三方评价机构独立于教育行政部门外，与政府、学校不存在隶属和直接利害关系，同时整个评价的过程在法律的监督下，因此其评价的结果更客观、公正。值得一提的是，专业的第三方评价机构在经济上也是独立的，自主经营、自负盈亏，按照市场经济的规律来运行。因此，其在评价过程中涉及的相关人力、物力、财力等资源，均是按照自身的目的和需要进行组织调配的（冯虹，刘国飞，2016）。

自改革开放以来，教育督导制度不断完善和发展，逐步走上法制化、规范化、科学化的轨道。在此背景下，权衡教育督导和第三方评价机构工作的利弊，实现二者的配合，可以规避相关的风险、问题。我国应充分发挥教育评价的增益之效，构建起以教育督导为主、第三方教育评价机构为辅的新型教育督导体系（图 12-1），共同推进我国教育治理的现代化进程。

具体来看，首先由政府制定规范第三方评价机构的标准，通过向社会公开招标购买第三方评价机构的服务。第三方评价机构与教育督导机构通过制订计划、实地考察、资料收集等方式，共同针对政府、学校在教育活动中的现实情况进行评价。在管办评分离改革制度框架下，“社会评教育”的实质就是教育质量要接受社会评价、教育成果要接受社会检验、教育决策要接受社会监督（袁贵仁，2014）。在此过程中，评估实施者接受社会、媒体、公众等对评估活动的监督与参与，最后根据评估的结果生成报告，指导学校改进，为政府管理教育活动提供路径。

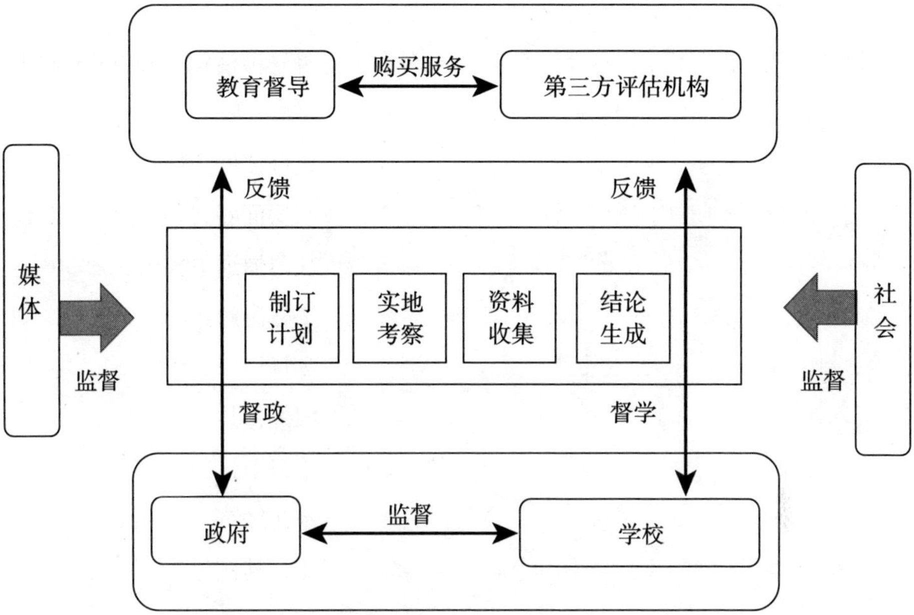

图 12-1　基于管办评分离的教育督导评估体系（杨文杰，范国睿，2017）

教育治理作为教育管理的高级样态，既是对以往教育管理体系的超越，也是对当下教育管理体系存在的问题进行重塑。其价值追求在于构建科学、民主、法治的教育治理体系，彰显教育治理的高效与公平（陈金芳，万作芳，2016）。这种新型的评价体系弥补了教育督导、第三方教育评价机构在现阶段各自存在的缺陷，打破了以往教育督导行政评估独大的格局，开创了教育督导部门与第三方教育评价机构合作的新局面，保障了教育评价结果的科学化、规范化、客观化。

参考文献

中文文献

21 世纪教育研究院，2016. 重庆市綦江区：推行学区自治，激活社会责任［EB/OL].（2016-12-20）[2017-03-29].http：//www.sohu.com/a/121943869_100974.

阿尔蒙德，鲍威尔，1987. 比较政治学：体系、过程和政策［M］. 曹沛霖，郑世平，公婷，等译 . 上海：上海译文出版社 .

埃尔莫尔，2017. 二十位教育先行者对教育改革的反思［M］. 张建惠，译 . 北京：商务印书馆 .

安次区教育局，2016. 教育局［EB/OL］.（2016-08-26）［2018-02-07］.http：//anci.lf.gov.cn/v-1-4955. aspx.

安秀梅，等，2009. 政府绩效评估体系研究：从政府公共支出的角度创设政府绩效评估体系［M］. 北京：中国财政经济出版社 .

奥尔森，2014. 集体行动的逻辑［M］. 陈郁，郭宇峰，李崇新，译 . 上海：格致出版社 .

奥斯本，盖布勒，2006. 改革政府：企业家精神如何改革着公共部门［M］. 周敦仁，汤国维，寿进文，等译 . 上海：上海译文出版社 .

保建云，2008. 转型社会中权力寻租与权钱交易的经济学分析［J］. 经济评论（1）：84-87，137.

鲍传友，2008. 公共选择理论视野下的教育公共品供给问题［J］. 教育理论与实践（10）：15-19.

鲍传友，2017. 提升学校治理能力需要进一步完善学校内部治理结构［J］. 教育发展研究

（20）：3.

北京市教委，2016. 去年小学就近入学比例达到 94.06%［N］. 北京日报，2016-01-27（9）.

彼得斯，2011. 政治科学中的制度理论：“新制度主义”（第二版）［M］. 王向民，段红伟，译. 上海：上海世纪出版集团.

边沁，1995. 政府片论［M］. 沈叔平，等译. 北京：商务印书馆.

别敦荣，2015. 治理体系和治理能力现代化与高等教育现代化的关系［J］. 中国高教研究（1）：29–33.

波恩鲍姆，2008. 学术领导力［M］. 周作宇，等译. 北京：北京师范大学出版社.

布迪厄，1997. 文化资本与社会炼金术：布迪厄访谈录［M］. 包亚明，译. 上海：上海人民出版社.

布坎南，1988. 自由、市场和国家：20 世纪 80 年代的政治经济学［M］. 吴良健，桑伍，曾获，译. 北京：北京经济学院出版社.

蔡定基，2013. 基础教育学区管理模式研究［M］. 北京：人民教育出版社.

蔡定基，高慧冰，2011. 越秀区学区知识资源共享管理机制探讨［J］. 中国电化教育（7）：40–46.

蔡继乐，于珍，2017. 主要矛盾转化教育如何适应［N］. 中国教育报，2017-10-23（2）.

蔡克勇，2003. 20 世纪的中国高等教育：体制卷［M］. 北京：高等教育出版社.

蔡莹，2017. 湖北省 J 县中职学校治理结构研究［D］. 武汉：华中师范大学.

陈兵，2016. 简政放权下政府管制改革的法治进路：以实行负面清单模式为突破口［J］. 法学（2）：28–41.

陈朝兵，2015. “负面清单”管理在我国的缘起、应用价值与推广路径［J］. 现代经济探讨（8）：20–24.

陈成文，赵杏梓，2014. 社会治理：一个概念的社会学考评及其意义［J］. 湖南师范大学社会科学学报（5）：11–18.

陈凤伟，金少良，李娟，等，2017. 集团化办学下教师专业发展路径探析［J］. 中国教育学刊（12）：34–36.

陈国良，2014. 建设教育决策服务系统 提高国家教育治理能力［N］. 中国社会科学报，2014-03-28（B02）.

陈国权，2008. 社会转型与有限政府［M］. 北京：人民出版社.

陈简文，2016. 深圳公办中小学可向社会力量购买教育服务［N］. 深圳晚报，2016-07-28（A10）.

陈金芳，万作芳，2016. 教育治理体系与治理能力现代化的几点思考［J］. 教育研究（10）：25-31.

陈立鹏，1999. 学校章程［M］. 北京：光明日报出版社.

陈立鹏，梁莹莹，王洪波，2011. 我国中小学章程建设现状与思考［J］. 中国教育学刊（1）：24-28.

陈良雨，2015. 教育治理现代化视阈下政府能力陷阱研究［J］. 教育发展研究（12）：11-15.

陈鹏，刘献君，2006. 我国公立高等学校法人治理结构的缺陷与完善［J］. 教育研究（12）：45-50.

陈奇星，2015. 转变政府职能与服务型政府建设［M］. 上海：上海人民出版社.

陈善军，徐晓红，2005. 教育议事会：现代学校管理制度的试金石［J］. 上海教育科研（2）：23-24.

陈向芳，2017. 基于清单管理模式的政府权责边界构建问题研究［J］. 理论导刊（1）：4-9.

陈延平，2011. 法治政府建设的实践与思考［J］. 法制与社会（6 下）：140-141.

陈雨，2014. 国外“责任督学”招聘培训概述及对我国的启示：以英、法、美、日等国为例［J］. 教学月刊：中学版（教学管理）（12）：52-56.

陈玉琨，1993. 中国高等教育评价论［M］. 广州：广东高等教育出版社.

陈振明，陈炳辉，2004. 政治学：概念、理论和方法［M］. 北京：中国社会科学出版社.

陈中梅，2016. 新课程背景下家校合作策略新探［J］. 中小学校长（9）：28-30.

成刚，孙晓梁，孙宏业，2015. 省内财政分权与“新机制”对城乡义务教育经费差距的影响：基于浙江省普通小学数据的分析［J］. 北京师范大学学报（社会科学版）（2）：130-141.

程红兵，2017. 教育治理现代化进程中学校治理体系变革研究：以深圳明德实验学校为例［J］. 全球教育展望（11）：90-103.

程素萍，2016. 督学视角下的教育督导体制机制研究［J］. 上海教育科研（9）：62-65.

程天君，2012. 教育改革的转型与教育政策的调整：基于新中国教育 60 年来的基本经验［J］. 北京大学教育评论（4）：33-49，185.

程艳霞，龚春燕，陈瑞生，2016. 从行政管理到多元治理：中国学区制的百年变革［J］. 中小学管理（2）：22-25.

储朝晖，2016. 迟迟不就位的第三方教育评价［N］. 光明日报，2016–01–26（14）.
褚宏启，2005. 政府与学校的关系重构［J］. 教育科学研究（1）：41–45.
褚宏启，2008. 我国基础教育行政管理体制改革 30 年简评［J］. 中小学管理（11）：4–8.
褚宏启，2013. 教育行政权力的优化配置：合理扩张与严格制约［J］. 北京大学教育评论（3）：160–170.
褚宏启，2014a. 关于教育治理的几个关键问题［J］. 人民教育（22）：21–25.
褚宏启，2014b. 教育治理：以共治求善治［J］. 教育研究（10）：4–11.
褚宏启，2014c. 自治与共治：教育治理背景下的中小学管理改革［J］. 中小学管理（11）：16–18.
褚宏启，贾继娥，2014. 教育治理与教育善治［J］. 中国教育学刊（12）：6–10.
辞海编辑委员会，1999. 辞海：上［M］. 上海：上海辞书出版社.
崔延强，张珂，2016. 基于清单制度的大学与政府关系构建［J］. 中国高等教育（Z1）：23–25.
大卫 · 韦勒，西尔韦亚 · J. 韦勒，2007. 副校长：有效学校领导的关键要素［M］. 杨海燕，刘玲，赵茜，等译. 重庆：重庆大学出版社.
登哈特 J V，登哈特 R B，2016. 新公共服务：服务，而不是掌舵（第三版）［M］. 丁煌，译. 北京：中国人民大学出版社.
邓小平，1993. 邓小平文选：第三卷［M］. 北京：人民出版社.
邓小平，1994. 邓小平文选：第二卷［M］. 2 版. 北京：人民出版社.
邓正来，2008. 国家与社会：中国市民社会研究［M］. 北京：北京大学出版社.
丁建石，2017. 第三方参与职业教育质量评价的现状、问题及法律政策建议［J］. 教育与职业（20）：26–32.
杜占元，2015. 以教育管理信息化推动教育治理现代化［N］. 中国教育报，2015–01–22（5）.
杜卓宏，许艳霞，季婵燕，2008. 填平城乡教育鸿沟的一个创举：关于浙江省衢州市柯城区城区名校强校托管农村完小的实践与思考［J］. 教育理论与实践（5）：7–9.
段慧兰，2011. 大学自主办学的理想愿景与现实选择：首届湖湘高等教育学者对话实录［J］. 现代大学教育（4）：106–110.
范逢春，2014. 教育治理现代化需价值引领［N］. 中国教育报，2014–09–26（6）.
范国睿，2002. 多元与融合：多维视野中的学校发展［M］. 北京：教育科学出版社.

范国睿，2005. 政府・社会・学校：基于校本管理理念的现代学校制度设计［J］. 教育发展研究（1）：12–17.

范国睿，2015. 教育体制改革与教育生态活力：纪念《中共中央关于教育体制改革的决定》颁布 30 周年［J］. 教育发展研究（19）：1–6.

范国睿，2016. 学校治理的制度与机制［J］. 中国民族教育（9）：21.

范国睿，2017a. 教育管办评分离改革：理论假设与实践路径［J］. 教育科学研究（5）：5–21.

范国睿，2017b. 基于教育管办评分离的中小学依法自主办学的体制机制改革探索［J］. 教育研究（4）：27–36.

范国睿，等，2018. 从规制到赋能：教育制度变迁创新之路［M］. 上海：华东师范大学出版社.

范国睿，2018a. 教育制度变革的当下史：1978—2018：基于国家视野的教育政策与法律文本分析［J］. 华东师范大学学报（教育科学版）（5）：1–19.

范国睿，2018b. 教育制度变革的价值追求与战略选择：纪念教育改革开放四十年［J］. 全球教育展望（7）：66–75.

方建锋，2018. 国内外政府购买教育服务的实践形式和约束机制［J］. 教育发展研究（3）：44–50.

费孝通，2005. 乡土中国［M］. 北京：北京出版社.

冯大鸣，2005. 重构和再造"校长负责制"［J］. 教育发展研究（1）：26–29.

冯虹，刘国飞，2016. 第三方教育评价及其实施策略［J］. 教育科学研究（3）：43–47.

符太胜，严仲连，2014. 信任与信任危机：教师赋权增能的核心问题［J］. 教育理论与实践（25）：42–46.

傅金鹏，2012. 重新思考 NGOs 问责［J］. 公共管理学报（1）：94–103.

甘晖，2015. 基于大学治理能力现代化的大学治理体系构建［J］. 高等教育研究（7）：36–41.

高桐杰，2011. 我国公民非制度化利益表达的分析［J］. 科学社会主义（1）：70–73.

高旭，曾小锋，2016. "三张清单"制度：理论逻辑、现实困境与突破路径［J］. 宁夏社会科学（3）：34–40.

高宣扬，2004. 布迪厄的社会理论［M］. 上海：同济大学出版社.

戈丹，2010. 何谓治理［M］. 钟震宇，译. 北京：社会科学文献出版社.

戈登，2001. 控制国家：西方宪政的历史［M］. 南京：江苏人民出版社 .
葛孝亿，谢小金，2017. 第三方教育评价的法理基础与运行机制：委托代理的视角［J］. 教育学术月刊（3）：54–59.
龚孝华，2008. 重新理解教育评价目的：基于生存论视阈［J］. 教育理论与实践（11）：6–8.
古南学区小学语文 . 古南学区小学语文中心教研组成员［EB/OL］.（2009–10–08）［2017–03–23］.http：//blog.sina.com.cn/u/6279af0a0100f9k2.
顾明远，1998. 教育大辞典（下）［M］. 增订合编本 . 上海：上海教育出版社 .
顾明远，2010. 学习和解读《国家中长期教育改革和发展规划纲要（2010—2020 年）》［J］. 高等教育研究（7）：1–6.
郭炳德，陈强，2010. 河南郑州试行“学区制”推进义务教育均衡发展［N］. 中国教育报，2010–01–29（1）.
郭峰，韩延明，2015. 从制度环境的视角探高校自主办学的路径［J］. 大学教育科学（6）：4–10.
国家教育标准体系研究课题组，2015. 国家教育标准体系的发展与完善［J］. 教育研究（12）：4–11.
哈肯，1988. 信息与自组织：复杂系统的宏观方法［M］. 成都：四川教育出版社 .
韩菊红，2014. 公众参与教育公共治理的实践困境与理性审视［J］. 当代教育科学（13）：46–49.
郝孟佳，2015. 教育部：列出权力清单和责任清单 减少各种变相审批［EB/OL］.（2015–02–13）［2018–02–07］.http：//edu.people.com.cn/n/2015/0213/c367001–26563613.html.
何东昌，1998. 中华人民共和国重要教育文献：1976–1990［M］. 海口：海南出版社 .
何鹏程，2012. 教育公共服务体系构建研究：以上海实践为例［D］. 上海：华东师范大学 .
何秀超，2015. 大数据助力教育督导科学［EB/OL］.（2015–07–16）［2018–03–04］.http：//www.cssn.cn/pl/pl_cgss/201507/t20150716_2081085.shtml.
何学锋，2015. 推进学校治理现代化的多校区模式探寻：东部城市小学的一个样本［J］. 教育发展研究（18）：60–65.
何涌，彭文姣，许和纯，等，2012. 学生参与高校民主管理的现状与新渠道［J］. 高校教育管理（5）：97–102.
河北省教育厅，2018. 省教育厅责任清单［EB/OL］.（2018–06–25）［2018–03–21］.http：//

jyt.hebei.gov.cn/col/1405611268996/2018/06/25/1529911313615.html.
河南省教育厅办公室，2019. 河南省教育厅权责清单目录［EB/OL］.（2019-05-06）［2020-02-07］.http：//www.jyt.henan.gov.cn/2019/05-06/1640613.html.
贺武华，2008. 新自由主义主导下的学校重建研究［M］. 北京：光明日报出版社 .
洪明，2018. 家校共育有四大特征［N］. 中国教育报，2018-04-12（9）.
洪明灯，2016. 挖掘家长资源 促进家校共育［J］. 中小学德育（4）：28-29.
洪晓军，汪小洲，2008. 从组织再造视角审视高校创新团队建设［J］. 高等工程教育研究（4）：98-101.
胡白云，瞿聪，徐彬，2017. 家校合作的价值取向及其实现［J］. 教育探索（6）：25-30.
胡锦涛，2008. 在纪念党的十一届三中全会召开 30 周年大会上的讲话［J］. 求是（24）：3-16.
胡劲松，葛新斌，2001. 关于我国学校“法人地位”的法理分析［J］. 教育理论与实践（6）：19-24.
胡伶，2008. 我国教育行政职能变革：趋势、难点和对策：透析上海浦东新区“管办评”分离与联动改革的实践［J］. 教育实践与研究（中学版）（11）：4-7.
胡敏强，赵旻，严新平，2011. 大学章程制定的思考与实践［J］. 国家教育行政学院学报（7）：8-11.
华商网，2018. 做够到这几点才能让老师真正“走”起来［EB/OL］.（2018-10-13）［2018-11-13］.http：//edu.sina.com.cn/zxx/2018-10-13/doc-ifxeuwws3513702.shtml.
黄河清，2008. 家校合作导论［M］. 上海：华东师范大学出版社 .
黄崴，1998. 现代教育督导引论［M］. 广州：广东高等教育出版社 .
黄晓婷，2015. 管办评分离背景下的教育评价新视野［J］. 中小学管理（8）：4-6.
黄兴胜，2015. 大学章程与大学治理现代化：专访教育部政策法规司副司长黄兴胜［J］. 黑龙江高教研究（1）：5-8.
黄永军，2017.“管办评分离”：理念梳理、难题举例和落地路径［EB/OL］.（2017-09-27）［2018-04-05］.https：//www.thepaper.cn/newsDetail_forward_1806871.
霍洪波，2003. 国外高等教育自主办学的规范化、制度化：以高等教育立法对实现高校自主办学的重要性为中心［J］. 外国教育研究（12）：46-49.
纪莺莺，2013. 当代中国的社会组织：理论视角与经验研究［J］. 社会学研究（5）：219-241，246.

姜美玲，2009. 教育公共治理：内涵、特征与模式［J］. 全球教育展望（5）：39–46.
蒋德海，2004. 为什么说权力制衡比权力监督更重要［N］. 检察日报，2004–11–16（8）.
蒋典阳，2012. 教师参与学校决策的现状与对策研究：基于长春市三所初级中学的调查［D］. 长春：东北师范大学 .
蒋洪池，侯志军，陈翠荣，等，2013. 中国公立大学自主发展理论与实践［M］. 北京：科学出版社 .
教育部，2016. 教育部权力清单［EB/OL］.（2016–07–26）[2018–03–15].http：//www.gov.cn/fuwu/2016–07/26/content_5094906.htm.
金建陵，2001. 国外制定学校章程的实践经验和法律规定［J］. 外国中小学教育（3）：42–44.
金绍荣，刘新智，2013. 非政府组织参与公共教育治理：目标、困境与路向［J］. 教育发展研究（5）：49–54.
靳玉乐，李阳莉，2014. 在中小学综合素质评价中引入第三方评价的探讨［J］. 当代教育科学（8）：13–16.
凯尔森，1996. 法与国家的一般理论［M］. 沈宗灵，译 . 北京：中国大百科全书出版社 .
柯进，2015. 教育体制改革 30 年：“坚冰”仍待打破［J］. 辽宁教育（18）：9–12.
库珀，2007. 合同制治理：公共管理者面临的挑战与机遇［M］. 竺乾威，卢毅，陈卓霞，译 . 上海：复旦大学出版社 .
匡丽娜，2014. 首届中国教育创新年会在渝召开 未来学生个性化需求凸显［EB/OL］.（2014–12–04）［2018–09–30］.http：//education.cqnews.net/html/2014-12/04/Content_32802779.htm.
拉洛奎，2007. 教育服务供给的契约模式：类型研究和国际案例分析［EB/OL］.（2013–01–29）［2020–03–24］. http：//www.cssn.cn/gj/gj_gwshkx/gj_zhyi/201310/t20131026_589750.shtml.
蓝志勇，魏明，2014. 现代国家治理体系：顶层设计、实践经验与复杂性［J］. 公共管理学报（1）：1–9，137.
劳凯声，郑新蓉，等，1997. 规矩方圆：教育管理与法律［M］. 北京：中国铁道出版社 .
李飞龙，2010. 国外基础教育 PPP 办学模式的实践及启示［J］. 外国教育研究（7）：1–5.
李金龙，2011. 区域性教育均衡优质可持续发展的创新实践：上海“桃浦地区基础教育协同发展联合体”探索之路［M］. 上海：学林出版社.
李慷，2001. 关于上海市探索政府购买服务的调查与思考［J］. 中国民政（6）：23–25.
李克强，2015. 简政放权 放管结合 优化服务［J］. 中国行政管理，2015（6）：6–7.
李孔珍，沃斯特塔，库辛，2008. 美国特许学校的发展及其启示［J］. 中国教育学刊（7）：24–27.
李伟，2012. 组织行为学［M］. 武汉：武汉大学出版社.
李希贵，2014. 权力的来源、分配与制约：对学校内部治理现代化的深思［J］. 人民教育（24）：16–19.
李昕，2018. 论大学章程的功能定位［J］. 湖南师范大学教育科学学报（4）：15–21，105.
李轶，2006. 教育行政管理创新的关键和策略［J］. 人民教育（23）：14–16.
联合国教科文组织，1996. 教育：财富蕴藏其中［M］. 联合国教科文组织总部中文科，译. 北京：教育科学出版社.
梁剑，2008. 香港与内地大学章程比较研究［D］. 重庆：西南大学.
林琳，2015. 高等学校章程地方立法可行性分析及具体建议［J］. 黑龙江高教研究（1）：43–46.
《领导科学》编辑部，2013. 约稿启事：“权责边界问题”专题研究［J］. 领导科学（7）：64.
刘博，2013. 山西省 X 县学校治理结构研究［D］. 临汾：山西师范大学.
刘成，2014. 推进区域教育领域综合改革 努力打造全国农村素质教育示范区：重庆市綦江区推进教育领域综合改革报告［J］. 基础教育改革动态（20）：10–15.
刘传铁，2014. 以信息化推进教育治理现代化［N］. 中国教育报，2014–04–24（11）.
刘丹丹，2015. 我国高等学校办学自主权问题研究［D］. 新乡：河南师范大学.
刘峰，2014a. 教育治理现代化要做好“加减法”［N］. 人民政协报，2014–02–26（10）.
刘峰，2014b. 从本科“转型”看教育治理的现代化［N］. 人民政协报，2014–04–23（9）.
刘桂亮，2017. 负面清单管理模式法律问题研究［D］. 北京：中国社会科学院.
刘虹，张端鸿，2016. 国家教育行政权力清单的规范研究：以教育部行政权力为研究对象［J］. 复旦教育论坛（1）：6–22.
刘江平，刘晓瑜，2016. 高校办学自主权：性质、困境与出路［J］. 中国高等教育（7）：46–48.
刘丽君，孙鹤娟，2014. 完善教育管理范式 建构三足鼎立治理结构［J］. 教育研究（5）：

89–91.

刘利民，2015. 新形势下我国基础教育管办评分离思考［J］. 中国教育学刊（3）：1–6.

刘鹏，2017. 教育第三方评价机制建设的困境及优化［J］. 教学与管理（30）：109–112.

刘庆昌，2018. 寻找教育学的历史逻辑：兼及“教育学史”的研究［J］. 西北师大学报（社会科学版）(1)：66–81.

刘荣春，张军辉，2004. 公共选择理论的政府失败说及对我国的启示［J］. 生产力研究（6）：125–127.

刘淑华，2009. 权责对称：高等教育分权的底线［J］. 浙江大学学报（人文社会科学版）(2)：144–152.

刘希平，2008. 借助制度创新提升区域教育均衡化水平：杭州市“名校集团化”办学实践调查［J］. 浙江教育科学（3）：3–9.

刘小洪，2017. 家校共育的现状及提升路径［J］. 教育科学论坛（8）：7–10.

刘晶，2015. 政策助推高等教育改革：纪念《中共中央关于教育体制改革的决定》颁布 30 周年论坛观点述评［J］. 复旦教育论坛（5）：62–66.

刘兴春，2003. 普通中小学教师参与学校决策的调查研究［D］. 大连：辽宁师范大学.

刘永福，2017. 基于 140 所公立中小学的调查结果显示：近八成校长认为校内治理结构须调整［N］. 中国教育报，2017–01–12（12）.

刘宇文，2014. 高校办学自主权研究［M］. 长沙：湖南人民出版社.

柳燕，2016. 学校治理中家长委员会的建设［J］. 教学与管理（7）：16–19.

卢咏，2011. 第三力量：美国非营利机构与民间外交［M］. 北京：社会科学文献出版社.

陆建明，杨宇娇，梁思焱，2015. 美国负面清单的内容、形式及其借鉴意义：基于 47 个美国 BIT 的研究［J］. 亚太经济（2）：55–61.

陆振华，2014.“负面清单”简史［N］.21 世纪经济报道，2014–01–01（14）.

罗爱国，2001. 试论中小学校自主办学［J］. 教学与管理（3）：13–14.

罗宾斯，贾奇，2016. 组织行为学：第 16 版［M］. 孙健敏，王震，李原，译. 北京：中国人民大学出版社.

罗西瑙，2001. 没有政府的治理：世界政治中的秩序与变革［M］. 张胜军，刘小林，等译. 南昌：江西人民出版社.

吕晓丽，2015. 一切为了学生发展的评价：中国教育学会基础教育评价专业委员会 2014 年学术年会综述［J］. 教育测量与评价（理论版）(1)：13–17.
麻宝斌，马振清，2005. 新时期中国社会的群体性政治参与［J］. 政治学研究（2）：49–55.
马健生，宋薇薇，2014. 美国“国家教育进展评估”的特点与局限解析［J］. 比较教育研究（5）：95–100.
马陆亭，2008. 高等学校自主办学的推进策略［J］. 国家教育行政学院学报（1）：42–48.
马陆亭，2012. 高校章程制定工作全面启动后的思考［J］. 中国高教研究（3）：1–7.
马陆亭，2014. 完善高等学校内部治理结构［J］. 现代教育管理（7）：1–5.
满建宇，2014. 论现代学校治理体系中的家委会建设［J］. 中国教育学刊（9）：44–47.
毛明明，刘青峰，2015. 我国政府购买教育服务研究述评［J］. 云南农业大学学报（社会科学版）(4)：83–89.
孟德斯鸠，1961. 论法的精神：上册［M］. 张雁深，译. 北京：商务印书馆.
孟繁华，张蕾，佘勇，2016. 试论我国基础教育集团化办学的三大模式［J］. 教育研究(10)：40–45.
米俊魁，2006. 大学为什么要制定章程［J］. 高等工程教育研究（1）：33–35，52.
米勒，波格丹诺，1992. 布莱克维尔政治学百科全书［M］. 北京：中国政法大学出版社.
彭力，黄崇恺，2018. 美国政府购买服务的制度经验对我国事业单位改革的启示［J］. 学术交流（3）：60–67.
蒲蕊，李子彦，2017. 家长参与学校治理的困境及其解决策略［J］. 教育科学研究（8）：26–30.
乔慧莲，2012. 基础教育名校集团化问题研究：以北京九中为例［D］. 北京：中央民族大学.
秦惠民，谷昆鹏，2016. 对完善我国教育法律体系的思考［J］. 北京师范大学学报（社会科学版）(2)：5–12.
青岛市教育局，2015. 青岛市教育局组织开展群众满意度网络测评［EB/OL］.(2015–07–01)［2016–12–30］.http：//edu.qingdaonews.com/content/2015–07/01/content_11132895.htm.
邱法宗，薛岩松，2013. 教育政策与法律：理论与案例［M］. 北京：北京交通大学出版社.
邱运山，2009. 践行中心学校管理模式 推进学区教育均衡发展［J］. 湖北教育（教育教学）(2)：29–31.
渠敬东，周飞舟，应星，2009. 从总体支配到技术治理：基于中国30年改革经验的社会学分析［J］. 中国社会科学（6）：104–127，207.

瞿葆奎，1989. 教育学文集：第 16 卷：教育评价［M］. 北京：人民教育出版社 .

曲正伟，2003. 多中心治理与我国义务教育中的政府责任［J］. 教育理论与实践（17）：24–28.

人民论坛杂志社，2012. 力量：迈向未来的中国道路和战略［M］. 北京：国家行政学院出版社 .

任友群，2014. 教育治理视角下的教育管理信息化顶层设计［J］. 中国教育信息化（18）：21–25.

任友群，2016. 实现教育治理现代化的必由之路［N］. 中国教育报，2016–06–10（8）.

阮成武，2009. 论社会建设中的政府教育职能［J］. 中国教育学刊（3）：1–4.

阮李全，蒋后强，2014. 高校办学自主权：由来、要素、涵义、走向［J］. 国家教育行政学院学报（8）：26–31.

萨瓦斯，2002. 民营化与公私部门的伙伴关系［M］. 周志忍，等译 . 北京：中国人民大学出版社 .

桑德斯，1974. 标准化的目的与原理［M］. 北京：科学技术文献出版社 .

上海市教育委员会，2015. 上海市教育委员会行政权力清单和行政责任清单［EB/OL］.（2015–12–20）［2018–02–07］.http：//www.shmec.gov.cn/web/qlqd/index.html.

上海市质量技术监督局，2015. 关于建立行政权力清单制度的对策建议［J］. 质量与标准化（2）：1–4.

沈宏书，张秀萍，2004. 大学自主办学与完善大学自我约束机制的研究［J］. 辽宁教育研究（11）：1–4.

沈佩萍，2003. 反思与超越：解读中国语境下的治理理论［J］. 探索与争鸣（3）：9–13.

沈荣华，曹胜，2016. 政府治理现代化［M］. 杭州：浙江大学出版社 .

沈亚平，陈良雨，2015. 人民满意视阈下教育治理能力提升途径研究［J］. 学术论坛（6）：156–161.

盛冰，2003. 契约学校：美国学校教育改革的新动向［J］. 教育科学（6）：58–61.

史华楠，2016. 教育管办评分离的时代价值与改革路向［J］. 国家教育行政学院学报（1）：24–29.

斯托克,1999. 作为理论的治理：五个论点［J］. 华夏风，译 . 国际社会科学杂志（中文版）（1）：19–30.

宋建钢，2016. 思考与借鉴［M］. 银川：宁夏人民出版社 .
宋中英，郭云云，2016. 高校办学自主权的内涵及其实践意蕴［J］. 高教探索（7）：5–10.
苏君阳，2012. 教育督导学［M］. 北京：北京师范大学出版社 .
孙柏瑛，李卓青，2008. 政策网络治理：公共治理的新途径［J］. 中国行政管理（5）：106–109.
孙绵涛，2015. 现代教育治理体系的概念、要素及结构探析［J］. 教育研究与实验（6）：52–56.
孙绵涛，王刚，2013. 我国现代学校制度建设的成就、问题与对策［J］. 教育研究（11）：27–34.
孙世杰，2013. 关于教育督导督政问题的分析及建议［J］. 教育测量与评价（理论版）（1）：28–32.
孙霄兵，2015. 推进管办评分离 构建教育公共治理新格局［J］. 中国高等教育（20）：7–11.
孙玉洁，2004. 我国教育督导制度存在的问题与改进建议［J］. 教育研究（10）：64–68.
汤赤，2007. 教育评估在政府购买教育服务中的作用：上海市浦东新区的探索与实践［J］. 教育发展研究（7）：47–49.
唐红松，2018. 家校共育的思考与实践［J］. 中国教育学刊（2）：102.
田凯，2003. 西方非营利组织理论述评［J］. 中国行政管理（6）：59–64.
田平，1996. 建立中介机构：协调政府与大学的关系［J］. 高等教育研究（5）：35–39，105.
田晓伟，2015. 政府购买在线教育服务产品：教育治理现代化的探索［J］. 教育发展研究（19）：78–84.
童中贤，2003. 论公共权力流失的危害及遏制［J］. 理论探讨（1）：68–71.
托克维尔，1988. 论美国的民主：上卷［M］. 董果良，译 . 北京：商务印书馆 .
托马斯，2010. 公共决策中的公民参与［M］. 孙柏瑛，等译 . 北京：中国人民大学出版社 .
汪汉昌，2000. 自组织理论与唯物辩证法［J］. 江汉论坛（3）：64–66.
汪明，2015. 北京市中小学校将向 13 家民办机构购买教学服务［N］. 中国教育报，2015-07-30（1）.
王灿平，薛忠义，2016. 信息公开下我国责任政府的建构：借鉴英国、美国、新加坡、日本等国经验［J］. 江西社会科学（2）：240–246.

王慧敏，张斌贤，方娟娟，2014. 对“达特茅斯学院案”的重新考察与评价［J］. 教育研究（10）：119–127.

王建华，2018. 政策驱动改革及其局限：兼议“双一流”建设［J］. 江苏高教（6）：6–11.

王举，范国睿，2013. 论教育改革的理性化品格［J］. 清华大学教育研究（3）：63–69.

王丽茹，2017. 地方教育部门权力清单制度建设的实践与思考：以芜湖市弋江区教育局为例［J］. 牡丹江大学学报（11）：30–33.

王莉萍，2018. 培养核心素养离不开家校共育［N］. 中国教师报，2018–01–10（13）.

王璐，王世赟，2018. 厘清“管、办、评”职责，构建政府、学校、社会新型教育治理关系［J］. 教育测量与评价（5）：11–19，37.

王浦劬，2014a. 国家治理、政府治理和社会治理的含义及其相互关系［J］. 国家行政学院学报（3）：11–17.

王浦劬，2014b. 论新时期深化行政体制改革的基本特点［J］. 中国行政管理（2）：6–14.

王浦劬，萨拉蒙，等，2010. 政府向社会组织购买公共服务研究：中国与全球经验分析［M］. 北京：北京大学出版社.

王胜，2009. 从“划桨”者到“掌舵”者：上海浦东以“委托管理”机制构建新型政校关系［J］. 中小学管理（3）：4–6.

王诗宗，宋程成，2013. 独立抑或自主：中国社会组织特征问题重思［J］. 中国社会科学（5）：50–66，205.

王帅，2012. 家长参与学校管理现状的实证研究：以上海市 10 所普通小学为例［J］. 上海教育科研（2）：31–35.

王素，邹俊伟，孙毓泽，等，2011. 公共教育服务的国际比较分析［M］// 袁振国. 中国教育政策评论 2011. 北京：教育科学出版社.

王田苗，胡耀光，2002. 基于价值链的企业信息流程再造与信息集成［M］. 北京：清华大学出版社.

王纬虹，2016. 学区制不能浮于表面［N］. 中国教育报，2016–12–27（6）.

王学杰，2013. 简政放权：新一轮政府机构改革思路之观察［J］. 湖南行政学院学报（6）：5–7.

王艺锭，2016. 教育部：大力推进权力清单责任清单问题清单建设［EB/OL］.（2016–03–30）［2018–01–12］.http：//edu.people.com.cn/GB/n1/2016/0330/c367001–28238343.html.

王有升，2016. 中国教育治理体制的历史演变、现实问题与改革动力探析［J］. 华中师范大学学报（人文社会科学版）（6）：167–174.

王悦，王雁，2016. 美国学区制管理的体制及其启示［J］. 教学与管理（16）：79–82.

王珍，2013. 中学教育名校集团化办学模式的分析［J］. 科学大众（科学教育）（8）：4，23.

王臻荣，2014. 治理结构的演变：政府、市场与民间组织的主体间关系分析［J］. 中国行政管理（11）：56–59.

魏薇，陈旭远，2010. 从“自在”到“自为”：教师专业自主的内在超越［J］. 教育发展研究（24）：7–12.

魏叶美，2018. 教师参与学校治理研究［D］. 上海：华东师范大学.

魏叶美，范国睿，2017. 中小学自主办学的应然特征、实然困境与策略［J］. 教育理论与实践（17）：13–16.

魏叶美，范国睿，2018. 英格兰学校治理委员会的运行机制及其启示［J］. 外国教育研究（2）：3–15.

魏志春，2009. 新阶段政府教育管理职能应如何转变［J］. 人民教育（23）：6–9.

翁伟斌，2016. 职业教育集团化办学的内部治理机制：框架与推进路径［J］. 中国高教研究（5）：86–91.

翁小平，2014. 以法治思维推进教育治理现代化［N］. 中国教育报，2014–11–25（5）.

吴红萱，江大纬，2006. 无锡 11 项公共事业实行“政府购买服务”［N］. 中国社会报，2006–06–19（2）.

吴锦良，2001. 政府改革与第三部门发展［M］. 北京：中国社会科学出版社.

吴景松，2008. 政府职能转变视野中的公共教育治理范式研究［D］. 上海：华东师范大学.

吴景松，2010. 西方公共教育治理范式变革及其启示［J］. 中国教育学刊（11）：10–13.

吴康宁，2008. 制约中国教育改革的特殊场域［J］. 教育研究（12）：16–20.

吴康宁，2010a. 中国教育改革为什么会这么难［J］. 华东师范大学学报（教育科学版）（4）：10–19，36.

吴康宁，2010b. 从利益联合到文化融合：走向大学与中小学的深度合作［J］. 南京师大学报（社会科学版）（3）：5–11.

吴康宁，2012a. 政府部门超强控制：制约教育改革深入推进的一个要害性问题［J］. 南京师大学报（社会科学版）（5）：6–11.

吴康宁，2012b. 教育改革成功的基础［J］. 教育研究（1）：24–31.

吴康宁，2013. 教育领域综合改革需要怎样的社会支持［J］. 教育研究与实验（6）：1–5.

吴康宁，2014. 改革·综合·教育领域：简析教育领域综合改革之要义［J］. 教育研究（1）：41–46.

吴康宁，2017. 谁是学校决策的主人［M］// 教师月刊编辑部 . 张硕果：做织网的夏洛（教师月刊 2017.1）. 上海：华东师范大学 .

吴志宏，2000. 教育行政学［M］. 北京：人民教育出版社 .

吴遵民，黄欣，2004. 新编教育法教程［M］. 上海：华东师范大学出版社 .

习近平，2018. 开放共创繁荣，创新引领未来［N］. 人民日报，2018–04–13（3）.

夏恿，1999. 法治是什么：渊源、规诫与价值［J］. 中国社会科学（4）：117–143，207.

夏征农，2002. 辞海［M］.1999 年缩印本 . 上海：上海辞书出版社 .

香山健一，1990. 为了自由的教育改革：从划一主义到多样化的选择［M］. 刘晓民，译校 . 北京：高等教育出版社 .

肖关根，1979. 上海四位大学负责人呼吁：给高等学校一点自主权［N］. 人民日报，1979–12–06（3）.

谢广祥，2014. 如何扩大省级政府教育统筹权［J］. 求是（3）：50–51.

谢锡美，2005. 民办学校法人治理结构制度渊源探析［J］. 教育发展研究（24）：41–46.

熊伟荣，2007. 小学教师参与学校决策研究［D］. 金华：浙江师范大学 .

徐朝晖，张洁，2015. 学生发展性评价的困境追问［J］教育理论与实践（5）：15–17.

徐家良，赵挺，2013. 政府购买公共服务的现实困境与路径创新：上海的实践［J］. 中国行政管理（8）：26–30，98.

许爱红，2005. 对发展性学生评价本质的思考［J］. 中国教育学刊（3）：57–59.

许海清，2013. 国家治理体系和治理能力现代化［M］. 北京：中共中央党校出版社 .

宣晓伟，2014. 国家治理体系和治理能力现代化的制度安排：从社会分工理论观瞻［J］. 改革（4）：151–159.

严仍昱，2015. 从社会管理到社会治理：政府与社会关系变革的历史与逻辑［J］. 当代世界与社会主义（1）：165–170.

颜丙峰，宋晓慧，2004. 教育中介组织：解决高校两难困境的组织创新［J］. 清华大学教育研究（5）：9–13.

颜丙峰，宋晓慧，2006. 教育中介组织的理论与实践［M］. 上海：上海人民出版社.

杨弘，郜清攀，徐勇，2018. 论新时代中国政府改革的方向和着力点［J］. 东北师大学报（哲学社会科学版）（4）：144–148.

杨明方，靳颖，2006. 打破围墙 资源共享［N］. 人民日报，2006–07–13（13）.

杨文杰，范国睿，2017. 教育督导制度改革：1977–2020：改革开放以来我国教育督导改革的回顾与展望［J］. 教育发展研究（21）：1–15，23.

杨小微，2014. 探寻区域义务教育优质均衡发展的新机制：以集团化办学为例［J］. 教育发展研究（24）：1–9.

杨晓琳，2013. 家校沟通合力在哪？：五省市中小学家校沟通情况调查报告［N］. 中国教育报，2013–07–08（3）.

杨雪冬，2009. 社会变革中的政府责任：中国的经验［J］. 中国人民大学学报（1）：55–64.

杨银付，2014. 深化教育领域综合改革的若干思考［J］. 教育研究（1）：4–19.

杨颖秀，李宁，2016. 学校组织与管理［M］. 北京：高等教育出版社.

杨志成，2014. 学校治理结构变革助力品牌学校发展：以北京市育英学校“育·英教育”为例［J］. 北京教育（普教版）（11）：11–12.

杨宗凯，2017. 信息化驱动教育督导现代化［J］. 国家教育行政学院学报（7）：3–8.

姚秋兰，2016. 中小学学校治理中的教师参与问题研究［D］. 上海：华东师范大学.

姚松，2016. 大数据与教育治理现代化：机遇、挑战与优化路径［J］. 湖南师范大学教育科学学报（2）：76–80.

叶澜，2016. 社会教育力：概念、现状与未来指向［J］. 课程·教材·教法（10）：3–10，57.

易鑫，2014. 教育“治理”辨析［N］. 中国教育报，2014–03–05（3）.

尹后庆，2014. 委托管理：以机制创新促城郊农村学校内涵发展［J］. 中小学管理（5）：6–7.

尹田，2003. 论法人的权利能力［J］. 法制与社会发展（1）：76–82.

于爱荣，2015. 政府法制 900 问［M］. 北京：中国法制出版社.

于丽娟，张卫良，2005. 我国大学章程的现状及建设［J］. 江苏高教（6）：18–20.

余明辉，2018. 家长缘何变成“编外教师”？“家校共育”理念边界模糊［EB/OL］.（2018–05–16）［2018–08–15］.http：//news.eastday.com/s/20180516/u1a13907634.html.

俞可平，1999. 治理和善治引论［J］. 马克思主义与现实（5）：37–41.

俞可平，2000. 治理与善治［M］. 北京：社会科学文献出版社.

俞可平，2018. 中国的治理改革（1978—2018）[J]. 武汉大学学报（哲学社会科学版）（3）：48–59.

虞维华，2006. 政府购买公共服务对非营利组织的冲击分析 [J]. 中共南京市委党校南京市行政学院学报（4）：46–51.

郁建兴，任泽涛，2012. 当代中国社会建设中的协同治理：一个分析框架 [J]. 学术月刊（8）：23–31.

袁贵仁，2014. 深化教育领域综合改革加快推进教育治理体系和治理能力现代化：在 2014 年全国教育工作会议上的讲话 [J]. 人民教育（5）：7–16.

袁曙宏，2017. 建设法治政府 [N]. 人民日报，2017–12–27（7）.

袁云飞，2014.《2012 年美国双边投资协定范本》透明度条款研究 [D]. 重庆：西南政法大学 .

袁振国，2004. 当代教育学 [M] .2004 年修订版 . 北京：教育科学出版社 .

曾继耘，2003. 由甄别选拔到促进发展：学生评价改革的方向 [J]. 教育理论与实践（10）：20–23.

曾文婕，黄甫全，2006. 美国教师“赋权增能”的动因、涵义、策略及启示 [J]. 课程 · 教材 · 教法（12）：75–79.

查立友，2012. 论民间组织的三维社会空间：实体、社会心理和虚拟网络 [J]. 经济社会体制比较（1）：140–153.

翟帆，柴葳，2007. 趟出一条优质资源共享路：北京市东城区推进学区化管理纪实之一 [N]. 中国教育报，2007–07–30（1）.

湛垦华，沈小峰，等，1982. 普利高津与耗散结构理论 [M]. 西安：陕西科学技术出版社 .

湛中乐，2011. 通过章程的大学治理 [M]. 北京：中国法制出版社 .

湛中乐，2014. 何谓法治 [J]. 人民教育（24）：9–11.

张方华，2009. 协商民主与公共利益的困境 [J]. 理论探讨（1）：13–16.

张红梅，2015. 我国大学治理结构中的内部主体矛盾关系 [J]. 现代教育管理（3）：78–83.

张建，2014. 教育治理体系的现代化：标准、困境及路径 [J]. 教育发展研究（9）：27–33.

张建，程凤春，2016. 名校集团化办学的学校治理：现实样态与实践理路 [J]. 中国教育学刊（8）：16–22.

张捷，2015. 民国时期中学章程研究：以沪江大学附中章程为例 [D]. 上海：上海师范大学 .

张康之，2008. 论社会治理中的协作与合作［J］. 社会科学研究（1）：49–54.
张康之，2012. 合作治理是社会治理变革的归宿［J］. 社会科学研究（3）：35–42.
张茂聪，李睿，2017. “三张清单”机制下的政府权力释放：基于高校管办评分离的视角［J］. 黑龙江高教研究（10）：44–47.
张尚仁，2004. 政府模型的历史演变与政府改革［J］. 云南大学学报（社会科学版）(6)：60–66，93.
张爽，2015. 基础教育公立学校教育集团建设的实践途径研究［J］. 教育学报（6）：42–48.
张爽，2017. 基础教育集团化办学的模式研究［J］. 教育研究（6）：87–94.
张素华，2017. 区域推进学校内部治理结构现代化的实践路径［J］. 当代教育家（5）：49–50.
张为宇，2013. 法国政府购买私立学校教育服务解析［J］. 世界教育信息（21）：51–52，57.
张维平，张诗亚，2007. 中小学依法治校实用全书：上册［M］. 北京：世界知识出版社.
张翔，2018. 国家权力配置的功能适当原则：以德国法为中心［J］. 比较法研究（3）：143–154.
张心怡，2012. 关于上海进一步健全政府购买公共服务的研究［D］. 上海：复旦大学.
张新平,2014. 中小学的组织结构及其变革：基于三所学校的个案研究［J］. 教育学报（1）：101–108.
张胤，武丽民，2015. “行政主导”到“学术为本、权力共治”：从《高等学校学术委员会规程》看中国高校治理结构［J］. 江苏高教（1）：47–49.
张志勇，2014. 管办评分离是建立现代教育治理体系的关键［J］. 人民教育，2014（3）：1.
张志勇，2015. 我国教育治理体系改革该向何处去［N］. 中国教育报，2015–07–19（4）.
赵勇，马佳铮，2015. 大城市推行权力清单制度的路径选择：以上海市 Y 区为例［J］. 上海行政学院学报（2）：12–19.
中共中央马克思恩格斯列宁斯大林著作编译局，2012. 马克思恩格斯选集：第二卷［M］.3 版 . 北京：人民出版社.
中央教育科学研究所，1984. 中华人民共和国教育大事记：1949—1982［M］. 北京：教育科学出版社.
钟秉林，2017. 关于基础教育集团化办学的若干思考［J］. 中国教育学刊（12）：3.
周彬，2005. “名校集团化”办学模式初探［J］. 教育发展研究（16）：84–88.
周翠萍，2010. 政府在教育服务供给中的定位［J］. 上海教育科研（6）：29–32.

周翠萍，2011. 我国政府购买教育服务的政策研究［D］. 上海：华东师范大学 .
周翠萍，2013. 政府购买教育服务的政策研究［M］. 上海：上海交通大学出版社 .
周光礼，2014. 从管理到治理：大学章程再定位［J］. 湖南师范大学教育科学学报（2）：71–77.
周红云，2014. 从社会管理走向社会治理：概念、逻辑、原则与路径［J］. 团结（1）：28–32.
周三多，陈传明，鲁明泓，2009. 管理学：原理与方法［M］.5 版 . 上海：复旦大学出版社 .
周晓丽，党秀云，2013. 西方国家的社会治理：机制、理念及其启示［J］. 南京社会科学（10）：75–81.
朱小蔓，2008. 基础教育阶段现代学校制度的理论与实验研究［M］. 北京：教育科学出版社 .
朱新力，1996. 论行政超越职权［J］. 法学研究（2）：112–121.
朱有瓛，1983. 中国近代学制史料：第一辑：上册［M］. 上海：华东师范大学出版社 .
邹永贤，俞可平，骆沙舟，等，1993. 现代西方国家学说［M］. 福州：福建人民出版社 .

外文文献

Boyne G A, James O, John P, et al., 2009. Democracy and government performance: holding incumbents accountable in English local governments［J］.Journal of Politics, 71(4): 1273–1284.
Buckland W W, McNair A D, 1965.Roman law and common law: a comparison in outline［M］. Cambridge: Cambridge University Press.
Connor D M, 1988. A new ladder of citizen participation［J］.National Civic Review, 77(3): 249–257.
Diver C S, 1983. The optimal precision of administrative rules［J］.The Yale Law Journal, 93(1): 65–109.
Foucault M, 1982. The subject and power［M］// Dreyfus H, Rabinow P. Beyond structuralism and hermeneutics. Chicago: University of Chicago Press.
French J R P, Jr., Israel J, As D, 1960. An experiment on participation in a Norwegian factory: interpersonal dimensions of decision-making［J］. Human Relations, 13(1): 3–19.
Fullan M, 1995. The school as a learning organization: distant dreams［J］. Theory into

Practice, 34(4): 230–235.

Hargreaves A, 2000. Professionals and parents: personal adversaries or public allies? [J]. Prospects, 30(2): 201–213.

Hoy W K, Miskel C G, 1996. Educational administration:theory, research,and practice [M] .New York:McGraw-Hill.

LaRocque N, 2008. Public-private partnerships in basic education: an international review [R] . CfBT Education Trust.

Leftwich A, 1993. Governance, democracy and development in the Third World [J] .Third World Quarterly, 14(3): 605–624.

Levitt T, 1973.The third sector: new tactics for a responsive society [M] .New York: AMACOM.

Likert R, 1961. New patterns of management [M] .New York: McGraw Hill.

Ostrom E, 1992. Crafting institutions for self-governing irrigation systems [M] .San Francisco, CA: ICS Press.

Ostrom E, 1998. A behavioral approach to the rational choice theory of collective action presidential address, American political science association [J] . American Political Science Review, 92(1): 1–22.

Pagden A, 1998. The genesis of governance and enlightenment conceptions of the cosmopolitan world order [J] .International Social Science Journal, 50(155): 7–15.

Stufflebeam D L, 2000 . Lessons in contracting for evaluations [J] . American Journal of Evaluation, 21(3): 293–314..

The Commission on Global Governance, 1995. Our global neighbourhood [M] .Oxford: Oxford University Press.

后记

《教育治理的逻辑：基于管办评分离的教育变革》与《教育治理的战略：教育治理现代化的未来之路》是姊妹篇，分别是全国教育科学“十二五”规划 2014 年度国家重点课题“推进教育管办评分离研究”（课题批准号：AGA140002）、全国教育科学“十三五”规划 2016 年度国家重大课题“我国教育治理体系和治理能力现代化战略研究”（课题批准号：VGA160003）成果。

教育治理现代化是国家治理现代化的重要组成部分，也是实现教育现代化的必要条件。2013 年 11 月《中共中央关于全面深化改革若干重大问题的决定》明确提出了“国家治理体系和治理能力现代化”的概念，同时明确了深化教育领域综合改革的任务，部署了“深入推进管办评分离”的顶层设计。自此，我国兴起了以“管办评分离”为核心的教育治理改革，2015 年，《教育部关于深入推进教育管办评分离促进政府职能转变的若干意见》出台，决定设立教育“管办评分离”改革综合试点和单项试点单位，展开改革试点工作。“推进教育管办评分离研究”课题组选择全国教育“管办评分离”改革综合改革试点和单项试点单位为实验区，以准第三方的身份进入改革现场，综合运用调查研究、理论研究、比较研究、案例研究、行动研究、政策与策略研究等研究方法，深入了解我国教育治理的现状、问题，分析其中的改革实践逻辑，同时借鉴发达国家关于教育治理的理论、技术与方法，阐明政府、学校、社会等教育治理主体在管办评分离改革中的理论与实践逻辑，构建具有中国特色的教育“管办评分离”的治理体系，为实现我国教育治理体系和治理能力现代化提供理论依据、实践支撑和政策建议。

在课题的选题论证、课题申报和研究过程中，中国教育发展战略学会执行会长孙霄兵、中国教育学会秘书处秘书长杨银付、上海市教育学会会长尹后庆、北京师范大学中国教育政策研究院执行院长张志勇、甘肃省委常委王嘉毅、辽宁大学党委书记周浩波、北京师范大学教育学部教授曾晓东、浙江大学民办教育研究中心主任吴华、上海市教育科学研究院民办教育研究所所长董圣足等专家学者给予了大力支持。在课题开题报告、专题研讨过程中，南京师范大学原副校长吴康宁教授、上海市教育学会会长尹后庆、上海师范大学原校长张民选教授、上海市教育学会秘书长苏忱、华东师范大学教育学部主任袁振国教授等专家学者分别提出了宝贵意见，从而有力地保障了课题研究的顺利开展。在课题研究过程中，作为课题组的骨干成员，天津职业技术师范大学孙翠香、江苏大学教师教育学院王佳佳、华东师范大学教育部中学校长培训中心刘涛、河南师范大学教育学部张晓阳、江南大学人文学院张淑萍、上海开放大学发展研究部李学书、华东师范大学基础教育改革与发展研究所杜明峰、南京晓庄学院魏叶美、上海师范大学教育学院陈婧、上海立信会计学院刘隽、浙江省嘉兴教育学院许海莹等中青年专家学者，从各自的研究专长出发，积极投入课题研究，分别发表诸多专论，恕不一一列举。

本书是合作研究的成果，全书由本人设计研究框架和章节结构，参与研究写作的同志及负责的章节如下：华东师范大学范国睿，导论；上海市教育委员会孙勇，第一章；上海市教育科学研究院胡玲，第二章；杭州师范大学程建坤，第三章；上海师范大学陈婧，第四章；上海开放大学周翠萍，第五章；山东师范大学张雷，第六章；上海师范大学张猛猛，第七章；南京晓庄学院魏叶美，第八章、第九章；上海市教育科学研究院苏娜，第十章；华东师范大学基础教育改革与发展研究所杜明峰，第十一章；华东师范大学教育学系杨文杰，第十二章。陈婧在课题结题、本书统稿等方面，协助本人做了大量工作。何少芬为书稿文献格式改版编辑付出辛苦劳动。对所有参与课题研究、书稿撰写以及以各种形式对本书给予支持和做出贡献的同志致以诚挚的谢意。

2019 年 2 月，中共中央、国务院印发《中国教育现代化 2035》，提出我国推进教育现代化的总体目标：到 2035 年，总体实现教育现代化，迈入教育强国行列，推动我国成为学习大国、人力资源强国和人才强国，为到本世纪中叶建成富强民主文明和谐美丽的社会主义现代化强国奠定坚实基础。《中国教育现代化2035》聚焦教育发展的突出问题和薄弱环节，重点部署了面向教育现代化的十大战略任务，其中之一是“推进教育治理体系和治理能力现代化”，要求到2035年“形成全社会共同参与的教育治理新格局”。适应国家治理体系和治理能力现代化建设新形势新任务新要求，推进教育治理现代化，仍需进一步推进管办评分离改革，深化放管服结合改革，激发各教育主体活力，建立健全系统完备、科学规范、结构合理、上下协同、多元共治、运行有效、充满活力的教育治理体系，构建新型政府、学校、社会关系，任重而道远。

本书不当之处，敬请读者批评指正。

范国睿

华东师范大学教育治理研究院

二〇一九年十月六日初稿

二〇二〇年二月九日改定

出 版 人　李　东
责任编辑　何　蕴
版式设计　沈晓萌
责任校对　贾静芳
责任印制　叶小峰

图书在版编目（CIP）数据

教育治理的逻辑：基于管办评分离的教育变革 / 范国睿等著. —北京：教育科学出版社，2021.11
ISBN 978-7-5191-2564-6

Ⅰ. ①教…　Ⅱ. ①范…　Ⅲ. ①教育管理—研究—中国
Ⅳ. ①G526

中国版本图书馆CIP数据核字（2021）第222156号

教育治理的逻辑：基于管办评分离的教育变革
JIAOYU ZHILI DE LUOJI：JIYU GUANBANPING FENLI DE JIAOYU BIANGE

出版发行	教育科学出版社		
社　　址	北京·朝阳区安慧北里安园甲9号	**邮　　编**	100101
总编室电话	010-64981290	**编辑部电话**	010-64989421
出版部电话	010-64989487	**市场部电话**	010-64989009
传　　真	010-64891796	**网　　址**	http://www.esph.com.cn
经　　销	各地新华书店		
制　　作	北京京久科创文化有限公司		
印　　刷	唐山玺诚印务有限公司		
开　　本	787毫米×1092毫米　1/16	**版　　次**	2021年11月第1版
印　　张	27	**印　　次**	2021年11月第1次印刷
字　　数	404千	**定　　价**	82.00元